CONTABILIDADE DE CUSTOS

www.editorasaraiva.com.br

5ª EDIÇÃO

OSNI MOURA RIBEIRO

CONTABILIDADE DE CUSTOS

Atualizada conforme as Leis n. 11.638/2007 e n. 11.941/2009 e NBCS TGS convergentes com as Normas Internacionais de Contabilidade IFRS

saraiva uni

ISBN 978-85-472-2837-8

DADOS INTERNACIONAIS DE CATALOGAÇÃO NA PUBLICAÇÃO (CIP)
ALINE GRAZIELE BENITEZ CRB-1/3129

Ribeiro, Osni Moura
Contabilidade de custos / Osni Moura Ribeiro – 5. ed. - São Paulo: Saraiva, 2018.

Contém atividades teóricas e práticas
Inclui bibliografia
ISBN 978-85-472-2837-8

1. Contabilidade de custo. 2. Controle de custo. I. Título.

14-02305 CDD-657.42
CDU-657.4

Índices para catálogo sistemático:
1. Contabilidade

saraiva EDUCAÇÃO | saraiva uni

Av. das Nações Unidas, 7221, 1º Andar
Pinheiros – São Paulo – SP – CEP: 05425-902

SAC 0800-0117875
De 2ª a 6ª, das 8h às 18h
www.editorasaraiva.com.br/contato

Diretoria executiva Flávia Alves Bravin
Diretoria editorial Renata Pascual Müller
Gerência editorial Rita de Cássia S. Puoço
Coordenação editorial Fernando Alves
Edição Ana Laura Valerio
Neto Bach
Thiago Fraga
Produção editorial Alline Garcia Bullara
Amanda Mota Loyola
Daniela Nogueira Secondo
Estela Janiski Zumbano
Serviços editoriais Juliana Bojczuk Fermino

Diagramação Lepique Design Gráfico Ltda.
Revisão Eugênia Pessotti
Arte ERJ Composição Editorial
Daniela Nogueira Secondo
Capa Aero Comunicação
Adaptação da 2ª tiragem Join Bureau
Impressão e acabamento Bartira Gráfica

5ª edição
1ª tiragem 2018
2ª tiragem 2019

ERP 361.115.005.002

EDITAR 9373 CL 651632 CAE 624188

Sobre o autor

Osni Moura Ribeiro é bacharel em Ciências Contábeis e professor de Contabilidade Geral, Comercial, Intermediária, Avançada, Gerencial, Pública, Tributária, de Custos, Auditoria e Análise das Demonstrações Contábeis.

Já ocupou cargos de contador, analista contábil, inspetor contábil, auditor e agente fiscal de rendas da Secretaria da Fazenda do Estado de São Paulo. Atua como auditor e consultor de vários órgãos públicos e empresas particulares.

É também palestrante e autor das seguintes obras publicadas pela Editora Saraiva: ***Auditoria*** (Série em Foco) – 3ª edição (coautor), ***Contabilidade Básica*** (Série em Foco) – 30ª edição, ***Contabilidade Comercial*** (Série em Foco) – 19ª edição, ***Contabilidade de Custos*** (Série em Foco) – 10ª edição, ***Contabilidade Geral*** (Série em Foco) – 10ª edição, ***Estrutura e Análise de Balanços*** (Série em Foco) – 12ª edição, ***Contabilidade Avançada*** – 6ª edição, ***Contabilidade Básica***, versão universitária – 4ª edição, ***Contabilidade Fundamental*** – 5ª edição, ***Contabilidade Intermediária*** – 5ª edição, ***Contabilidade para Concursos e Exame de Suficiência*** – 2ª edição (coautor), ***Demonstrações Financeiras*** – 4ª edição, ***Introdução à Contabilidade Gerencial*** – 3ª edição (coautor), e ***Introdução à Contabilidade Tributária*** – 2ª edição (coautor), ***Gestão Organizacional em ênfase nas Organizações Hospitalares*** – 1ª edição (coautor) e ***Ética na Contabilidade*** – 1ª edição (coautor).

Apresentação

A experiência acumulada, lecionando Contabilidade por mais de 45 anos, revela que o seu estudo fica muito fácil quando os assuntos são apresentados de forma progressiva, obedecendo à sequência lógica que a disciplina exige, partindo sempre do mais simples para o mais complexo, permitindo que o estudante fique em constante sintonia com a matéria. Assim, passo a passo, o aluno vai conhecendo todo o universo que envolve a Ciência Contábil e aprende de fato.

Fundamentados nessa metodologia, escrevemos este livro, cujos assuntos, relacionados ao custo industrial, estão estruturados da seguinte maneira:

- **Texto:** escrito de forma clara e objetiva, contém o estritamente necessário para a fácil compreensão da matéria.
- **Observações:** esclarecem melhor o que acabou de ser explicado no texto.
- **Notas:** fornecem dicas para melhor compreensão do tema em estudo.
- **Notas de rodapé:** apresentam breves esclarecimentos acerca de termos, expressões, conceitos ou outras questões abordadas no texto.
- **Exemplos práticos:** permitem que o estudante vivencie a teoria estudada, por meio de fatos semelhantes aos que encontrará na vida real.
- **Atividades teóricas:** trazem questões variadas versando sobre assunto estudado na Seção ou capítulo em que elas se encontram e têm por objetivo a fixação do assunto que se acabou de estudar.
- **Atividades práticas:** avaliam os conhecimentos que o leitor acumulou no estudo da Contabilidade e visam conduzi-lo a um melhor desempenho prático e a uma maior compreensão de toda a matéria estudada.

O conteúdo programático atende às exigências do currículo do curso superior de Ciências Contábeis, podendo ser utilizado com sucesso em outros cursos, universitários ou não, nos quais sejam exigidos conhecimentos de custos, como em Administração, Economia, Hotelaria, Engenharia etc., bem como em cursos que visam a preparação de candidatos para concursos públicos.

Este livro representa, também, importante instrumento de orientação para pequenos e médios empresários do ramo industrial que se interessem em conhecer o processo de formação do custo, bem como da fixação do preço de venda dos produtos que fabriquem.

Os 17 capítulos que compõem a obra estão divididos em duas partes: nos oito primeiros capítulos, o leitor estuda as noções de custos e, a partir do Capítulo 9, temas mais avançados.

Portanto, o material é completo e atende às expectativas daqueles que procuram um bom livro de custos, uma vez que iniciamos introduzindo o leitor ao estudo do custo industrial, por meio da fabricação caseira do doce de abóbora; depois, passo a passo, vamo-nos aprofundando nos estudos das noções de custos, até que, do Capítulo 9 em diante, como já afirmado, passamos a tratar de temas mais avançados.

Apresentamos os principais métodos e sistemas para atribuição dos custos indiretos aos produtos, as metodologias modernas (ABC e UEP), e encerramos com o estudo do ponto de equilíbrio e orientações para a fixação do preço de venda.

A primeira edição deste livro contemplava as mudanças introduzidas na Lei n. 6.404/1976 pela Lei n. 11.638/2007.

Em 2011 procedemos as atualizações necessárias, especialmente no Capítulo 3, em decorrência da complementação das mudanças introduzidas na Lei n. 6.404/1976 pela Medida Provisória n. 449/2008, convertida na Lei n. 11.941/2009.

Em 2015, incorporamos mais uma atualização nesta obra, que resultou na 4ª edição, para adequá-la às normas brasileiras de contabilidade técnica do tipo NBC TG, aprovadas pelo Conselho Federal de Contabilidade (CFC), com fundamento nos Pronunciamentos Técnicos CPCs do Comitê de Pronunciamentos Contábeis (CPC), convergentes com as normas internacionais de contabilidade IFRS (International Financial Reporting Standards), emitidas pelo International Accounting Standards Board (IASB), com sede em Londres, na Inglaterra.

Em 2017, procedemos outras importantes atualizações que resultaram na 5ª edição deste livro, as quais contemplaram as revisões em várias NBCS TGS processadas pelo CFC até o início de 2017, bem como a revogação da Resolução CFC n. 750/1993 efetuada pelo CFC, por meio da NBC TSP Estrutura Conceitual – Estrutura Conceitual para elaboração e divulgação de informação contábil de Propósito Geral pelas Entidades do Setor Público.

Essas atualizações abrangeram, também, as mudanças introduzidas na legislação brasileira em geral, desde o ano de 2009 (data da 1ª edição) até 2017.

Você tem em mãos mais um instrumento de consulta e de orientação profissional, útil não só na fase acadêmica como também por ocasião do exercício de suas atividades profissionais.

Mas é para você, estudante, que dedicamos em primeiro lugar este livro, trabalhado cuidadosamente com o objetivo de colaborar para que o ensino e a aprendizagem da Contabilidade fiquem cada vez mais fáceis e acessíveis a um número cada vez maior de pessoas interessadas.

O autor.

Sumário

1 O custo é fácil

1.1 Introdução

Vamos acompanhar Inês na cozinha:

Receita
Doce de Abóbora

Ingredientes:

- 8 kg de abóbora
- 1,5 kg de açúcar
- 150 g de coco ralado
- 6 g de cravo-da-índia
- 3 xícaras de água

Modo de fazer:

Em uma panela grande, coloque a abóbora descascada e picada em pequenos pedaços para cozinhar. Vá adicionando as três xícaras de água aos poucos e mexendo de vez em quando até secar. Depois, coloque o açúcar e o cravo-da-índia, mexa bem e apure por aproximadamente 50 minutos. Então, acrescente o coco ralado e deixe no fogo por mais 25 minutos, mexendo sempre.

Tempo de preparo:

Duas horas e meia, sendo uma hora e quinze minutos de cozimento e uma hora e quinze minutos de apuração.

Rendimento:

Aproximadamente 5 kg de doce.

Após quatro horas de trabalho (incluindo compra dos ingredientes, tempo de preparo, cozimento, apuração e embalagem), o doce de abóbora ficou pronto.

Com 8 kg de abóbora foram feitos cerca de 5 kg de doce.

Perguntamos: Qual é o custo desse doce?

Quando você vai a uma confeitaria e compra um doce, o custo desse doce é o preço que você pagou por ele.

Entretanto, para Inês, como dona-de-casa, conhecer o custo do doce que fez, ela precisa, inicialmente, somar todos os valores que gastou na compra dos ingredientes.

Suponhamos os seguintes valores pagos pelos ingredientes:

8 kg de abóbora	$	10,40
1,5 kg de açúcar	$	2,25
150 g de coco ralado	$	3,25
6 g de cravo-da-índia	$	0,51
Total	**$**	**16,41**

Pronto!

Inês gastou $ 16,41 na compra dos ingredientes. Entretanto, essa soma corresponde a apenas uma parte do custo de fabricação.

Ocorre que, para fabricar o doce de abóbora, além dos ingredientes, Inês usou: cozinha, gás, energia elétrica, fogão, mesa, panela, colher, faca, água, cinco recipientes de matéria plástica (capacidade de 1 kg cada um) e quatro horas de trabalho.

Todos esses elementos que contribuíram para que Inês fizesse o doce de abóbora também devem integrar o custo de fabricação.

Observe que, na fabricação do doce de abóbora, concorreram três elementos:

- **Materiais**: são os objetos utilizados no processo de fabricação, podendo ou não entrar na composição do produto. No exemplo em questão, compreendem todos os ingredientes que foram aplicados, bem como os cinco recipientes utilizados para acondicionar o produto acabado. Vamos considerar que o custo desses recipientes corresponda a $ 1 por unidade.
- **Mão de Obra**: é o trabalho do pessoal que fabrica os produtos. No exemplo em questão, compreende às quatro horas trabalhadas por Inês.
- **Gastos gerais de fabricação**: correspondem aos demais gastos que interferem na fabricação, os quais, pela própria natureza, não se enquadram como materiais ou como mão de obra. No exemplo em questão, envolvem os gastos com aluguel, gás, energia elétrica e com a depreciação dos móveis e utensílios (fogão, mesa, panela, colher e faca).

Portanto, a soma dos valores gastos com materiais, mão de obra e gastos gerais de fabricação é que representará o custo de fabricação dos 5 kg do doce de abóbora.

É preciso considerar ainda que, entre os três elementos que compõem os custos dos produtos, alguns concorrem de forma direta na fabricação e outros, de forma indireta.

Os elementos cujos valores e quantidades são facilmente identificáveis em relação ao produto fabricado são considerados custos diretos. A atribuição desses custos aos produtos é feita sem nenhum embaraço.

No entanto, aqueles elementos cujos valores e quantidades não podem ser facilmente identificados em relação aos produtos fabricados são considerados custos indiretos. A atribuição desses custos aos produtos não é tão simples. Para calculá-los é preciso adotar critérios que podem ser estimados ou até mesmo arbitrados.

Na fabricação do doce de abóbora, concorreram de forma direta os ingredientes (abóbora, açúcar, coco ralado e cravo-da-índia, bem como os recipientes para embalagem) e a mão de obra (trabalho de Inês); concorreram de forma indireta o aluguel, o gás, a energia elétrica e a depreciação dos móveis e dos utensílios.

A atribuição dos gastos incorridos na fabricação ao custo dos produtos seria simples se durante um período fechado, por exemplo, um mês, a empresa tivesse fabricado apenas um tipo de produto, tendo o processo de fabricação se iniciado no primeiro dia do mês e sido concluído no último dia do mesmo mês. Nesse caso, bastaria somar todos os gastos incorridos durante o mês para se conhecer o custo de fabricação daquele produto.

Entretanto, nem sempre as empresas industriais fabricam um só tipo de produto e nem sempre o processo de fabricação se inicia e é finalizado coincidindo com o primeiro e o último dia do mês. Além disso, as empresas podem fabricar produtos tendo características diferentes com aplicação de materiais variando em quantidade e tipo, além de necessitarem de um número maior ou menor de horas de trabalho para sua fabricação.

Dessa forma, ao se atribuir custos aos produtos, é preciso considerar que os três elementos componentes do custo poderão concorrer de forma direta ou indireta no processo de fabricação.

Em geral, os materiais e a mão de obra concorrem de forma direta, ao passo que os gastos gerais de fabricação concorrem de forma indireta – embora deva ser lembrado, sempre, que os três elementos poderão possuir parte direta e parte indireta.

No exemplo em questão, vamos considerar os seguintes valores para os gastos gerais de fabricação:

- Aluguel mensal da casa de Inês: $ 660.
- Gasto com consumo de energia elétrica durante o mês: $ 110.
- Preço de um botijão de gás de 13 kg: $ 26.
- Depreciação dos móveis e utensílios: embora Inês não seja uma empresa, para fechar o raciocínio, vamos supor que a cota de depreciação anual do fogão, da mesa e dos demais utensílios seja de $ 116,16.

Entretanto, esses custos indiretos não poderão ser atribuídos integralmente ao custo de fabricação dos 5 kg de doce de abóbora, uma vez que se referem a gastos de um mês e o doce foi fabricado em apenas quatro horas de trabalho.

Desse modo, não sendo os custos indiretos facilmente identificados em relação a cada produto fabricado, a sua atribuição ao custo deste ou daquele produto requer a aplicação de cálculos criteriosos.

Podemos concluir então que, em relação aos produtos fabricados, o custo pode ser dividido em duas partes:

- **Custos diretos**: aqueles que podem ser identificados facilmente em relação ao produto fabricado.
- **Custos indiretos**: aqueles que não podem ser facilmente identificados em relação a cada produto fabricado, motivo pelo qual a sua determinação está condicionada ao cumprimento de regras e à realização de cálculos mais detalhados.

É lógico que, ao comer o doce de abóbora, você não estará comendo gás, nem energia elétrica. Entretanto, esses elementos contribuíram para que a fabricação fosse possível e, por isso, integram o custo de fabricação.

Os custos indiretos de fabricação são assim denominados porque não correspondem a gastos realizados especificamente para este ou aquele produto. Na empresa industrial, eles beneficiam toda a produção de um período. Por exemplo, o gasto com aluguel, quando a empresa não possui prédio próprio, é indispensável para que ela possa operar. Porém, como esse gasto não está ligado diretamente a este ou àquele produto, deverá ser distribuído de maneira proporcional entre todos os produtos fabricados pela empresa durante o mês. Essa distribuição deve ser feita por critérios que, como já dissemos, serão estimados ou arbitrados conforme cada caso particular.

A distribuição proporcional que se faz para atribuir aos produtos o valor dos custos indiretos de fabricação (aluguel, energia elétrica etc.) denomina-se, tecnicamente, rateio.

Convém ressaltar que o rateio pode ser utilizado também para atribuir alguns custos diretos aos produtos.

Veja, então, os cálculos para o rateio dos custos indiretos ao custo de fabricação dos 5 kg de doce de abóbora.

Aluguel

Bases de rateio: área ocupada e horas trabalhadas.

Estamos supondo que o aluguel mensal seja de $ 660 e que a área ocupada pela cozinha em relação ao imóvel total corresponda a 10%.

Teremos: 10% de $ 660 = $ 66.

Esse valor encontrado de $ 66 corresponde ao aluguel mensal somente da cozinha.

Levando-se em conta que a fabricação do doce de abóbora demorou 4 horas (meio dia de trabalho – considerando um turno diário de 8 horas) e considerando-se, ainda, que no mês temos 22 dias úteis, descontando-se os sábados e domingos, faremos:

$$\frac{\$\,66}{22 \text{ dias úteis}} = \$\,3 \text{ por dia}$$

Para meio dia de trabalho, o valor do aluguel será de $ 1,50.

Gás

Base de rateio: horas trabalhadas.

Suponhamos que, por um botijão de gás de 13 kg, tenha sido paga a importância de $ 26 e que (hipoteticamente), para consumir todo o gás contido no botijão, seja necessário que uma boca do fogão fique ligada durante 130 horas. Logo, para cada hora de gás consumido gastam-se $ 0,20. Se, para fazer o doce de abóbora, uma boca do fogão ficou acesa durante 2 horas e meia, o custo do gás consumido é dado por: $ 2,5 horas × $ 0,20 = $ 0,50.

Energia elétrica

Bases de rateio: área de iluminação e horas trabalhadas.

Existem vários critérios que podem ser adotados para o rateio do custo com energia elétrica, por exemplo, em relação ao número de aparelhos existentes em cada cômodo da casa, como refrigerador, forno micro-ondas, televisores, rádio, lava-roupas etc.; com base nos bicos de luz existentes em cada cômodo; com base na área de iluminação do imóvel etc. No entanto, para simplificar, vamos considerar que a energia seja utilizada apenas para iluminação do imóvel. Também para simplificar, vamos supor que a cozinha ocupe 10% de toda a área que recebe iluminação na casa.

Considerando que o gasto com energia elétrica do mês tenha sido de $ 110, faremos:

$$10\% \text{ de } \$110 = \$11 \text{ por mês}$$

$$\frac{\$\,11}{22 \text{ dias úteis}} = \$\,0{,}50 \text{ por dia}$$

Meio dia será igual a $ 0,25.

Depreciação de móveis e utensílios

Base de rateio: horas trabalhadas.

Você já estudou depreciação em Contabilidade Básica ou em Contabilidade Intermediária, lembra-se? Por meio da depreciação é possível incluir como despesa, ou custo de um período, parte do valor gasto na aquisição dos bens de uso. No exemplo em foco, temos os seguintes bens de uso: fogão, mesa, panela, colher e faca.

Os bens de pequeno valor – como ocorre no nosso exemplo com a panela, a colher e a faca – geralmente não estão sujeitos a depreciação, uma vez que devem ser considerados como despesa no período em que são adquiridos.

Como nosso propósito aqui não é estudar profundamente a depreciação, vamos considerar que a cota mensal de depreciação dos móveis e dos utensílios utilizados na cozinha de Inês seja de $ 9,68.

Se esses bens forem utilizados durante um turno diário de 8 horas, durante 22 dias por mês, faremos:

$$\frac{\$\,9{,}68}{22 \text{ dias úteis}} = \$\,0{,}44 \text{ por dia}$$

Meio dia de depreciação será igual a: $ 0,22.

Observações

- Conforme você pôde observar, adotamos o número de horas utilizadas na fabricação do doce de abóbora como base de rateio comum para os custos indiretos.
- O critério das horas trabalhadas é um dos muitos que existem para ratear custos indiretos aos produtos. Cada empresa, de acordo com a característica do seu processo de produção, deve optar pelo critério que melhor se ajuste à sua realidade.
- Outro aspecto importante a ser considerado no momento de se definir os critérios para se atribuir custos indiretos aos produtos é a relação custo-benefício. Você observou que, para ratear os custos indiretos, há necessidade de efetuar cálculos os quais, em alguns casos, podem apresentar resultados inexatos. Assim, em algumas situações, o uso de determinado critério para cálculo, em razão do pequeno valor que o custo representa em relação ao custo total do produto, torna-se tão oneroso para a empresa que é preferível buscar outras formas mais racionais para atribuir certos custos indiretos aos produtos. Em nosso exemplo, a água entrou na fabricação em quantidade tão pequena que nem a consideramos.
- Na cozinha, Inês certamente incorreu em outros gastos com o uso de pano de prato, toalha de papel, detergente etc. que, pelo inexpressivo valor, também não foram considerados.
- Para completar o custo de fabricação dos 5 kg de doce de abóbora, falta, então, efetuar os cálculos para determinar o valor da mão de obra direta (trabalho de Inês).

VEJA:

Mão de Obra

Base para rateio: horas trabalhadas.

A mão de obra direta é aquela identificada em relação a cada produto fabricado. No setor de produção das empresas, há um ou mais empregados incumbidos de fazer essas anotações, para facilitar a distribuição do gasto com mão de obra direta para cada produto.

Vamos considerar, para Inês, o salário mensal de uma confeiteira, no valor de $ 880.

Faremos:

$$\frac{\$\ 880}{22 \text{ dias úteis}} = \$\ 40 \text{ por dia}$$

Meio dia de trabalho corresponde a $ 20.

Veja, finalmente, o cálculo do custo de fabricação dos 5 kg de doce de abóbora:

Custos Diretos	
Materiais	**Valor**
8 kg de abóbora	10,40
1,5 kg de açúcar	2,25
150 g de coco ralado	3,25
6 g de cravo-da-índia	0,51
5 recipientes para embalagem	5,00
Total dos Materiais	21,41
Mão de Obra Direta	
Salário de Inês	20,00
Total dos Custos Diretos	41,41
Custos Indiretos	
Gastos Gerais de Fabricação	**Valor**
Aluguel	1,50
Gás	0,50
Energia elétrica	0,25
Depreciação	0,22
Total dos Custos Indiretos	2,47
CUSTO TOTAL	43,88

Agora, sim, podemos afirmar que o custo de fabricação dos 5 kg de doce de abóbora foi igual a $ 43,88.

Até aqui você ficou sabendo que o custo corresponde à soma dos gastos necessários para a fabricação de um produto. Ficou sabendo, também, que o custo é composto por três elementos: materiais, mão de obra e gastos gerais de fabricação, e que esses três elementos poderão conter parte direta e parte indireta.

O nosso propósito, nessa introdução ao estudo do custo industrial, foi apresentar, em linhas gerais, os componentes básicos do custo para que você tenha uma ideia do que iremos abordar no livro.

Suponhamos, agora, que Inês tenha decidido ampliar a sua produção, desejando fazer, além do doce de abóbora, outros tipos de doces, inclusive bolos, para comercializar. Para isso, ela construiu uma cozinha maior, comprou fogões mais adequados e muitos outros utensílios; contratou empregados, atribuindo-lhes funções de comprar ingredientes, produzir e vender seus produtos, sempre sob sua supervisão.

Inês já está produzindo dez variedades de doces e cinco de bolos; aceita encomendas para aniversários, casamentos etc.

A esta altura dos acontecimentos, você deve estar se indagando:

- Como Inês faz para conhecer o custo de cada produto?
- Se ela utiliza a mesma cozinha e os mesmos fogões e demais utensílios para fabricar vários doces e bolos, que critério usa para ratear os custos indiretos de fabricação, como aluguel, gás, energia elétrica etc., para cada produto?
- Existe maneira de padronizar o custo de alguns produtos para facilitar os cálculos, visando a fixação dos preços de venda?
- É obrigatório calcular o custo de cada produto ou pode-se apurar o custo global da produção de um mês ou um ano?

Certamente, você já percebeu que, quanto mais simples for o processo de fabricação, menos engenhosos serão os cálculos para se chegar aos custos dos produtos fabricados.

À medida que a indústria diversifica sua produção e cresce, surge a necessidade de se estabelecerem outros critérios e de se detalharem cada vez mais os seus controles.

Portanto, respostas para todas essas indagações, bem como para outras que poderão surgir ao longo dos seus estudos, você encontrará nas seções e nos capítulos seguintes deste livro.

Contudo, conforme assinalamos, cada empresa, dependendo do seu porte, dos tipos de produtos que fabrica e dos interesses de seus proprietários, poderá adotar critérios mais ou menos sofisticados para controle e apuração dos custos de fabricação dos seus produtos.

No momento, é suficiente saber que o custo de fabricação de um produto, seja um simples cabo de vassoura ou um sofisticado foguete aeroespacial, sempre será igual à soma dos gastos com materiais, mão de obra e gastos gerais de fabricação.

ATIVIDADES TEÓRICAS

1. Responda:

   1.1 Rosa faz salgadinhos para aniversários, casamentos etc.

   a) Tecnicamente, como se denominam os ingredientes que Rosa utiliza para fazer salgadinhos?

   b) Tecnicamente, como se denominam os gastos que Rosa tem com o trabalho do pessoal que a ajuda na fabricação?

   c) Tecnicamente, como se denominam os demais gastos que Rosa tem para fabricar os salgadinhos, como a energia elétrica e o aluguel?

   1.2 Quantos e quais são os elementos que compõem o custo de fabricação?

   1.3 O que são gastos gerais de fabricação? Cite quatro exemplos.

   1.4 O que você entende por custos diretos?

   1.5 O que são custos indiretos?

   1.6 Em que circunstância a carga total dos custos incorridos durante um mês deve ser atribuída totalmente a um só produto?

   1.7 Tendo em vista que os custos indiretos não são facilmente identificáveis em relação a cada produto, como eles serão atribuídos aos produtos?

   1.8 Uma empresa industrial adquiriu uma máquina para utilizar no processo de produção, e pagou por ela, em dinheiro, $ 200.000. O valor gasto na compra dessa máquina integrará o custo dos produtos fabricados? Se a resposta for positiva, explique como isso é possível.

2. Julgue as afirmativas como falsas (F) ou verdadeiras (V):

   2.1 ( ) O custo de fabricação pode ser apurado pela seguinte fórmula:
   CF = Materiais + Mão de Obra + Gastos Gerais de Fabricação.

   2.2 ( ) Os materiais e a mão de obra, geralmente, correspondem a custos diretos, ao passo que os gastos gerais de fabricação, em geral, são indiretos, embora se deva considerar que os três elementos poderão conter parte direta e parte indireta.

   2.3 ( ) Os custos indiretos de fabricação são assim denominados porque não correspondem a gastos realizados especificamente para este ou aquele produto.

   2.4 ( ) Os gastos necessários para a fabricação de um produto denominam-se gastos gerais de fabricação.

3. Assinale a alternativa correta:

   3.1 Em relação aos materiais, à mão de obra e aos gastos gerais de fabricação, podemos afirmar que:

   a) Todos integram o custo de fabricação.

   b) Todos serão considerados sempre como custos diretos, uma vez que integram o produto.

Dessa forma, para que esses termos, palavras e expressões de caráter técnico sejam facilmente compreendidos por você sem que lhe causem embaraços nos estudos, é preciso analisá-los e entender os seus significados do ponto de vista da Contabilidade de Custos. Eles serão devidamente explicados com muita clareza, à medida que forem surgindo ao longo dos nossos estudos.

Até aqui, alguns deles já apareceram e foram explicados, embora de maneira sucinta; por exemplo: materiais, mão de obra, gastos gerais de fabricação, custos diretos, custos indiretos, rateio, bases de rateio. Lembra-se?

Por derradeiro, cumpre salientar que a inobservância da terminologia pode não interferir no resultado final, porém observá-la corretamente tornará mais fácil compreender a composição do custo de fabricação.

1.3 A Contabilidade Financeira, a Contabilidade de Custos e a Contabilidade Gerencial

A Contabilidade de Custos ou Contabilidade Industrial é um ramo da Contabilidade Geral ou Financeira que se aplica às empresas industriais. Quando falamos em Contabilidade Geral ou Financeira, estamos nos referindo a Contabilidade no seu sentido mais amplo, considerada como a ciência social que tem por objeto o patrimônio de todas as entidades, sejam elas públicas ou particulares, tenham ou não finalidade econômica.

Considerando que as entidades podem exercer atividades de várias naturezas, além de adotarem a Contabilidade Geral, com observância das normas contábeis que a norteiam, adotarão, concomitantemente, um ramo da Contabilidade que trata especificamente do registro e controle de suas operações típicas.

Assim, ao lado da Contabilidade Geral ou Financeira, dependendo da natureza das operações que exerce, a entidade poderá estar sujeita à adoção de um dos seguintes ramos da Contabilidade: bancária, comercial, de condomínio, de custos ou industrial, imobiliária, hospitalar, agrícola, pastoril etc.

Portanto, essas ramificações da Contabilidade cuidam especificamente das operações típicas que caracterizam cada tipo de entidade, cabendo à Contabilidade Financeira cuidar das demais operações que são comuns a todas elas.

Como as atividades que caracterizam a empresa industrial ocorrem na área de produção, a Contabilidade de Custos cuida do registro e do controle dos eventos que acontecem nessa área da empresa.

Historicamente, a Contabilidade de Custos surgiu com o advento das empresas industriais a partir do século XVIII. Veio para atender a uma nova necessidade: atribuir custos aos estoques de produtos fabricados pelas empresas industriais.

Antes do surgimento das empresas industriais, a atribuição de custos aos estoques de bens destinados à venda (que eram compostos somente por mercadorias) nas empresas comerciais, visando a apuração dos resultados e o levantamento do balanço patrimonial, era feita pela Contabilidade Financeira, que se limitava a atribuir aos estoques desses bens os custos constantes dos documentos de compra emitidos pelos fornecedores. Com a industrialização, a tarefa de atribuir custos aos estoques de bens destinados à venda ficou mais complexa, pois, além do valor pago aos fornecedores de matérias-primas, tornou-se necessário incluir ainda no custo dos estoques de produtos fabricados pela empresa os valores gastos com mão de obra e gastos gerais de fabricação incorridos para transformar matérias-primas em produtos.

A Contabilidade de Custos, criada para avaliar estoques, constituiu um importante instrumento de controle e atribuição de custos aos produtos, sem se preocupar, no entanto, em fornecer informações para o gerenciamento da produção e da comercialização. Para exemplificar, as decisões necessárias à atribuição do preço de venda aos produtos tinham por fundamento somente o custo de fabricação; para alcançar a lucratividade desejada, não havia outras preocupações, desconsiderando-se, inclusive, os fatores externos relacionados ao mercado.

Na década de 1950, pela necessidade do aprimoramento das funções da própria Contabilidade de Custos, surge a Contabilidade Gerencial, cuja meta principal é auxiliar a administração nas tomadas de decisões de planejamento e controle.

A Contabilidade Gerencial, portanto, com funções distintas da Contabilidade Financeira e da Contabilidade de Custos, tem como objetivo principal auxiliar os administradores em suas tomadas de decisões, visando alcançar maior produtividade com a otimização dos recursos disponíveis, reduzindo custos e aperfeiçoando a qualidade dos produtos fabricados, para melhorar a competitividade da empresa e, consequentemente, alcançar resultados mais satisfatórios no desenvolvimento de suas atividades operacionais.

ATIVIDADES TEÓRICAS

1. Responda:

   1.1 Que providência deve ser tomada para que as palavras, expressões ou termos técnicos que integram a terminologia de custos não lhe causem embaraços nos estudos?

   1.2 Contabilidade Financeira e Contabilidade de Custos são a mesma coisa?

   1.3 Cite quatro ramificações da Contabilidade.

   1.4 Qual é o principal objetivo da Contabilidade Gerencial?

2. Julgue as afirmativas como falsas (F) ou verdadeiras (V):

   2.1 ( ) A inobservância da terminologia não interfere no resultado final, porém observá-la corretamente torna mais fácil compreender a composição do custo de fabricação.

   2.2 ( ) A inobservância da terminologia interfere no resultado final, porém observá-la corretamente torna mais fácil compreender a composição do custo de fabricação.

   2.3 ( ) Enquanto a Contabilidade Financeira é abrangente e aplica-se a todo e qualquer tipo de entidade, a Contabilidade de Custos é específica e aplica-se tão somente aos eventos relacionados com a área de produção das empresas industriais.

2.4 ( ) Na empresa industrial, haverá duas Contabilidades: a de Custos ou Industrial, para o registro dos eventos que ocorrem na área de produção, e a Contabilidade Financeira, para os demais eventos que movimentam o patrimônio da entidade.

3. Assinale a alternativa correta:

3.1 É função gerencial da Contabilidade de Custos:

a) Registrar todos os fatos administrativos.
b) Calcular e atribuir custos aos produtos fabricados.
c) Auxiliar os administradores nas tomadas de decisões.
d) Atribuir custos aos produtos vendidos.
e) N.D.A.

3.2 São atribuições da Contabilidade de Custos:

a) Registrar e controlar os fatos que ocorrem na área administrativa.
b) Registrar e controlar os fatos que ocorrem na área financeira.
c) Registrar e controlar os fatos que ocorrem na área comercial.
d) Registrar e controlar os fatos que ocorrem na área de produção.
e) As alternativas "b" e "d" estão corretas.

2 Conceitos de Custos

2.1 Custos, Despesas e Investimentos

2.1.1 Introdução

Antes de estudarmos os mecanismos utilizados para a contabilização do custo industrial, é necessário conhecer alguns conceitos básicos que facilitarão o entendimento da matéria.

Neste capítulo, explicaremos os significados dos principais termos, palavras e expressões técnicos utilizados na Contabilidade de Custos, sem esgotá-los, evidentemente, pois sempre que novos termos surgirem nos demais capítulos, eles também serão explicados.

A palavra **custo** possui significado muito abrangente.

Veja alguns exemplos: em uma empresa comercial, pode ser utilizada para representar o custo das compras de mercadorias, o custo das mercadorias disponíveis para venda, o custo das mercadorias vendidas etc.; em uma empresa de prestação de serviços, pode ser utilizada para representar o custo dos materiais adquiridos para aplicação na prestação de serviços, o custo dos serviços prestados etc.; em uma empresa industrial, pode ser utilizada para representar o custo das compras de matérias-primas, o custo das matérias-primas disponíveis, o custo das matérias-primas aplicadas no processo de fabricação, o custo direto de fabricação, o custo indireto de fabricação, o custo da produção acabada no período, o custo dos produtos vendidos etc.

Assim, você precisa ter consciência de que poderá encontrar conceitos distintos de custo. Procure analisar esses conceitos de acordo com o enfoque que estiver sendo dado a cada caso particular. Isso facilitará o raciocínio e tornará os estudos mais agradáveis.

Como o objeto dos nossos estudos no presente livro é a empresa industrial e, mais precisamente, a função de produção desse tipo de empresa, nosso enfoque principal estará sempre voltado ao custo de fabricação, embora outros aspectos de importância também sejam tratados.

Não restam dúvidas de que um dos obstáculos enfrentados pelos estudantes de custos reside em saber diferenciar um gasto quando ele representa despesa e quando representa custo.

Essas duas palavras – despesa e custo –, tecnicamente, representam coisas diferentes quando utilizadas pela Contabilidade de Custos, mas, quando empregadas na nossa linguagem comum ou integrando terminologias de outras profissões, em certos casos, podem representar coisas semelhantes.

Alguns professores e escritores preferem iniciar o ensino da Contabilidade de Custos ressaltando a questão da terminologia como fator de importância na aprendizagem.

Toda vez que a empresa industrial pretende obter bens – seja para uso, troca, transformação ou consumo – ou utilizar algum tipo de serviço, ela efetua um gasto. Esses gastos que podem ser pagos à vista ou a prazo, classificam-se em investimentos, despesas e custos. Quando, por exemplo, no momento da obtenção do bem ocorre o respectivo pagamento, dizemos que o gasto foi pago à vista, pois houve desembolso de numerário no momento da sua consumação. Se, no entanto, no momento da compra não ocorre pagamento, o qual deve ser feito posteriormente, dizemos que o gasto ocorreu para ser pago a prazo, pois não houve desembolso de numerário no momento da compra.

O desembolso, que se caracteriza pela entrega do numerário, pode ocorrer antes (pagamento antecipado), no momento (pagamento à vista) ou depois (pagamento a prazo) da consumação do gasto. Entretanto, ele não interfere na classificação do gasto em investimento, custo ou despesa.

Os gastos que se destinam à obtenção de bens de uso da empresa (computadores, móveis, máquinas, ferramentas, veículos etc.) ou a aplicações de caráter permanente (compra de ações de outras empresas, de imóveis, de ouro etc.) são considerados investimentos. Consideram-se também investimentos os gastos com a obtenção dos bens destinados a troca (mercadorias), transformação (matérias-primas, materiais secundários e materiais auxiliares, materiais de embalagem) ou consumo (materiais de expediente, higiene e limpeza), enquanto esses bens ainda não forem trocados, transformados ou consumidos.

Quando os gastos são efetuados para a obtenção de bens e serviços que são aplicados diretamente na produção de outros bens, correspondem a custos.

Quando os bens – que serão aplicados no processo de fabricação – são adquiridos em grandes quantidades, no momento da compra, serão estocados e, por esse motivo, classificados como investimentos. Esses bens somente deixarão de ser investimentos para serem classificados como custos a partir do momento em que forem retirados dos estoques e inseridos no processo de fabricação.

Quando os gastos são efetuados para obtenção de bens ou serviços aplicados nas áreas administrativa, comercial ou financeira, visando direta ou indiretamente a obtenção de receitas, correspondem a despesas.

Quando ocorrerem gastos na compra de bens de consumo em grandes quantidades, os quais serão inicialmente estocados (ativados) para serem consumidos, no futuro, nas áreas administrativa, comercial ou financeira, esses gastos serão inicialmente classificados como investimentos. Quando esses bens são retirados dos estoques para serem consumidos nas áreas administrativa, comercial ou financeira da empresa, saem da fase de investimento para serem classificados como despesas.

É importante salientar que alguns gastos, pela sua natureza, são inicialmente considerados investimentos, integrando o ativo da empresa, e que, por meio da depreciação e da amortização, gradativamente, por critérios estabelecidos pela empresa (tempo de vida útil ou outro, todos aceitos e consagrados nos meios comerciais), deixam de ser investimentos para integrar o grupo dos custos ou das despesas, conforme o caso.

2.1.2 Diferença entre custo e despesa

Para que você possa diferenciar de forma cristalina custo de despesa em uma empresa industrial, pense assim: "a despesa vai para o resultado enquanto o custo vai para o produto"; "a despesa não será recuperada enquanto o custo será recuperado por ocasião da venda do produto".

Veja melhor: a despesa, quando incorrida e paga à vista, provoca diminuição no Ativo, pela saída do dinheiro; quando reconhecida como incorrida, porém a ser paga no período seguinte, gera aumento no Passivo pelo compromisso assumido. Em ambos os casos, ela exerce função negativa no Patrimônio, diminuindo o Ativo e aumentando o Passivo.

Em contrapartida, essas situações provocam diminuição no Patrimônio Líquido, em decorrência da redução do lucro.

Por outro lado, o custo, ao integrar o valor do produto fabricado, será totalmente recuperado pela empresa por ocasião da venda do respectivo produto.

PARA MEMORIZAR

- O custo integra o produto; vai para o estoque e aumenta o AC.
- A despesa reduz o lucro; vai para o resultado e reduz o PL.

Resumo

- Gasto: desembolso à vista ou a prazo para obtenção de bens ou serviços, independentemente da destinação que esses bens ou serviços possam ter na empresa.
- Investimentos: compreendem basicamente os gastos com a aquisição dos bens de uso e dos bens que serão inicialmente mantidos em estoque para que no futuro sejam negociados, integrados ao processo de produção ou consumidos.
- Custo: compreende a soma dos gastos com bens e serviços aplicados ou consumidos na fabricação de outros bens.

- Despesa: compreende os gastos decorrentes do consumo de bens e da utilização de serviços das áreas administrativa, comercial e financeira, que direta ou indiretamente visam a obtenção de receitas.
- Desembolso: entrega de numerário antes, no momento ou depois da ocorrência dos gastos.
- Gastos com parte despesa e parte custo: compreendem os gastos que beneficiam ao mesmo tempo tanto a área de produção quanto as áreas administrativa, comercial e financeira. Neste caso, há necessidade de segregar a parcela que será classificada como despesas da parcela que será classificada como custos.

2.2 Custo de fabricação

2.2.1 Conceito

Custo de fabricação ou custo industrial compreende a soma dos gastos com bens e serviços aplicados ou consumidos na fabricação de outros bens.

2.2.2 Elementos

São três os elementos componentes do custo de fabricação:

- Materiais.
- Mão de Obra.
- Gastos gerais de fabricação.

2.2.2.1 Materiais

Materiais são os objetos utilizados no processo de fabricação, podendo ou não entrar na composição do produto.

Podem ser classificados como segue:

a. **Matéria-prima**: é a substância bruta principal e indispensável na fabricação de um produto. Entra na composição do produto de maneira preponderante em relação aos demais materiais. Em uma indústria de móveis de madeira, a matéria-prima é a madeira; em uma indústria de confecções, é o tecido; em uma indústria de massas alimentícias, é a farinha.

b. **Materiais secundários**: são os materiais aplicados na fabricação em menores quantidades que a matéria-prima. Eles entram na composição dos produtos, juntamente com a matéria-prima, complementando-a ou até mesmo dando o acabamento necessário ao produto. Os materiais secundários para uma indústria de móveis de madeira são o prego, a cola, o verniz, as dobradiças, os fechos etc.; para uma indústria de confecções, são os aviamentos (botões, zíperes, linha etc.); para uma indústria de massas alimentícias, são os ovos, a manteiga, o fermento, o açúcar, o sal etc.

c. **Materiais auxiliares**: são todos os materiais que, embora necessários ao processo de fabricação, não entram na composição dos produtos. Para uma indústria de móveis de madeira, são as lixas, as estopas, os pincéis, a graxa etc.; para uma indústria de confecções, são as facas utilizadas para o corte dos tecidos, o produto de limpeza de acabamento (substâncias próprias para remover dos produtos os resíduos de tintas e de outras imperfeições agregadas no momento da fabricação) etc.; em uma indústria de massas alimentícias, são a manteiga utilizada para untar as assadeiras, as toalhas de papel etc.

d. **Materiais de embalagem**: são os materiais destinados a acondicionar ou embalar os produtos antes que eles deixem a área de produção. Os materiais de embalagem em uma indústria de móveis de madeira podem ser as caixas de papelão; em uma indústria de confecções, podem ser as caixas de papelão ou os sacos plásticos; em uma indústria de massas alimentícias, podem ser também as caixas de papelão, os sacos plásticos etc.

Você poderá encontrar outras denominações para grupos de materiais, como: materiais acessórios, material de acabamento etc. O detalhamento dependerá dos interesses da empresa ou até mesmo das características que envolvam cada processo de fabricação.

No exemplo apresentado no Capítulo 1, para Inês fazer 5 kg de doce de abóbora, ela utilizou os seguintes materiais: matéria-prima (abóbora); materiais secundários (açúcar, cravo-da-índia e coco ralado); material de embalagem (cinco recipientes de matéria plástica).

2.2.2.2 Mão de Obra

Mão de Obra é o esforço do homem aplicado na fabricação dos produtos. Compreende não só os gastos com salários, mas também com benefícios a que os empregados têm direito, como cestas básicas, vale-transporte, vale-refeição e outros. Acrescentam-se ainda à mão de obra os encargos sociais de obrigação da empresa, como a Previdência Social da parte patronal e o Fundo de Garantia do Tempo de Serviço (FGTS).

2.2.2.3 Gastos gerais de fabricação

Gastos gerais de fabricação compreendem os demais gastos necessários para a fabricação dos produtos, os quais, pela própria natureza, não se enquadram como materiais ou como mão de obra. São os gastos com aluguéis, energia elétrica, serviços de terceiros, manutenção da fábrica, depreciação das máquinas, seguro contra roubo e incêndio, material de higiene e limpeza, óleos e lubrificantes para as máquinas, pequenas peças para reposição, telefones e comunicações etc.

ATIVIDADES TEÓRICAS

1. Responda:

   1.1 O que é gasto?

   1.2 Quando um gasto deve ser classificado como investimento?

   1.3 O que são despesas?

   1.4 Quando um gasto deve ser classificado como despesa?

   1.5 O que é custo de fabricação?

   1.6 Quando um gasto deve ser classificado como custo?

   1.7 Qual é a diferença entre custo e despesa?

   1.8 Em uma empresa industrial que abriga, no mesmo imóvel alugado, os departamentos de produção, administração, comercial e financeiro, qual é a classificação correta a ser dada ao gasto com aluguel?

   1.9 Quantos e quais são os elementos componentes do custo de fabricação?

   1.10 O que é Mão de Obra?

   1.11 O que são gastos gerais de fabricação?

2. Julgue as afirmativas como falsas (F) ou verdadeiras (V):

   2.1 ( ) Toda despesa corresponde a gasto, porém nem todo gasto corresponde a despesa.

   2.2 ( ) Todo custo corresponde a despesa, porém nem toda despesa corresponde a custo.

   2.3 ( ) Os materiais a serem aplicados no processo de fabricação, quando adquiridos em grandes quantidades, no momento em que são adquiridos, devem ser considerados investimentos.

   2.4 ( ) Os gastos que representam consumo de bens ou utilização de serviços correspondem a despesas, mesmo que integrem o processo de fabricação.

   2.5 ( ) O custo industrial se caracteriza pelo consumo de bens e/ou pela utilização de serviços que ocorrem nas áreas comercial e administrativa da empresa.

   2.6 ( ) O desembolso corresponde à saída de numerário da empresa decorrente de um gasto realizado à vista, a prazo ou a realizar.

   2.7 ( ) Os gastos com salários e encargos pagos ao pessoal que trabalha no departamento de informática e presta serviços de manutenção e assistência técnica a todos os computadores existentes na empresa, sejam das áreas administrativa, comercial ou de produção, deverão ser classificados como despesa.

   2.8 ( ) Os gastos com café da manhã servido gratuitamente a todos os empregados da empresa, sejam das áreas administrativa, comercial ou de produção, incluídos os salários e encargos do pessoal que trabalha na suposta cozinha, deverão ser classificados parte como despesas e parte como custos. O critério para se fazer essa segregação poderá ser o número de empregados que atua em cada área da empresa.

2.9 ( ) Uma das diferenças entre custo e despesa está em que o custo será recuperado pela empresa, enquanto a despesa não.

2.10 ( ) Materiais auxiliares compreendem os materiais que, embora sejam aplicados no processo de fabricação, não entram na composição do produto.

2.11 ( ) Materiais secundários são aqueles que, embora necessários ao processo de fabricação, não entram na composição dos produtos.

2.12 ( ) Os materiais de embalagem que devem integrar o custo de fabricação compreendem aqueles necessários para acondicionar ou embalar os produtos antes de concluída a fase de fabricação.

2.13 ( ) Matéria-prima, materiais secundários, materiais auxiliares, material de acabamento e material de embalagem, embora com fins específicos no processo de fabricação, são todos integrantes do elemento materiais que compõem o custo de fabricação.

3. Assinale a alternativa correta:

3.1 O desembolso à vista ou a prazo para obtenção de bens ou serviços, independentemente de sua destinação dentro da empresa, denomina-se:

a) Gasto.
b) Investimento.
c) Despesa.
d) Custo.
e) Todas as alternativas estão corretas.

3.2 Os gastos decorrentes da aquisição dos bens de uso classificam-se como:

a) Gastos.
b) Investimentos.
c) Despesas.
d) Custos.
e) Todas as alternativas estão corretas.

3.3 Os gastos com bens ou serviços aplicados diretamente na produção denominam-se:

a) Gastos.
b) Investimentos.
c) Despesas.
d) Custos.
e) N.D.A.

3.4 Os gastos decorrentes do consumo de bens e da utilização de serviços nas áreas administrativa e comercial, que direta ou indiretamente visam a obtenção de Receitas, classificam-se como:

a) Gastos.
b) Investimentos.
c) Despesas.
d) Custos.
e) N.D.A.

3.5 A entrega de numerário antes, no momento ou depois da ocorrência do gasto denomina-se:

a) Gastos.
b) Investimentos.
c) Despesas.
d) Custos.
e) Desembolso.

3.6 O principal material aplicado na fabricação, e que entra na composição do produto de forma preponderante em relação aos demais, denomina-se:

a) Matéria-prima.
b) Materiais secundários.
c) Materiais auxiliares.
d) Material de embalagem.
e) Material de acabamento.

3.7 Os materiais aplicados na fabricação, que entram na composição dos produtos em menores quantidades que a matéria-prima, denominam-se:

a) Matéria-prima.
b) Materiais secundários.
c) Materiais auxiliares.
d) Material de embalagem.
e) Material de acabamento.

3.8 Os materiais aplicados no processo de fabricação, e que não entram na composição dos produtos, denominam-se:

a) Matéria-prima.
b) Materiais secundários.
c) Materiais auxiliares.
d) Material de embalagem.
e) Material de acabamento.

3.9 Os materiais utilizados para acondicionar e embalar os produtos antes que eles saiam da área de produção denominam-se:

a) Matéria-prima.
b) Materiais secundários.
c) Materiais auxiliares.
d) Material de embalagem.
e) Material de acabamento.

ATIVIDADE PRÁTICA

Classifique os gastos a seguir:

a) Custos (C), Despesas (D), Investimentos (I), parte Custo e parte Despesa (C/D) ou Outros (O).

b) Com relação ao desembolso, responda: SIM ou NÃO.

c) Somente para os gastos que corresponderem a custos, responda: Matéria-prima (MP), Material Secundário (MS), Material Auxiliar (MA), Material de Embalagem (ME), Mão de Obra (MO) ou Gastos Gerais de Fabricação (GGF).

1. Compra à vista, de 1.000 m de tecidos para serem aplicados imediatamente na fabricação:
2. Compra, à vista, de um computador:
3. Compra, a prazo, de 1.000 m^3 de madeira para serem estocados em uma empresa que fabrica móveis de madeira:
4. Compra, à vista, de 50 folhas de lixa para aplicação imediata no processo de produção em uma indústria de móveis de madeira:
5. Em uma indústria que atua no ramo de confecções, ocorreu transferência de 2.000 m de tecidos do almoxarifado para a produção. Esses tecidos foram avaliados em $ 4.000:
6. Pagamento, em cheque, de conta de energia elétrica no valor de $ 800. O consumo refere-se somente à área comercial:
7. Pagamento, em dinheiro, de conta de energia elétrica que engloba o consumo com iluminação de toda a empresa industrial, incluindo as áreas administrativa, comercial e de produção:
8. Pagamento, em dinheiro, do aluguel da fábrica:
9. Pagamento, em dinheiro, do aluguel do imóvel que abriga toda a empresa industrial com suas áreas de produção, administrativa, comercial e financeira:
10. Pagamento, em dinheiro, de conta de água referente ao consumo da fábrica:
11. Pagamento, em dinheiro, de conta de água da área administrativa:
12. Pagamento, por meio de créditos em contas correntes bancárias, de salários e encargos do pessoal da fábrica:
13. Pagamento, em cheque, do pró-labore do sócio-gerente que atua na área de produção. Trata-se de obrigação já apropriada no mês anterior:
14. Pagamento, em cheque, de pró-labore do sócio-gerente que atua integralmente na área comercial. A obrigação tinha sido apropriada no mês anterior:
15. Apropriação dos encargos sociais incidentes sobre a folha de pagamento do pessoal da fábrica:
16. Apropriação da folha de pagamento do pessoal administrativo:
17. Compra, a prazo, de lubrificantes e graxas para uso imediato nas máquinas da fábrica:
18. Pagamento da NF n. 123 ao Posto Mangueira Ltda., referente à gasolina do automóvel da Administração. O consumo refere-se ao exercício anterior e a obrigação estava devidamente registrada no grupo das Contas a Pagar:
19. Compra, a prazo, de duas toneladas de caixas de papelão para embalar produtos. O consumo está previsto para seis meses:
20. Em uma indústria de confecções houve transferência, do almoxarifado para a área de produção, de aviamentos avaliados pelo critério PEPS, por $ 2.000:
21. Pagamento, em dinheiro, pela compra de um rolo de fita adesiva, no valor de $ 0,80. Destina-se a uso imediato para embalar produtos na área de produção:
22. Compra, a prazo, de uma tonelada de sacos plásticos a serem utilizados durante três meses para embalar produtos na área de produção:
23. Foram transferidos 100 kg de sacos plásticos, avaliados em $ 500, para a área de produção:
24. Depreciação dos computadores da área administrativa:
25. Depreciação das máquinas da fábrica:
26. Pagamento, em dinheiro, de $ 20.000, referente a fretes e seguro para entrega de produtos fabricados pela empresa:
27. Pagos juros de mora sobre duplicatas:
28. Pagas, no banco, taxas referentes a talões de cheques:
29. Taxas de pedágio pagas durante a entrega de produtos a clientes:
30. Compra, à vista, de uma tela a óleo do pintor Piter, no valor de $ 500.000:

31. Apropriação para a fábrica de parte dos honorários da diretoria:
32. Pagas, em dinheiro, refeições do pessoal da área de vendas:
33. Pagamento de estadas e refeições do pessoal da fábrica durante curso de treinamento:
34. Compensação de obrigações devidas ao fornecedor de farinha, com duplicatas de nossos clientes:

Nota

- Responda a esta Atividade Prática, em folha à parte, anotando após cada fato as iniciais correspondentes a sua correta classificação.

EXEMPLO:

1. Compra à vista de 1.000 m de tecidos para serem aplicados imediatamente na fabricação: C, SIM, MP.

2.2.3 Classificação do custo de fabricação

2.2.3.1 Em relação aos produtos

Em relação aos produtos fabricados, o custo pode ser direto ou indireto.

- Custos Diretos compreendem os gastos com materiais, mão de obra e gastos gerais de fabricação aplicados diretamente na fabricação dos produtos.

  São assim denominados porque, além de integrarem os produtos, suas quantidades e seus valores podem ser facilmente identificados em relação a cada produto fabricado.

- Custos Indiretos compreendem os gastos com materiais, mão de obra e gastos gerais de fabricação aplicados indiretamente na fabricação dos produtos.

  São assim denominados porque, além de não integrarem os produtos, é impossível uma segura identificação de suas quantidades e de seus valores em relação a cada produto fabricado.

A classificação dos gastos em Custos Indiretos é dada tanto àqueles que impossibilitam uma segura e objetiva identificação em relação aos produtos fabricados, como também àqueles que, mesmo integrando os produtos (como ocorre com parte dos materiais secundários em alguns processos de fabricação), em razão do pequeno valor que representam em relação ao custo total, têm cálculos e controles tão onerosos que é preferível tratá-los como indiretos (Característica Qualitativa Fundamental da Informação Contábil-Financeira Útil, da materialidade).

A impossibilidade de identificação desses gastos em relação aos produtos ocorre porque beneficiam a fabricação de vários produtos ao mesmo tempo.

Veja alguns exemplos:

- **aluguel da fábrica**: o aluguel é pago para que a empresa possa utilizar o imóvel durante um período. Essa utilização beneficia a fabricação de todos os produtos e o normal é que não seja possível identificar esse gasto com esse ou aquele produto fabricado.
- **energia elétrica**: a energia elétrica consumida na iluminação das dependências da fábrica, bem como aquela consumida por máquinas que não possuem medidores para permitir o controle do consumo, não poderá ser identificada em relação a cada produto fabricado.
- **salários e encargos dos chefes de seção e dos supervisores da fábrica**: esse pessoal trabalha dando assistência e supervisão a vários setores na área de produção. Seus trabalhos, portanto, beneficiam toda a produção de um período, o que dificulta a identificação com esse ou aquele produto.

A atribuição dos custos indiretos aos produtos é feita por meio de critérios que podem ser estimados ou até mesmo arbitrados pela empresa.

A distribuição dos custos indiretos aos produtos denomina-se, conforme já assinalamos, rateio, e a medida que serve de parâmetro para se efetuar essa distribuição denomina-se base de rateio. No Capítulo 9, você encontrará mais detalhes sobre rateio e bases de rateio.

Resumo

Os gastos com materiais, mão de obra e gastos gerais de fabricação podem ser classificados como custos diretos ou como custos indiretos.

Serão considerados diretos quando suas quantidades e seus valores puderem ser facilmente identificados em relação a cada produto fabricado; serão indiretos quando não for possível essa identificação.

Geralmente, a matéria-prima, a maior parte dos materiais secundários e de embalagem e quase a totalidade da mão de obra do pessoal da fábrica são facilmente identificáveis em relação aos produtos fabricados, motivo pelo qual são classificados como custos diretos; todavia, em geral, uma pequena parcela dos materiais secundários e do material de embalagem, o total dos materiais auxiliares, uma parte da mão de obra (chefia e supervisão) e os gastos gerais de fabricação são de difícil identificação em relação aos produtos, motivo pelo qual são classificados como custos indiretos de fabricação.

Se a empresa fabricar apenas um produto, é evidente que todos os gastos atribuídos à produção de um determinado período serão apropriados a esse produto, sem grandes complicações. Nesse caso, a soma dos custos totais da produção de um mês refere-se exclusivamente ao único produto fabricado no referido mês. No entanto, caso a empresa industrial fabrique vários tipos de produtos, a atribuição dos custos incorridos na fabricação deverá ser feita de modo diferente. Os custos diretos serão atribuídos a cada produto sem grandes complicações, enquanto os custos indiretos serão atribuídos a cada produto de forma proporcional, com base nas quantidades produzidas, no tempo de trabalho necessário para a fabricação de cada um, ou com base em outro critério que deverá ser definido em cada caso particular.

2.2.3.2 Em relação ao volume de produção

Em relação ao volume de produção, os custos podem ser fixos ou variáveis.

Custos fixos são aqueles que permanecem estáveis, independentemente de alterações no volume da produção. São custos necessários ao desenvolvimento do processo industrial em geral, motivo pelo qual se repetem em todos os meses do ano.

São custos fixos: aluguel da fábrica, água (utilizada para consumo do pessoal e limpeza da fábrica), energia elétrica (utilizada para iluminação da fábrica), salários e encargos dos mensalistas que trabalham na manutenção e limpeza da fábrica, seguro do imóvel, segurança da fábrica, telefone, depreciação normal das máquinas, salários e encargos dos supervisores da fábrica etc.

É importante salientar que os custos fixos podem sofrer alguma variação de um período para outro, como ocorre, por exemplo, com o aluguel, que, em consequência de cláusulas contratuais, pode estar sujeito a reajustes periódicos; com os salários e encargos, que podem variar em decorrência da própria legislação trabalhista etc. No entanto, mesmo estando sujeitos a variações dessas naturezas, esses custos continuam sendo classificados como fixos, porque a classificação dos custos em fixos e variáveis é feita exclusivamente em relação ao volume da produção.

Há ainda situações em que alguns custos fixos podem sofrer pequenas variações, em decorrência de aumentos no volume da produção, como ocorre, por exemplo, com o aumento no número de telefonemas, no consumo de materiais de limpeza etc. Entretanto, esses custos não perdem a condição de fixos, uma vez que podem variar até um determinado limite da variação do volume da produção, e depois permanecem estáveis novamente.

Assim, ainda que alguns custos fixos sofram pequenas alterações, como essas eventuais alterações não acompanham proporcionalmente os aumentos que ocorrem no volume da produção, eles não perdem a condição de fixos.

Por fim, é importante salientar que os custos fixos, por não integrarem os produtos e por beneficiarem a fabricação de vários produtos ao mesmo tempo, são também denominados custos indiretos.

Custos variáveis são aqueles que variam em decorrência do volume da produção. Então, quanto mais produtos forem fabricados em um período, maiores serão os custos variáveis.

Veja, como exemplo, a matéria-prima. Se para fabricar uma saia é preciso 1,5 m de tecido, para 50 saias serão necessários 75,00 m desse mesmo tecido. Assim, quanto maior for a quantidade fabricada, maior será o consumo de matéria-prima e, por consequência, maior será o seu custo.

Os custos variáveis, por estarem vinculados ao volume produzido, são também denominados custos diretos.

É importante salientar ainda que, em relação ao volume de produção, entre os custos fixos é comum alguns possuírem uma parcela variável e, entre os custos variáveis, também é comum alguns possuírem uma parcela fixa. Daí as denominações de custos semifixos e custos semivariáveis.

Custos semifixos, portanto, são os custos fixos que possuem uma parcela variável. Por exemplo: a energia elétrica. A parcela fixa da energia elétrica é aquela que independe da produção do período, sendo utilizada, em geral, para iluminação da fábrica; a parte variável é aquela aplicada diretamente na produção, variando de acordo com o volume produzido. Isso, evidentemente, só ocorre quando é possível medir a parte variável. Custos semivariáveis são, portanto, os custos variáveis que possuem uma parcela fixa. Por exemplo, a mão de obra aplicada diretamente na produção é variável em função das quantidades produzidas, ao passo que a mão de obra da supervisão da fábrica independe do volume produzido e, por isso, é classificada como fixa.

Por possuírem parcela fixa e parcela variável, esses custos são também conhecidos por custos mistos.

ATIVIDADES TEÓRICAS

1. Responda:

1.1 O que são custos diretos de fabricação?

1.2 O que são custos indiretos de fabricação?

1.3 Por que os custos indiretos são de difícil identificação em relação aos produtos fabricados?

1.4 Como é feito o rateio dos custos indiretos entre os produtos fabricados?

1.5 O que são custos fixos?

1.6 O gasto com aluguel do imóvel que é classificado como custo fixo pode sofrer variação? Explique.

1.7 O que são custos variáveis?

1.8 O que são custos semifixos?

1.9 O que são custos semivariáveis?

2. Julgue as afirmativas como falsas (F) ou verdadeiras (V):

2.1 ( ) Os custos diretos de fabricação são aqueles que podem ser facilmente identificados em relação aos produtos fabricados.

2.2 ( ) Os custos indiretos de fabricação são assim denominados porque podem ser facilmente identificados em relação aos produtos fabricados.

2.3 ( ) Custos indiretos são o mesmo que custos fixos.

2.4 ( ) Custos variáveis são o mesmo que custos diretos.

2.5 ( ) A distribuição dos custos indiretos entre os produtos denomina-se rateio.

2.6 ( ) A classificação de custos diretos e indiretos aplica-se somente aos materiais e à mão de obra.

2.7 ( ) A classificação em custos diretos e indiretos não se aplica aos materiais, à mão de obra e aos gastos gerais de fabricação.

2.8 ( ) A classificação dos custos em diretos ou indiretos abrange os materiais, a mão de obra e os gastos gerais de fabricação.

2.9 ( ) Geralmente, a maior parte dos gastos gerais de fabricação é classificada como custos indiretos.

2.10 ( ) Os custos diretos serão atribuídos a cada produto sem grandes complicações, ao passo que os custos indiretos serão atribuídos a cada produto por meio de critérios a serem definidos pela própria empresa.

3. Assinale a alternativa correta:

3.1 Quando determinado gasto beneficia a fabricação de vários produtos ao mesmo tempo, esse gasto é corretamente classificado como:

a) Custo direto.
b) Custo indireto.
c) Custo fixo.
d) Custo variável.
e) As alternativas "a" e "d" estão incorretas.

3.2 Sempre que um gasto puder ser identificado facilmente em relação a cada produto fabricado, variando conforme o volume produzido, esse gasto será classificado como:

a) Custo direto.
b) Custo indireto.
c) Custo fixo.
d) Custo variável.
e) As alternativas "a" e "d" estão corretas.

3.3 A atribuição dos custos indiretos de fabricação aos produtos é feita por meio de:

a) Critérios fixos.
b) Critérios indiretos.
c) Rateio por critérios estimados ou arbitrados.
d) Rateio por critérios fixados na Lei n. 6.404/1976.
e) As alternativas "a" e "c" estão corretas.

3.4 Base de rateio é:

a) Fator de fixação dos custos diretos.
b) Critério escolhido para atribuição dos custos diretos aos produtos.
c) Critério fixado em lei.
d) Medida que serve de parâmetro para o rateio dos custos indiretos aos produtos.
e) As alternativas "b" e "c" estão corretas.

3.5 Em relação aos produtos, os custos são classificados em:

a) Fixos e indiretos.
b) Diretos e indiretos.
c) Diretos e fixos.
d) Fixos e variáveis.
e) As alternativas "a" e "d" estão corretas.

3.6 Em relação ao volume de produção, os custos podem ser:

a) Fixos e variáveis.

b) Diretos e indiretos.

c) Fixos e indiretos.

d) Variáveis e diretos.

e) As alternativas "a" e "b" estão erradas.

ATIVIDADE PRÁTICA

Classifique os custos a seguir em:

a) Diretos (D) ou Indiretos (I).

b) Fixos (F) ou Variáveis (V).

1. Material de embalagem:
2. Energia elétrica (iluminação da fábrica):
3. Matéria-prima:
4. Materiais secundários de pequeno valor:
5. Materiais secundários de fácil identificação em relação a cada produto:
6. Salários e encargos da supervisão da fábrica:
7. Aluguel da fábrica:
8. Salários e encargos do pessoal da fábrica:
9. Salários e encargos da chefia da fábrica:
10. Depreciação das máquinas:
11. Consumo de água pelo pessoal da fábrica:
12. Refeições e viagens dos supervisores da fábrica:
13. Material de limpeza usado na fábrica:
14. Salários e encargos da segurança da fábrica:
15. Segurança da fábrica:

2.2.4 Custo dos Produtos Vendidos

2.2.4.1 Conceito

O custo dos produtos vendidos compreende a soma dos gastos com materiais, mão de obra e gastos gerais de fabricação aplicados ou consumidos na fabricação dos produtos que foram fabricados e vendidos pela empresa.

Após encerrado o processo de fabricação, os produtos acabados são transferidos da área de produção para o setor o departamento responsável pela estocagem de produtos, permanecendo estocados até que sejam vendidos.

Os produtos acabados recebem como custo toda a carga dos custos diretos e indiretos incorridos durante todo o processo de sua fabricação.

Os produtos que tiveram seus processos de fabricação iniciados em períodos anteriores e encerrados no período atual receberão cargas de custos proporcionais ao processo de fabricação em cada um dos períodos durante os quais estiveram em fabricação.

Portanto, ao terem seus processos de fabricação concluídos, os custos desses produtos conterão parte dos custos incorridos em períodos anteriores mais os custos gerados no atual período em que seus processos de fabricação foram concluídos.

É importante salientar que, entre os produtos vendidos pela empresa em um período, poderão constar somente produtos cujos processos de fabricação foram concluídos no respectivo período ou poderão constar também produtos que foram acabados em períodos anteriores.

Assim, para se conhecer o custo dos produtos vendidos, pode-se aplicar a seguinte fórmula:

CPV = EIPA + CPAP – EFPA

em que:

CPV = Custo dos produtos vendidos;
EIPA = Estoque inicial de produtos acabados;
CPAP = Custo da produção acabada no período;
EFPA = Estoque final de produtos acabados.

Exemplo:

Suponhamos as seguintes informações extraídas dos registros contábeis de uma empresa industrial:

- Estoque inicial de produtos acabados: 50.000.
- Custo da produção acabada no período: 80.000.
- Estoque final de produtos acabados: 30.000.

Nesse caso, para apurar o custo dos produtos vendidos, faremos:

CPV = 50.000 + 80.000 – 30.000 = 100.000

Suponhamos, ainda, que o faturamento bruto no período tenha sido de 150.000, com ICMS incluso no valor de 15.000 e IPI adicionado também no valor de 15.000. Veja como ficará o resultado:

RVP = 150.000 – 15.000 – 100.000 = 35.000

Nesse caso, a empresa industrial obteve um lucro bruto no valor de 35.000.

Note que no valor faturado não se deve incluir o valor do IPI, uma vez que não corresponde à receita de vendas. Assim, do valor faturado, subtraímos o CPV e o ICMS, para chegarmos ao lucro bruto.

2.2.4.2 Modelo de Demonstração do Custo dos Produtos Vendidos

A Demonstração do Custo dos Produtos Vendidos apresentada a seguir é um relatório que constitui um verdadeiro esquema técnico que pode ser utilizado para se apurar custos em uma empresa industrial.

Demonstração do custo dos produtos vendidos
1. Estoque Inicial de Matérias-primas
2. (+) Compras Líquidas de Matérias-primas*
3. (=) CUSTO DAS MATÉRIAS-PRIMAS DISPONÍVEIS (1 + 2)
4. (–) Custo das Matérias-primas Não Aplicadas na Produção 4.1. Estoque Final de Matérias-primas 4.2. Custo das Vendas de Matérias-primas 4.3. Subprodutos Acumulados no Período 4.4. Outros
5. (=) CUSTO DAS MATÉRIAS-PRIMAS APLICADAS (3 – 4)
6. (+) Mão de Obra Direta
7. (=) CUSTO PRIMÁRIO (5 + 6)
8. (+) Outros Custos Diretos 8.1. Materiais Secundários 8.2. Materiais de Embalagem 8.3. Outros Materiais 8.4. Gastos Gerais de Fabricação Diretos
9. (=) CUSTOS DIRETOS DE FABRICAÇÃO (7 + 8)
10. (+) Custos Indiretos de Fabricação 10.1. Materiais Indiretos 10.2. Mão de Obra Indireta 10.3. Gastos Gerais de Fabricação Indiretos
11. (=) CUSTO DE PRODUÇÃO DO PERÍODO (9 + 10)
12. (+) Estoque Inicial de Produtos em Elaboração
13. (=) CUSTO DE PRODUÇÃO (11 + 12)
14. (–) Estoque Final de Produtos em Elaboração

(continua)

(continuação)

15. (=) CUSTO DA PRODUÇÃO ACABADA NO PERÍODO (13 – 14)
16. (+) Estoque Inicial de Produtos Acabados
17. (=) CUSTO DOS PRODUTOS DISPONÍVEIS PARA VENDA (15 + 16)
18. (–) Estoque Final de Produtos Acabados
19. (=) CUSTO DOS PRODUTOS VENDIDOS (17 – 18)

* Corresponde ao valor pago ao fornecedor, influenciado pelos fatos que alteram os valores das compras.

Nota

- Para se apurar o custo dos outros materiais diretos aplicados no processo de fabricação (Itens 8.1 a 8.3), bem como o custo dos materiais indiretos aplicados (Item 10.1), deve-se observar, para cada material, os mesmos procedimentos apresentados no caso das matérias-primas (itens 1 a 5 da DCPV em questão).

2.2.4.3 Expressões técnicas utilizadas na DCPV

- **Custo das Matérias-primas Disponíveis (item 3 da DCPV)**: compreende o total das matérias-primas que a empresa teve à disposição durante o período para aplicar na produção. É fácil compreender que esse montante corresponde à soma das matérias-primas que estavam estocadas no início do período (Estoque Inicial de Matérias-primas) com as compras efetuadas durante o mesmo período. É importante salientar que, como custo das compras de matérias-primas efetuadas no período, deve ser considerado o custo das compras líquidas de matérias-primas, que corresponde ao montante das compras influenciado pelos fatos que alteram esse montante, bem como os descontos incondicionais e os abatimentos obtidos, os fretes e seguros, as compras anuladas, os tributos recuperáveis, os juros embutidos nas operações de longo prazo etc.

FÓRMULA:

$$CMPD = EIMP + CLMP$$

- **Custo das Matérias-primas Aplicadas (item 5 da DCPV)**: compreende o Custo das Matérias-primas Disponíveis diminuído do somatório dos seguintes valores: custo do estoque final de matérias-primas, custo das vendas de matérias-primas, valor dos subprodutos acumulados durante o período (parte do custo dos subprodutos derivada de sobras de matérias-primas) e outros eventos que venham a reduzir o custo das matérias-primas disponíveis, por exemplo, baixas por perecimento, sinistro, furtos etc.

FÓRMULA:

$$CMPA = CMPD - EF - V - SP - O$$

- **Custo Primário (item 7 da DCPV)**: compreende os gastos com Matérias-primas Aplicadas mais os gastos com Mão de Obra Direta.

Nota

■ Custo Primário não é o mesmo que Custo Direto. Além da matéria-prima e da mão de obra direta, que integram o Custo Primário, o Custo Direto compreende também os demais custos diretos com materiais secundários, materiais de embalagem e possíveis gastos gerais de fabricação diretos.

FÓRMULA:

CP = MP + MOD

- **Custo de transformação**: compreende a soma dos gastos com mão de obra (direta e indireta) com os gastos gerais de fabricação (diretos e indiretos), aplicados na transformação dos materiais em produtos.

  No total deste custo, não se incluem os gastos com materiais, pois deve ser considerado somente o esforço despendido pela empresa na transformação da matéria-prima em produtos. Veja mais detalhes no Capítulo 17.

FÓRMULA:

CT = MOT + GGFT

- **Custo de Produção do Período ou Custo de Fabricação do Período (item 11 da DCPV)**: compreende a soma dos custos incorridos na produção do período dentro da fábrica. Para se obter este custo, basta somar os valores gastos com Materiais Diretos e Indiretos, com Mão de Obra Direta e Indireta e com os Gastos Gerais de Fabricação Diretos e Indiretos aplicados na produção do período, sem considerar o valor do Estoque Inicial de Produtos em Elaboração.

FÓRMULA:

CPP = Materiais + MO + GGF

- **Custo de Produção (item 13 da DCPV)**: compreende o Custo de Produção do Período mais o Estoque Inicial de Produtos em Elaboração.

FÓRMULA:

CP = CPP + EIPE

- **Custo da Produção Acabada no Período (item 15 da DCPV)**: compreende o Custo de Produção menos o Estoque Final de Produtos em Elaboração.

FÓRMULA:

$$CPA = CP - EFPE$$

Este custo poderá ser obtido também com a aplicação da seguinte fórmula:

$$CPA = EIPE + CP - EFPE$$

Nota

Este custo pode conter, inclusive, custos de períodos anteriores, pois pode haver unidades que foram acabadas no exercício atual, porém iniciadas no exercício anterior, as quais compunham o estoque inicial de produtos em elaboração. Não fazem parte da produção acabada os produtos que foram iniciados no presente período, mas que serão acabados em períodos futuros, os quais integrarão o estoque final de produtos em elaboração.

- **Custo dos Produtos Disponíveis para Venda (item 17)**: compreende o total dos custos dos produtos que a empresa teve à sua disposição para vender durante o período. É fácil entender que esse custo corresponde ao custo dos produtos acabados que estavam em estoque no início do período adicionado ao custo da produção acabada no presente período.

FÓRMULA:

$$CPDV = EIPA + CPA$$

2.2.4.4 Fórmula simplificada para apuração do custo de produção do período

Por razões de simplificação, empresas industriais de pequeno e médio portes costumam considerar como materiais diretos somente a matéria-prima aplicada, sendo todos os demais materiais considerados como indiretos, ainda que possam ser facilmente identificados em relação aos produtos. Pelas mesmas razões, essas empresas costumam considerar, também, todos os gastos gerais de fabricação como sendo Indiretos.

Neste caso, o custo de produção do período pode ser obtido pela seguinte fórmula:

$$CPP = MP + MOD + CIF$$

em que:

CPP = Custo de produção do período;

MP = Matéria-prima;

MOD = Mão de Obra direta;

CIF = Custos indiretos de fabricação, compreendendo, neste caso, todos os materiais diretos e indiretos (exceto a matéria-prima), a mão de obra indireta e os gastos gerais de fabricação diretos e indiretos.

2.2.4.5 Exemplo prático

As informações a seguir foram extraídas dos controles internos de uma empresa industrial que atua no ramo de confecções:

Estoques em 01/09	
Matéria-prima (tecidos)	100.000
Material Secundário (aviamentos)	20.000
Materiais Auxiliares	10.000
Material de Embalagem	30.000
Produtos em Elaboração	350.000
Produtos Acabados	150.000

Compras realizadas durante o mês	
Matéria-prima (tecidos)	800.000
Material Secundário (aviamentos)	100.000
Materiais Auxiliares	20.000
Material de Embalagem	200.000

Estoques em 30/09	
Matéria-prima (tecidos)	300.000
Material Secundário (aviamentos)	40.000
Materiais Auxiliares	5.000
Material de Embalagem	100.000
Produtos em Elaboração	432.000
Produtos Acabados	450.000

Gastos do mês de setembro, todos incorridos na área de produção	
Salários e Encargos do Pessoal da Produção	50.000
Salários e Encargos dos Gerentes e Supervisores da Fábrica	15.000
Aluguel da Fábrica	25.000
Energia Elétrica	6.000
Telefone	3.000
Café e Refeições do Pessoal da Fábrica	2.500
Material de Higiene e Limpeza	1.000
Material de Informática	500
Serviços de Terceiros	30.000
Manutenção das Máquinas	10.000
Depreciação de Máquinas	4.000

OBS.: Por razões de simplificação, a empresa decidiu classificar todos os gastos gerais de fabricação como custos indiretos.

Considerando somente as informações apresentadas, elabore a Demonstração do Custo dos Produtos Vendidos no mês de setembro e responda às seguintes questões:

1. Qual foi o custo das matérias-primas disponíveis no período?
2. Qual foi o custo das matérias-primas aplicadas na produção do período?
3. Qual foi o valor do custo primário?
4. Qual foi o total dos custos diretos?
5. Qual foi o total da mão de obra direta?
6. Qual foi o total da mão de obra indireta?
7. Qual foi o total dos gastos gerais de fabricação indiretos?
8. Qual foi o total dos custos indiretos de fabricação?
9. Qual foi o custo de produção do período?
10. Qual foi o custo de produção?
11. Qual foi o custo da produção acabada no período?
12. Qual foi o custo dos produtos disponíveis para venda?
13. Qual foi o custo dos produtos vendidos?
14. Considerando que o faturamento do mês correspondeu a $ 660.000, qual foi o resultado bruto apurado pela empresa?

Solução:

Demonstração do custo dos produtos vendidos		
1. Estoque Inicial de Matérias-primas		100.000
2. (+) Compras de Matérias-primas		800.000
3. (=) CUSTO DAS MATÉRIAS-PRIMAS DISPONÍVEIS (1 + 2)		900.000
4. (–) Estoque Final de Matérias-primas		(300.000)
5. (=) CUSTO DAS MATÉRIAS-PRIMAS APLICADAS (3 – 4)		600.000
6. (+) Mão de Obra Direta		50.000
7. (=) CUSTO PRIMÁRIO (5 + 6)		650.000
8. (+) Outros Custos Diretos		
8.1 Materiais Secundários........	80.000	
8.2 Materiais de Embalagem........	130.000	
8.3 Outros Materiais........		
8.4 Gastos Gerais de Fabricação Diretos........		210.000
9. (=) CUSTOS DIRETOS DE FABRICAÇÃO (7 + 8)		860.000
10. (+) Custos Indiretos de Fabricação		
10.1 Materiais indiretos........	25.000	
10.2 Mão de Obra Indireta........	15.000	
10.3 Gastos Gerais de Fabricação Indiretos........	82.000	122.000
11. (=) CUSTO DE PRODUÇÃO DO PERÍODO (9 + 10)		982.000
12. (+) Estoque Inicial de Produtos em Elaboração		350.000
13. (=) CUSTO DE PRODUÇÃO (11 + 12)		1.332.000
14. (–) Estoque Final de Produtos em Elaboração		432.000
15. (=) CUSTO DA PRODUÇÃO ACABADA NO PERÍODO (13 – 14)		900.000
16. (+) Estoque Inicial de Produtos Acabados		150.000
17. (=) CUSTO DOS PRODUTOS DISPONÍVEIS PARA VENDA (15 + 16)		1.050.000
18. (–) Estoque Final de Produtos Acabados		450.000
19. (=) CUSTO DOS PRODUTOS VENDIDOS (17 – 18)		600.000

ATIVIDADES TEÓRICAS

1. Responda:

   1.1 O que é custo dos produtos vendidos?

   1.2 Apresente a fórmula do custo das matérias-primas disponíveis.

   1.3 Apresente a fórmula do custo das matérias-primas aplicadas.

   1.4 Apresente a fórmula do custo primário.

   1.5 Apresente a fórmula do custo de transformação.

   1.6 Apresente a fórmula do custo de produção do período.

   1.7 Apresente a fórmula do custo de produção.

   1.8 Apresente a fórmula do custo da produção acabada no período.

   1.9 Apresente a fórmula do custo dos produtos disponíveis para venda.

2. Julgue as afirmativas como falsas (F) ou verdadeiras (V):

   2.1 ( ) No custo primário, não são considerados os custos com os gastos gerais de fabricação.

   2.2 ( ) Custo primário é o mesmo que custo de transformação.

   2.3 ( ) Custo de produção do período é a soma dos custos incorridos na produção do período dentro da fábrica.

   2.4 ( ) O custo da produção acabada no período pode incluir custo de produtos iniciados em períodos anteriores e acabados no período atual.

   2.5 ( ) Há empresas que, por razões econômicas, preferem apurar o custo de fabricação do período, considerando como diretos somente a matéria-prima e a mão de obra direta.

3. Assinale a alternativa correta:

   3.1 O resultado obtido pela soma do custo do estoque inicial de matérias-primas com o custo das compras líquidas de matérias-primas efetuadas no período denomina-se:

   a) Custo das matérias-primas disponíveis.
   b) Custo das matérias-primas aplicadas.
   c) Custo primário.
   d) Custo direto de fabricação.
   e) A alternativa “a” está errada.

   3.2 O custo das matérias-primas disponíveis diminuído do custo do estoque final de matérias-primas denomina-se:

   a) Matérias-primas disponíveis.
   b) Custo das matérias-primas aplicadas.
   c) Custo primário.
   d) Custo direto de fabricação.
   e) As alternativas “a” e “c” estão corretas.

3.3 A soma dos gastos com matérias-primas e mão de obra direta aplicada na fabricação denomina-se:

a) Custo primário.
b) Custo de transformação.
c) Custo de produção ou de fabricação.
d) Custo dos produtos vendidos.
e) N.D.A.

3.4 A soma dos gastos com a produção do período sem considerar os gastos com materiais denomina-se:

a) Custo primário.
b) Custo de transformação.
c) Custo de produção ou de fabricação.
d) Custo dos produtos vendidos.
e) N.D.A.

3.5 O Custo de produção menos o estoque final de produtos em elaboração denomina-se:

a) Custo da produção acabada no período.
b) Custo de produção do período.
c) Custo de transformação.
d) Custo de produção.
e) N.D.A.

ATIVIDADES PRÁTICAS

Para resolver as duas atividades práticas a seguir, observe este roteiro:

- Providencie cópias da Demonstração do Custo dos Produtos Vendidos apresentada na Seção 2.2.4.2.
- Transcreva nas Demonstrações todos os valores apresentados nos enunciados das Práticas em questão.
- Calcule os itens que não foram fornecidos. O item 3 da Prática 1, por exemplo, será obtido pela soma dos itens 1 e 2.
- Após completar os Demonstrativos, você vai encontrar respostas para todas as questões formuladas.
- Para resolver a Prática 2, após transcrever no Demonstrativo todos os dados fornecidos, você deve calcular as incógnitas na ordem inversa, isto é, comece a resolução de baixo para cima, invertendo os sinais. Exemplo: para se obter o item 17, basta somar o item 19 com o item 18 e assim sucessivamente. Neste caso, para se conhecer o item 19, como no problema foram informados o valor das Vendas e o valor do Lucro Bruto, basta, então, subtrair das Vendas o Lucro Bruto para obter o Custo dos Produtos Vendidos.

Prática 1

Eventos ocorridos na Indústria Silveiras S.A.	
1. Saldos em 31/12/X4:	
Estoque de Matérias-primas..	1.800

(continua)

(continuação)

Eventos ocorridos na Indústria Silveiras S.A.	
Estoque de Materiais Secundários	450
Estoque de Materiais de Embalagens	230
Estoque de Produtos Acabados	800
Estoque de Produtos em Elaboração	300
2. Ocorrências em X5:	
2.1. Compras efetuadas:	
Matérias-primas	6.000
Materiais Secundários	2.000
Materiais de Embalagem	700
Materiais de Limpeza (Indiretos)	300
Materiais de Expediente (Indiretos)	100
2.2. Mão de Obra aplicada na produção do período:	
Mão de Obra Direta	2.500
Mão de Obra Indireta	1.700
2.3. Gastos Gerais de Fabricação aplicados no período:	
Energia Elétrica	1.100
Água	400
Aluguel da Fábrica	1.200
Depreciação	200
Serviços de Terceiros	600
Total	3.500
3. Estoques Finais em 31/12/X5	
Estoque de Matérias-primas	2.100
Estoque de Materiais Secundários	750
Estoque de Materiais de Embalagem	350
Estoque de Produtos Acabados	4.000
Estoque de Produtos em Elaboração	900

Após elaborada a DCPV, veja como ficaram as respostas solicitadas:

a) Qual foi o valor do custo primário?
R: $ 8.200.

b) Qual foi o valor dos custos diretos de fabricação?
R: $ 10.480.

c) Qual foi o valor dos custos indiretos de fabricação?
R: $ 5.600.

d) Qual foi o valor do custo de produção do período?
R: $ 16.080.

e) Qual foi o valor do custo da produção acabada no período?

R: $ 15.480.

f) Qual foi o valor do custo dos produtos vendidos?

R: $ 12.280.

g) Sabendo-se que o valor das vendas de produtos foi de $ 20.000, qual foi o lucro bruto apurado?

R: $ 20.000 – $ 12.280 = $ 7.720.

Prática 2

Em 31 de maio, a empresa Industrial Moreira César S.A. apresentou o seguinte movimento em relação ao mês:

Estoques	Inicial	Final
Matérias-primas	900	950
Produtos em Elaboração	300	250
Produtos Acabados	1.200	400
Custos Incorridos no Mês		
Mão de Obra Direta		860
Custos Indiretos de Fabricação		1.250
Vendas Realizadas no Mês		
Vendas de Produtos		9.610
Lucro Bruto		
Lucro nas Vendas de Produtos		5.000

Com base nos dados apresentados, elabore a DCPV e assinale a alternativa correta nas questões a seguir:

1. O custo dos produtos vendidos foi de:

a) $ 4.060.
b) $ 4.610.
c) $ 9.610.
d) $ 2.510.

2. O valor das compras de matérias-primas foi de:

a) $ 900.
b) $ 950.
c) $ 2.400.
d) $ 4.200.

3. O custo da produção acabada no período foi de:

a) $ 3.810.
b) $ 4.060.
c) $ 6.210.
d) $ 5.010.

2.2.5 Custo das mercadorias vendidas

Custo das mercadorias vendidas é uma expressão em uso nas empresas comerciais. Corresponde ao valor pago pela empresa comercial aos seus fornecedores pelas mesmas mercadorias que vendeu aos seus clientes.

Há que se considerar que o valor pago pela empresa comercial ao fornecedor na compra de mercadorias pode sofrer alterações em consequência de fatos que comumente ocorrem em transações dessa natureza. Esses fatos, que podem provocar aumentos ou diminuições nos valores originalmente pagos aos fornecedores, são: compras anuladas, abatimentos sobre compras, descontos incondicionais obtidos, fretes e seguros sobre compras, juros embutidos nas compras a prazo, além dos tributos incidentes sobre as compras, conforme eles sejam recuperáveis ou não pela empresa comercial.

Assim, além dos fatos citados, considerando que a empresa comercial em um período pode vender todas ou parte das mercadorias adquiridas no respectivo período, bem como as mercadorias adquiridas em períodos anteriores, para se conhecer o Custo das Mercadorias Vendidas em cada período pode-se aplicar a seguinte fórmula:

$$CMV = EI + (C + FSC - CA - DIO - A - JE) - EF$$

em que:

CMV = Custo das mercadorias vendidas;

EI = Custo das mercadorias que estavam em estoque no início do período;

C = Custo das compras efetuadas no respectivo período;

FSC = Valor dos fretes e seguros pagos no transporte das mercadorias adquiridas;

CA = Compras anuladas;

DIO = Descontos obtidos incondicionalmente nas compras;

A = Abatimentos obtidos em decorrência de avarias no transporte ou por outros motivos;

JE = Juros embutidos nas compras a prazo;

EF = Custo das mercadorias existentes em estoque no final do período.

Quanto aos tributos incidentes sobre as compras, como o IPI, o ICMS e outras taxas a que, conforme a operação, possa a compra estar sujeita (como ocorre, por exemplo, com as taxas aduaneiras), deve-se observar a legislação em vigor em cada período de apuração para se aplicar os procedimentos de forma correta.

2.2.6 Custo dos serviços prestados

2.2.6.1 Conceito

Custo dos serviços prestados é uma expressão em uso nas empresas que prestam serviços.

Os serviços a terceiros podem ser prestados por pessoas físicas (profissionais autônomos), por prestadores de serviços (pedreiros, encanadores, eletricistas, advogados, engenheiros civis, jardineiros etc.), por empresas que exclusivamente operam nesse ramo de atividades ou, ainda, por empresas que, possuindo uma atividade principal, também prestam serviços, como ocorre com empresas comerciais e industriais.

Dentre as empresas comerciais que também prestam serviços, podemos citar aquelas que atuam no comércio de veículos e autopeças. As revendedoras de veículos, além da atividade comercial de revenda de veículos e autopeças, também prestam serviços de revisão e manutenção nos veículos de seus clientes.

Há uma infinidade de empresas industriais que, além da atividade preponderante de transformação de matérias-primas em produtos, também prestam serviços a seus clientes executando montagem, cromagem, niquilagem, beneficiamentos de peças, usinagem etc.

Em geral, entende-se por custo da prestação de um serviço o valor do salário e dos encargos do trabalhador que executou determinada tarefa. Entretanto, ao prestar algum serviço a terceiros, o prestador dos serviços, seja ele pessoa física ou empresa, incorrerá em outros gastos que podem variar conforme a natureza de tais serviços.

O custo com a prestação de serviços poderá envolver, além da mão de obra, outros gastos com o uso de máquinas, ferramentas e equipamentos, com o consumo de materiais auxiliares e de limpeza, de energia elétrica, combustíveis etc.

Quando uma empresa contrata serviços de um profissional autônomo ou de outra empresa, para a empresa beneficiária do serviço o custo do serviço corresponderá ao valor pago ao prestador do serviço. Entretanto, para o prestador do serviço, seja ele um profissional autônomo ou uma empresa, no valor recebido pelo serviço prestado estará embutido o custo necessário para que a tarefa seja realizada e mais uma margem de lucro.

O custo dos serviços prestados pelas empresas prestadoras de serviços a outras empresas poderá ser composto pelos mesmos elementos que compõem o custo de fabricação em uma empresa industrial, ou seja, materiais, mão de obra e gastos gerais de fabricação.

É evidente que nas empresas industriais, pelas próprias características que envolvem o processo de fabricação, geralmente o custo com mão de obra é inferior ao custo com materiais aplicados. Em uma indústria que atua no ramo de confecções, por exemplo, o custo com a matéria-prima e materiais secundários pode atingir até a 80% ou 90% do custo total de fabricação. Já nas empresas de prestação de serviços, o gasto preponderante quase sempre é com a mão de obra.

Diante do exposto, podemos concluir que, em uma empresa de prestação de serviços, os critérios a serem adotados para se calcular o custo dos serviços prestados são semelhantes aos critérios adotados para se apurar o custo de fabricação em uma empresa industrial.

A empresa de prestação de serviços certamente não conterá em seu Ativo os estoques de "Serviços Acabados", no entanto, poderá manter em estoque os materiais que serão consumidos ou aplicados na prestação dos serviços. Da mesma forma, essas empresas incorrerão em gastos com a depreciação de veículos, computadores e máquinas, ferramentas e equipamentos necessários à prestação dos serviços.

2.2.6.2 Exemplo prático

A empresa de prestação de serviços Disque Entulhos opera no ramo de prestação de serviços que consiste basicamente em retirar entulhos de construções civis e empresas em geral.

Para prestar seus serviços, essa empresa utiliza 5 caminhões apropriados e possui 10 caçambas, também apropriadas para a coleta e o transporte dos entulhos. Possui 10 empregados, dos quais 8 atuam na prestação dos serviços, conduzindo os caminhões e manobrando a carga e a descarga das caçambas, enquanto 2 trabalham no escritório, exercendo funções administrativas.

No escritório, há 2 computadores, 2 armários, 2 mesas, 4 cadeiras, 1 aparelho de fax e 1 telefone fixo.

Suponhamos, então, os seguintes fatos ocorridos durante o mês de novembro	
Salários e encargos do pessoal do escritório	2.000
Salários e encargos dos motoristas	12.000
Lanches e refeições dos motoristas	2.500
Lanches e refeições dos escriturários	300
Depreciação dos computadores	600
Depreciação dos móveis e utensílios	500
Depreciação dos veículos	20.000
Energia elétrica	200
Telefone	150
Aluguel do imóvel	800
Combustíveis	8.000
Manutenção dos veículos	5.000
Serviços faturados e recebidos no mês	70.000
Imposto sobre Serviços devidos sobre o faturamento do mês a serem pagos no mês seguinte	3.500

Considerando somente a ocorrência dos fatos supra, veja como serão calculados o custo dos serviços prestados, o resultado bruto e o resultado líquido referentes ao mês de novembro:

Custo dos Serviços Prestados	
Salários e encargos dos motoristas	12.000
Lanches e refeições dos motoristas	2.500
Depreciação dos veículos	20.000
Estacionamento	1.200
Combustíveis	8.000
Manutenção dos veículos	5.000
Total	**48.700**

Resultado Bruto	
Receitas de Serviços	70.000
(–) Impostos sobre Serviços	(3.500)
(=) Receita Líquida	66.500
(–) Custo dos Serviços Prestados	(48.700)
(=) Lucro Bruto	17.800

Resultado Líquido	
Lucro Bruto	17.800
(–) Salários e encargos do pessoal do escritório	(2.000)
(–) Lanches e refeições dos escriturários	(300)
(–) Depreciação dos computadores	(600)
(–) Depreciação dos móveis e utensílios	(500)
(–) Aluguel do imóvel	(800)
(–) Energia elétrica	(200)
(–) Telefone	(150)
(=) Lucro Líquido	13.250

Finalmente, convém salientar que, nas empresas que prestam vários tipos de serviços, pode-se apurar o custo de cada um dos serviços prestados. Nesse caso, da mesma forma como ocorre nas empresas industriais, ocorrerão custos diretos e indiretos em relação a cada serviço prestado. Os critérios para atribuição dos custos indiretos a cada serviço prestado são semelhantes aos aplicados para rateio dos custos indiretos nas empresas industriais e serão estudados com detalhes no Capítulo 9.

ATIVIDADE PRÁTICA

BRATEC Indústria e Comércio S.A., fabricante de revestimentos para autos, comercializa máquinas e equipamentos industriais e presta serviços de usinagem em peças.

Considerando os dados a seguir, extraídos do controle interno relativo ao mês de julho, pede-se:

a) Calcular o custo dos serviços prestados no período.

b) Calcular o resultado operacional bruto ocorrido em cada uma das três atividades desenvolvidas pela empresa.

c) Apurar o Resultado Líquido.

Dados	
Estoque Inicial de Produtos Acabados	100.000
Estoque Inicial de Mercadorias	50.000
Custo da Produção Acabada no Período	300.000
Compra de Mercadorias	100.000
Estoque Final de Produtos Acabados	120.000
Estoque Final de Mercadorias	30.000
GASTOS COM A PRESTAÇÃO DE SERVIÇOS	
Salários e Encargos	30.000
Materiais Aplicados	10.000
Depreciação de Máquinas e Equipamentos	2.000
Outros Gastos Incorridos	3.000
IMPOSTOS E CONTRIBUIÇÕES SOBRE FATURAMENTO	
Impostos e Contribuições sobre Vendas de Produtos	70.000
Impostos e Contribuições sobre Vendas de Mercadorias	50.000
Impostos e Contribuições sobre Serviços	7.000
DESPESAS INCORRIDAS NO MÊS	
Despesas Administrativas	25.000
Despesas com Vendas	10.000
Despesas Financeiras	4.000
Outras Despesas Operacionais	2.000
RECEITAS DO PERÍODO	
Vendas de Produtos	400.000
Vendas de Mercadorias	250.000
Vendas de Serviços	100.000

2.3 Sistemas de Custeio

Existem vários sistemas que podem ser utilizados para o custeamento dos produtos: uns com fins específicos de alocar aos produtos os custos indiretos, como ocorre, por exemplo, com o sistema de custeio departamental e com o sistema de custeio ABC (estudados nos Capítulos 10 e 11); e outros com fins específicos de promover a composição do custo total de fabricação dos produtos, como ocorre, por exemplo, com os sistemas de custeio direto, por absorção e *Reichskuratorium für Wirtschaftlichtkeit* (RKW), esse último explicado logo adiante.

Para facilitar o seu entendimento no estágio dos estudos em que se encontra, diferenciamos custos de despesas dizendo que "a despesa vai para o resultado enquanto o custo vai para o produto". Pois bem, os gastos que correspondem a custos ou a despesas integrarão o custo de fabricação ou o resultado do exercício, conforme o sistema de custeio adotado. Veja:

2.3.1 Sistema de Custeio Direto ou Variável

Esse sistema contempla como custo de fabricação somente os custos diretos ou variáveis. Nesse caso, os custos indiretos integram o resultado juntamente com as despesas. Por contemplar apenas parte dos custos incorridos na fabricação, esse sistema não é aceito pelo Fisco para direcionar a contabilização dos custos incorridos aos produtos. A inclusão da carga de custos indiretos juntamente com as despesas onera o resultado. Quando a empresa industrial vende toda a produção iniciada e concluída no mesmo período, o resultado não é afetado; entretanto, quando parte da produção é ativada, a adoção desse sistema implica estoques e lucro líquido subavaliados.

Portanto, a adoção do sistema de custeio direto fica restrita a fins gerenciais.

Nesse caso, o custo de produção do período poderá ser obtido no item 9 da Demonstração do Custo dos Produtos Vendidos, apresentada na Seção 2.2.4.2.

2.3.2 Sistema de Custeio por Absorção

Esse sistema de custeio contempla como custo de fabricação todos os custos incorridos no processo de fabricação do período, sejam eles diretos ou indiretos. Nesse caso, somente as despesas integrarão o resultado do exercício.

Adotando-se esse sistema, o custo de produção do período poderá ser obtido no item 11 da Demonstração do Custo dos Produtos Vendidos, apresentada na Seção 2.2.4.2.

2.3.3 Sistema de Custeio RKW

O sistema de custeio RKW (*Reichskuratorium für Wirtschaftlichtkeit*), criado por um órgão governamental da Alemanha, contempla como custo dos produtos todos os custos e as despesas incorridos no período.

No Brasil, contabilmente é inviável a adoção desse sistema, uma vez que fere tanto o regime contábil de competência, como também se incompatibiliza com a legislação tributária.

2.3.4 Exemplo prático

Considere as seguintes informações extraídas do controle interno de uma empresa industrial, relativas ao mês de fevereiro de X1:

- Foi iniciada e concluída durante o mês a fabricação de 100 unidades do produto A.
- Matéria-prima, mão de obra direta e outros custos diretos importaram em $ 20.000.
- Os custos indiretos de fabricação importaram em $ 5.000.
- As despesas incorridas no período importaram em $ 7.000.

Considerando que não havia estoque inicial de produtos em elaboração nem de produtos acabados, e que não ocorreram vendas nem outras receitas no período, veja como ficam o custo e o resultado em cada sistema apresentado:

a. Custeio Direto	
Custo de Fabricação	
Custos Diretos	20.000
(=) Custo de Fabricação do Período	20.000
Resultado	
Custos Indiretos	5.000
(+) Despesas	7.000
(=) Prejuízo do Período	12.000
b. Sistema de Custeio por Absorção	
Custo de Fabricação	
Custos Diretos	20.000
(+) Custos Indiretos	5.000
(=) Custo Total	25.000
Resultado	
Despesas	7.000
(=) Prejuízo	7.000
c. Sistema de Custeio RKW	
Custo de Fabricação	
Custos Diretos	20.000
(+) Custos Indiretos	5.000
(+) Despesas	7.000
(=) Custo de Fabricação do Período	32.000
Resultado	
(Sem movimento)	

3 Plano de Contas

3.1 Conceito

O Plano de Contas é um conjunto de contas, diretrizes e normas que disciplina as tarefas do setor de contabilidade, objetivando a uniformização dos registros contábeis.

Constitui ferramenta indispensável no desenvolvimento do processo contábil, e cada entidade deve elaborar o seu Plano de Contas, tendo em vista as suas particularidades, observando-se as disciplinas contidas na Lei n. 6.404/1976, a legislação específica do ramo de atividade exercido pela entidade, bem como as normas brasileiras de contabilidade aprovadas pelo Conselho Federal de Contabilidade (CFC).

É importante salientar que as instituições financeiras, dentre elas os estabelecimentos bancários, estão sujeitas à adoção do Plano de Contas específico das Instituições do Sistema Financeiro Nacional (Cosif). Da mesma forma, as companhias que atuam no ramo de seguros estão sujeitas à adoção do Plano de Contas específico aprovado pela Superintendência de Seguros Privados (Susep).

Tendo em vista que o objeto da presente obra é a Contabilidade de Custos (Industrial), além das contas patrimoniais e de resultado comuns a todos os tipos de entidades, incluímos aquelas que são utilizadas especificamente para a contabilização do custo de fabricação. Nos Capítulos 7 e 8, apresentamos os esquemas para contabilização com o uso do presente Plano de Contas. Nos Capítulos 10, 11 e 12, apresentamos as informações necessárias para adaptar o Elenco de Contas para a contabilização do custo departamental, ABC e padrão.

Assim, tendo em vista o porte, o ramo de atividade da empresa e a quantidade de informações exigidas pelos usuários, o Plano de Contas poderá conter um número maior ou menor de informações.

De acordo com o estabelecido na Lei n. 6.404/1976, as contas podem ser divididas em dois grupos: a) contas patrimoniais; b) contas de resultado. As contas patrimoniais são utilizadas para o registro de elementos representativos de bens, direitos e obrigações, bem como para aqueles que compõem o Patrimônio Líquido. As contas de resultado destinam-se ao registro das despesas, dos custos e das receitas.

As contas de resultado, que são abertas na escrituração contábil no início do exercício social e encerradas no final dele, não fazem parte do Balanço Patrimonial, porém possibilitam a apuração e o conhecimento do custo de fabricação e também do resultado econômico da movimentação do patrimônio, que poderá ser lucro ou prejuízo.

Embora não contemplado pela Lei das Sociedades por Ações, há um terceiro grupo de contas consideradas extrapatrimoniais que possibilita o registro dos atos relevantes que venham a ocorrer na empresa, e cujos efeitos possam se traduzir em modificações futuras no patrimônio.

Veja o que dispõem os itens 29 e 30 da NBC ITG 2000 – Escrituração Contábil, aprovada pela Resolução CFC n. 1.330/2011:

> 29. Contas de compensação constituem sistema próprio para controle e registro dos fatos relevantes que resultam em assunção de direitos e obrigações da entidade cujos efeitos materializar-se-ão no futuro e que possam se traduzir em modificações no patrimônio da entidade.
>
> 30. Exceto quando de uso mandatório por ato de órgão regulador, a escrituração das contas de compensação não é obrigatória. Nos casos em que não forem utilizadas, a entidade deve assegurar-se que possui outros mecanismos que permitam acumular as informações que de outra maneira estariam controladas nas contas de compensação.

O registro dos atos administrativos considerados relevantes por meio das contas de compensação será o suporte para a preparação de informações que deverão constar das notas explicativas, conforme determinação contida na letra d do inciso IV do § 5º do art. 176 da Lei n. 6.404/1976. Essas informações envolvem os ônus reais constituídos sobre elementos do Ativo, as garantias prestadas a terceiros e outras responsabilidades eventuais ou contingentes.

3.2 Composição do Plano de Contas

Conforme dissemos, em cada empresa, o Plano de Contas poderá conter um número maior ou menor de informações em decorrência dos interesses da própria empresa ou mesmo da criatividade do contabilista. Entretanto, julgamos essencial que um Plano de Contas contenha pelo menos as seguintes partes: Manual de Contas, Modelos de Demonstrações Contábeis Padronizadas e Elenco de Contas.

3.3 Manual de Contas

O Manual de Contas tem por finalidade apresentar informações detalhadas de cada conta, servindo de guia para que o contabilista possa registrar uniformemente todos os eventos responsáveis pela movimentação do patrimônio.

As informações contidas no Manual de Contas devem envolver o código numérico, a intitulação, a função, o funcionamento, a natureza, os critérios de avaliação de cada conta, exemplos de lançamentos apropriados para o registro de operações raras, roteiros para conciliações de dados, bem como os documentos que servem de suporte aos registros contábeis.

3.4 Modelos padronizados de demonstrações contábeis

O objetivo da contabilidade é possibilitar o controle da movimentação do patrimônio das entidades para fornecer informações de ordem patrimonial, econômica e financeira que deverão exprimir com clareza a situação do patrimônio da organização e as mutações ocorridas em cada exercício social. Essas informações, que serão utilizadas tanto por contabilistas quanto por outros usuários, são elaboradas com base nos registros contábeis da entidade, e apresentadas em forma de mapas, relatórios, gráficos ou de outros quadros sintéticos ou analíticos que exprimam com fidelidade a situação patrimonial, econômica e financeira, além das mutações ocorridas no patrimônio da entidade por intermédio dos dados neles apresentados.

Você já sabe que a Lei n. 6.404/1976, no art. 176, a NBC TG 26 no item 10 e a NBC TG 1.000, no item 3.17, estabelecem a obrigatoriedade de as empresas elaborarem, no final de cada exercício social, o Balanço Patrimonial, a Demonstração do Resultado do Exercício, a Demonstração do Resultado do Período, a Demonstração do Resultado Abrangente do Período, a Demonstração de Lucros ou Prejuízos Acumulados (ou a Demonstração das Mutações do Patrimônio Líquido), a Demonstração dos Fluxos de Caixa e a Demonstração do Valor Adicionado, que serão complementados por Notas Explicativas.

Dessa forma, no Plano de Contas das empresas industriais, além de modelos dessas demonstrações contábeis, deverão constar, ainda, modelos padronizados de todos os demais quadros, livros auxiliares, fichas, ou mapas de apropriação ou rateio, cuja elaboração seja de responsabilidade do setor de contabilidade da entidade.

3.5 Elenco de Contas

O Elenco de Contas consiste na relação das contas que serão utilizadas para o registro dos fatos administrativos responsáveis pela movimentação do patrimônio da empresa, bem como dos atos administrativos considerados relevantes (aqueles cujos efeitos possam se traduzir em modificações futuras no patrimônio).

O Elenco de Contas envolve a intitulação (rubrica, nome) e o código de cada conta.

Em qualquer Elenco de Contas, seja qual for o tipo da entidade, as contas devem ser agrupadas de acordo com a estrutura estabelecida pela Lei n. 6.404/1976, visando facilitar a elaboração das demonstrações contábeis.

Assim, as contas que representam os bens e os direitos serão reunidas no Ativo em dois grupos principais: Ativo Circulante e Ativo Não Circulante, sendo esse último composto por Ativo Realizável a Longo Prazo, Investimentos, Imobilizado e Intangível (§ 1º do art. 178 da Lei n. 6.404/1976). Da mesma forma, as contas que representam as obrigações e a situação líquida serão reunidas no Passivo em três grupos principais: Passivo Circulante, Passivo Não Circulante e Patrimônio Líquido, sendo esse último dividido em Capital Social, Reservas de Capital, Ajustes de Avaliação Patrimonial, Reservas de Lucros, Ações em Tesouraria e Prejuízos Acumulados (§ 2º do art. 178 da Lei n. 6.404/1976).

A quantidade de dígitos utilizada para codificar as contas varia em função do grau de detalhamento desejado. O ideal é que essa quantidade fique entre 8 e 10 dígitos. Adotando-se quantidade inferior a 8 dígitos, o detalhamento poderá ficar prejudicado, provocando confusões na coerência de grupos, subgrupos, divisões de subgrupos e detalhamentos de contas; por outro lado, códigos com quantidade de dígitos acima de 10 devem ser adotados somente em casos excepcionais, por exemplo, quando a entidade possuir muitas filiais, pois essa prática pode causar dificuldades na memorização das contas por parte das pessoas que manipulam o Plano de Contas, e até mesmo embaraços na digitação quando a contabilidade é feita no computador.

Outro aspecto de relevância a considerar ao se decidir a quantidade de dígitos a adotar refere-se ao uso ou não de pontos entre os algarismos.

Portanto, no Elenco de Contas desta seção, os dígitos têm as seguintes funções:

1º dígito: reservado para indicar o sistema a que a conta pertence.

algarismos 1 e 2 = sistema patrimonial;

algarismos 3, 4 e 5 = sistema de resultado; e

algarismo 6 = sistema de compensação, observando-se a seguinte regra:

a. o algarismo 1 indica que a conta é do Ativo;

b. o algarismo 2 indica que a conta é do Passivo;

c. o algarismo 3 indica que a conta é de despesa ou de custo;

d. o algarismo 4 indica que a conta é de receita;

e. o algarismo 5 indica que a conta é de apuração de resultados;

f. o algarismo 6 indica que a conta é do sistema de compensação (extrapatrimonial).

2º dígito: reservado para o grupo a que a conta pertence, dentro de cada sistema (Patrimonial, Resultado ou Compensação).

3º dígito: reservado para o subgrupo a que a conta pertence.

4º e 5º dígitos: reservados para a conta principal. O 4º dígito também poderá ser utilizado para representar divisão de subgrupo, quando houver. Nos casos em que não houver divisão de subgrupo e que também não houver mais de

9 contas principais no respectivo subgrupo, o 4º dígito será preenchido com o algarismo 0 (zero).

6º dígito: reservado para a subconta que representa cada um dos estabelecimentos que compõem a entidade. Quando a entidade possuir mais de 9 estabelecimentos, deverá reservar dois, três ou mais algarismos para esse fim, aumentando assim a quantidade de dígitos dos códigos das contas. Quando a entidade for representada por um só estabelecimento, poderá utilizar o algarismo 1 para representar o estabelecimento único, ou simplesmente excluí-lo, ficando as contas com 8 dígitos. Neste caso, deve-se manter um "ponto" após o 5º dígito para facilitar a leitura do código da conta.

7º a 9º dígitos: reservados para o desdobramento da subconta ou da conta principal.

O algarismo zero indicará sempre a inexistência de grupo, subgrupo, divisão de subgrupo ou detalhamento de conta principal ou secundária.

Observe que utilizamos um só dígito para os grupos e subgrupos e reservamos dois dígitos para as contas principais; em seguida, um dígito para a subconta e, finalmente, três dígitos para as contas que representam desdobramento da conta principal ou da subconta. Essa quantidade de dígitos poderá ser aumentada conforme a necessidade de cada empresa.

Por questão de uniformização dos registros contábeis, somente deverão receber lançamentos a débito ou a crédito as contas que contiverem o maior número de dígitos previstos no Elenco de Contas. No nosso exemplo, serão as contas com 9 dígitos.

Dessa forma, quando a conta principal ou a subconta não contiver subdivisão, será preciso completar a quantidade de dígitos com o algarismo "9", como ocorre, por exemplo, com a conta:

1.1.2.04.1.999 (–) Perdas Estimadas em Créditos de Liquidação Duvidosa

A seguir, você poderá observar um modelo de Elenco de Contas aplicável a empresas industriais, comerciais e prestadoras de serviços, elaborado com observância das disciplinas contidas na Lei n. 6.404/1976, e possível de ser adaptado, mediante os ajustes necessários, para qualquer tipo de empresa, de pequeno, médio ou grande porte, seja qual for o ramo de atividade por ela desenvolvido, exceto para as instituições financeiras e para as companhias que atuam no ramo de seguros, conforme já comentamos.

Tomamos o cuidado de apresentar um bom número de contas com o intuito de possibilitar a você um melhor acompanhamento dos estudos da Contabilidade de Custos.

As contas estão distribuídas em três quadros: Quadro I – Contas Patrimoniais; Quadro II – Contas de Resultado; e Quadro III – Contas de Compensação (Extrapatrimoniais).

O critério de codificação das contas adotado permite facilmente a exclusão ou inclusão de contas, conforme o interesse e a necessidade de cada usuário.

Nota

- As contas que serão movimentadas nos lançamentos, por meio de Débitos e de Créditos, conforme já dissemos no texto, são aquelas que contêm 9 dígitos. Essa padronização deve ser observada para facilitar a contabilização por processamento eletrônico de dados. Entretanto, ao longo do livro, por razões práticas, em nossas explicações, você encontrará exemplos de lançamentos nos quais utilizamos contas que no plano estão codificadas com 5 dígitos, como ocorre com as contas: Bancos conta Movimento, Duplicatas a Receber, Fornecedores e outras. Porém, se você adaptar o presente Elenco de Contas para uso no exercício de sua profissão, deverá fazer os ajustes necessários e debitar ou creditar nos lançamentos somente as contas que contiverem 9 dígitos. Esclarecemos, ainda, que o detalhamento das contas adotado no presente elenco, bem como o número de algarismos (nove), serve apenas como exemplo, devendo ser adaptado para cada caso em particular.

QUADRO I

CONTAS PATRIMONIAIS
1. ATIVO
1.1 ATIVO CIRCULANTE[1]
1.1.1 DISPONIBILIDADES
1.1.1.01 Caixa Geral
1.1.1.01.1 Matriz
1.1.1.01.1.001 Caixa
1.1.1.01.1.002 Fundo Fixo de Caixa[2]
1.1.1.01.2 Fábrica
1.1.1.01.2.001 Caixa
1.1.1.01.2.002 Fundo Fixo de Caixa
1.1.1.01.3 Loja 1 Serviços
1.1.1.01.3.001 Caixa
1.1.1.01.3.002 Fundo Fixo de Caixa
1.1.1.01.4 Loja 2 Varejo
1.1.1.01.4.001 Caixa
1.1.1.01.4.002 Fundo Fixo de Caixa

(continua)

[1] O Ativo Circulante é composto por contas representativas dos bens e dos direitos que estão em frequente circulação no patrimônio. Representam valores já realizados (transformados em dinheiro) ou que serão realizados até o término do exercício social seguinte ao do Balanço em que as contas estiverem sendo apresentadas.

[2] Corresponde a determinada quantia de dinheiro, entregue a um empregado da empresa que se incumbirá de realizar pequenos gastos. Essa conta, permanecerá sempre com seu saldo original, salvo quando ocorrer aumento ou diminuição do limite do fundo. Os comprovantes dos gastos efetuados pelo responsável pelo Fundo Fixo de Caixa são periodicamente apresentados ao Caixa Geral, no qual são contabilizados, e o saldo original é reconstituído mediante cheque nominal a favor do responsável pelo fundo.

(continuação)

1.1.1.02 Bancos conta Movimento
1.1.1.02.1 Matriz
1.1.1.02.1.001 Banco Urupês S.A.
1.1.1.02.2 Fábrica
1.1.1.02.2.001 Banco Urupês S.A.
1.1.1.02.3 Loja 1 Serviços
1.1.1.02.3.001 Banco Urupês S.A.
1.1.1.02.4 Loja 2 Varejo
1.1.1.02.4.001 Banco Urupês S.A.
1.1.1.03 Numerário em Trânsito[3]
1.1.1.03.1.999 Matriz
1.1.1.03.2.999 Fábrica
1.1.1.03.3.999 Loja 1 Serviços
1.1.1.03.4.999 Loja 2 Varejo
1.1.1.04 Aplicações Financeiras de Liquidez Imediata
1.1.1.04.1 Matriz
1.1.1.04.1.001 Banco Urupês S.A.
1.1.1.04.2 Fábrica
1.1.1.04.2.001 Banco Urupês S.A.
1.1.1.04.3 Loja 1 Serviços
1.1.1.04.3.001 Banco Urupês S.A.
1.1.1.04.4 Loja 2 Varejo
1.1.1.04.4.001 Banco Urupês S.A.[4]
1.1.2 CLIENTES
1.1.2.01 Duplicatas a Receber de Terceiros
1.1.2.01.1.001 Cliente A

(continua)

[3] Compreendem as disponibilidades que, embora de propriedade da empresa, até a data do Balanço não integraram o saldo de caixa ou de bancos. Trata-se de casos esporádicos que normalmente representam valores transferidos de filiais para a matriz e vice-versa, por meio de ordens de pagamento ou cheques. Não confundir com cheques emitidos e contabilizados pela empresa, porém não compensados pelo beneficiário, casos que merecem destaque nas conciliações bancárias. Conciliações bancárias são procedimentos comuns adotados para equalizar o saldo contábil constante na conta do livro Razão com o constante do extrato da conta movimento fornecido pelo banco.

[4] Para evitar informações em demasia, a partir daqui deixaremos de apresentar as linhas com as subcontas representativas dos estabelecimentos da entidade (Matriz, Fábrica, Loja 1 e Loja 2). Portanto, logo em seguida à linha que contém a conta principal com 5 dígitos, apresentaremos as contas com 9 dígitos, ficando subentendida a existência da subconta correspondente. Pelas mesmas razões, atribuiremos a classificação de todas as contas com 9 dígitos para o estabelecimento Matriz. Na vida prática, você fará os ajustes necessários para que os registros contábeis em cada conta seja atribuído ao estabelecimento correspondente.

(continuação)

1.1.2.02 Duplicatas a Receber de Pessoas Ligadas
1.1.2.02.1.001 Controlada A
1.1.2.03.1.999 (–) Perdas Estimadas em Créditos de Liquidação Duvidosa
1.1.2.04 (–) Faturamento para Entrega Futura[5]
1.1.2.04.1.001 (–) ....
1.1.2.05 Cartões de Crédito a Receber
1.1.2.05.1.001 Administradora X
1.1.2.06 (–) Ajuste a Valor Presente (Juros Ativos a Vencer)[6]
1.1.2.06.1.001 (–) ...
1.1.2.07 (–) Perdas Estimadas
1.1.2.07.1.001 (–) ...
1.1.3 OUTROS CRÉDITOS
1.1.3.01 Adiantamentos a Empregados
1.1.3.01.1.001 Adiantamento de Décimo Terceiro Salário
1.1.3.01.1.002 Salários
1.1.3.02 Adiantamentos a Fornecedores
1.1.3.02.1.001 Fornecedor A
1.1.3.03 Aluguéis Ativos a Receber
1.1.3.03.1.001 Locatário A
1.1.3.04 Arrendamentos Ativos a Receber
1.1.3.04.1.001 Arrendatário A
1.1.3.05 (–) Receitas sobre Arrendamentos a Apropriar
1.1.3.05.1.001 (–) Arrendatário A
1.1.3.06 Bancos conta Especial[7]
1.1.3.06.1.001 Banco do Brasil S.A.
1.1.3.07 Bancos conta Vinculada[8]
1.1.3.07.1.001 Banco Urupês S.A.

(continua)

[5] Destina-se a ajustar o saldo da conta Duplicatas a Receber, em decorrência de vendas faturadas cujas mercadorias ainda não foram entregues aos clientes.

[6] Os elementos do Ativo e do Passivo decorrentes de operações de longo prazo serão ajustados a valor presente, sendo os demais ajustados quando houver efeito relevante (incisos VIII do art. 183 e III do art. 184 da Lei n. 6.404/1976.)

[7] Conta para uso exclusivo na constituição de sociedades anônimas.

[8] Correspondem a valores da empresa, bloqueados em estabelecimentos bancários, com liberação condicionada ao cumprimento de obrigações ou à obtenção de créditos. São comuns os depósitos vinculados para pagamento de importações, liquidação de empréstimos etc. Nos casos de vinculação para pagamento de obrigações, pode-se classificar a respectiva conta como redutora da conta que registra a respectiva obrigação, no Passivo Circulante ou no Passivo Exigível a Longo Prazo. Decidindo-se em manter no Ativo a parte referente ao cumprimento de obrigações a longo prazo, ela deve figurar no Ativo Realizável a Longo Prazo.

(continuação)

1.1.3.08 Cheques em Cobrança
1.1.3.08.1.001 Banco Urupês S.A.
1.1.3.09 Dividendos a Receber
1.1.3.09.1.001 Sociedade A
1.1.3.10 Dividendos Propostos a Receber
1.1.3.10.1.001 Sociedade A
1.1.3.11 Empréstimos a Empregados
1.1.3.11.1.001 Empregado A
1.1.3.12 Juros sobre o Capital Próprio a Receber
1.1.3.12.1.001 Sociedade A
1.1.3.13 Títulos a Receber
1.1.3.13.1.001 Devedor A
1.1.3.14 (–) Ajuste a Valor Presente (Juros Ativos a Vencer)
1.1.3.14.1.001 (–) ...
1.1.3.15 (–) Perdas Estimadas
1.1.3.15.1.001 (–) ...
1.1.4 TRIBUTOS A RECUPERAR (OU A COMPENSAR)
1.1.4.01 Impostos a Recuperar
1.1.4.01.1.001 IPI a Recuperar
1.1.4.01.1.002 ICMS a Recuperar
1.1.4.01.1.003 IRR Fonte a Recuperar
1.1.4.01.1.004 IR por Estimativa a Recuperar
1.1.4.02 Contribuições a Recuperar
1.1.4.02.1.001 COFINS a Recuperar
1.1.4.02.1.002 CSSL por Estimativa a Recuperar
1.1.4.02.1.003 PIS/PASEP a Recuperar
1.1.5 INVESTIMENTOS TEMPORÁRIOS A CURTO PRAZO
1.1.5.01 Aplicações Financeiras em Fundos de Investimento de Renda Variável (Pós-fixada)
1.1.5.01.1.001 Banco Urupês S.A.
1.1.5.02 Aplicações Financeiras de Renda Fixa (Prefixada)
1.1.5.02.1.001 Banco Urupês S.A.
1.1.5.03 Investimentos Temporários em Ouro
1.1.5.03.1.001 Banco Urupês S.A.
1.1.5.04 Ações de Outras Empresas
1.1.5.04.1.001 Sociedade A
1.1.5.05 Debêntures
1.1.5.05.1.100 Companhia X
1.1.5.05.1.101 Valor Nominal

(continua)

(continuação)

1.1.5.05.1.102 (–) Deságio a Apropriar
1.1.5.06 Outros Títulos e Valores Mobiliários
1.1.5.06.1.001 Entidade A
1.1.5.07 (–) Perdas Estimadas
1.1.5.07.1.001 (–) ...
1.1.6 ESTOQUES
1.1.6.01 Estoques de Mercadorias, Produtos e Insumos
1.1.6.01.1.001 Estoque de Mercadorias
1.1.6.01.1.002 Estoque de Produtos Acabados
1.1.6.01.1.003 Estoque de Produtos em Elaboração
1.1.6.01.1.004 Estoque de Matérias-primas
1.1.6.01.1.005 Estoque de Materiais Secundários
1.1.6.01.1.006 Estoque de Materiais Auxiliares
1.1.6.01.1.007 Estoque de Materiais de Acondicionamento e Embalagem
1.1.6.01.1.008 Estoque de Subprodutos
1.1.6.02 Estoques de Materiais de Consumo
1.1.6.02.1.001 Estoque de Materiais de Escritório (Expediente)
1.1.6.02.1.002 Estoque de Materiais de Informática
1.1.6.02.1.003 Estoque de Materiais de Higiene e Limpeza
1.1.6.02.1.004 Estoque de Materiais de Manutenção
1.1.6.03 (–) Perdas Estimadas em Estoques
1.1.6.03.1.001 (–) Perdas Estimadas por Redução ao Valor Realizável Líquido[9]
1.1.7 DESPESAS DO EXERCÍCIO SEGUINTE[10]
1.1.7.01 Despesas Pagas Antecipadamente
1.1.7.01.1.001 Aluguéis Passivos a Vencer (ou a Apropriar)
1.1.7.01.1.002 Arrendamentos Passivos a Vencer (ou a Apropriar)
1.1.7.01.1.003 Assinaturas e Anuidades a Vencer (ou a Apropriar)
1.1.7.01.1.004 Comissões e Prêmios a Vencer (ou a Apropriar)
1.1.7.01.1.005 Despesas Financeiras a Vencer (ou a Apropriar)
1.1.7.01.1.006 Juros Passivos a Vencer (ou a Apropriar)
1.1.7.01.1.007 Prêmios de Seguros a Vencer (ou a Apropriar)
1.1.7.01.1.008 Propagandas e Publicidades a Vencer (ou a Apropriar)

(continua)

[9] Conta redutora do grupo de estoques. Representa perdas reconhecidas quando o valor recuperável (valor de mercado, valor justo ou valor realizável líquido) de itens de estoques for inferior ao custo de aquisição ou transformação (inciso II do art. 183 da Lei n. 6.404/1976 e item 9 da NBC TG 16 fundamentada no CPC 16).

[10] Despesas pagas no presente exercício e que serão apropriadas ao resultado do exercício seguinte. Segundo o regime de competência, as despesas somente integrarão o resultado no período da ocorrência dos seus respectivos fatos geradores.

(continuação)

1.2 ATIVO NÃO CIRCULANTE[11]
1.2.1 ATIVO REALIZÁVEL A LONGO PRAZO[12]
1.2.1.10 Clientes
1.2.1.11 Duplicatas a Receber de Terceiros
1.2.1.11.1.001 Cliente A
1.2.1.12 Duplicatas a Receber de Pessoas Ligadas
1.2.1.12.1.001 Controlada A
1.2.1.13.1.999 (–) Perdas Estimadas em Créditos de Liquidação Duvidosa
1.2.1.14 (–) Faturamento para Entrega Futura[13]
1.2.1.14.1.001 (–) ...
1.2.1.15 (–) Ajuste a Valor Presente (Juros Ativos a Vencer)[14]
1.2.1.15.1.001 (–) ...
1.2.1.20 Outros Créditos
1.2.1.21 Arrendamentos Ativos a Receber
1.2.1.21.1.001 Arrendatário A
1.2.1.21.1.002 (–) Receitas sobre Arrendamentos a Apropriar
1.2.1.22 Bancos conta Vinculada
1.2.1.22.1.001 Banco Urupês S.A.
1.2.1.23 Títulos a Receber
1.2.1.23.1.001 Devedor A
1.2.1.24 (–) Perdas Estimadas
1.2.1.24.1.001 (–) ...
1.2.1.25 (–) Ajuste a Valor Presente (Juros Ativos a Vencer)
1.2.1.25.1.001 (–) ...
1.2.1.30 Tributos a Recuperar (ou a Compensar)
1.2.1.31 Impostos a Recuperar

(continua)

[11] O Ativo Não Circulante é o oposto do Ativo Circulante. Enquanto no Ativo Circulante são classificadas contas que representam bens e direitos que estão em circulação constante na empresa, isto é, que giram em prazo inferior a um ano, no Ativo Não Circulante, são classificadas contas representativas de bens e direitos com pequena ou nenhuma circulação.

[12] Classificam-se no Ativo Realizável a Longo Prazo as contas que representam bens e direitos que se realizam após o término do exercício social seguinte ao exercício do Balanço em que as contas estiverem sendo apresentadas. Na entidade cujo ciclo operacional tiver duração maior que o exercício social, a classificação no circulante ou longo prazo terá por base o prazo desse ciclo (parágrafo único do art. 179 da Lei n. 6.404/1976). Com exceção das Disponibilidades, poderão figurar neste grupo, todas as demais contas representativas das aplicações de recursos em Bens e Direitos, inclusive das despesas pagas antecipadamente que constarem do Ativo Circulante, desde que tenham o prazo de realização superior a 12 meses.

[13] Ver nota 5.

[14] Ver nota 6.

(continuação)

1.2.1.31.1.001 IPI a Recuperar
1.2.1.32 Contribuições a Recuperar
1.2.1.32.1.001 COFINS a Recuperar
1.2.1.33 Tributos Diferidos a Recuperar[15]
1.2.1.33.1.001 IR Diferido a Recuperar
1.2.1.33.1.002 CSLL Diferida a Recuperar
1.2.1.34 (–) Ajuste a Valor Presente
1.2.1.34.1.001 (–) ...
1.2.1.40 Investimentos Temporários a Longo Prazo
1.2.1.41 Aplicações Financeiras em Fundos de Investimento de Renda Variável (Pós-fixada)
1.2.1.41.1.001 Banco Urupês S.A.
1.2.1.42 Aplicações Financeiras de Renda Fixa (Prefixada)
1.2.1.42.1.001 Banco Urupês S.A.
1.2.1.43 Investimentos Temporários em Ouro
1.2.1.43.1.001 Banco Urupês S.A.
1.2.1.44 Ações de Outras Empresas
1.2.1.44.1.001 Sociedade A
1.2.1.45 Debêntures
1.2.1.45.1.100 Companhia X
1.2.1.45.1.101 Valor Nominal
1.2.1.45.1.102 (–) Deságio a Apropriar
1.2.1.46 Depósitos por Incentivos Fiscais Compulsórios e Valores Restituíveis
1.2.1.46.1.100 Depósitos por Incentivos Fiscais
1.2.1.46.1.101 FINOR
1.2.1.46.1.102 FINAM
1.2.1.46.1.103 FUNRES
1.2.1.46.1.200 Depósitos Judiciais
1.2.1.46.1.201 Entidade A
1.2.1.46.1.300 Empréstimos Compulsórios
1.2.1.46.1.301 Entidade A
1.2.1.47 Outros Títulos e Valores Mobiliários
1.2.1.47.1.001 Entidade A
1.2.1.48 (–) Ajuste a Valor Presente

(continua)

[15] Subgrupo de contas apropriado para o registro do IR e da CSLL recolhidos sobre o lucro líquido, em decorrência de adições lançadas no ELALUR por exigência fiscal. Esse subgrupo pode figurar também no Ativo Circulante, quando o prazo previsto para a reversão da adição for inferior a 12 meses da data do Balanço. Trata-se de Ativo fiscal diferido (valor do tributo sobre o lucro recuperável em períodos futuros) (Assunto disciplinado pela NBC TG 32, fundamentada no CPC 32).

(continuação)

1.2.1.48.1.001 (–) ...
1.2.1.49 (–) Perdas Estimadas
1.2.1.49.1.001 (–) ...
1.2.1.50 Estoques
1.2.1.51 Estoques de Longa Maturação
1.2.1.51.1.001 ...
1.2.1.52 (–) Perdas Estimadas em Estoques
1.2.1.52.1.001 (–) Perdas Estimadas por Redução ao Valor Realizável Líquido
1.2.1.60 Despesas de Exercícios Futuros
1.2.1.61 Despesas Pagas Antecipadamente
1.2.1.61.1.001 Prêmios de Seguro a Vencer (ou a Apropriar)
1.2.1.70 Créditos com Pessoas Ligadas
1.2.1.71 Transações Não Usuais
1.2.1.71.1.001 Controlada A
1.2.1.71.1.002 Diretores
1.2.1.71.1.003 Acionistas
1.2.2 INVESTIMENTOS[16]
1.2.2.10 Avaliados pelo Método da Equivalência Patrimonial
1.2.2.11 Participações em Controladas
1.2.2.11.1.100 Controlada A
1.2.2.11.1.101 Valor de Patrimônio Líquido
1.2.2.11.1.102 Mais Valia
1.2.2.11.1.103 (–) Ágio por Expectativa de Rentabilidade Futura-*goodwill*
1.2.2.11.1.104 (–) Perdas Estimadas
1.2.2.12 Participações em Controladas em Conjunto (*Joint Venture*)
1.2.2.12.1.100 Sociedade A
1.2.2.13 Participações em Coligadas
1.2.2.13.1.100 Coligada A
1.2.2.14 Participações em sociedades do grupo
1.2.2.14.1.100 Sociedade A
1.2.2.20 Avaliados pelo Método do Valor Justo

(continua)

[16] Classificam-se como Investimentos, as contas representativas das Participações permanentes no Capital de outras sociedades como em controladas, coligadas ou outras. Essas Participações geram rendimentos para a empresa, quase sempre, em forma de dividendos. Classificam-se ainda como investimentos, as contas representativas dos Direitos de qualquer natureza não classificáveis no Ativo Circulante ou no Realizável a Longo Prazo e que não se destinem à manutenção da atividade principal da empresa como, por exemplo, os investimentos em obras de arte, ou ainda em bens que gerem receitas para a empresa, independentemente das suas atividades operacionais (Imóveis de Renda, aplicações em ouro etc.).

(continuação)

1.2.2.21 Participações no Capital de Outras Sociedades
1.2.2.21.1.001 Participação na Companhia A
1.2.2.21.1.002 (–) Perdas Prováveis na Realização de Investimentos[17]
1.2.2.22 Participações em Fundos de Investimentos Incentivados
1.2.2.22.1.001 FINOR
1.2.2.22.1.002 (–) Perdas Prováveis na Realização de Investimentos
1.2.2.30 Avaliados pelo Método do Custo de Aquisição
1.2.2.31 Participações no Capital de Outras Sociedades
1.2.2.31.1.001 Participação na Companhia A
1.2.2.31.1.002 (–) Perdas Prováveis na Realização de Investimentos
1.2.2.40 Propriedades para Investimento[18]
1.2.2.40.1.001 Terrenos
1.2.2.40.1.002 Edifícios
1.2.2.41 (–) Depreciações Acumuladas
1.2.2.41.1.001 (–) Depreciação Acumulada de Edifícios
1.2.2.42 (–) Perdas por Redução ao Valor Recuperável
1.2.2.42.1.001 (–) Perdas por Redução ao Valor Recuperável de Terrenos
1.2.2.50 Outros Investimentos
1.2.2.50.1.001 Antiguidades
1.2.2.50.1.002 Investimentos Permanentes em Ouro
1.2.2.50.1.003 Obras de Arte
1.2.2.51 (–) Perdas Estimadas
1.2.2.51.1.001 (–) Perdas por Redução ao Valor Recuperável
1.2.3 IMOBILIZADO[19]
1.2.3.01 Operacional Corpóreo (Tangível)
1.2.3.01.1.001 Bibliotecas
1.2.3.01.1.002 Benfeitorias em Propriedades de Terceiros
1.2.3.01.1.003 Computadores e Periféricos
1.2.3.01.1.004 Ferramentas

(continua)

[17] Inciso III do art. 183 da Lei n. 6.404/1976.

[18] Segundo a NBC TG 28, fundamentada no CPC 28, Propriedade para Investimento é a propriedade (terreno ou edifício – ou parte de edifício – ou ambos) mantida (pelo proprietário ou pelo arrendatário em arrendamento financeiro) para auferir aluguel ou para valorização do capital ou para ambas, e não para: a) uso na produção ou fornecimento de bens ou serviços ou para finalidades administrativas; ou b) venda no curso ordinário do negócio.

[19] Nesse grupo são classificadas as contas representativas dos recursos aplicados em bens corpóreos destinados à manutenção das atividades da companhia ou da empresa, ou exercidos com essa finalidade, inclusive os decorrentes de operações que transfiram à companhia os benefícios, riscos e controle desses bens, como é o caso daquele objeto de arrendamento mercantil.

(continuação)

1.2.3.01.1.005 Imóveis
1.2.3.01.1.006 Instalações
1.2.3.01.1.007 Máquinas e Equipamentos Industriais
1.2.3.01.1.008 Móveis e Utensílios
1.2.3.01.1.009 Peças e Acessórios de Reposição (Almoxarifado)[20]
1.2.3.01.1.010 Veículos
1.2.3.02 Operacional Recursos Naturais
1.2.3.02.1.001 Jazidas
1.2.3.02.1.002 Florestamento e Reflorestamento
1.2.3.03 Imobilizado Objeto de Arrendamento Mercantil
1.2.3.03.1.001 Veículos
1.2.3.04 Imobilizado em Andamento
1.2.3.04.1.001 Aquisições de Imóveis em Andamento
1.2.3.04.1.002 Construções em Andamento
1.2.3.04.1.003 Importações em Andamento
1.2.3.04.1.004 Adiantamentos a Fornecedores (Inversões Fixas)[21]
1.2.3.05 (–) Depreciações Acumuladas
1.2.3.05.1.001 (–) Depreciação Acumulada de Bibliotecas
1.2.3.06 (–) Exaustões Acumuladas
1.2.3.06.1.001 (–) Exaustão Acumulada de Jazidas
1.2.3.07 (–) Perdas por Redução ao Valor Recuperável
1.2.3.07.1.001(–) Perdas por Redução ao Valor Recuperável de bibliotecas
1.2.4 INTANGÍVEL[22]
1.2.4.01 Operacional Incorpóreo (Imaterial)
1.2.4.01.1.001 Direitos Autorais
1.2.4.01.1.002 Direitos de Uso de Marcas e Patentes
1.2.4.01.1.003 Direitos sobre Filmes Cinematográficos
1.2.4.01.1.004 Franquias
1.2.4.01.1.005 Fundo de Comércio (*Goodwil*)
1.2.4.01.1.006 Listas de Clientes

(continua)

[20] Peças para reposição em bens do Ativo Imobilizado. Quando essas peças forem aplicadas, os seus custos integrarão os custos dos respectivos bens.

[21] Adiantamentos para aquisição de bens de uso.

[22] Neste grupo, são classificadas as contas representativas dos recursos aplicados em bens imateriais. São direitos que têm por objeto bens incorpóreos destinados à manutenção das atividades da empresa ou exercidos com essa finalidade.

(continuação)

1.2.4.01.1.007 Sistemas Aplicativos – *Software*[23]
1.2.4.01.1.008 Ativos Intangíveis em Desenvolvimento.
1.2.4.02 (–) Amortizações Acumuladas
1.2.4.02.1.001 (–) Amortização Acumulada de Direitos Autorais
1.2.4.03 (–) Perdas por Redução ao Valor Recuperável
1.2.4.03.1.001 (–) Perdas por Redução ao Valor Recuperável de Direitos Autorais
2. PASSIVO
2.1 PASSIVO CIRCULANTE[24]
2.1.1 OBRIGAÇÕES A FORNECEDORES
2.1.1.01 Duplicatas a Pagar a Terceiros – Nacionais
2.1.1.01.1.001 Fornecedor A
2.1.1.02 Duplicatas a Pagar a Terceiros – Estrangeiros
2.1.1.02.1.001 Fornecedor A
2.1.1.03 Duplicatas a Pagar a Pessoas Ligadas
2.1.1.03.1.001 Controlada A
2.1.1.03.1.002 Coligada A
2.1.1.04 (–) Ajuste a Valor Presente (Juros Passivos a Vencer)
2.1.1.04.1.001 (–) ...
2.1.2 EMPRÉSTIMOS E FINANCIAMENTOS
2.1.2.01 Bancos conta Caução
2.1.2.01.1.001 Banco Urupês S.A.
2.1.2.02 Bancos conta Empréstimos
2.1.2.02.1.001 Banco Urupês S.A.
2.1.2.03 Comissões a Pagar
2.1.2.03.1.001 Credor A
2.1.2.04 Duplicatas Descontadas
2.1.2.04.1.001 Banco Urupês S/A
2.1.2.05 Promissórias a Pagar
2.1.2.05.1.001 Credor A

(continua)

[23] Alguns ativos intangíveis podem estar contidos em elementos que possuem substância física, como um disco (como no caso de *software*), documentação jurídica (no caso de licença ou patente) ou em um filme. Para saber se um ativo que contém elementos intangíveis e tangíveis deve ser tratado como Ativo Imobilizado de acordo com a NBC TG 27 – Ativo Imobilizado ou como Ativo Intangível, nos termos da presente Norma, a entidade avalia qual elemento é mais significativo. Por exemplo, um *software* de uma máquina-ferramenta controlada por computador que não funciona sem esse *software* específico é parte integrante do referido equipamento, devendo ser tratado como Ativo Imobilizado. O mesmo se aplica ao sistema operacional de um computador. Quando o *software* não é parte integrante do respectivo *hardware*, ele deve ser tratado como Ativo Intangível (item 4 da NBC TG 04).

[24] Classificam-se no Passivo Circulante as contas que representam obrigações cujos vencimentos ocorram durante o exercício social subsequente ao do Balanço no qual as contas estiverem sendo classificadas.

(continuação)

2.1.2.06 Juros Passivos a Pagar
2.1.2.06.1.001 Credor A
2.1.2.07 (–) Encargos Financeiros a Vencer (ou a Apropriar)[25]
2.1.2.07.1.001 (–) ...
2.1.2.08 Debêntures a Pagar
2.1.2.08.1.100 Debêntures Conversíveis em Ações
2.1.2.08.1.101 Debenturista A
2.1.2.08.1.200 Debêntures Não Conversíveis
2.1.2.08.1.201 Debenturista A
2.1.2.08.1.300 (–) Comissões Passivas a Apropriar
2.1.2.08.1.301 (–) ...
2.1.2.08.1.400 (–) Deságios a Apropriar
2.1.2.08.1.401 (–) ...
2.1.2.09 (–) Ajuste a Valor Presente (Juros Passivos a Vencer)
2.1.2.09.1.001 (–) ...
2.1.3 OBRIGAÇÕES TRIBUTÁRIAS
2.1.3.01 Impostos a Recolher
2.1.3.01.1.001 ICMS a Recolher
2.1.3.01.1.002 Impostos e Taxas a Recolher
2.1.3.01.1.003 IPI a Recolher
2.1.3.01.1.004 IR a Recolher
2.1.3.01.1.005 IRR Fonte a Recolher
2.1.3.01.1.006 IR por Estimativa a Recolher
2.1.3.01.1.007 (–) IR a Compensar
2.1.3.01.1.008 ISS a Recolher
2.1.3.02 Contribuições a Recolher
2.1.3.02.1.001 COFINS a Recolher
2.1.3.02.1.002 CSLL a Recolher
2.1.3.02.1.003 CSLL por Estimativa a Recolher
2.1.3.02.1.004 (–) CSlL a Compensar
2.1.3.02.1.005 PIS/PASEP a Recolher
2.1.4 OBRIGAÇÕES TRABALHISTAS E PREVIDENCIÁRIAS
2.1.4.01 Obrigações Trabalhistas
2.1.4.01.1.001 Comissões a Pagar[26]

(continua)

[25] Trata-se de despesas pagas antecipadamente, *pro rata tempore* (proporcional ao número de dias do empréstimo ou do financiamento tomado).

[26] As comissões devidas aos vendedores normalmente são pagas em duas etapas: uma parte na ocasião das vendas e outra parte por ocasião do recebimento das duplicatas, quando se tratar de vendas a prazo. No momento da venda, o registro contábil é feito debitando-se a conta "Comissões sobre Vendas" (Despesa com Vendas) e creditando-se a conta "Comissões a Pagar".

(continuação)

2.1.4.01.1.002 Décimo Terceiro Salário a Pagar
2.1.4.01.1.003 Férias a Pagar
2.1.4.01.1.004 Gratificações a Pagar
2.1.4.01.1.005 Honorários a Pagar[27]
2.1.4.01.1.006 Salários a Pagar
2.1.4.02 Obrigações Previdenciárias
2.1.4.02.1.001 Contribuição(ões) Previdênciária(s) sobre Décimo Terceiro Salário a Recolher
2.1.4.02.1.002 Contribuição(ões) Previdenciária(s) sobre Férias a Recolher
2.1.4.02.1.003 Contribuição(ões) Previdenciária(s) sobre Salários a Recolher
2.1.4.02.1.004 Contribuição(ões) Sindical(is) a Recolher
2.1.4.02.1.005 FGTS sobre Décimo Terceiro Salário a Recolher
2.1.4.02.1.006 FGTS sobre Férias a Recolher
2.1.4.02.1.007 FGTS sobre Salários a Recolher
2.1.5 OUTRAS OBRIGAÇÕES
2.1.5.01 Adiantamentos Recebidos de Clientes
2.1.5.01.1.001 Cliente A
2.1.5.02 Aluguéis Passivos a Pagar
2.1.5.02.1.001 Locador A
2.1.5.03 Arrendamentos Passivos a Pagar
2.1.5.03.1.001 Arrendador A
2.1.5.04 (–) Ajuste a Valor Presente (Juros Passivos a Vencer)
2.1.5.04.1.001 (–) Arrendador A
2.1.5.05 Contas a Pagar
2.1.5.05.1.001 Energia Elétrica a Pagar
2.1.5.06 Juros sobre o Capital Próprio a Pagar[28]
2.1.5.06.1.001 Acionista A
2.1.6 PARTICIPAÇÕES E DESTINAÇÕES DO LUCRO LÍQUIDO
2.1.6.01 Dividendos
2.1.6.01.1.001 Dividendos a Pagar
2.1.6.01.1.002 Dividendos Propostos a Pagar
2.1.6.02 Juros sobre o Capital Próprio
2.1.6.02.1.001 Juros sobre o Capital Próprio a Pagar
2.1.6.03 Participações

(continua)

[27] Também intitulado por alguns contabilistas como Pró-labore a Pagar.

[28] Incluímos a conta Juros sobre o Capital Próprio a Pagar no subgrupo Outras Obrigações, para atender a disciplina da legislação tributária, e incluímos a mesma conta no subgrupo Participações e Destinações do Resultado, para atender o contido na Interpretação Técnica ICPC 08 -R1 (itens 10 e 11) do CPC, aprovada pela Deliberação CVM n. 683/2012.

(continuação)

2.1.6.03.1.001 Participações de Debêntures a Pagar
2.1.6.03.1.002 Participações de Empregados a Pagar
2.1.6.03.1.003 Participações de Administradores a Pagar
2.1.6.03.1.004 Participações de Partes Beneficiárias a Pagar
2.1.6.03.1.005 Participações de Instituições ou Fundos de Assistência ou Previdência de Empregados a Pagar
2.1.7 PROVISÕES[29]
2.1.7.01 Provisão para Benefícios a Empregados
2.1.7.01.1.001 ...
2.1.7.02 Provisão para Desmontagem de Equipamentos
2.1.7.02.1.001 ...
2.1.7.03 Provisão para Garantias
2.1.7.03.1.001 Provisão para Garantias de Produtos
2.1.7.04 Provisão por Danos Ambientais
2.1.7.04.1.001 ...
2.1.7.05 (–) Ajuste a Valor Presente
2.1.7.05.1.001 (–) ...
2.2 PASSIVO NÃO CIRCULANTE[30]
2.2.1 PASSIVO EXIGÍVEL A LONGO PRAZO[31]
2.2.1.10 Obrigações a Fornecedores
2.2.1.11 Duplicatas a Pagar a Terceiros – Nacionais
2.2.1.11.1.001 Fornecedor A
2.2.1.12 Duplicatas a Pagar a Terceiros – Estrangeiros
2.2.1.12.1.001 Fornecedor A
2.2.1.13 Duplicatas a Pagar a Pessoas Ligadas
2.2.1.13.1.001 Controlada A
2.2.1.13.1.002 Coligada A
2.2.1.14 (–) Ajuste a Valor Presente (Juros Passivos a Vencer)
2.2.1.14.1.001 (–) ...

(continua)

[29] O termo "Provisão" somente deve ser utilizado na intitulação de contas representativas de Passivos de prazo ou valor incertos (NBC TG 25).

[30] O Passivo Não Circulante é o oposto do Passivo Circulante. Enquanto no Passivo Circulante são classificadas as contas representativas de obrigações vencíveis a curto prazo, no Passivo Não Circulante são classificadas as contas representativas das obrigações de longo prazo (obrigações de pagar), inclusive aquelas representativas das receitas recebidas antecipadamente (obrigações de fazer).

[31] Classificam-se no Passivo Exigível a Longo Prazo as contas que representam obrigações cujos vencimentos ocorram após o término do exercício social subsequente ao do Balanço na qual as contas estiverem sendo apresentadas. Na companhia cujo ciclo operacional tiver duração maior que o exercício social, a classificação no circulante ou longo prazo terá por base o prazo desse ciclo (parágrafo único do art. 179 da Lei n. 6.404/1976).

(continuação)

2.2.1.20 Empréstimos e Financiamentos
2.2.1.21 Bancos conta Caução
2.2.1.21.1.001 Banco Urupês S.A.
2.2.1.22 Bancos conta Empréstimos
2.2.1.22.1.001 Banco Urupês S.A.
2.2.1.23 Promissórias a Pagar
2.2.1.23.1.001 Credor A
2.2.1.24 (–) Encargos Financeiros a Vencer (ou a Apropriar)
2.2.1.24.1.001 Entidade A
2.2.1.25 Debêntures a Pagar
2.2.1.25.1.100 Debêntures Conversíveis em Ações
2.2.1.25.1.101 Debenturista A
2.2.1.25.1.200 Debêntures Não Conversíveis
2.2.1.25.1.201 Debenturista A
2.2.1.25.1.202 (–) Comissões Passivas a Apropriar
2.2.1.25.1.203 (–) ...
2.2.1.25.1.204 (–) Deságio a Apropriar
2.2.1.25.1.205 (–) ...
2.2.1.26 (–) Ajuste a Valor Presente
2.2.1.26.1.001 (–) ...
2.2.1.30 Obrigações Tributárias
2.2.1.31 Impostos a Recolher
2.2.1.31.1.001 IR a Recolher
2.2.1.32 Contribuições a Recolher
2.2.1.32.1.001 CSLL a Recolher
2.2.1.33 Tributos Diferidos a Recolher[32]
2.2.1.33.1.001 IR Diferido a Recolher
2.2.1.33.1.002 CSLL Diferida a Recolher
2.2.1.34 (–) Ajuste a Valor Presente
2.2.1.34.1.001 (–) ...
2.2.1.40 Outras Obrigações
2.2.1.41 Arrendamentos Passivos
2.2.1.41.1.100 Arrendamentos Passivos a Pagar

(continua)

[32] Subgrupo de contas apropriado para o registro do IR e da CSLL devidos sobre o lucro líquido em decorrência de exclusões lançadas no ELALUR por exigência fiscal. Esse subgrupo pode figurar também no Passivo Circulante, quando o prazo previsto para a reversão da exclusão for inferior a 12 meses da data do Balanço. Trata-se de Passivo fiscal diferido (valor do tributo sobre o lucro devido em período futuro relacionado às diferenças temporárias tributáveis); (assunto disciplinado pela NBC TG 32, fundamentada no CPC 32).

(continuação)

2.2.1.41.1.101 Arrendador A
2.2.1.41.1.200 (–) Encargos Financeiros sobre Arrendamentos a Pagar
2.2.1.41.1.201 (–) ...
2.2.1.42 Títulos a Pagar
2.2.1.42.1.001 Credor A
2.2.1.43 (–) Ajuste a Valor Presente (Juros Passivos a Vencer)
2.2.1.43.1.001 (–) ...
2.2.1.50 Obrigações a Pessoas Ligadas
2.2.1.51 Transações Não Usuais
2.2.1.51.1.001 Controlada A
2.2.1.51.1.002 Coligada A
2.2.1.52 (–) Ajuste a Valor Presente (Juros Passivos a Vencer)
2.2.1.52.1.001 (–) ...
2.2.1.60 Provisões
2.2.1.60.01 Provisão para Benefícios a Empregados
2.2.1.60.01.1.001 ...
2.2.1.60.02 Provisão para Desmontagem de Equipamentos
2.2.1.60.02.1.001 ...
2.2.1.60.03 Provisão para Garantias
2.2.1.60.03.1.001 Provisão para Garantias de Produtos
2.2.1.60.04 Provisão por Danos Ambientais
2.2.1.60.04.1.001 ...
2.2.2 RECEITAS DIFERIDAS[33]
2.2.2.01 Receitas Recebidas Antecipadamente
2.2.2.01.1.001 Aluguéis Ativos a Vencer (ou a Apropriar)
2.2.2.01.1.002 Arrendamentos Ativos a Vencer (ou a Apropriar)
2.2.2.02 (–) Custos/Despesas ou Encargos Vinculados às Receitas
2.2.2.02.1.001 (–) ...
2.3 PATRIMÔNIO LÍQUIDO
2.3.1 CAPITAL SOCIAL
2.3.1.01.1.999 Capital Subscrito
2.3.1.02.1.999 (–) Capital a Realizar
2.3.2 RESERVAS
2.3.2.01 Reservas de Capital
2.3.2.01.1.001 Reserva de Ágio na Emissão de Ações/Cotas

(continua)

[33] A Lei n. 6.404/1976, em seu art. 299-B,estabelece que as contas representativas das receitas recebidas antecipadamente devem ser classificadas no Passivo Não Circulante, deduzidas dos custos e despesas a elas correspondentes.

(continuação)

2.3.2.01.1.002 Reserva de Alienação de Partes Beneficiárias
2.3.2.01.1.003 Reserva de Alienação de Bônus de Subscrição
2.3.2.01.1.004 (–) Ações em Tesouraria[34]
2.3.2.02 Reservas de Lucros
2.3.2.02.1.001 Reserva Legal
2.3.2.02.1.002 Reservas Estatutárias
2.3.2.02.1.003 Reservas para Contingências
2.3.2.02.1.004 Reservas para Incentivos Fiscais
2.3.2.02.1.005 Reservas de Lucros a Realizar
2.3.2.02.1.006 Reservas de Lucros para Expansão
2.3.2.02.1.007 Reserva Especial para Dividendo Obrigatório não Distribuído
2.3.2.02.1.008 (–) Ações em Tesouraria
2.3.3 (+ou-) Ajustes de Avaliação Patrimonial
2.3.3.01 Ajustes de Elementos do Ativo
2.3.3.01.1.001 ...
2.3.3.02 (–) Ajustes de Elementos do Passivo
2.3.3.02.1.001 (–) ...
2.3.4 (+ou-) Lucros ou Prejuízos Acumulados[35]
2.3.4.01.1.999 Lucros Acumulados
2.3.4.02.1.999 (–) Prejuízos Acumulados

QUADRO II

CONTAS DE RESULTADO
3. DESPESAS E CUSTOS
3.1 DESPESAS OPERACIONAIS 3.1.1 DESPESAS COM VENDAS

(continua)

[34] Correspondem a ações representativas do capital da própria empresa, adquiridas por ela mesma. Segundo estabelece o § 5º do art. 182 da Lei n. 6.404/1976, as Ações em Tesouraria deverão ser destacadas no Balanço como dedução da conta do Patrimônio Líquido que registrar a origem dos recursos aplicados na sua aquisição. Por esse motivo, posicionamos a conta Ações em Tesouraria em dois lugares no Patrimônio Líquido. Na vida prática, havendo dificuldade de identificação da origem do recurso, conforme estabelece o preceito legal citado, o contabilista deve escolher o melhor posicionamento em cada caso particular.

[35] Com o advento da Lei n. 11.638/2007, as entidades constituídas sob a forma jurídica de sociedade por ações ficaram obrigadas a dar destinação total aos lucros apurados em cada exercício social. Deste modo, ficou vedado a esse tipo de entidade, a manutenção de saldo credor na conta Lucros ou Prejuízos Acumulados (ou na subconta Lucros Acumulados), nos Balanços de final de exercício social. Contudo, esse procedimento não se aplica às demais sociedades e entidades de forma geral, as quais poderão manter em seus Balanços saldo credor na conta Lucros ou Prejuízos Acumulados, para futuras destinações. (Ver itens 48 a 50 do Comunicado Técnico CTG 2000 aprovado pela Resolução CFC n. 1159/2009.)

(continuação)

3.1.1.01 Pessoal
3.1.1.01.1.001 Assistência Médica e Social
3.1.1.01.1.002 Aviso Prévio e Indenizações
3.1.1.01.1.003 Contribuição(ões) de Previdência
3.1.1.01.1.004 FGTS
3.1.1.01.1.005 Décimo Terceiro Salário
3.1.1.01.1.006 Férias
3.1.1.01.1.007 Lanches e Refeições
3.1.1.01.1.008 Prêmios e Gratificações
3.1.1.01.1.009 Pró-labore
3.1.1.01.1.010 Salários
3.1.1.01.1.011 Seguro de Vida em Grupo
3.1.1.01.1.012 Seguros de Acidente de Trabalho
3.1.1.01.1.013 Vale-refeição
3.1.1.01.1.014 Vale-transporte
3.1.1.01.1.015 Outros Encargos
3.1.1.02 Comissões
3.1.1.02.1.001 Comissões sobre Vendas
3.1.1.03 Propaganda e Publicidade
3.1.1.03.1.001 Amostras Grátis
3.1.1.03.1.002 Pesquisas de Mercado
3.1.1.03.1.003 Brindes e Presentes
3.1.1.03.1.004 Veiculações Diversas na Mídia
3.1.1.04 Despesas com Viagens e Estadas
3.1.1.04.1.001 Condução e Transporte
3.1.1.04.1.002 Hospedagem
3.1.1.04.1.003 Lanches e Refeições
3.1.1.04.1.004 Viagens Terrestres
3.1.1.05 Despesas com Entregas
3.1.1.05.1.001 Despesas com Arrendamentos Passivos
3.1.1.05.1.002 Combustíveis
3.1.1.05.1.003 Fretes e Carretos
3.1.1.05.1.004 Manutenção de Veículos
3.1.1.06 Ocupação
3.1.1.06.1.001 Água e Esgoto
3.1.1.06.1.002 Aluguéis Passivos
3.1.1.06.1.003 Amortização
3.1.1.06.1.004 Comunicação (Telefone, Fax etc.)

(continua)

(continuação)

3.1.1.06.1.005 Conservação Predial
3.1.1.06.1.006 Depreciação
3.1.1.06.1.007 Energia Elétrica
3.1.1.06.1.008 Manutenção em Elevadores
3.1.1.06.1.009 Manutenção e Reparos
3.1.1.07 Gerais
3.1.1.07.1.001 Despesas Postais
3.1.1.07.1.002 Materiais de Consumo
3.1.1.07.1.003 Material de Escritório (Expediente)
3.1.1.07.1.004 Material de Informática
3.1.1.07.1.005 Material de Higiene e Limpeza
3.1.1.07.1.006 Perdas com Clientes
3.1.1.07.1.007 Prêmios de Seguro
3.1.1.07.1.008 Revistas e Publicações
3.1.1.07.1.009 Despesas Eventuais
3.1.1.08 Serviços de Terceiros
3.1.1.08.1.001 Assistência Técnica em Processamento de Dados
3.1.1.08.1.002 Recrutamento e Seleção
3.1.1.08.1.003 Segurança
3.1.1.08.1.004 Treinamento de Pessoal
3.1.1.08.1.005 Outros Serviços de Terceiros
3.1.1.09 Tributárias
3.1.1.09.1.001 Imposto Predial e Territorial Urbano (IPTU)
3.1.1.09.1.002 Imposto sobre Veículos Automotores (IPVA)
3.1.1.09.1.003 Imposto Territorial Rural (ITR)
3.1.1.09.1.004 Impostos e Taxas Diversas
3.1.1.10 Despesas com Perdas Estimadas
3.1.1.10.1.001 Despesas com Perdas Estimadas em Créditos de Liquidação Duvidosa
3.1.1.10.1.002 Despesas com Perdas Estimadas por Redução ao Valor Realizável Líquido
3.1.1.10.1.003 Despesas com Perdas Prováveis na Realização de Investimentos
3.1.1.10.1.004 Despesas com Provisões para Benefícios a Empregados
3.1.2 DESPESAS FINANCEIRAS
3.1.2.01 Derivadas de Transações Comerciais
3.1.2.01.1.001 Ajuste a Valor Presente (Compras de Bens ou Serviços)
3.1.2.01.1.002 Descontos Concedidos
3.1.2.01.1.003 Encargos Financeiros sobre Arrendamentos Passivos
3.1.2.02 Derivadas de Transações Financeiras
3.1.2.02.1.001 Despesas Bancárias

(continua)

(continuação)

3.1.2.02.1.002 Juros Passivos
3.1.2.03 Tributárias
3.1.2.03.1.001 Impostos sobre Operações Financeiras
3.1.2.04 Variações Monetárias
3.1.2.04.1.001 Variação Cambial Passiva
3.1.2.04.1.002 Variação Monetária Passiva
3.1.2.05 Outras
3.1.2.05.1.001 Juros sobre o Capital Próprio
3.1.3 DESPESAS ADMINISTRATIVAS
3.1.3.01 Pessoal
3.1.3.01.1.001 Assistência Médica e Social
3.1.3.01.1.002 Aviso Prévio e Indenizações
3.1.3.01.1.003 Contribuição(ões) de Previdência
3.1.3.01.1.004 FGTS
3.1.3.01.1.005 Décimo Terceiro Salário
3.1.3.01.1.006 Férias
3.1.3.01.1.007 Lanches e Refeições
3.1.3.01.1.008 Prêmios e Gratificações
3.1.3.01.1.009 Pró-labore[36]
3.1.3.01.1.010 Salários
3.1.3.01.1.011 Seguro de Vida em Grupo
3.1.3.01.1.012 Seguros de Acidente de Trabalho
3.1.3.01.1.013 Vale-refeição
3.1.3.01.1.014 Vale-transporte
3.1.3.01.1.015 Outros Encargos
3.1.3.02 Honorários[37]
3.1.3.02.1.001 Honorários da Diretoria
3.1.3.02.1.002 Honorários do Conselho de Administração
3.1.3.02.1.003 Honorários do Conselho Fiscal
3.1.3.03 Despesas com Viagens e Estadas
3.1.3.03.1.001 Condução e Transporte
3.1.3.03.1.002 Hospedagem
3.1.3.03.1.003 Lanches e Refeições

(continua)

[36] Pró-labore ou Honorários é a remuneração paga a sócios, diretores, administradores ou a titulares de empresas individuais, considerados não trabalhadores da empresa, pelos serviços por eles prestados à empresa. Sobre essa remuneração, a empresa tem ainda encargos com a Previdência Social (20%) e opcionalmente com o FGTS (8%).

[37] Idem comentário da nota 36.

(continuação)

3.1.3.03.1.004 Viagens Terrestres
3.1.3.04 Ocupação
3.1.3.04.1.001 Água e Esgoto
3.1.3.04.1.002 Aluguéis Passivos
3.1.3.04.1.003 Amortização
3.1.3.04.1.004 Comunicação (Telefone, Fax etc.)
3.1.3.04.1.005 Conservação Predial
3.1.3.04.1.006 Depreciação
3.1.3.04.1.007 Energia Elétrica
3.1.3.04.1.008 Manutenção em Elevadores
3.1.3.04.1.009 Manutenção e Reparos
3.1.3.05 Gerais
3.1.3.05.1.001 Despesas com Arrendamentos Passivos
3.1.3.05.1.002 Combustíveis
3.1.3.05.1.003 Copa e Cozinha
3.1.3.05.1.004 Despesas Legais e Judiciais
3.1.3.05.1.005 Despesas Postais
3.1.3.05.1.006 Doações Diversas
3.1.3.05.1.007 Fretes e Carretos
3.1.3.05.1.008 Manutenção de Veículos
3.1.3.05.1.009 Materiais de Consumo
3.1.3.05.1.010 Material de Escritório (Expediente)
3.1.3.05.1.011 Material de Informática
3.1.3.05.1.012 Material de Higiene e Limpeza
3.1.3.05.1.013 Prêmios de Seguro
3.1.3.05.1.014 Revistas e Publicações
3.1.3.05.1.015 Despesas Eventuais
3.1.3.06 Serviços de Terceiros
3.1.3.06.1.001 Assistência Técnica em Processamento de Dados
3.1.3.06.1.002 Auditoria
3.1.3.06.1.003 Consultoria Contábil e Fiscal
3.1.3.06.1.004 Recrutamento e Seleção
3.1.3.06.1.005 Segurança
3.1.3.06.1.006 Treinamento de Pessoal
3.1.3.06.1.007 Outros Serviços de Terceiros
3.1.3.07 Tributárias
3.1.3.07.1.001 Contribuição(ões) Sindical(is) – empresa
3.1.3.07.1.002 Impostos e Taxas Diversas

(continua)

(continuação)

3.1.3.07.1.003 Imposto Predial e Territorial Urbano (IPTU)
3.1.3.07.1.004 Imposto sobre Veículos Automotores (IPVA)
3.1.3.07.1.005 Imposto Territorial Rural (ITR)
3.1.3.08 Despesas com Perdas Estimadas
3.1.3.08.1.001 Despesas com Perdas Estimadas na Realização de Investimentos
3.1.3.08.1.002 Despesas com Perdas Estimadas por Redução ao Valor Realizável Líquido
3.1.3.08.1.003 Despesas com Provisões para Benefícios a Empregados
3.1.4 OUTRAS DESPESAS OPERACIONAIS
3.1.4.01 Gerais
3.1.4.01.1.001 Despesas de Organização
3.1.4.01.1.002 Insubsistências Ativas
3.1.4.01.1.003 Multas de Trânsito
3.1.4.01.1.004 Multas Fiscais
3.1.4.01.1.005 Perdas Estimadas em Estoques
3.1.4.01.1.006 Perdas ou Quebras de Estoques
3.1.4.01.1.007 Perdas por Divergências de Estoques
3.1.4.01.1.008 Superveniências Passivas
3.1.4.01.1.009 Despesas Eventuais
3.1.4.02 Tributárias
3.1.4.02.1.001 COFINS Demais Receitas [38]
3.1.4.02.1.002 PIS/PASEP Demais Receitas[39]
3.1.4.03 Despesas de Participações Societárias
3.1.4.03.1.001 Despesas de Participações Societárias Avaliadas pelo MEP
3.1.4.03.1.002 Amortização de Ágios
3.1.4.03.1.003 Despesas de Participações Societárias Avaliadas pelo MC
3.1.4.04 Despesas com Custos não Alocados à Produção
3.1.4.04.1.001 Custos Indiretos não Alocados[40]
3.2 OUTRAS DESPESAS[41]

(continua)

[38] Considerar, aqui, as parcelas da Cofins incidentes sobre demais receitas, uma vez que as parcelas referentes ao faturamento (Receita Bruta de Vendas de Mercadorias, de Produtos e Receita Bruta da Prestação de Serviços) figurarão no grupo da Receita Bruta. É importante destacar que a Cofins e o PIS-Pasep, sobre as demais receitas, é devida somente pelas pessoas jurídicas sujeitas à tributação pelo regime de incidência não cumulativa (Lei n. 11.941/2009).

[39] Valem os mesmos comentários da nota 38.

[40] Conta destinada ao registro da parcela dos custos indiretos fixos reconhecida como despesa nos termos do item 13 da NBC TG 16 (ou do item 13.9 da Seção 13 da NBC TG 1.000).

[41] É importante salientar que a nova redação dada ao inciso IV do art. 187 da Lei n. 6.404/1976 pela Lei n. 11.941/09, substituiu na Demonstração do Resultado do Exercício, a denominação "Despesas Não Operacionais" por "Outras Despesas".

(continuação)

3.2.1 PERDAS DE CAPITAL NO ATIVO NÃO CIRCULANTE
3.2.1.01 Perdas de Capital nos Investimentos
3.2.1.01.1.001 Perdas na Baixa de Investimentos Avaliados pelo MEP
3.2.1.01.1.002 Perdas na Baixa de Investimentos Avaliados pelo Valor Justo
3.2.1.01.1.003 Perdas na Baixa de Investimentos Avaliados pelo MC
3.2.1.02 Perdas de Capital no Imobilizado
3.2.1.02.1.001 Perdas na Baixa de Bens do Imobilizado
3.2.1.03 Perdas de Capital no Intangível
3.2.1.03.1.001 Perdas na Baixa de Bens do Intangível
3.2.1.04 Perdas Estimadas
3.2.1.04.1.001 Despesas com Perdas Estimadas na Realização de Investimentos[42]
3.3 CUSTOS
3.3.1 CUSTO DAS COMPRAS DE MATERIAIS[43]
3.3.1.10 Custos das Compras de Mercadorias[44]
3.3.1.11 Mercado Interno
3.3.1.11.1.001 Compras de Mercadorias
3.3.1.11.1.002 Fretes e Seguros sobre Compras
3.3.1.11.1.003 (–) Abatimentos sobre Compras
3.3.1.11.1.004 (–) Compras Anuladas ou Devoluções de Compras
3.3.1.11.1.005 (–) Descontos Incondicionais Obtidos
3.3.1.12 Mercado Externo
3.3.1.12.1.001 Compras de Mercadorias
3.3.1.12.1.002 Fretes e Seguros sobre Compras
3.3.1.12.1.003 Aluguéis de Contêineres
3.3.1.12.1.004 Imposto sobre Importação (II) não recuperável
3.3.1.12.1.005 ICMS sobre Importação – não recuperável

(continua)

[42] Inciso III do art. 183 da Lei n. 6.404/1976.

[43] Nos registros das compras de qualquer material, deve-se também considerar o sistema de controle de estoques e apuração de resultados adotado pela entidade (inventário periódico ou permanente), bem como a inclusão ou não, nos estoques, dos tributos incidentes, conforme estabelecer a legislação pertinente. Lembramos que há tributos recuperáveis, os quais não integram o custo das compras, e há tributos não recuperáveis, que integram o custo das compras. É importante ressaltar, ainda, que os materiais de consumo, como aqueles utilizados no expediente regular das empresas, normalmente compõem-se de muitos itens, incluindo valores inexpressivos, sendo perfeitamente aceitável a apuração do consumo por diferenças entre os valores lançados a débito da respectiva conta de estoque e o estoque final apurado por meio de levantamento físico (Característica Qualitativa Fundamental da Informação Contábil-Financeira Útil, da materialidade).

[44] Quando a empresa adotar o sistema de inventário permanente para o registro e controle das operações com mercadorias, as contas desse subgrupo não serão utilizadas, uma vez que, nesse caso, os Débitos e os Créditos referentes ao custo de aquisição das mercadorias serão lançados diretamente na conta que registra o respectivo estoque. Haverá necessidade de controle extracontábil para possibilitar o acompanhamento das compras à vista e a prazo, tanto no mercado interno como no externo. Observar ainda a exclusão dos impostos recuperáveis.

(continuação)

3.3.1.12.1.006 IPI sobre Importação – não recuperável
3.3.1.12.1.007 Taxas Aduaneiras
3.3.1.12.1.008 (–) Abatimentos sobre Compras
3.3.1.12.1.009 (–) Compras Anuladas ou Devoluções de Compras
3.3.1.12.1.010 (–) Descontos Incondicionais Obtidos
3.3.1.20 Custo das Compras de Matérias-primas
(Classificação semelhante à do subgrupo 3.3.1.10)
3.3.1.30 Custo das Compras de Materiais Secundários
(Classificação semelhante à do subgrupo 3.3.1.10)
3.3.1.40 Custo das Compras de Materiais Auxiliares
(Classificação semelhante à do subgrupo 3.3.1.10)
3.3.1.50 Custo das Compras de Materiais de Acondicionamento e Embalagem
(Classificação semelhante à do subgrupo 3.3.1.10)
3.3.1.60 Custo das Compras de Materiais de Escritório (Expediente)
(Classificação semelhante à do subgrupo 3.3.1.10)
3.3.1.70 Custo das Compras de Materiais de Informática
(Classificação semelhante à do subgrupo 3.3.1.10)
3.3.1.80 Custo das Compras de Materiais de Higiêne e Limpeza
(Classificação semelhante à do subgrupo 3.3.1.10)
3.3.1.90 Custo das Compras de Materiais de Manutenção
(Classificação semelhante à do subgrupo 3.3.1.10)
3.3.2 CUSTOS DIRETOS DE FABRICAÇÃO
3.3.2.01 Materiais Diretos
3.3.2.01.1.001 Matéria-prima
3.3.2.01.1.002 Materiais Secundários
3.3.2.01.1.003 Materiais Auxiliares
3.3.2.01.1.004 Materiais de Acondicionamento e Embalagem
3.3.2.02 Mão de Obra Direta
3.3.2.02.1.001 Assistência Médica e Social
3.3.2.02.1.002 Aviso Prévio e Indenizações
3.3.2.02.1.003 Contribuição(ões) de Previdência
3.3.2.02.1.004 FGTS
3.3.2.02.1.005 Décimo Terceiro Salário
3.3.2.02.1.006 Férias
3.3.2.02.1.007 Lanches e Refeições
3.3.2.02.1.008 Prêmios e Gratificações
3.3.2.02.1.009 Salários
3.3.2.02.1.010 Seguro de Acidentes do Trabalho

(continua)

(continuação)

3.3.2.02.1.011 Seguro de Vida em Grupo
3.3.2.02.1.012 Vale-refeição
3.3.2.02.1.013 Vale-transporte
3.3.2.02.1.014 Outros Encargos
3.3.2.03 Gastos Gerais de Fabricação Diretos
3.3.2.03.1.001 Combustíveis e Lubrificantes
3.3.2.03.1.002 Energia Elétrica
3.3.2.03.1.003 Oficinas Externas
3.3.2.03.1.004 Serviços de Terceiros
3.3.2.03.1.005 Outros Gastos Gerais de Fabricação
3.3.3 CUSTOS INDIRETOS DE FABRICAÇÃO (CIFs)
3.3.3.01 Materiais Indiretos
3.3.3.01.1.001 Materiais Secundários
3.3.3.01.1.002 Materiais Auxiliares
3.3.3.01.1.003 Materiais de Acondicionamento e Embalagem
3.3.3.01.1.004 Materiais de Escritório (Expediente)
3.3.3.01.1.005 Materiais de Informática
3.3.3.01.1.006 Materiais de Higiene e Limpeza
3.3.3.01.1.007 Materiais de Manutenção
3.3.3.02 Mão de Obra Indireta
3.3.3.02.1.001 Assistência Médica e Social
3.3.3.02.1.002 Aviso Prévio e Indenizações
3.3.3.02.1.003 Contribuição(ões) de Previdência
3.3.3.02.1.004 FGTS
3.3.3.02.1.005 Décimo Terceiro Salário
3.3.3.02.1.006 Férias
3.3.3.02.1.007 Honorários (Pró-labore)
3.3.3.02.1.008 Lanches e Refeições
3.3.3.02.1.009 Prêmios e Gratificações
3.3.3.02.1.010 Salários
3.3.3.02.1.011 Seguro de Acidentes do Trabalho
3.3.3.02.1.012 Seguro de Vida em Grupo
3.3.3.02.1.013 Vale-refeição
3.3.3.02.1.014 Vale-transporte
3.3.3.02.1.015 Outros Encargos
3.3.3.03 Gastos Gerais de Fabricação Indiretos
3.3.3.03.1.001 Água e Esgoto
3.3.3.03.1.002 Aluguéis e Arrendamentos

(continua)

(continuação)

3.3.3.03.1.003 Amortização
3.3.3.03.1.004 Combustíveis
3.3.3.03.1.005 Comunicações
3.3.3.03.1.006 Conservação Predial
3.3.3.03.1.007 Depreciação
3.3.3.03.1.008 Energia Elétrica
3.3.3.03.1.009 Impostos e Taxas
3.3.3.03.1.010 Manutenção em Elevadores
3.3.3.03.1.011 Manutenção e Reparos – Produção
3.3.3.03.1.012 Roupas Especiais
3.3.3.03.1.013 Segurança
3.3.3.03.1.014 Serviços de Terceiros
3.3.3.03.1.015 Comunicação (Telefone, Fax etc.)
3.3.3.03.1.016 Transporte
3.3.3.03.1.017 Outros Gastos Gerais de Fabricação
3.3.3.04.1.999 CIF[45]
3.3.3.04.2.999 CIFs Estimados[46]
3.3.3.04.3.999 Variação de CIF
3.3.4 CUSTO EM FORMAÇÃO
3.3.4.01 Produto A
3.3.4.01.1.001 Materiais
3.3.4.01.1.002 Mão de Obra
3.3.4.01.1.003 Gastos Gerais de Fabricação
3.3.4.02 Produto B
3.3.4.02.1.001 Materiais
3.3.4.02.1.002 Mão de Obra
3.3.4.02.1.003 Gastos Gerais de Fabricação
3.4 CUSTO DA PRESTAÇÃO DE SERVIÇOS
3.4.1 CUSTOS DIRETOS DA PRESTAÇÃO DE SERVIÇOS

(continua)

[45] Quando o programa utilizado no processamento eletrônico de dados não permitir automaticamente os cálculos e rateio de cada conta representativa do custo indireto de fabricação para o custo em formação de cada produto, pode-se optar, por razões práticas, por transferir os saldos de todas as contas dos subgrupos 3.3.3.01 a 3.3.3.03 para a conta única 3.3.3.04.1.999 CIF. Agindo dessa forma, os cálculos para rateio e os lançamentos de transferência serão feitos com base no saldo de uma só conta, facilitando assim os registros contábeis. Lembramos, no entanto, que esse procedimento é apenas uma sugestão, e que a sua adoção dependerá de cada caso particular.

[46] Conta própria para contabilização dos custos indiretos de fabricação estimados. É utilizada nos casos em que a empresa precisa apurar custos de produtos cujos processos de fabricação são encerrados ao longo do mês, antes mesmo de se conhecer o montante dos custos indiretos incorridos no respectivo mês.

(continuação)

3.4.1.01 Materiais Diretos
3.4.1.01.1.001 Materiais Diversos Aplicados na Prestação de Serviços
3.4.1.02 Mão de Obra Direta
3.4.1.02.1.001 Assistência Médica e Social
3.4.1.02.1.002 Aviso Prévio e Indenizações
3.4.1.02.1.003 Contribuição(ões) de Previdência
3.4.1.02.1.004 FGTS
3.4.1.02.1.005 Décimo Terceiro Salário
3.4.1.02.1.006 Férias
3.4.1.02.1.007 Lanches e Refeições
3.4.1.02.1.008 Prêmios e Gratificações
3.4.1.02.1.009 Salários
3.4.1.02.1.010 Seguro de Acidentes do Trabalho
3.4.1.02.1.011 Seguro de Vida em Grupo
3.4.1.02.1.012 Vale-refeição
3.4.1.02.1.013 Vale-transporte
3.4.1.02.1.014 Outros Encargos
3.4.1.03 Gastos Gerais Diretos
3.4.1.03.1.001 Combustíveis e Lubrificantes
3.4.1.03.1.002 Energia Elétrica
3.4.1.03.1.003 Serviços de Terceiros
3.4.1.03.1.004 Outros
3.4.2 CUSTOS INDIRETOS DA PRESTAÇÃO DE SERVIÇOS
3.4.2.01 Materiais Indiretos
3.4.2.01.1.001 Materiais Diversos Aplicados na Prestação de Serviços
3.4.2.02 Mão de Obra Indireta
3.4.2.02.1.001 Assistência Médica e Social
3.4.2.02.1.002 Aviso Prévio e Indenizações
3.4.2.02.1.003 Contribuição(ões) de Previdência
3.4.2.02.1.004 FGTS
3.4.2.02.1.005 Décimo Terceiro Salário
3.4.2.02.1.006 Férias
3.4.2.02.1.007 Honorários (Pró-labore)
3.4.2.02.1.008 Lanches e Refeições
3.4.2.02.1.009 Prêmios e Gratificações
3.4.2.02.1.010 Salários
3.4.2.02.1.011 Seguro de Acidentes do Trabalho
3.4.2.02.1.012 Seguro de Vida em Grupo

(continua)

(continuação)

3.4.2.02.1.013 Vale-refeição 3.4.2.02.1.014 Vale-transporte 3.4.2.02.1.015 Outros Encargos 3.4.2.03 Gastos Gerais Indiretos 3.4.2.03.1.001 Água e Esgoto 3.4.2.03.1.002 Aluguéis e Arrendamentos 3.4.2.03.1.003 Amortização 3.4.2.03.1.004 Combustíveis 3.4.2.03.1.005 Comunicações (Telefone, Fax etc.) 3.4.2.03.1.006 Depreciação 3.4.2.03.1.007 Energia Elétrica 3.4.2.03.1.008 Impostos e Taxas 3.4.2.03.1.009 Manutenção e Reparo 3.4.2.03.1.010 Refeitório 3.4.2.03.1.011 Roupas Especiais 3.4.2.03.1.012 Serviços de Terceiros 3.4.2.03.1.013 Outros 3.4.3 CUSTO EM FORMAÇÃO 3.4.3.01 Ordem de Serviço A 3.4.3.01.1.001 Materiais 3.4.3.01.1.002 Mão de Obra 3.4.3.01.1.003 Gastos Gerais 3.4.3.02 Ordem de Serviço B 3.4.3.02.1.001 Materiais 3.4.3.02.1.002 Mão de Obra 3.4.3.02.1.003 Gastos Gerais
4. RECEITAS
4.1 RECEITAS OPERACIONAIS 4.1.1 RECEITA BRUTA DE VENDAS DE MERCADORIAS 4.1.1.01 Mercado Interno 4.1.1.01.1.001 Vendas de Mercadorias 4.1.1.01.1.002 (–) Abatimentos sobre Vendas 4.1.1.01.1.003 (–) Vendas Anuladas (ou Devoluções de Vendas) 4.1.1.01.1.004 (–) Descontos Incondicionais Concedidos 4.1.1.01.1.005 (–) ICMS sobre Vendas 4.1.1.01.1.006 (–) IPI sobre Vendas[47]

(continua)

[47] Esta conta aparecerá somente na contabilidade das empresas que adotarem o critério de contabilizar o valor total da nota fiscal (produtos + IPI) como venda bruta. A orientação do Fisco é para que a receita bruta de vendas seja contabilizada, líquida do IPI.

(continuação)

4.1.1.01.1.007 (–) Imposto sobre Vendas a Varejo de Combustíveis Líquidos e Gasosos (IVVC)
4.1.1.01.1.008 (–) PIS/PASEP sobre Faturamento[48]
4.1.1.01.1.009 (–) COFINS sobre Faturamento[49]
4.1.1.02 Mercado Externo
4.1.1.02.1.001 Vendas de Mercadorias
4.1.1.02.1.002 (–) Abatimentos sobre Vendas
4.1.1.02.1.003 (–) Vendas Anuladas (ou Devoluções de Vendas)
4.1.1.02.1.004 (–) Descontos Incondicionais Concedidos
4.1.1.02.1.005 (–) ICMS sobre Vendas
4.1.1.02.1.006 (–) IPI sobre Vendas
4.1.1.02.1.007 (–) Imposto sobre Exportação (IE)
4.1.1.02.1.008 (–) PIS/PASEP sobre Faturamento
4.1.1.02.1.009 (–) COFINS sobre Faturamento
4.1.1.02.1.010 Taxas Aduaneiras
(feitas as devidas adaptações relativas à natureza da operação e aos tributos incidentes)
4.1.2 RECEITA BRUTA DE VENDA DE PRODUTOS
(Subgrupos e contas semelhantes aos do grupo
4.1.3 RECEITA BRUTA DA PRESTAÇÃO DE SERVIÇOS
4.1.3.01 Mercado Interno
4.1.3.01.1.001 Receitas de Serviços
4.1.3.01.1.002 (–) Descontos Incondicionais Concedidos
4.1.3.01.1.003 (–) Impostos sobre Serviços (ISS)
4.1.3.01.1.004 (–) ICMS sobre Receitas de Serviços[50]
4.1.3.01.1.005 (–) PIS/Faturamento sobre Receitas de Serviços
4.1.3.01.1.006 (–) COFINS sobre Receitas de Serviços
4.1.4 RECEITAS FINANCEIRAS
4.1.4.01 Derivadas de Transações Comerciais
4.1.4.01.1.001 Ajuste a Valor Presente (Vendas de bens ou serviços)
4.1.4.01.1.002 Descontos Obtidos
4.1.4.01.1.003 Receitas Financeiras sobre Arrendamentos Ativos
4.1.4.02 Derivadas de Transações Financeiras

(continua)

[48] Considerar, aqui, somente o PIS/Pasep incidentes sobre o faturamento, uma vez que as parcelas referentes às demais receitas figurarão no grupo das Outras Despesas Operacionais, subgrupo Tributárias.

[49] Valem os mesmos comentários da nota 47.

[50] Lembramos que o ICMS é um imposto que incide não só sobre operações relativas à circulação de mercadorias, más também sobre prestações de alguns serviços como: transporte interestadual e intermunicipal; comunicação e fornecimento de energia elétrica.

(continuação)

4.1.4.02.1.001 Juros Ativos
4.1.4.02.1.002 Rendimentos sobre Investimentos Temporários
4.1.4.03 Variações Monetárias
4.1.4.03.1.001 Variação Cambial Ativa
4.1.4.03.1.002 Variação Monetária Ativa
4.1.4.04 Outras
4.1.4.04.1.001 Juros sobre o Capital Próprio
4.1.5 OUTRAS RECEITAS OPERACIONAIS
4.1.5.01 Gerais
4.1.5.01.1.001 Aluguéis Ativos
4.1.5.01.1.002 Arrendamentos Ativos
4.1.5.01.1.003 Insubsistências Passivas
4.1.5.01.1.004 Receitas com Perdas Recuperadas
4.1.5.01.1.005 Receitas com ICMS sobre Leasing[51]
4.1.5.01.1.006 Superveniências Ativas
4.1.5.01.1.007 Receitas Eventuais
4.1.5.02 Receitas com Reversões de Perdas Estimadas e Provisões
4.1.5.02.1.001 Receitas com Reversão de Perdas Estimadas em Créditos de Liquidação Duvidosa
4.1.5.02.1.002 Receitas com Reversão de Provisão para Benefícios a Empregados
4.1.5.02.1.003 Receitas com Reversão de Provisão para Garantias de Produtos
4.1.5.03 Receitas de Participações Societárias
4.1.5.03.1.001 Dividendos Recebidos – Equivalência Patrimonial
4.1.5.03.1.002 Ganhos por Compra Vantajosa
4.1.5.03.1.003 Dividendos Recebidos – Método do Valor Justo
4.1.5.03.1.004 Dividendos Recebidos – Método do Custo
4.2 OUTRAS RECEITAS[52]
4.2.1 GANHOS DE CAPITAL NO ATIVO NÃO CIRCULANTE
4.2.1.01 Ganhos de Capital nos Investimentos
4.2.1.01.1.001 Ganhos na Baixa de Investimentos Avaliados pelo MEP
4.2.1.01.1.002 Ganhos na Baixa de Investimentos. Avaliados pelo Valor Justo
4.2.1.01.1.003 Ganhos na Baixa de Investimentos Avaliados pelo MC

(continua)

[51] Receita sujeita a previsão em dispositivo da legislação do ICMS.

[52] É importante salientar que a nova redação dada ao inciso IV do art. 187 da Lei n. 6.404/1976 pela Lei n. 11.941/09, substituiu na Demonstração do Resultado do Exercício, a denominação "Receitas Não Operacionais" por "Outras Receitas". Outras receitas representam os valores que sejam oriundos, principalmente, de baixas por alienação de ativos não correntes, tais como resultados na venda de imobilizado, de investimentos etc. (item 9 do Pronunciamento Técnico CPC 09/2008).

(continuação)

4.2.1.02 Ganhos de Capital no Imobilizado
4.2.1.02.1.001 Ganhos na Baixa de Bens do Imobilizado
4.2.1.03 Ganhos de Capital no Intangível
4.2.1.03.1.001 Ganhos na Baixa de Bens do Intangível
4.2.1.04 Reversão de Perdas Estimadas
4.2.1.04.1.001 Reversão de Perdas Prováveis na Realização de Investimentos

5. APURAÇÃO DE RESULTADOS

5.1 RESULTADO OPERACIONAL BRUTO
5.1.1 CUSTO DAS MERCADORIAS, DOS PRODUTOS E DOS SERVIÇOS
5.1.1.01 Custo das Mercadorias
5.1.1.01.1.001 Custo das Mercadorias Vendidas (CMV)
5.1.1.02 Custo dos Produtos
5.1.1.02.1.001 Custo de Produção do Período (CPP)
5.1.1.02.1.002 Custo de Produção (CP)
5.1.1.02.1.003 Custo da Produção Acabada no Período (CPAP)
5.1.1.02.1.004 Custo dos Produtos Disponíveis para Venda (CPDV)
5.1.1.02.1.005 Custo dos Produtos Vendidos (CPV)
5.1.1.03 Custo dos Serviços
5.1.1.03.1.001 Custo dos Serviços Prestados (CSP)
5.1.2 RESULTADO DE MERCADORIAS, PRODUTOS E SERVIÇOS
5.1.2.01 Resultado da Conta Mercadorias (RCM)
5.1.2.01.1.001 Lucro sobre Vendas de Mercadorias
5.1.2.01.1.002 (–) Prejuízo sobre Vendas de Mercadorias
5.1.2.02 Resultado da Venda de Produtos (RVP)
5.1.2.02.1.001 Lucro sobre Vendas de Produtos
5.1.2.02.1.002 (–) Prejuízo sobre Vendas de Produtos
5.1.2.03 Resultado da Prestação de Serviços (RPS)
5.1.2.03.1.001 Lucro sobre Prestação de Serviços
5.1.2.03.1.002 (–) Prejuízo sobre Prestação de Serviços
5.2 OUTROS RESULTADOS
5.2.1 RESULTADO NA BAIXA DE BENS DO ATIVO NÃO CIRCULANTE
5.2.1.01 Ganhos ou Perdas de Capital na Baixa de Investimentos
5.2.1.01.1.001 Ganhos na Baixa de Investimentos
5.2.1.01.1.002 (–) Perdas na Baixa de Investimentos
5.2.1.02 Ganhos ou Perdas de Capital na Baixa de Imobilizações
5.2.1.02.1.001 Ganhos na Baixa de Imobilizações
5.2.1.02.1.002 (–) Perdas na Baixa de Imobilizações
5.2.1.03 Ganhos ou Perdas de Capital na Baixa de Intangíveis

(continua)

(continuação)

5.2.1.03.1.001 Ganhos na Baixa de Intangíveis
5.2.1.03.1.002 (–) Perdas na Baixa de Intangíveis
5.3 RESULTADO LÍQUIDO
5.3.1 RESULTADO LÍQUIDO DO EXERCÍCIO
5.3.1.01.1 Resultado do Exercício
5.3.1.01.1.001 Lucro Líquido do Exercício
5.3.1.01.1.002 (–) Prejuízo do Exercício

QUADRO III

CONTAS EXTRAPATRIMONIAIS
6. CONTAS DE COMPENSAÇÃO
6.1 CONTAS DE COMPENSAÇÃO DO ATIVO
6.1.1 CONTRATOS E EMPENHOS
6.1.1.01 Arrendamento Mercantil Contratado
6.1.1.01.1.001 Companhia Jambo de Arrendamento Mercantil[53]
6.1.1.02 Compras Contratadas
6.1.1.03 Seguros Contratados
6.1.1.04 Serviços Contratados
6.1.2 RISCOS E ÔNUS PATRIMONIAIS
6.1.2.01 Alienação Fiduciária
6.1.2.02 Fianças a Favor de Terceiros
6.1.2.03 Imóveis Hipotecados
6.1.2.04 Títulos Avalizados
6.1.2.05 Títulos Endossados
6.1.3 VALORES EM PODER DE TERCEIROS
6.1.3.01 Bens Cedidos em Comodato
6.1.3.02 Bens Penhorados
6.1.3.03 Cheques em Cobrança
6.1.3.04 Duplicatas em Caução Bancária
6.1.3.05 Duplicatas em Cobrança Bancária
6.1.3.06 Duplicatas em Cobrança Judicial

(continua)

[53] Por razões práticas, deixamos de incluir subcontas nas demais contas de compensação deste elenco. Para exemplificar, fizemos constar apenas na conta 6.1.1.01 Arrendamento Mercantil Contratado a subconta 6.1.1.01.1.001 Companhia Jambo de Arrendamento Mercantil.

(continuação)

6.1.4 VALORES DE TERCEIROS
6.1.4.01 Ações Caucionadas
6.1.4.02 Ações em Caução
6.1.4.03 Bens Recebidos em Comodato
6.1.4.04 Bens sob Alienação Fiduciária
6.1.4.05 Bens sob Hipoteca
6.1.4.06 Bens sob Penhor Mercantil
6.1.4.07 Bens sob Reserva de Domínio
6.1.4.08 Produtos Recebidos em Consignação
6.1.4.09 Produtos Recebidos para Conserto
6.1.4.10 Produtos Recebidos para Demonstração
6.1.4.11 Produtos Recebidos para Industrialização
6.1.4.12 Títulos Recebidos em Caução
6.2 CONTAS DE COMPENSAÇÃO DO PASSIVO
6.2.1 CONTRATOS E EMPENHOS
6.2.1.01 Contrato de Arrendamento Mercantil
6.2.1.01.1.001 Companhia Jambo de Arrendamento Mercantil
6.2.1.02 Contratos de Compras
6.2.1.03 Contratos de Seguros
6.2.1.04 Contratos de Serviços de Terceiros
6.2.2 RISCOS E ÔNUS PATRIMONIAIS
6.2.2.01 Contratos de Alienação Fiduciária
6.2.2.02 Favores de Terceiros em Fiança
6.2.2.03 Hipotecas de Imóveis
6.2.2.04 Avais de Títulos
6.2.2.05 Endossos de Títulos
6.2.3 VALORES EM PODER DE TERCEIROS
6.2.3.01 Remessas de Bens em Comodato
6.2.3.02 Penhoras de Bens
6.2.3.03 Endossos de Títulos
6.2.3.04 Endossos para Caução de Duplicatas
6.2.3.05 Endossos para Cobrança de Duplicatas
6.1.3.07 Duplicatas em Cobrança por Representantes
6.1.3.08 Produtos Remetidos em Consignação
6.1.3.09 Produtos Remetidos para Conserto
6.1.3.10 Produtos Remetidos para Demonstração
6.1.3.11 Produtos Remetidos para Industrialização
6.1.3.12 Produtos Remetidos para Vendas Fora do Estabelecimento

(continua)

(continuação)

6.2.3.06 Endossos para Cobrança Judicial de Duplicatas
6.2.3.07 Endossos para Cobrança de Duplicatas por Representantes
6.2.3.08 Remessas de Produtos em Consignação
6.2.3.09 Remessas de Produtos para Conserto
6.2.3.10 Remessas de Produtos para Demonstração
6.2.3.11 Remessas de Produtos para Industrialização
6.2.3.12 Remessas de Produtos para Venda Fora do Estabelecimento
6.2.4 VALORES DE TERCEIROS
6.2.4.01 Caução da Diretoria
6.2.4.02 Caução de Ações
6.2.4.03 Recebimento de Bens em Comodato
6.2.4.04 Alienação Fiduciária de Bens
6.2.4.05 Hipotecas de Bens
6.2.4.06 Penhora Mercantil de Bens
6.2.4.07 Reserva de Domínio de Bens
6.2.4.08 Recebimento de Produtos em Consignação
6.2.4.09 Recebimento de Produtos para Conserto
6.2.4.10 Recebimento de produtos para Demonstração
6.2.4.11 Recebimento de Produtos para Industrialização
6.2.4.12 Caução de Títulos

ATIVIDADES TEÓRICAS

1. Responda:

1.1 O que é o Plano de Contas?

1.2 Plano de Contas e Elenco de Contas são a mesma coisa? Por quê?

1.3 Cite quatro informações que podem ser obtidas no Manual de Contas.

1.4 Para que serve o Manual de Contas?

2. Julgue as afirmativas como falsas (F) ou verdadeiras (V):

2.1 ( ) No Plano de Contas, de conformidade com o estabelecido na Lei n. 6.404/1976, deverá figurar um grupo de contas de compensação.

2.2 ( ) Para manter a uniformidade nos registros contábeis, o Plano de Contas deve ser único para todas as empresas.

2.3 ( ) As contas extrapatrimoniais servem para o registro dos atos administrativos relevantes.

2.4 ( ) As instituições financeiras estão obrigadas a adotar o modelo de Plano de Contas aprovado pela Cosif.

2.5 ( ) Segundo estabelece a letra d do inciso IV do § 5º do art. 176 da Lei n. 6.404/1976, os ônus reais constituídos sobre elementos do Ativo, as garantias prestadas a terceiros e outras responsabilidades eventuais ou contingentes deverão ser apresentados em Notas Explicativas.

2.6 ( ) As contas utilizadas para o registro dos estoques em uma empresa industrial são praticamente as mesmas utilizadas em uma empresa comercial.

2.7 ( ) O critério de codificação das contas que adotamos no Elenco de Contas proposto neste capítulo deve ser obrigatoriamente observado por todos os contabilistas no Brasil.

2.8 ( ) As contas de custos servem para se apurar o custo da produção do período e, por esse motivo, não são consideradas contas de resultado.

2.9 ( ) O Plano de Contas deverá conter modelos de relatórios utilizados pelo setor de custos da empresa.

2.10 ( ) O Elenco de Contas deverá prever todas as contas a serem utilizadas pela empresa, segregando-as em patrimoniais, extrapatrimoniais e de resultado.

ATIVIDADE PRÁTICA

Classifique as contas constantes do quadro a seguir com base nos seguintes códigos:

a) Patrimonial (P), Resultado (R) ou Compensação (C);

b) Ativo (A), Passivo (P), Redutora do Ativo (RA), Redutora do Passivo (RP), Despesa (D), Custos (C), Receita (R), Compensação Ativa (CA) ou Compensação Passiva (CP);

c) Devedora (D) ou Credora (C);

d) Por seus respectivos grupos, conforme o Elenco de Contas.

N.	CONTAS	A	B	C	D
1.	Ações em Tesouraria				
2.	Adiantamentos a Empregados – Fábrica				
3.	Adiantamentos a Fornecedores – Inversões Fixas				
4.	Almoxarifado de Peças e Acessórios de Reposição				
5.	Aluguéis de Contêineres – Matérias-Primas				
6.	Aluguéis Passivos – Fábrica				
7.	Arrendamentos Ativos a Receber – Fábrica				
8.	Aviso Prévio – Vendas				

(continua)

(continuação)

N.	CONTAS	A	B	C	D
9.	Bancos Conta Empréstimos – LP				
10.	Combustíveis – Veículos Fábrica				
11.	Contribuições de Previdência – Empregados Produção				
12.	Contribuições para o FGTS – Administração				
13.	Créditos c/ Pessoas Ligadas – Empréstimos				
14.	Custo de Produção do Período				
15.	Debêntures Conversíveis em Ações a Pagar				
16.	Depreciação – Bens da Fábrica				
17.	Despesas com Perdas Estimadas por Redução ao Valor Realizável Líquido				
18.	Empréstimos a Empregados – Vendas				
19.	Energia Elétrica – Fábrica				
20.	Energia Elétrica a Pagar – Fábrica				
21.	Estoque de Materiais de Informática				
22.	Estoque de Produtos Acabados				
23.	Estoque de Produtos em Elaboração				
24.	Estoque de Subprodutos				
25.	Férias – Pessoal Produção				
26.	Fretes e Seguros sobre Compras – Matérias-primas				
27.	Fundo Fixo de Caixa – Fábrica				
28.	Gratificações – Pessoal da Fábrica				
29.	Hipotecas de Imóveis – Fábrica				
30.	Importação de Bens de Produção em Andamento				
31.	Lanches e Refeições – Representantes				
32.	Letras de Câmbio a Receber – LP				
33.	Manutenção de Veículos da Fábrica				
34.	Manutenção e Reparos – Administração				
35.	Mão de Obra Direta				
36.	Máquinas e Equipamentos Industriais				
37.	Matéria-prima				
38.	Materiais de Embalagem				
39.	Materiais Secundários				
40.	Perdas com Clientes – Vendas de Produtos				
41.	Pró-labore – Diretor Industrial				
42.	Perdas Estimadas em Estoques				

(continua)

(continuação)

N.	CONTAS	A	B	C	D
43.	Recebimento de Produtos para Industrialização				
44.	Receita Bruta de Vendas				
45.	Remessa de Produtos em Consignação				
46.	Revistas e Publicações				
47.	Roupas Especiais – Produção				
48.	Salários – Administração				
49.	Segurança – Vendas				
50.	Segurança – Fábrica				

4 Materiais

4.1 Conceito

No Capítulo 2, quando estudamos os elementos componentes do custo de fabricação, dissemos que materiais são os objetos utilizados no processo de fabricação. Dissemos, também, que alguns materiais integram o produto, por exemplo, as matérias-primas e os materiais secundários, ao passo que outros são consumidos no processo de fabricação sem integrar os produtos, como ocorre com os materiais auxiliares (lixas, estopas, óleos e lubrificantes para as máquinas etc.), com os materiais de limpeza e outros.

4.2 Classificação

Conforme estudamos no Capítulo 2, em relação aos produtos fabricados, os materiais podem ser classificados em diretos e indiretos.

4.2.1 Materiais diretos

São considerados diretos todos os materiais aplicados no processo de fabricação e que integram os produtos fabricados, como ocorre com a matéria-prima e com os materiais secundários.

Devem ser classificados também como diretos os materiais de embalagem, quando aplicados nos produtos dentro da área de produção.

Os materiais diretos são assim denominados porque, além de integrarem os produtos, suas quantidades e seus valores podem ser facilmente identificados em relação aos produtos fabricados. Assim, a atribuição dos custos desses materiais aos produtos é feita sem embaraços.

4.2.2 Materiais indiretos

São considerados indiretos os materiais que, embora aplicados no processo de fabricação, não integram os produtos. Como exemplos de materiais indiretos podemos citar os combustíveis e os lubrificantes utilizados na manutenção de máquinas e equipamentos industriais; as lixas e as estopas, na indústria de móveis de madeira; as facas utilizadas nas máquinas de corte de tecidos nas indústrias de confecções; o material de limpeza; o material de escritório e outros materiais consumidos na área de produção.

Os materiais indiretos são assim denominados porque não integram os produtos fabricados, não podendo suas quantidades e seus valores serem facilmente identificados em relação a cada produto fabricado.

A identificação dos materiais indiretos em relação a cada produto não é simples porque eles beneficiam a fabricação de vários produtos ao mesmo tempo. Assim, a atribuição dos custos desses materiais aos produtos somente será possível por meio de rateio.

O rateio, conforme assinalamos, consiste na distribuição dos custos indiretos aos produtos. Essa distribuição é feita por critérios estimados ou arbitrados pela empresa.

Por razões práticas, alguns materiais de pequeno valor, mesmo integrando os produtos, em geral são classificados juntamente com os materiais indiretos. Assim, a atribuição dos custos desses materiais aos produtos é feita juntamente com os custos dos materiais indiretos.

Dependendo da característica do processo de fabricação, também é comum, por razões de simplificação, considerar material direto somente a matéria-prima, e classificar todos os demais materiais aplicados no processo de fabricação, integrando ou não os produtos, como materiais indiretos. Essa decisão dependerá, evidentemente, de estudos realizados pela empresa para concluir sobre a viabilidade ou não desse procedimento. Nessas ocasiões, a relação custo-benefício deve sempre ser considerada.

ATIVIDADES TEÓRICAS

1. Responda:

   1.1 O que são materiais diretos?

   1.2 O que são materiais indiretos?

   1.3 Como deve ser feita a atribuição dos custos indiretos aos produtos?

   1.4 A indústria de móveis de madeira NMR Ltda. fabricou 100 mesas de jantar de mogno, tamanho 2,20 m x 1,00 m, tendo aplicado os seguintes materiais: madeira, cola, prego, parafusos, lixas e verniz. Gastou $ 10.000 com a madeira e $ 30 com os demais materiais.

   Embora seja possível conhecer a quantidade exata de pregos e parafusos utilizados em cada mesa, a empresa prefere considerar somente a madeira como material direto.

   O procedimento dessa empresa está correto? Justifique.

2. Julgue as afirmações como falsas (F) ou verdadeiras (F):

2.1 ( ) A matéria-prima e os materiais secundários são materiais diretos.

2.2 ( ) Os materiais auxiliares são indiretos.

2.3 ( ) Materiais diretos são aqueles cujos valores e quantidades podem ser facilmente identificados em relação aos produtos fabricados.

2.4 ( ) Os materiais indiretos são assim denominados porque suas quantidades e seus valores podem ser facilmente identificados em relação aos produtos fabricados.

4.3 Estoques de materiais

4.3.1 Almoxarifado

É uma seção da empresa industrial onde são armazenados os materiais que serão aplicados no processo de fabricação ou consumidos nas diversas áreas que compõem a empresa industrial.

Os responsáveis pelo almoxarifado cuidam do recebimento, da estocagem, conservação, do controle e da distribuição dos materiais, tanto para a área de produção como para as demais áreas da empresa.

Assim, além dos materiais que serão aplicados no processo de fabricação, poderão ser encontrados no almoxarifado outros materiais, como bens de uso da empresa – móveis e utensílios, máquinas, ferramentas etc. –, materiais de limpeza, materiais de expediente etc.

O almoxarifado, portanto, é um órgão de grande importância para a empresa industrial, especialmente pelo controle que exerce sobre os materiais que serão aplicados ou consumidos durante o processo de fabricação, possibilitando que os custos a eles atribuídos sejam os mais reais possíveis.

Os documentos que comprovam as entradas de materiais no almoxarifado são basicamente as Notas Fiscais de compras, emitidas pelos fornecedores, e as Guias de Transferências ou documentos equivalentes, emitidos pela área de produção da empresa, especialmente no retorno de materiais para o almoxarifado.

O controle de entradas, estocagens e saídas dos materiais pode ser feito por meio de fichas de controle de estoques, fichas de prateleiras, livros etc. Porém, resultados mais satisfatórios são alcançados quando esses controles são feitos por computador, em especial nos casos em que o almoxarifado movimenta grande variedade de materiais. Os programas para controle de estoques utilizados no computador permitem controles eficientes, ágeis e seguros, envolvendo as entradas e saídas dos materiais nos estoques, com relação às quantidades e aos valores unitários e totais, e fornecem outras informações de interesse, como alertar sempre que os estoques atingirem níveis máximos ou mínimos etc.

Os materiais adquiridos pela empresa industrial permanecem estocados no almoxarifado até que sejam requisitados pelas seções de produção da fábrica ou por outros setores da empresa.

O documento utilizado internamente para comprovar as saídas de materiais do almoxarifado para os diversos setores da empresa industrial denomina-se Requisição de Materiais.

É por meio desse documento que a contabilidade de custos apropria os referidos custos dos materiais requisitados aos produtos fabricados.

De acordo com o sistema de custeio utilizado, essa apropriação poderá ser feita para a seção ou departamento requisitante, para a ordem de produção etc.

Todo material que passa pelo almoxarifado deve ser contabilizado em contas de estoques, classificadas no Ativo Circulante do Balanço Patrimonial.

4.3.2 Mercadorias

São os objetos que as empresas compram para revender, sem transformá-los.

As empresas que compram mercadorias para revender são conhecidas por empresas comerciais. Entretanto, há empresas que atuam tanto no ramo industrial como no comercial, caso em que, paralelamente à atividade de produção, exercem também a atividade de compra e venda de mercadorias.

O resultado apurado nas operações de compras e vendas de mercadorias, que em geral corresponde a lucro, é obtido no confronto entre a receita líquida auferida na venda e o custo das respectivas mercadorias vendidas.

O custo das mercadorias vendidas corresponde ao valor pago ao fornecedor, excluídos os tributos recuperáveis e incluídos os não recuperáveis e as despesas acessórias.

Quando se tratar de compra a prazo cujo prazo para pagamento seja superior a um ano ou cuja operação tenha efeito relevante, nos termos do inciso III do art. 184 da Lei n. 6.404/1976, deve-se excluir, também, do custo da compra o valor dos juros embutidos na transação. Esse procedimento passou a ser adotado no Brasil com o advento da Lei n. 11.638/2007. Veja um exemplo bem simples:

Suponhamos a compra de um lote de mercadorias para pagamento em parcela única, em 15 meses. Considerando que na Nota Fiscal do fornecedor constou o total de $ 1.000 e sabendo-se que os juros embutidos na transação foram igual a $ 300, veja como o fato deve ser contabilizado:

- (Débito) Estoque de Mercadorias.............................. $ 700
- (Débito) Ajuste a Valor Presente.............................. $ 300
- (Crédito) Fornecedores.. $ 1.000

A conta Ajuste a Valor Presente que também poderá ser denominada de Juros Passivos a Transcorrer (ou a Vencer), figurará no Balanço como redutora da conta Fornecedores.

Na época da liquidação da obrigação, dois lançamentos serão efetuados: o primeiro para registrar o valor do pagamento ao fornecedor (Débito na conta Fornecedores e crédito na conta Caixa por $ 1.000) e o segundo para apropriar os juros pagos e dar baixa na conta Ajuste a Valor Presente (débito na conta Despesas Financeiras e crédito na conta Ajuste a Valor Presente).

4.3.3 Produtos acabados

São os objetos fabricados pela empresa industrial.

Depois de concluída a última fase da produção, os produtos acabados são transferidos para o setor ou departamento responsável pela estocagem de produtos acabados, onde ficam armazenados aguardando o momento da venda.

O resultado na venda de produtos também é apurado pelo confronto entre a receita líquida de vendas e o custo dos produtos vendidos.

O custo dos produtos vendidos corresponde aos gastos com materiais e mão de obra incorridos na sua fabricação e aos gastos gerais de fabricação.

4.3.4 Produtos em elaboração

Compreendem os produtos cujos processos de fabricação ainda não foram concluídos.

Fisicamente, esses produtos não passam pelo setor ou departamento responsável pela estocagem de produtos acabados, pois continuam sendo processados na área de produção da fábrica. Entretanto, no encerramento de cada período, com a finalidade de se apurar o resultado e elaborar o Balanço Patrimonial, torna-se necessário conhecer o montante do custo dos produtos que se encontram em fase de elaboração.

Dependendo das características que envolvem o processo industrial, no final de um período, poderão ser encontrados produtos em diversas fases de fabricação. Alguns poderão estar quase 100% concluídos, enquanto outros estarão na metade do processo ou ainda no início.

No Capítulo 5, você encontrará informações sobre os critérios que podem ser adotados para se atribuir custos a esses produtos.

4.3.5 Matérias-primas

Você já estudou que a matéria-prima é o material indispensável na fabricação do produto.

O valor da matéria-prima que integrará o custo de fabricação dos produtos corresponde ao preço pago ao fornecedor, excluídos os tributos recuperáveis e os juros embutidos (quando se tratar de compra para pagamento a longo prazo – inciso III do art. 184 da Lei n. 6.404/1976), inclusos os tributos não recuperáveis, acrescidos, ainda, das despesas acessórias com fretes, seguros e outras que possam surgir até a entrada desses materiais no almoxarifado da empresa.

4.3.6 Materiais secundários

Você já estudou que os materiais secundários são aqueles que entram na composição dos produtos, juntamente com a matéria-prima, complementando-a ou até mesmo dando o acabamento necessário ao produto.

O valor dos materiais secundários aplicados no processo de fabricação, que deverá integrar o custo de fabricação dos produtos, tem apuração semelhante àquela do custo das matérias-primas.

4.3.7 Materiais auxiliares

Você já estudou, também, que os materiais auxiliares são aqueles consumidos no processo de fabricação, porém sem integrar os produtos.

Os gastos com esses materiais, para fins de se atribuir aos custos de fabricação, também são apurados de forma semelhante a como se faz com os gastos com matérias-primas.

4.3.8 Materiais de acondicionamento e embalagem

Compreendem tanto aqueles utilizados para embalar os produtos visando protegê-los antes mesmo que deixem a área de produção como aqueles utilizados para acondicionar ou embalar os produtos no momento da venda.

Há produtos que precisam ser acondicionados na área de produção em recipientes de alumínio, de vidro ou em outras embalagens de plástico ou de material semelhante, como ocorre com as bebidas em geral; há produtos que recebem, na área de produção, uma camada protetora de material plástico ou semelhante, como é o caso de grande parte dos brinquedos e produtos eletrônicos; outros precisam ser embalados em sacos plásticos ou caixas – é o que acontece com grande parte das roupas; outros precisam ser embalados em sacos, copos, bandejas ou em recipientes de plástico, de papelão ou de outro material, por exemplo, os produtos alimentícios; há materiais, ainda, que precisam ser acondicionados em caixas mais resistentes para facilitar o transporte, esse é o caso dos eletrodomésticos.

Portanto, esses materiais de embalagem ou acondicionamento devem integrar o custo de fabricação dos respectivos produtos.

Depois de concluídos os processos de fabricação, os produtos são transferidos para o setor ou departamento que cuida do armazenamento e controle de estoques, com o objetivo de serem comercializados.

Na área comercial, conforme as vendas sejam realizadas a varejo ou por atacado, vários tipos de materiais de embalagem e de acondicionamento poderão ser utilizados.

Especificamente no acondicionamento dos produtos para serem transportados por rodovias, ferrovias ou outro meio de transporte, podem ser utilizados caixas de madeira, de plástico ou de papelão; tiras de metal; papéis à prova d'água ou de umidade; cordas, fitas etc.

Os produtos poderão, assim, receber uma carga de material de embalagem ou de acondicionamento tanto na área de produção quanto na comercial.

Não se deve confundir, portanto, o material de embalagem ou de acondicionamento aplicado nos produtos ainda na área de produção, com os materiais utilizados na embalagem, por ocasião da venda dos produtos. Esses últimos devem ser incluídos entre as despesas com as vendas e não integrar o custo de fabricação.

A apuração dos custos desses materiais também é feita de forma semelhante à apuração do custo das matérias-primas.

4.3.9 Subprodutos

São as sobras de materiais que se acumulam regularmente nos processos de fabricação, sendo frequentemente comercializadas pela empresa industrial.

Consideram-se, portanto, subprodutos, as aparas nas indústrias que trabalham com papel; as limalhas nas indústrias que utilizam materiais ferrosos; as serragens nas indústrias que lidam com madeira; os retalhos nas indústrias de confecções etc.

A condição necessária para que as sobras de produção sejam classificadas como subprodutos é a existência regular de cotação de preços e mercado para sua comercialização.

Aos subprodutos não devem ser atribuídos custos de fabricação. Desta forma, o montante arrecadado com a venda será tratado como recuperação dos custos de fabricação do período.

Assim, o montante obtido na venda dos subprodutos será contabilizado a crédito da conta que represente o custo de fabricação do período.

Por ocorrerem com habitualidade e para evitar que a receita auferida com a venda de subprodutos gerados em determinado período seja abatida do custo da produção de períodos futuros, no final de cada período de apuração dos resultados (mês ou ano), deve-se elaborar um inventário físico e avaliar os subprodutos com base no preço de venda.

Dessa maneira, no período em que os subprodutos forem gerados, o suposto preço que a empresa alcançará pela venda no mercado será utilizado para valoração do estoque, bem como para abater no custo de produção do respectivo período.

Exemplo:

Suponhamos que, no dia 30 de junho, determinada indústria que atua no ramo de confecções de roupas femininas tenha levantado um estoque de retalhos de 2.000 kg.

Considerando que o preço de venda a ser alcançado por esse subproduto seja igual a $ 2 o quilo, veja como o registro será feito em 30 de junho:

Estoque de Subprodutos

a Custo de Produção do Período

Conf. inventário realizado 5.000

Observe que, com o registro supra, o custo de fabricação do período ficou reduzido do valor dos subprodutos, cujo custo permanecerá no Ativo Circulante, no grupo dos estoques, aguardando o momento da venda para ser efetivamente recuperado pela empresa.

Vamos considerar agora que, em julho, a empresa tenha efetuado a venda, recebendo a importância em dinheiro.

Nesse caso, o registro contábil ficará como segue:

Caixa

a Estoque de Subprodutos

Venda conf. NF.. 5.000

Observe, no entanto, que a venda de subproduto não representa receita para a empresa, mas, sim, conforme já ressaltamos, uma recuperação do custo de fabricação do período. Esse custo foi excluído da produção no período em que os subprodutos foram gerados, sendo ativado no grupo dos estoques.

Observe, por fim, que a venda do subproduto caracteriza a recuperação do custo de fabricação. Se, porventura, a venda for realizada por valor superior ou inferior ao preliminarmente fixado, essas diferenças serão contabilizadas como lucro ou prejuízo, conforme o caso.

É importante salientar que as vendas em geral, além de estarem sujeitas à incidência de tributos, poderão gerar gastos para a empresa com o pagamento de comissões, fretes, seguros etc. Se, porventura, esses gastos ocorrerem também na venda dos subprodutos, todos eles deverão ser abatidos do preço de venda para que somente o valor líquido de realização da venda seja considerado como recuperação do custo de fabricação.

Exemplo:

Suponhamos que a Indústria de Papel Nossa Senhora Aparecida S.A., no final de maio, tenha realizado um inventário físico em que foi constatada a existência de 10.000 kg de aparas de papel com preço de venda estimado em $ 5.000.

Suponhamos também que, para realizar essa venda, como de praxe, a empresa incorra nas seguintes despesas: Comissões, $ 50; Fretes e Seguros, $ 100; e Tributos, $ 500.

Faremos:

a. Cálculo do valor líquido de realização:

Preço de venda estimado	5.000
(–) Comissões	(50)
(–) Fretes e Seguros	(100)
(–) Tributos	(500)
(=) Valor líquido de realização	4.350

b. Contabilização no último dia de maio:

Estoque de Subprodutos

a Custo de Produção do Período

Contabilização que se processa do estoque de subprodutos, avaliados pelo preço de realização, conf. cálculos *4.350*

Vamos considerar agora que, no mês seguinte, a empresa tenha vendido os 10.000 kg de subprodutos por $ 5.000, incorrendo nas despesas, conforme previsão.

Veja, então, como ficará o registro contábil:

Caixa

a Diversos

a Estoque de Subprodutos	*4.350*	
a Comissões a Pagar	*50*	
a Fretes e Seguros a Pagar	*100*	
a Tributos a Recolher	*500*	*5.000*

Quando os subprodutos, para serem negociados, precisarem passar por algum tratamento especial, os custos decorrentes desse tratamento também deverão ser abatidos do preço de venda para se obter o valor líquido de realização.

Exemplo:

Suponhamos uma determinada quantidade de subprodutos com preço de venda estimado em $ 100. Suponhamos ainda que, para que esse subproduto fosse colocado em condições de venda, a empresa industrial tenha gasto a importância de $ 15 com beneficiamento, valor que pagou a uma empresa especializada. Considerando, por fim, que para a realização da venda serão gastos $ 10 com Comissões, veja como esses valores serão contabilizados:

1) No final do período:

Estoque de Subprodutos

a Diversos

a Custo de Produção do Período	*75*	
a Caixa	*15*	*90*

---

2) Por ocasião da venda:

Caixa

a Diversos

a Estoque de Subprodutos	*90*	
a Comissões a Pagar	*10*	*100*

4.3.10 Sucatas

Compreendem os materiais desperdiçados durante o processo de fabricação, sem a existência de mercado regular para sua comercialização.

Por serem esporadicamente vendidas, o tratamento contábil dedicado a elas é diferente daquele atribuído aos subprodutos: não são contabilizadas como estoques e o montante auferido com as suas vendas também não será considerado como recuperação do custo de fabricação do período.

Portanto, as sucatas somente serão contabilizadas por ocasião das vendas, sendo consideradas como receitas operacionais, classificadas no grupo das Outras Receitas Operacionais, pelo valor alcançado no mercado.

EXEMPLO:

A empresa Industrial Piquete S.A. vendeu 7.000 kg de sucata ferrosa, à vista, por $ 980, conforme NF n. 1.719.

Contabilização na data da venda:

Caixa

a Receitas na Venda de Sucatas conf. nossa

NF n. 1.719, ref. a 7.000 kg de sucata *980*

4.3.11 Materiais de consumo

Compreendem os materiais adquiridos para serem consumidos por todas as áreas da empresa industrial.

Esses materiais podem ser agrupados da seguinte maneira:

a. **Materiais de escritório (ou de expediente)**

Compreendem todos os materiais adquiridos para uso durante o expediente normal da empresa industrial.

Esses materiais são consumidos por todas as áreas da empresa, a administrativa, a comercial e a de produção.

São materiais de escritório: canetas, lápis, borrachas, papéis utilizados para impressão de documentos, clipes, elásticos, rotex e fitas próprias, cola, barbante, pastas poliondas, pastas e caixas para arquivos de documentos, fitas adesivas, etiquetas, colchetes, grampeadores, envelopes etc.

Tendo em vista que esses materiais são consumidos em todas as áreas de atividades da empresa industrial, o ideal é que sejam controlados por meio de inventário permanente. Assim, por esse sistema de controle de estoques, as compras serão registradas inicialmente em contas de estoques, mediante as notas fiscais emitidas pelos fornecedores. O consumo será controlado por intermédio das requisições de materiais emitidas por seções, setores ou departamentos requisitantes. Portanto, as entradas nos estoques serão lançadas por meio das notas fiscais de compras, ao passo que as baixas nos estoques serão lançadas mediante requisições.

Com o controle permanente dos estoques, o consumo será facilmente identificado e atribuído para cada uma das áreas requisitantes.

Quando a manutenção de controles permanentes desses estoques se tornar onerosa para a empresa (Característica Qualitativa Fundamental da Informação Contábil--Financeira Útil, da materialidade), o consumo desses materiais poderá ser apurado por intermédio do sistema de inventário periódico. Nesse caso, o consumo será apurado por diferenças de estoques. Assim, no final do período, mês, ano, bastará subtrair o valor do estoque físico do valor do estoque contábil. A diferença corresponderá ao consumo do período.

O estoque contábil será igual ao estoque inicial adicionado das compras efetuadas durante o período; o estoque físico será apurado mediante a contagem dos materiais existentes em estoque no final do mesmo período, com atribuição de custos pelo critério PEPS (estudado no Capítulo 5).

Adotando-se essa opção, será necessário ratear o total consumido pelas diversas áreas da empresa. Para isso será necessário estimar o consumo de cada uma das áreas, e a estimativa poderá basear-se em consumos de períodos anteriores ou ser feita por outros critérios a serem definidos em cada caso particular.

Devemos observar que o consumo atribuído à área de produção corresponderá a custo indireto e será incorporado ao custo de fabricação dos produtos, ao passo que o consumo atribuído às demais áreas, como comercial e administrativa, será registrado como despesas onerando cada uma dessas áreas.

b. Materiais de informática

Compreendem toda a gama de materiais consumidos com o processamento eletrônico de dados, como CDs, cartuchos de tintas, papéis e folhas de transparências próprias para impressão de documentos etc.

Esses materiais também são consumidos em todas as áreas de atividades da empresa industrial onde seja utilizado o computador.

Os controles das compras, dos estoques e do consumo são semelhantes aos que ocorrem com os materiais de escritório, valendo aqui, portanto, as mesmas informações apresentadas na letra a desta Seção.

c. **Materiais de higiene e limpeza**

Compreendem os materiais adquiridos para consumo nas diversas áreas da empresa, tanto para a limpeza de móveis e das dependências da empresa quanto para higiene do pessoal.

Os controles das compras, dos estoques e do consumo são semelhantes aos que ocorrem com os materiais de escritório, valendo aqui, portanto, as mesmas informações apresentadas na letra a desta seção.

d. **Materiais de manutenção**

Compreendem os materiais adquiridos para serem consumidos em decorrência da manutenção geral da empresa, em todas as suas áreas.

Podem englobar materiais elétricos, hidráulicos, pequenas peças para reposição, óleos, lubrificantes e outras substâncias a serem utilizadas na manutenção de máquinas e equipamentos que integram as imobilizações da empresa industrial.

Os controles das compras, dos estoques e do consumo são semelhantes aos que ocorrem com os materiais de escritório, valendo aqui as mesmas informações apresentadas na letra a desta seção.

ATIVIDADES TEÓRICAS

1. Responda:

1.1 Como é composto o custo das mercadorias adquiridas?

1.2 Como é composto o custo dos produtos vendidos?

1.3 Cite quatro exemplos de subprodutos.

1.4 Como deve ser tratado o valor arrecadado com a venda de subprodutos?

1.5 Para evitar que a receita auferida com a venda de subprodutos gerados em um determinado período seja abatida do custo da produção de períodos futuros, que procedimento deverá ser adotado?

1.6 Com base em que deverá ser avaliado o estoque de subprodutos?

1.7 Como será classificado o produto da venda de sucatas?

1.8 Em relação aos materiais de consumo, quando a empresa adotar o sistema de inventário permanente, que tipo de conta será debitada por ocasião das compras e que tipo de conta será creditada por ocasião do consumo?

1.9 Em relação aos materiais de consumo, quando a empresa adotar o sistema de inventário periódico, que tipo de conta será debitada por ocasião das compras?

1.10 Quando a empresa optar pela apuração do consumo dos materiais de informática pelo sistema de inventário periódico, como fará para atribuir esses gastos aos produtos fabricados no período?

2. Julgue as afirmativas como falsas (F) ou verdadeiras (V):

2.1 ( ) Todo material que passa pelo almoxarifado deve ser contabilizado em contas de estoques, classificadas no Ativo Circulante do Balanço Patrimonial.

2.2 ( ) O resultado nas vendas de mercadorias corresponde à receita bruta de vendas diminuída do custo das mercadorias vendidas.

2.3 ( ) O resultado nas vendas de produtos corresponde à receita líquida na venda de produtos diminuída do custo dos produtos vendidos.

2.4 ( ) Os produtos cujos processos de fabricação ainda não foram concluídos correspondem aos produtos em elaboração.

2.5 ( ) Os materiais de acondicionamento e embalagem serão tratados como custos quando aplicados nos produtos ainda na fase de fabricação, e serão tratados como despesas quando utilizados pela área comercial para embalar produtos para venda.

2.6 ( ) O estoque de subprodutos, quando levantado, será contabilizado a débito de uma conta de estoque e a crédito da conta que registra o custo de produção do período.

2.7 ( ) Por ocasião da venda à vista dos subprodutos, o registro contábil será feito debitando-se a conta representativa da disponibilidade e creditando-se a conta representativa do estoque respectivo.

2.8 ( ) A exemplo do que ocorre com os subprodutos, as sucatas serão contabilizadas em conta de estoque, no final de cada período.

4.4 Compras de materiais

Os materiais adquiridos pela empresa industrial podem se destinar ao uso, à venda, ao consumo ou à aplicação nos processos de fabricação.

Para contabilizar as compras de materiais, é preciso considerar o sistema adotado pela empresa para controle dos estoques e apuração dos resultados. Se o sistema adotado for inventário periódico, os materiais adquiridos deverão ser contabilizados em contas de resultado; se o sistema adotado for inventário permanente, os materiais adquiridos deverão ser contabilizados em contas de estoque. Nos Capítulos 7 e 8, você estudará com mais profundidade ambos os sistemas citados.

Assim, na compra de qualquer tipo de material, debita-se uma conta de resultado ou uma conta do Ativo Circulante que represente de forma adequada o estoque do referido material e credita-se a conta Caixa, Bancos, Duplicatas a Pagar ou Fornecedores, conforme o caso.

Os materiais adquiridos pela empresa industrial ficam armazenados no almoxarifado até que sejam requisitados para uso, venda ou consumo.

Exemplo:

A Indústria de Móveis Jacareí S.A., que adota o sistema de inventário permanente para controle dos estoques, comprou do fornecedor Madeireira Santa Branca Ltda.

200 m^3 de cerejeira, tendo pago em dinheiro a importância de $ 50.000, conforme NF n. 3.522.

Contabilização no livro Diário:

Estoque de Matérias-primas

a Caixa

Compra conf. NF n. 3.522, do fornecedor

Madeireira Santa Branca Ltda., ref. a 200 m^3

de cerejeira *50.000*

Nota

- Se a empresa adotasse o sistema de inventário periódico, a compra ora indicada deveria ser lançada a débito da conta Compras de Matérias-primas, que no Elenco de Contas apresentado no Capítulo 3 pertence ao grupo 3.3 CUSTO DAS COMPRAS DE MATERIAIS.

4.5 Fatos que alteram os valores das compras

Os valores das compras efetuadas pelas empresas industriais a serem registrados nas contas de estoques nem sempre correspondem somente aos valores constantes das Notas Fiscais.

Eles sofrem influências das despesas acessórias (fretes, seguros etc.), dos descontos ou abatimentos incondicionais obtidos, dos juros embutidos (quando se tratar de compras para serem pagas em longo prazo) e dos tributos incidentes sobre as compras.

Esse assunto não será estudado no presente capítulo, uma vez que foi tratado em nossos livros Contabilidade Comercial Fácil, Contabilidade Geral Fácil e Contabilidade Intermediária.

4.6 Vendas de materiais

A principal fonte de receita da empresa industrial decorre das vendas de produtos por ela fabricados.

Além da receita com a venda de produtos, a empresa industrial pode obter receitas vendendo outros materiais, embora essas vendas ocorram em volume e frequência menores que os de sua venda principal.

Assim, é comum também a venda de matérias-primas, materiais secundários, bens de uso, subprodutos, sucatas etc.

A exemplo do que ocorre com as compras, para contabilizar as vendas de materiais, é preciso considerar o sistema adotado pela empresa para controle dos estoques e apuração dos resultados. Se o sistema adotado for inventário periódico, os materiais vendidos deverão ser contabilizados a crédito da conta de resultado que reflita adequadamente a referida receita, sem a necessidade de dar baixa nos estoques. Mas se o sistema adotado for inventário permanente, além do registro a crédito de uma conta de receita, haverá necessidade de se proceder à baixa nos estoques, pelo valor do custo.

É importante salientar que a empresa industrial poderá adotar uma mescla de procedimentos quanto à contabilização das vendas de materiais, aplicando o sistema de inventário permanente para as vendas de produtos e o sistema de inventário periódico para as vendas de outros materiais de pequeno valor. No segundo caso, por razões de simplificação, no momento das vendas não serão dadas baixas nos estoques, os quais serão ajustados somente no final do período após a realização do inventário físico.

Dessa forma, na venda de qualquer tipo de material, debita-se a conta Caixa, Bancos conta Movimento, Duplicatas a Receber ou Clientes, conforme o caso, e credita-se uma conta que represente a respectiva receita. Se o sistema adotado pela empresa for o do inventário permanente, será preciso efetuar mais um registro contábil, para dar baixa, nos estoques, do custo do respectivo material vendido.

Exemplo:

Suponhamos que determinada empresa industrial tenha vendido produtos de sua fabricação, à vista, por $ 10.000, conforme NF n. 650. Considerar que não houve incidência de tributos nessa operação.

A contabilização dessa venda no livro Diário será:

a. Empresa que adota o sistema de inventário permanente

Como a característica do sistema de inventário permanente é possibilitar o controle instantâneo dos estoques a cada compra e a cada venda, sempre que ocorrer vendas ou devoluções de vendas, será preciso saber o valor do custo dos produtos que estão sendo vendidos ou recebidos em devolução para que se possa baixar no estoque ou integrar novamente o respectivo custo aos estoques.

Suponhamos, então, que o custo dos produtos vendidos conforme nossa NF n. 650 tenha sido igual a $ 7.000. Faremos:

Caixa

a Vendas de Produtos

Conf. n/ NF n. 650.. 10.000

Custo dos Produtos Vendidos

a Estoque de Produtos Acabados

Baixa nos estoques tendo em vista nossa

venda conf. NF n. 650.. 7.000

Observação

- Nesse caso, dois lançamentos precisam ser efetuados: um para registrar o valor da receita bruta de vendas e outro para registrar a baixa nos estoques, pelo valor do custo dos produtos vendidos.

b. Empresa que adota o sistema de inventário periódico

Caixa

a Vendas de Produtos

N/NF n. 650 .... *10.000*

4.7 Fatos que alteram os valores das vendas

Os fatos que alteram os valores das vendas, correspondem aos descontos incondicionais e aos abatimentos concedidos, aos juros embutidos (quando se tratar de vendas realizadas para recebimento em longo prazo) bem como aos tributos incidentes sobre as vendas. Esses assuntos não serão estudados no presente capítulo, tendo em vista que foram tratados em nossos livros *Contabilidade Comercial* e *Contabilidade Geral* ambos da série em Foco (antiga série Fácil), e *Contabilidade Intermediária*.

5 Inventário de materiais

5.1 Introdução

No final de cada exercício social ou no final de cada período de apuração dos resultados, para possibilitar o conhecimento dos resultados e a elaboração das demonstrações contábeis, as empresas devem elaborar inventários de todos os materiais existentes em estoque.

O inventário é feito mediante a contagem física dos materiais e deve ser transcrito em um livro próprio denominado "Registro de Inventários", exigido pelas legislações do IR, do IPI e do ICMS.

No livro Registro de Inventários, deverão ser arrolados, com especificações que facilitem sua identificação, as mercadorias, os produtos manufaturados, as matérias-primas, os produtos em fabricação e os produtos em almoxarifado existentes na data do Balanço Patrimonial.

Deverão ser arrolados também, no livro Registro de Inventários, os bens de propriedade da empresa que estiverem fora de seus estabelecimentos, em poder de terceiros, sejam em consignação ou para receber algum tipo de tratamento.

Os inventários de matérias-primas, bem como dos demais materiais que serão aplicados no processo de fabricação, além do inventário dos produtos em elaboração, são indispensáveis para que a empresa industrial possa apurar o custo de fabricação dos seus produtos. Já o estoque dos produtos acabados constitui importante dado para o conhecimento dos custos dos produtos vendidos.

No presente capítulo, você conhecerá os critérios existentes para a avaliação dos estoques de materiais em uma empresa industrial.

Para facilitar o seu entendimento, vamos agrupar os estoques de materiais em três categorias:

a. Estoque de materiais adquiridos pela empresa industrial: compreendem os materiais destinados ao processo de fabricação (matérias-primas, materiais secundários, materiais auxiliares e materiais de embalagem), destinados à venda (mercadorias) e destinados ao consumo (materiais de informática, de expediente ou escritório, de higiene e limpeza, de manutenção etc.);
b. Estoque de produtos acabados: compreendem os produtos fabricados pela empresa industrial; e
c. Estoque de produtos em elaboração.

5.2 Critérios de avaliação dos estoques de bens adquiridos

5.2.1 Introdução

Conforme dissemos, as empresas industriais adquirem materiais para serem aplicados no processo de fabricação, para serem consumidos e, em alguns casos, para revenda.

Assim, estudaremos a seguir, os principais critérios que podem ser utilizados para avaliação dos materiais adquiridos e mantidos em estoques pelas empresas industriais.

O custo desses materiais, é determinado com base no valor de aquisição constante das Notas Fiscais de compras, acrescido das despesas acessórias (fretes e seguros etc.) e dos tributos considerados não recuperáveis, isto é, aqueles que, embora tenham incidido nas compras de materiais destinados à venda ou a serem aplicados no processo de fabricação, não incidirão nas vendas desses materiais ou dos produtos com eles fabricados, conforme comentamos no capítulo anterior.

Não integram, também, o custo de aquisição, os descontos comerciais, os abatimentos, os juros embutidos quando a compra é efetuada a prazo etc. (ver item 11 da NBC TG 16 e 10.6 da NBC TG 1.000).

Tendo em vista que a empresa poderá adquirir um mesmo tipo de material em datas diferentes, pagando por ele preços também diferentes, para determinar o custo desses materiais estocados, bem como o custo dos materiais que forem transferidos para a produção ou para o consumo nas diversas áreas da empresa industrial, precisamos adotar algum critério.

Os critérios mais conhecidos para a avaliação dos estoques são: Custo Específico, PEPS, UEPS, Custo Médio Ponderado Móvel, Custo Médio Ponderado Fixo e Preço de Venda subtraída a Margem de Lucro.

5.2.2 Critério do Custo (ou Preço) Específico

O critério de avaliação dos estoques denominado Custo (ou Preço) Específico consiste em atribuir a cada unidade do estoque o preço efetivamente pago por ela.

É um critério que só pode ser utilizado para bens de fácil identificação física, como imóveis para revenda, veículos etc.

Esse critério pode ser adotado também para atribuir custos aos materiais aplicados na produção, nos casos em que a empresa industrial efetua determinada compra para aplicação direta no processo produtivo, sem que os materiais passem pelo almoxarifado. Então, sendo o material adquirido especificamente para ser aplicado na fabricação de determinado produto, por intermédio de uma ordem de produção, o custo desse material será o valor pago na sua aquisição, sem grandes complicações.

5.2.3 Critério PEPS

A sigla PEPS significa Primeiro que Entra, Primeiro que Sai e é também conhecida por FIFO, iniciais da frase inglesa First In, First Out. Adotando esse critério para avaliar os estoques, a empresa sempre atribuirá aos materiais em estoque os custos mais recentes.

Fatos ocorridos na Indústria de Produtos Alimentícios São Luiz S.A., durante o mês de setembro de X7:

Observações

- Considere que os produtos fabricados com essa matéria-prima (trigo) são tributados pelo ICMS e pelo IPI.
- Considere também que a empresa está sujeita ao regime não cumulativo de tributação do PIS/Pasep e da Cofins.

1) No dia 2 foram adquiridas, do fornecedor Moinho Redenção S.A., 100 sacas de trigo (60 quilos cada), conforme Nota Fiscal n. 5.321, a prazo, no valor de $ 11.000,00, sendo $ 10.000,00 referente ao valor do trigo e $ 1.000,00 referente ao IPI incidente na operação.

Da Nota Fiscal constaram ainda:

Fretes e Seguros:.. $ 840,00;
ICMS:... $ 1.842,00;

Considerar que essa operação dá direito a crédito do PIS/PASEP no valor de $ 178,00 e da COFINS no valor de $ 823,00.

É importante lembrar que, de acordo com as observações apresentadas antes deste fato 1, o custo de aquisição das 100 sacas de trigo será apurado como segue:

Total constante da NF a ser pago ao fornecedor:	11.000,00
(+) Fretes	840,00
(–) IPI recuperável	(1.000,00)
(–) ICMS recuperável	(1.842,00
(–) PIS/PASEP recuperável	(178,00)
(–) COFINS recuperável	(823,00)
(=) Custo das 100 sacas de trigo	7.997,00

2) No dia 5 foram transferidas para produção, conforme Requisição n. 001, 60 sacas de trigo.

3) No dia 10 foram adquiridas, do mesmo fornecedor, a prazo, 50 sacas de trigo no valor de $ 6.680,00, conforme Nota Fiscal n. 6.001, sendo que $ 6.080,00 correspondem ao valor do trigo e $ 600,00 ao IPI incidente na operação.

Da Nota Fiscal constaram ainda:

Fretes e Seguros	420,00;
ICMS	$ 1.105,00;

Considerar que essa operação dá direito a crédito do PIS/PASEP no valor de $ 107,00 e da COFINS no valor de $ 494,00.

4) No dia 15 ocorreu nova compra, do mesmo fornecedor, a prazo, de 100 sacas de trigo, conforme NF n. 6.110, no valor de $ 16.500,00, sendo $ 15.000,00 correspondente ao valor do trigo e $ 1.500,00 correspondente ao IPI incidente na operação.

Da NF, constaram ainda:

ICMS	$ 2.550,00;

Considerar que essa operação dá direito a crédito do PIS/PASEP no valor de $ 247,00 e da COFINS no valor de $ 1.140.

5) No dia 28 foram devolvidas ao fornecedor Moinho Redenção S.A. 10 sacas de trigo, conforme nossa NF n. 521, no valor de $ 1.500.

Da nota fiscal, constaram ainda:

ICMS	$ 255,00;
IPI	$ 150,00.

Considerar que na operação original, que ocorreu no dia 15, conf. NF n. 6.110 do fornecedor Moinho Redenção S.A., a empresa Indústria de Produtos Alimentícios

São Luiz S.A. tinha se creditado do PIS/Pasep no valor de $ 24,70 e da Cofins no valor de $ 114,00.

Foi paga a uma empresa transportadora a importância de $ 60,00, correspondente ao frete pelo transporte das 10 sacas devolvidas.

Notas

- Para determinar o valor das 10 sacas a serem devolvidas, devemos considerar o custo realmente pago por elas. Se, porventura, em determinado período a empresa tiver efetuado várias compras tendo pago preços diferentes para um mesmo tipo de material, ocorrendo devolução de parte desse material, deverá ser identificado o custo pago de fato por aquelas unidades que estiverem sendo devolvidas. No presente caso, vamos considerar que a devolução se refere à matéria-prima adquirida no dia 15.
- Lembramos também que o valor do frete pago no transporte das sacas devolvidas deve ser considerado despesa normal da empresa, não influindo no custo das unidades remanescentes em estoque.
- Se, porventura, na operação original de compra tivesse ocorrido gasto com fretes, haveria necessidade de se recalcular o custo das 90 unidades remanescentes, uma vez que o frete incidente por ocasião da compra deve ser suportado pela empresa compradora.

6) No dia 29 foram transferidas para a produção, conforme Requisição n. 002, 160 sacas de trigo.

7) No dia 30 o setor que controla os estoques de matéria-prima, recebeu, em devolução do setor de produção, 10 sacas de trigo.

Analise as três fichas de estoques a seguir e o comentário acerca do critério Preço Médio Ponderado Fixo para verificar:

- O custo atribuído à matéria-prima adquirida.
- O custo atribuído à matéria-prima transferida para a produção.
- O custo atribuído à matéria-prima constante dos estoques remanescentes.

Veja, agora, as sete operações apresentadas na respectiva ficha de controle de estoque:

Indústria de Produtos Alimentícios São Luiz S.A.
Mercadoria: Sacas de Trigo (60 kg)
Método de Controle: PEPS

Data	Histórico	Entradas			Saídas			Saldo		
		Quant.	Custo unitário ($)	Custo total ($)	Quant.	Custo unitário ($)	Custo total ($)	Quant.	Custo unitário ($)	Custo total ($)
02/09/X7	NF n. 5.321 de Moinho Redenção S/A	100	79,97	7.997	–	–	–	100	79,97	7.997
05/09/X7	Requisição n. 001	–	–	–	60	79,97	4.798,20	40	79,97	3.198,80
10/09/X7	NF n. 6.001 de Moinho Redenção S/A	50	95,88	4.794	–	–	–	40 50 90	79,97 95,88	3.198,80 4.794 7.992,80
15/09/X7	NF n. 6.110 de Moinho Redenção S/A	100	110,63	11.063	–	–	–	40 50 100 190	79,93 95,88 110,63	3.198,80 4.794 11.063 19.055,80
28/09/X7	NF n. 521	(10)	110,63	(1.106,30)	–	–	–	40 50 90 180	79,93 95,88 110,63	3.198,80 4.794 9.956,70 17.949,50
29/09/X7	Requisição n. 002	–	–	–	40 50 70 160	79,93 95,88 110,63	3.198,80 4.794 7.744,10 15.736,90	20	110,63	2.212,60
30/09/X7	Devolução da Produção	–	–	–	(10)	110,63	(1.106,30)	30	110,63	3.318,90
	TOTAIS	**240**		**22.747,70**	**210**		**19.428,80**	**30**	**110,63**	**3.318,90**

Observações

- Na coluna de saldo ficam evidenciadas as quantidades estocadas devidamente separadas ou identificadas pelos respectivos custos de aquisição. A cada requisição feita pela área de produção, a baixa é dada iniciando-se pelos custos mais antigos; no caso, pelos menores custos. Assim, por meio dessa ficha, ficam controladas as quantidades estocadas sempre pelos custos mais recentes. Por isso, esse critério é denominado Primeiro que Entra, Primeiro que Sai.
- Observe que, por um lado, as devoluções de compras efetuadas aos fornecedores são escrituradas negativamente entre parênteses na coluna das entradas. Por outro lado, as devoluções de vendas recebidas de clientes ou devoluções recebidas da produção são escrituradas negativamente entre parênteses na coluna das saídas. Assim, a soma da coluna das entradas corresponderá efetivamente ao valor das compras líquidas, e a soma da coluna das saídas corresponderá efetivamente ao custo das mercadorias vendidas ou ao custo dos materiais transferidos para a produção, ou seja, ao valor das saídas líquidas.
- As devoluções de vendas ou as devoluções recebidas da produção deverão ser lançadas pelos mesmos valores das respectivas saídas correspondentes aos materiais que estiverem retornando aos estoques.
- Os gastos eventuais, tanto na devolução de compras como na devolução de vendas (fretes, seguros etc.), devem ser tratados como despesas operacionais e não como custos.
- Quando o cálculo do custo unitário da compra não for exato, usa-se um valor aproximado. Nesse caso, consideram-se, na coluna de saldos, o valor unitário aproximado e o valor total correto conforme a entrada, embora a multiplicação das quantidades pelo valor unitário aproximado não coincida com o valor total indicado. Na primeira saída referente às respectivas unidades, ajusta-se para que o estoque fique correto. Veja esse procedimento nas três fichas (PEPS, UEPS e PMPF), nos lançamentos relativos às operações dos dias 10, 15 e 29.

5.2.4 Critério UEPS

A sigla UEPS, que significa Último que Entra, Primeiro que Sai, é também conhecida por LIFO, iniciais da frase inglesa Last In, First Out.

Adotando esse critério para avaliar os estoques, a empresa sempre atribuirá aos materiais em estoque os custos mais antigos.

Veja, agora, as sete operações apresentadas na Seção 5.2.3 na respectiva ficha de controle de estoque:

Indústria de Produtos Alimentícios São Luiz S.A.
Mercadoria: Sacas de Trigo (60 kg)
Método de Controle: UEPS

Data	Histórico	Entradas			Saídas			Saldo		
		Quant.	Custo unitário ($)	Custo total ($)	Quant.	Custo unitário ($)	Custo total ($)	Quant.	Custo unitário ($)	Custo total ($)
02/09/X7	NF n. 5.321 de Moinho Redenção S/A	100	79,97	7.997	–	–	–	100	79,97	7.997
05/09/X7	Requisição n. 001	–	–	–	60	79,97	4.798,20	40	79,97	3.198,80
10/09/X7	NF n. 6.001 de Moinho Redenção S/A	50	95,88	4.794	–	–	–	40 50 90	79,97 95,88	3.198,80 4.794 7.992,80
15/09/X7	NF n. 6.110 de Moinho Redenção S/A	100	110,63	11.063	–	–	–	40 50 100 190	79,97 95,88 110,63	3.198,80 4.794 11.063 19.055,80
28/09/X7	NF n. 521	(10)	110,63	(11.063)	–	–	–	40 50 90 180	79,97 95,88 110,63	3.198,80 4.794 9.956,70 17.949,50
29/09/X7	Requisição n. 002	–	–	–	90 50 20 160	110,63 95,88 79,97	9.956,70 4.794 1.599,40 16.350,10	20	79,97	1.599,40
30/09/X7	Devolução da Produção	–	–	–	(10)	79,97	(799,70)	30	79,97	2.399,10
	TOTAIS	**240**		**22.747,70**	**210**		**20.348,60**	**30**	**79,97**	**2.399,10**

Note que, na coluna do saldo, são controladas as quantidades com seus respectivos custos de aquisição. A transferência para a produção é sempre feita pelo custo das últimas aquisições, guardadas as devidas proporções em relação às quantidades adquiridas e a seus respectivos custos.

5.2.5 Critério do Custo (ou Preço) Médio Ponderado Móvel

Adotando-se esse critério, os materiais estocados serão sempre avaliados pela média dos custos de aquisição, sendo esses custos atualizados após cada compra efetuada.

A denominação Custo Médio Ponderado Móvel é decorrente do fato de que, toda vez que ocorrer compra por custo unitário diferente dos que constarem do estoque, o custo médio será modificado.

A coluna destinada ao saldo indicará sempre as quantidades em estoque com seus respectivos custos médios, isto é, atualizados sempre em função da última compra.

Para obter o custo médio ponderado móvel das unidades estocadas, após efetuada nova compra com custo unitário diferente do custo unitário do estoque, procede-se como a seguir: somam-se as quantidades que estavam em estoque com as quantidades da nova compra; soma-se o valor total do estoque antes da nova compra com o valor total da nova compra; em seguida, divide-se o total obtido na soma dos valores pelo total obtido na soma das quantidades, obtendo-se o novo custo médio ponderado móvel das quantidades em estoque.

Quando, em decorrência de uma nova entrada, o cálculo do custo médio ponderado móvel unitário não for exato, usa-se um valor aproximado com o maior número possível de casas decimais. Nesse caso, na coluna de saldos, o valor unitário será aproximado e o valor total será correto, embora a multiplicação das quantidades pelo valor unitário aproximado não coincida com o valor total indicado. Na primeira saída, ajusta-se para que o estoque fique correto.

Veja os sete casos apresentados na Seção 5.2.3 devidamente registrados na respectiva ficha de controle de estoque:

Indústria de Produtos Alimentícios São Luiz S.A. Mercadoria: Sacas de Trigo (60 kg) Método de Controle: Custo Médio Ponderado Móvel										
Data	Histórico	Entradas			Saídas			Saldo		
		Quant.	Custo unitário ($)	Custo total ($)	Quant.	Custo unitário ($)	Custo total ($)	Quant.	Custo unitário ($)	Custo total ($)
02/09/X7	NF n. 5.321 de Moinho Redenção S/A	100	79,97	7.997	–	–	–	100	79,97	7.997
05/09/X7	Requisição n. 001	–	–	–	60	79,97	4.798,20	40	79,97	3.198,80
10/09/X7	NF n. 6.001 de Moinho Redenção S/A	50	95,88	4.794	–	–	–	90	88,80	7.992,80
15/09/X7	NF n. 6.110 de Moinho Redenção S/A	100	110,63	11.063	–	–	–	190	100,29	19.055,80
28/09/X7	NF n. 521	(10)	110,63	(1.106,30)	–	–	–	180	99,71	17.949,50
29/09/X7	Requisição n. 002	–	–	–	160	99,71	15.955,30	20	99,71	1.994,20
30/09/X7	Devolução da Produção	–	–	–	(10)	99,71	(997,10)	30	99,71	2.991,30
	TOTAIS	**240**		**22.747,70**	**210**		**19.756,40**	**30**	**99,71**	**2.991,30**

5.2.6 Critério do Custo (ou Preço) Médio Ponderado Fixo

Adotando-se esse critério, os materiais estocados serão avaliados somente no final do período (geralmente, no final do ano) pela média dos custos dos materiais que estiveram disponíveis para venda ou para uso[1] durante todo o período.

Esse critério consiste, portanto, no custo médio dos materiais disponíveis para venda ou para uso, apurado uma só vez e no final do período.

Enquanto o custo médio ponderado móvel é atualizado durante o exercício tantas vezes quantas forem as compras efetuadas, o custo médio ponderado fixo é apurado uma só vez, e no final do exercício, após a última compra e a última venda terem sido efetuadas.

Para obtê-lo, basta dividir o custo total dos materiais disponíveis para venda ou para uso pela quantidade total desses mesmos materiais.

O custo total dos materiais disponíveis para venda ou para uso é obtido somando-se o custo do estoque inicial com o custo das compras líquidas realizadas durante o período.

Convém ressaltar que o custo total das compras líquidas compreende o custo total das compras diminuído ou adicionado dos valores dos fatos que alteram os valores das compras, conforme já comentamos.

O critério do Custo Médio Ponderado Fixo somente pode ser adotado por empresas que utilizam o sistema de inventário periódico, pois sua apuração só é possível no final do exercício.

O valor obtido por meio da média ponderada fixa será atribuído a todas as unidades de materiais existentes em estoque no último dia do período, bem como a todas as unidades de materiais que foram vendidas, aplicadas no processo de fabricação ou consumidas durante o ano, independentemente das datas em que ocorreram as respectivas vendas ou requisições.

Aproveitando os mesmos dados utilizados para ilustrar os critérios anteriormente comentados, veja como ficarão os cálculos:

a. Cálculo do custo médio ponderado fixo:

Fórmula:

$$\frac{\text{Custo total dos materiais disponíveis para venda ou para uso}}{\text{Quantidades totais dos materiais disponíveis para venda ou para uso}}$$

Note que, no nosso exemplo, não havia estoque inicial. Portanto, o custo total e as quantidades de materiais disponíveis para venda ou para uso correspondem ao total das compras líquidas. Esses valores foram $ 22.747,70 e 240, respectivamente (estão evidenciados nas três fichas apresentadas).

[1] No presente capítulo, a expressão "custos dos materiais que estiveram disponíveis para uso", está sendo utilizada para representar o custo dos materiais que estiveram disponíveis para serem aplicados no processo de fabricação ou para consumo.

O cálculo, então, ficará como segue:

$$\frac{\$\,22.747,70}{240} = \$\,94,78$$

b. Atribuição do custo ao estoque final:

Fórmula:

$$\begin{pmatrix}\text{Unidades de materiais existentes}\\ \text{em estoque no final do período}\end{pmatrix} \times \begin{pmatrix}\text{Custo médio}\\ \text{ponderado fixo}\end{pmatrix}$$

Teremos:

$$30 \times \$\,94,78 = \$\,2.843,40$$

c. Cálculo do custo dos materiais transferidos para produção:

Fórmula:

$$\begin{pmatrix}\text{Custo total dos materiais}\\ \text{disponíveis para uso}\end{pmatrix} - \begin{pmatrix}\text{Custo do}\\ \text{estoque final}\end{pmatrix}$$

Teremos:

$$\$\,22.747,70 - \$\,2.843,80 = \$\,19.904,30$$

Veja, a seguir, um resumo elaborado com dados obtidos pela aplicação dos critérios PEPS, UEPS, Custo Médio Ponderado Móvel e Custo Médio Ponderado Fixo:

RESUMO			
Critério	Entradas	Saídas	Saldo
PEPS	22.747,70	19.428,80	3.318,90
UEPS	22.747,70	20.348,60	2.399,10
CMPM	22.747,70	19.756,40	2.991,80
CMPF	22.747,70	19.904,30	2.843,40

Note que a escolha do critério tem interferência direta no custo de produção e também no valor do estoque final.

Nos quatro critérios analisados, os valores atribuídos ao custo de produção (transferências) e ao estoque final foram diferentes.

Então, qual dos critérios deve ser utilizado?

É o que veremos na seção a seguir.

5.2.7 Qual dos critérios deve ser utilizado?

Quando a economia do país estiver equilibrada e os preços mantiverem-se estáveis, qualquer que seja o critério adotado para avaliação dos estoques não interferirá nos resultados. Entretanto, nos casos de oscilações de preços, em decorrência de inflação ou deflação, a escolha do critério constituirá fator decisivo na determinação dos resultados da empresa.

É importante destacar que tanto as normas internacionais de contabilidade IFRS, consubstanciadas nas normas brasileiras de contabilidade do tipo NBC TG, como o fisco brasileiro não contemplam os critérios de avaliação de estoques UEPS e Custo Médio Ponderado Fixo, exatamente porque esses critérios distorcem os resultados.

A adoção do critério UEPS, por exemplo, resulta em estoques subavaliados, em custos dos produtos vendidos superavaliados e lucros abaixo da realidade.

Restam, por conseguinte, os critérios PEPS e custo médio ponderado móvel por serem aceitos tanto pelas normas internacionais de contabilidade como pelo fisco brasileiro.

Portanto, nos casos de inflação, ainda que em índices baixos, a adoção do critério Custo Médio Ponderado Móvel por espelhar maior realidade no valor dos estoques, nos custos dos produtos vendidos e nos lucros, pode ser a melhor opção, desde que os prazos de rotação dos estoques não causem desequilíbrio nos resultados alcançados.

A empresa poderá, para fins gerenciais, adotar o critério que melhor atenda aos seus interesses. Se adotar o critério PEPS ou o Custo Médio Ponderado Móvel, não enfrentará problemas com o fisco e estará de acordo com as normas internacionais de contabilidade IFRS.

É importante destacar, ainda, que, tanto o fisco brasileiro como as normas internacionais de contabilidade IFRS, consubstanciadas na NBC TG 16, admitem, também, a avaliação de estoques com base no preço de venda, subtraída a margem de lucro (art. 295 do RIR/99 e item 21 da NBC TG 16), conforme veremos na Seção 5.2.8.

Convém salientar, ainda, que no momento da elaboração do Balanço Patrimonial, as empresas em geral estão obrigadas a aplicar a regra "custo ou mercado – dos dois o mais baixo" contida no art. 183 da Lei n. 6.404/1976 e no item 9 da NBC TG 16, para mensurar os seus estoques, conforme veremos na Seção 5.4.

Diante do que foi exposto até aqui, podemos concluir que, para atribuir custos aos materiais adquiridos de terceiros constantes dos estoques levantados por meio de inventários realizados no final de um período, a empresa tem dois caminhos:

a. se adotar o sistema de inventário permanente, bastará coletar os custos nas respectivas fichas de controle de estoques de cada material.

   Nesse caso, os estoques serão avaliados pelo critério escolhido pela empresa, exceto UEPS e Custo Médio Ponderado Fixo, conforme já comentamos;

b. se adotar o sistema de inventário periódico, a solução será atribuir custos aos materiais com base nas últimas Notas Fiscais de compras (critério PEPS), veja:

   Suponhamos que a empresa Industrial Natividade S.A. tenha em estoque, no final do ano, 30 unidades de uma determinada matéria-prima.

   Como essa empresa trabalha com Inventário Periódico, para avaliar essas unidades de materiais deverá verificar os custos constantes das últimas Notas Fiscais de compras. Suponhamos, então, que na última Nota Fiscal de compra da referida matéria-prima, datada de 18 de dezembro, conste aquisição de 20 unidades, a $ 10,00 cada, já devidamente excluídos os impostos recuperáveis e acrescidas as despesas acessórias. Como existem 30 unidades em estoque, há necessidade de recorrer à penúltima compra, cuja nota fiscal é de 20 de outubro, com preço unitário de $ 6,00.

   Assim, as 30 unidades de matérias-primas serão avaliadas como segue:

20 a $ 10,00 = 200
10 a $ 6,00 = 60
Total = 260

Lembramos que, conforme já dissemos, com o advento da Lei n. 11.638/2007, o sistema de inventário periódico deixou de ser viável para as empresas industriais em relação ao controle de estoques de materiais que serão aplicados no processo de fabricação.

5.2.8 Contabilização dos estoques

A contabilização dos estoques finais de materiais depende do sistema adotado pela empresa para controle dos estoques.

Se o sistema adotado for o de Inventário Periódico, basta debitar uma conta que represente o respectivo estoque e creditar uma conta que represente despesa ou o custo de produção do período. Se o sistema utilizado pela empresa para controlar os estoques for o de inventário permanente, o valor do estoque final dos materiais não precisará ser contabilizado, uma vez que, por esse sistema, os estoques são atualizados constantemente na contabilidade, sempre que ocorrer uma compra ou uma requisição de materiais. Nesse caso, havendo divergências entre o estoque físico e o estoque contábil, seja para mais seja para menos, os ajustes deverão ser contabilizados. Veja orientações na Seção 5.6 adiante.

5.2.9 Critério do preço de venda diminuído da margem de lucro

5.2.9.1 Introdução

A avaliação de estoques pelo critério do preço de venda diminuído da margem de lucro, também conhecida por critério ou método de varejo, está prevista no item 22 da NBC TG 16 e no art. 295 do RIR/99, como opção para ser adotada nos casos em que não seja viável a aplicação de outros critérios de custeio.

Esse critério, muitas vezes usado no setor de varejo para mensurar estoques de grande quantidade de itens que mudam rapidamente, consiste na obtenção do custo de produção ou aquisição, subtraindo-se a margem de lucro do preço de venda.

A expressão "margem de lucro", nesse caso, deve ser interpretada como sendo o montante adicionado pela empresa ao custo de fabricação ou de aquisição, para compor o preço de venda. Tecnicamente esse montante é conhecido por markup, palavra inglesa cujo significado pode ser traduzido exatamente como sendo a diferença entre o custo total de produção ou de aquisição e o preço de venda de um bem. No Capítulo 17, você vai encontrar detalhes acerca da composição do markup e da fixação do preço de venda, tanto para os produtos fabricados pela empresa quanto para as mercadorias adquiridas de terceiros.

As empresas que trabalham com grande variedade de mercadorias, como ocorre, por exemplo, com os supermercados e com as lojas de departamentos, em decorrência do grande número de notas fiscais de entrada e da permanência de itens semelhantes em vários pontos de venda, preferem, para fins gerenciais, controlar seus estoques com base nos preços de venda.

5.2.9.2 Exemplo prático

Suponhamos que determinada unidade de mercadoria adquirida por $ 120 tenha seu preço de venda fixado em $ 208,80, em decorrência dos seguintes encargos e lucro almejado baseados no próprio preço de venda:

Tributos	22%
Comissões a vendedores	3%
Outras Despesas	8%
Lucro almejado	9,50%
Total	42,50%

O preço de venda pode ser obtido mediante a aplicação de um índice sobre o custo de aquisição. Esse índice ou coeficiente, denominado tecnicamente "markup multiplicador", será calculado como segue:

a. Primeiro, você deve somar tudo que se pretende cobrar no preço de venda, exceto o próprio custo de fabricação ou de aquisição. Os itens que se pretende incluir no preço de venda devem ser apresentados em percentuais em relação ao próprio preço de venda.

No cálculo já apresentado, obtivemos o montante de 42,50%.

Como o preço de venda que resulta da soma do custo + tudo aquilo que a empresa desejar a ele adicionar será 100,00%, concluímos que o custo de aquisição de $ 120 representará 57,50% do referido preço de venda.

b. Em seguida, basta dividir 100% pela porcentagem do preço de venda correspondente ao custo de aquisição ou produção, para obter o índice:

$$\frac{\$\,100{,}00}{57{,}5\%} = \$\,1{,}74$$

c. Cálculo do preço de venda

Basta, agora, multiplicar o preço de custo pelo índice encontrado na letra "b":

$$\$\,120 \times 1{,}74 = \$\,208{,}80$$

Assim, durante o exercício social, para todas as mercadorias cujos encargos adicionados ao lucro pretendido correspondam a 42,50% do preço de venda, bastará multiplicar o custo pelo coeficiente 1,74 para obter o preço de venda.

No final do período, portanto, estando diante do estoque final de mercadorias avaliado ao preço de venda, para conhecer os respectivos custos de aquisição bastará fazer o cálculo inverso, ou seja, dividir o preço de venda pelo mesmo coeficiente que serviu para o cálculo do referido preço.

Considerando que a mesma unidade de mercadoria com preço de venda fixado em $ 208,80 estava em estoque no final do período, para apurar o custo de aquisição, faremos:

$$\frac{\$\,208{,}80}{1{,}74} = \$\,120$$

A adoção desse método requer cuidados especiais, como cálculo de índice específico para cada grupo de mercadorias que apresentem despesas a serem recuperadas e margem de lucro desejada iguais; acompanhamento e inclusão das remarcações de preços que podem promover a troca de produtos de um para outro grupo etc.

Portanto, a aplicação desse critério deve se restringir aos casos em que a relação custo-benefício aponte a inviabilidade de adoção dos critérios tradicionais.

ATIVIDADES TEÓRICAS

1. Responda:

   1.1 Qual é a finalidade dos inventários de materiais?

   1.2 Que materiais devem ser relacionados no livro Registro de Inventários?

   1.3 Que critérios podem ser utilizados para avaliação dos estoques?

   1.4 Quando ocorre, compra com custo unitário diferente do existente em estoque, como proceder para manter o custo médio ponderado móvel nos estoques?

   1.5 Quando a economia do país estiver estável, qual será o melhor critério para avaliar os estoques?

   1.6 Preço Específico, PEPS, UEPS e Custo Médio Ponderado Móvel. Dentre os critérios apontados, qual não é aceito pelo Fisco?

   1.7 Para a empresa industrial que adotar o sistema de inventário periódico, qual critério deverá ser utilizado com o objetivo de avaliar seus estoques no final do ano?

   1.8 Que empresas utilizam, para avaliar seus estoques, o critério do preço de venda diminuído da margem de lucro?

   1.9 Em que consiste a expressão "margem de lucro" utilizada no critério de varejo?

   1.10 Uma empresa adquiriu para revenda 100 unidades de uma mercadoria, tendo pago por elas a importância de $ 2.000.

   Considerando que a soma dos encargos com tributos e despesas necessárias à venda, adicionada ainda a margem de lucro desejada, atingirá 60% do preço de venda, qual o valor a ser atribuído a essas mercadorias para fins de estocagem, tendo em vista que a empresa costuma controlar seus estoques pelo preço de venda?

   1.11 Considerando que, no final de um exercício social, havia em estoque 500 unidades de determinado produto, avaliadas pelo preço de venda de $ 23.100, obtido pela aplicação do coeficiente 1,54 sobre o preço de custo, calcular o valor a ser atribuído aos estoques com base nos respectivos preços de custo.

2. Julgue as afirmativas como falsas (F) ou verdadeiras (V):

   2.1 ( ) Os inventários de materiais devem ser escriturados no livro Registro de Inventários, exigido pelas legislações do IR, do IPI e do ICMS.

   2.2 ( ) O critério PEPS consiste em atribuir a cada unidade do estoque o preço efetivamente pago por ela.

   2.3 ( ) O critério do Custo Específico consiste em atribuir às unidades em estoque os custos mais recentes.

   2.4 ( ) O critério UEPS consiste em atribuir às unidades em estoque uma média dos custos de aquisição.

   2.5 ( ) As devoluções de compras deverão ser lançadas nas fichas de controle de estoques na coluna das entradas, negativamente, entre parênteses.

2.6 ( ) As devoluções recebidas das diversas áreas da empresa, ou de clientes, serão lançadas nas fichas de controle de estoques, negativamente, na coluna das saídas, entre parênteses.

2.7 ( ) O critério UEPS consiste em atribuir às unidades em estoque os custos mais antigos.

2.8 ( ) Pelo critério do Custo Médio Ponderado Fixo, só é possível conhecer o custo dos estoques no final do período.

2.9 ( ) O critério do preço de venda subtraído da margem de lucro somente deve ser aplicado quando for inviável a aplicação do critério custo médio ou do critério PEPS.

ATIVIDADE PRÁTICA

Fatos ocorridos em uma empresa industrial durante o mês de março:

1. Em 01 de março, havia em estoque 50 unidades de matéria-prima com valor unitário de $ 10.
2. Em 05 de março, foram adquiridas 100 unidades da mesma matéria-prima, por $ 15 cada uma.
3. Em 10 de março, foram transferidas para produção 70 unidades da matéria-prima.

Considerando-se que durante o mês ocorreram somente essas operações, calcular o valor do estoque em 31 de março, bem como o custo das matérias-primas transferidas para a produção, pelos seguintes critérios:

a) PEPS.

b) UEPS.

c) Custo Médio Ponderado Móvel.

d) Custo Médio Ponderado Fixo.

5.3 Critérios de avaliação dos estoques de produtos acabados e de produtos em elaboração

Na Seção 5.2 você estudou os critérios que podem ser utilizados para atribuir custos aos estoques de materiais adquiridos pela empresa industrial. Na presente seção, trataremos dos critérios que podem ser utilizados para atribuir custos aos estoques de produtos acabados, bem como aos estoques de produtos que, na época do levantamento do Balanço, ainda se encontrem em fase de elaboração.

Antes do advento das Leis n[s] 11.638/07 e 11.941/09 que promoveram importantes alterações na Lei n. 6.404/76, especialmente na parte que trata de matéria contábil, as empresas industriais brasileiras atribuíam custos aos estoques de produtos acabados e de produtos em elaboração com base nos custos de fabricação ou com base em critérios arbitrados pelo fisco.

As sociedades anônimas de capital aberto por estarem obrigadas a manter sistema de contabilidade de custo integrado e coordenado com o restante da escrituração, atribuíam custos aos seus estoques com fundamento nos custos reais por elas contabilizados. Por outro lado, as demais empresas, normalmente as de pequeno e médio portes, por comodidade, preferiam adotar os critérios arbitrados pelo fisco.

Esses critérios estão definidos no art. 296 do RIR/99, como segue:

Se a escrituração do contribuinte não satisfizer às condições dos §§ 1º e 2º do art. 294, os estoques deverão ser avaliados:

> I – os de materiais em processamento, por uma vez e meia o maior custo das matérias-primas adquiridas no período de apuração, ou em oitenta por cento do valor dos produtos acabados, determinado de acordo com o inciso II;
>
> II – os dos produtos acabados, em setenta por cento do maior preço de venda no período de apuração.

É importante destacar que, após o advento das mencionadas Leis nºs 11.638/07 e n. 11.941/09, a contabilidade das empresas brasileiras não sofre mais interferência do fisco. Agora, as empresas devem processar a contabilidade conforme as normas contábeis derivadas do Conselho Federal de Contabilidade que são convergentes com as normas internacionais de contabilidade IFRS.

Veja o que estabelece o §2º do art. 177 da Lei n. 6.404/1976:

> A companhia observará exclusivamente em livros ou registros auxiliares, sem qualquer modificação da escrituração mercantil e das demonstrações reguladas nesta Lei, as disposições da lei tributária, ou de legislação especial sobre a atividade que constitui seu objeto, que prescrevam, conduzam ou incentivem a utilização de métodos ou critérios contábeis diferentes ou determinem registros, lançamentos ou ajustes ou a elaboração de outras demonstrações financeiras.

Portanto, as divergências que ocorram entre a escrituração contábil e a legislação tributária em decorrência da aplicação das normas internacionais de contabilidade IFRS consubstanciadas nas normas brasileiras de contabilidade, deverão ser ajustadas em livros auxiliares para fins de apuração das bases de cálculo do Imposto de Renda e da Contribuição Social sobre o Lucro Líquido.

Diante desses novos procedimentos que entraram em vigor no Brasil a partir de 01 de janeiro de 2008, as empresas industriais, objeto do nosso estudo, ficaram obrigadas a atribuir custos aos estoques de produtos acabados e em elaboração com fundamento nos seus registros contábeis e não mais com base nos valores arbitrados pelo fisco.

Assim, todas as empresas industriais estão obrigadas a manter um sistema de contabilidade de custos e observar as disciplinas contidas nas normas brasileiras de contabilidade, independente do seu faturamento e regime tributário, inclusive aquelas regidas pelo Estatuto das microempresas e das empresas de pequeno porte.

É importante destacar que somente o pequeno empresário está dispensado da escrituração contábil, pelo Código Civil.

Pequeno empresário é o empresário individual caracterizado como microempresa que aufira receita bruta anual de até $ 60.000,00 (art. 68 da Lei Complementar n. 123/2006).

Assim, os custos a serem atribuídos aos estoques de produtos acabados e de produtos em elaboração deverão estar fundamentados nos registros contábeis da empresa.

Veja o que estabelece o item 10 da NBC TG 16:

> O valor de custo do estoque deve incluir todos os custos de aquisição e de transformação, bem como outros custos incorridos para trazer os estoques à sua condição e localização atuais.

Note que o custo a ser atribuído aos estoques de produtos acabados, compõem-se de três partes: custo de aquisição dos materiais aplicados no processo de fabricação desses produtos; custo de transformação e outros custos incorridos para trazer os estoques à sua condição e localização atuais.

Note, também que o custo a ser atribuído aos estoques de produtos em elaboração, compõem-se de duas partes: custo de aquisição dos materiais aplicados no processo de fabricação e custo de transformação incorridos até a fase do processo de fabricação em que tais produtos se encontrarem no momento do levantamento de seus estoques.

Veja, então, como a NBC TG 16 em seu item 12, define o custo de transformação:

> 12. Os custos de transformação de estoques incluem os custos diretamente relacionados com as unidades produzidas ou com as linhas de produção, como pode ser o caso da mão de obra direta.
>
> Também incluem a alocação sistemática de custos indiretos de produção, fixos e variáveis, que sejam incorridos para transformar os materiais em produtos acabados.

Conforme você pôde observar, a NBC TG 16, no item 10, prevê, ainda, a possibilidade de atribuir aos estoques outros custos incorridos para trazer os estoques à sua condição e localização atuais. Esses custos decorrem de armazenagem transporte etc.

Portanto, se for praxe na empresa industrial a estocagem de produtos acabados antes de serem vendidos, e havendo diferenças entre os custos de fabricação atribuídos aos produtos iguais, porém fabricados em períodos diferentes, a empresa poderá adotar para avaliação dos estoques qualquer um dos critérios já estudados (PEPS, UEPS, Média Ponderada etc). Entretanto, para fins de apuração dos resultados e elaboração das demonstrações contábeis, será necessário observar a disciplina contida na NBC TG 16 e na legislação tributária, que permitem a adoção do custo médio ponderado móvel ou dos bens adquiridos ou produzidos mais recentemente (PEPS), admitida, ainda, a avaliação com base no preço de venda, subtraída a margem de lucro.

É importante salientar que nas fabricações sob encomenda, para atribuir custos aos estoques, seja de produtos acabados ou em elaboração, bastará coletar os custos que foram devidamente alocados aos produtos em suas respectivas ordens de produção.

Quando a produção for contínua (em série), tendo em vista que os custos não são registrados por unidade de produtos, mas sim englobadamente por lote, família ou linha de produção, no final de cada período, será preciso segregar os custos incorridos na produção do período entre as unidades acabadas e aquelas que se encontrarem em fase de elaboração. Nesse caso, a atribuição de custos a esses estoques deverá ser efetuada em base racional e consistente, conforme estabelece o item 13.10 da Seção 13 da NBC TG 1.000.

5.4 Custo ou valor realizável líquido, dos dois o menor

5.4.1 Introdução

O art. 183 da Lei n. 6.404/1976 apresenta os critérios de avaliação dos elementos do Ativo para efeito de elaboração do Balanço Patrimonial. Um deles é o do custo ou valor de mercado, quando este for inferior.

Esse critério é utilizado para avaliar os estoques de: mercadorias e produtos destinados à venda, produtos em elaboração, materiais de consumo e materiais a serem aplicados no processo de fabricação ou na prestação de serviços.

A avaliação de estoques também foi disciplinada pela NBC TG 16, fundamentada no CPC 16 convergente com as normas internacionais de contabilidade IFRS.

O item 9 dessa NBC TG, estabelece que os estoques devem ser mensurados pelo valor de custo ou pelo valor realizável líquido, dos dois o menor.

Os propósitos da Lei e da norma contábil são convergentes, ou seja: evitar que no Balanço figurem estoques com valores que não sejam recuperáveis, isto é, com valores que não sejam capazes de gerar fluxos de caixa futuros para a empresa, com a venda ou consumo.

Assim, sempre que, na data do levantamento do Balanço, um ou mais itens do estoque apresentar valor de recuperação (valor de mercado, valor justo ou valor realizável líquido) inferior ao seu custo, a empresa deverá reconhecer essa perda.

Contabilmente, a perda é reconhecida mediante débito em uma conta de despesa e crédito em conta redutora do respectivo estoque, conforme veremos adiante.

É importante destacar que o valor a ser comparado com o custo dos estoques é denominado pela Lei n. 6.404/1976 "valor de mercado" ou "valor justo", e é denominado pela NBC TG 16 "valor realizável líquido".

A partir daqui, adotaremos a denominação dada pela NBC TG 16, ou seja, valor realizável líquido.

Para facilitar a aplicação dessa regra, vamos segregar os estoques em três grupos, conforme consta do inciso II do art. 183 da Lei n. 6.404/1976:

a) matérias-primas e bens em almoxarifado;
b) mercadorias e produtos acabados; e
c) produtos em fabricação.

Para aplicar a regra "custo ou valor realizável líquido, dos dois o menor", na época do levantamento do Balanço, o contabilista estará diante de dois valores: custo e valor realizável líquido.

Vamos, então, ver o que significa estoques, relembrar o que seja custo e entender o que seja valor realizável líquido para cada um dos grupos de estoques mencionados.

5.4.2 Estoque

Para a NBC TG 16, os estoques compreendem mercadorias, produtos acabados, produtos em elaboração, materiais de consumo e materiais a serem aplicados no processo de transformação ou na prestação de serviços.

Esses estoques serão apresentados no Balanço pelo valor de custo ou pelo valor realizável líquido, dos dois o menor.

5.4.3 Custo

Vejamos, inicialmente, o que significa custo para cada um desses grupos de estoque.

Na realidade, na época do levantamento do Balanço, o contabilista não terá dificuldade para encontrar os custos dos itens dos estoques, pois eles já estão devidamente contabilizados; contudo, o valor realizável líquido precisará ser encontrado. Esse valor depende de fatores externos, pois normalmente é o preço de venda, não o que a empresa define, mas aquele que o mercado estiver disposto a atribuir.

Embora o custo seja facilmente encontrável na escrita contábil, vamos relembrar:

a. **matérias-primas e bens em almoxarifado**

São os bens adquiridos de terceiros para serem aplicados no processo de fabricação e na prestação de serviços, bem como para serem consumidos em outras áreas da empresa como os materiais de expediente, informática, limpeza, manutenção etc.

Você já sabe que o custo de aquisição de mercadorias, matérias-primas e de outros bens mantidos em almoxarifado, corresponde ao valor pago ao fornecedor. Sabe, também que esse valor é influenciado pelos fatos que alteram os valores das compras, conforme vimos na Seção 5.2.

Você sabe também que, no final de um período, esses estoques poderão ser compostos por bens de um mesmo tipo, porém adquiridos em datas diferentes, com custos, também diferentes. Essa circunstância nos levou a estudar na Seção 5.2, seis critérios que podem ser adotados pela empresa para atribuir custos aos seus estoques ao longo do exercício social, lembra-se?

Assim, no final do período, data do levantamento do Balanço, o custo que você deverá considerar para comparar com o valor realizável líquido será o custo que atribuiu aos estoques utilizando um desses seis critérios, exceto aqueles não aceitos pelo fisco e pela NBC TG 16, conforme comentamos.

b. **mercadorias e produtos acabados**

O custo das mercadorias é determinado da mesma forma que o custo das matérias-primas e dos outros materiais adquiridos de terceiros, conforme vimos na letra "a" anterior.

O custo dos produtos acabados é composto pelo custo dos materiais, da mão de obra e dos gastos gerais de fabricação incorridos na fabricação dos produtos. Esse assunto você estudará nos Capítulos 7 e 8 do presente livro.

c. **produtos em fabricação**

O custo a ser atribuído aos produtos em elaboração poderá ser determinado conforme seja a fase do processo em que o produto se encontre. Quando o processo estiver no início, pode-se adotar o custo das matérias-primas aplicadas; contudo, nas fases mais avançadas, dever-se-á atribuir os custos já incorridos até a respectiva fase.

5.4.4 Valor Realizável Líquido

a. **matérias-primas e bens em almoxarifado**

É o preço pelo qual possam ser repostos, mediante compra no mercado (alínea a do §1º do art. 183 da Lei n. 6.404/1976 e. item 32 da NBC TG 16).

O valor de reposição é obtido mediante consulta efetuada aos fornecedores.

5.4.5 Exemplo prático

Suponhamos que um lote de matérias-primas, adquirido por $ 3.000, tenha como valor de reposição (valor de mercado), no final de um período, $ 2.500.

Nesse caso, para ajustar o custo de aquisição ao valor de reposição, considerando que o custo de aquisição já está devidamente contabilizado (ele foi contabilizado na data em que ocorreu a respectiva aquisição) e por esse motivo não pode ser modificado, será preciso, então, reconhecer essa perda mediante débito em conta de despesa e crédito em conta redutora do Ativo. Veja:

Despesas com Perdas Estimadas por Red. ao Val. Real. Líq.

a Perdas Estimadas por Redução ao Val. Real. Líq.

Pelo reconhecimento de perda,

conforme documentos etc. *500*

Observações

- A conta debitada é conta do grupo das Despesas Operacionais e o seu saldo será transferido para a conta Resultado do Exercício por ocasião da apuração do resultado líquido. Com o débito nessa conta, a empresa estará reconhecendo a perda de $ 500, no momento em que ela foi constatada.
- A conta creditada é conta patrimonial e figurará no Balanço como redutora da conta Estoque de Matérias-primas, permitindo, assim que o saldo dessa conta reflita o seu valor recuperável.

b. mercadorias e produtos acabados

Segundo o item 6 da NBC TG 16, valor realizável líquido é o preço de venda estimado no curso normal dos negócios, deduzido dos custos estimados para sua conclusão[2] e dos gastos estimados necessários para se concretizar a venda.

A Lei n. 6.404/1976, na alínea b do §1º do art. 183, apresenta definição semelhante, porém inclui a margem de lucro entre as deduções do preço de venda.

A margem de lucro, contestada por alguns tratadistas, deve ser aplicada comedidamente, uma vez que na maioria dos casos fará com que o valor realizável líquido se iguale ao custo.

Segundo o item 30 da mencionada NBC TG 16, as estimativas consideradas para se chegar ao valor realizável líquido (preço de venda, custos para conclusão e gastos para concretizar a venda), devem ser baseadas nas evidências mais confiáveis disponíveis no momento em que essas estimativas são feitas.

Os gastos estimados necessários para se concretizar a venda, referem-se àqueles que irão incorrer quando as mercadorias e produtos forem vendidos. É importante destacar que alguns desses gastos são fixos e não guardam proporcionalidade com o preço de venda, como, por exemplo, as despesas com embalagens, fretes, pedágio etc., porém, outros são variáveis e guardam proporcionalidade com o preço de venda, como é o caso das comissões devidas a vendedores, dos tributos (ICMS, IPI, COFINS e outros.) etc.

É importante destacar que entre as despesas necessárias para realização da venda deve-se incluir também as despesas financeiras, como, por exemplo, aquelas decorrentes do desconto de duplicatas.

5.4.6 Exemplo prático

Vamos supor que, em 31/12/X5, um lote de determinado produto acabado, integrante do estoque final, esteja contabilizado pelo custo de $ 7.000. Vamos supor também que o preço de venda estimado desse produto seja igual a $ 11.000 e que os gastos estimados necessários para se concretizar a venda sejam de $ 2.500.

Considerando as informações apresentadas, veja como encontraremos o valor realizável líquido:

---

[2] A expressão "dos custos estimados para sua conclusão", aplica-se aos estoques de produtos em elaboração.

Preço de venda estimado	$ 11.000
(–) Gastos estimados para se concretizar a venda	($ 2.500)
(=) Valor Realizável Líquido	$ 8.500

Sendo o valor realizável líquido superior ao custo de produção, esse lote de produtos figurará no Balanço pelo custo de fabricação.

Vamos supor agora, que os gastos estimados necessários para se concretizar a venda sejam de $ 5.000, com o mesmo preço de venda.

Veja, então, como ficará o valor realizável líquido:

Preço de venda estimado	$ 11.000
(–) Gastos estimados para se concretizar a venda	($ 5.000)
(=) Valor Realizável Líquido	$ 6.000

Com o valor realizável líquido inferior ao custo de fabricação, o lote de produtos figurará no Balanço pelo valor realizável líquido.

Para que isto seja possível, será preciso reconhecer contabilmente a perda de $ 1.000.

A contabilização é semelhante ao exemplo apresentado para as matérias-primas.

c. **produtos em fabricação**

Tendo em vista que os custos a serem atribuídos aos produtos em elaboração podem ser os das matérias-primas ou então os custos realmente incorridos até a fase de fabricação em que os produtos se encontrem, para cotejar com esses custos pode-se utilizar o valor de reposição das matérias-primas ou o preço de venda estimado para os produtos acabados no curso normal dos negócios deduzido dos custos estimados para sua conclusão e dos gastos estimados necessários para se concretizar a venda, conforme já comentamos.

Finalmente, é importante destacar que, segundo o item 33 da NBC TG 16, em cada período subsequente deve ser feita uma nova avaliação do valor realizável líquido. Quando as circunstâncias que anteriormente provocaram a redução dos estoques abaixo do custo deixarem de existir ou quando houver uma clara evidência de um aumento no valor realizável líquido, devido à alteração nas circunstâncias econômicas, a quantia da redução deve ser revertida como receita (a reversão é limitada à quantia da redução original), de modo a que o novo montante registrado do estoque seja o menor valor entre o custo e o valor realizável líquido revisto.

ATIVIDADES TEÓRICAS

1. Responda:

1.1 Com base em que as empresas industriais deverão atribuir custos aos estoques de produtos acabados?

1.2 Antes da adoção das normas internacionais de contabilidade IFRS, com base em que as empresas atribuíam custos aos estoques de produtos acabados?

1.3 Quais critérios de avaliação de estoques são aceitos pela NBC TG 16 e pelo fisco?

1.4 Qual a finalidade da aplicação da regra "valor de custo ou valor realizável líquido, dos dois o menor"?

1.5 Quais são os bens em estoque que estão sujeitos a regra "custo ou valor realizável líquido"?

2. Julgue as afirmativas como falsas (F) ou verdadeiras (V):

2.1 ( ) Os inventários de materiais visando o conhecimento dos estoques existentes no final de cada período, é indispensável para que a empresa possa apurar os seus resultados e elaborar as demonstrações contábeis.

2.2 ( ) Para fins de se atribuir custos aos produtos acabados no período, é vedada a aplicação do critério de avaliação PEPS.

2.3 ( ) Quando o custo de aquisição das matérias-primas for superior ao valor de mercado, deverá ser reconhecida uma perda.

2.4 ( ) O valor realizável líquido das matérias-primas e dos bens em almoxarifado é o preço pelo qual possam ser repostos, mediante compra no mercado.

2.5 ( ) A perda a ser reconhecida quando o custo de fabricação é superior ao valor realizável líquido, será contabilizada mediante débito em conta de despesa e crédito em conta redutora da respectiva conta de estoque.

3. Escolha a alternativa correta:

3.1 O valor realizável líquido corresponde:

a) Ao preço de reposição – para as matérias-primas e para os bens em almoxarifado.
b) Ao custo de fabricação, destinados à venda.
c) Ao valor extraído das Fichas de controle de estoques desde que não seja adotado o critério UEPS.
d) As alternativas "a" e "b" estão corretas.
e) N.D.A.

3.2 Para se obter os preços de reposição, no caso de atribuir custos às matérias-primas, a empresa deverá:

a) Consultar as últimas Notas Fiscais de compras.
b) Consultar os fornecedores.
c) Consultar as fichas de controle de estoques e excluir dela a margem de lucro.
d) Considerar o custo de aquisição excluída a margem de lucro.
e) N.D.A.

5.5 Transferências para a produção

As transferências de materiais do almoxarifado para as diversas áreas da empresa industrial são comprovadas por meio das Requisições de Materiais.

Mensalmente, o almoxarife elabora relações ou mapas de entradas e de saídas de materiais referentes ao período. Esses mapas são encaminhados para o setor ou departamento da empresa industrial responsável pelos cálculos e pela contabilização do custo industrial.

Os mapas referentes às saídas de materiais do almoxarifado são acompanhados das respectivas requisições, mediante as quais o setor de custos efetua os controles necessários, anotando os valores correspondentes a cada material transferido nas ordens de produção respectivas.

Por meio do computador, adotando-se um software próprio, esses controles, a partir da alimentação do sistema com base nas requisições de materiais, podem ser feitos de forma automática, gerando informações para a contabilidade de custos e para os controles de estoques concomitantemente.

As contas a serem debitadas e/ou creditadas por ocasião das transferências de materiais do almoxarifado para a área de produção dependerão do sistema de custeio utilizado pela empresa: inventário permanente sem departamentalização; inventário permanente com departamentalização; abc etc. (Esses assuntos serão estudados adiante, nos Capítulos 9 a 14.)

Exemplo:

Suponhamos a seguinte ocorrência na Indústria de Produtos Alimentícios São Luiz S.A., que adota o sistema de inventário permanente.

Em 29 de setembro, foram transferidas para a produção, conforme Requisição n. 2, matérias-primas no valor de $ 17.960 (veja ficha de controle de estoques, Custo Médio Ponderado Móvel, Seção 5.2.5).

Considerando, então, que a empresa adote o sistema de inventário permanente apurando custos por produto e que a matéria-prima requisitada será aplicada no produto A, veja como o fato poderá ser contabilizado no livro Diário:

Custo em formação

Produto A

Materiais

a Estoque de Matérias-primas

Pela transferência para produção conf.

requisição n. 2.. 17.960

5.6 Divergências entre o estoque físico e o contábil

Nas empresas industriais, no final do exercício social (ou do mês, trimestre ou semestre), para se apurar o custo dos produtos fabricados, bem como os resultados bruto e líquido do exercício, devem ser elaborados os inventários de todos os materiais existentes em estoque na referida data.

Os inventários, que são realizados mediante a contagem física dos materiais existentes em estoque, são importantes, pois pode haver divergências entre o estoque físico (levantado por meio da contagem) e o estoque contábil (saldo da conta que registra o respectivo estoque, contido no livro Razão).

Quando a empresa adota o sistema de inventário periódico para a apuração dos seus resultados, os totais dos materiais existentes em estoque, apurados por meio dos inventários físicos, serão contabilizados a débito das contas representativas dos respectivos estoques, para representar os estoques finais existentes, os quais figurarão no Balanço Patrimonial de encerramento do período, e a crédito da conta Custo dos Produtos Vendidos ou Resultado do Exercício, conforme o material seja classificado como custo ou despesa. Por esse sistema, não ocorrerão divergências, uma vez que não houve controle contábil dos estoques durante o período.

Quando a empresa adota o sistema de inventário permanente, após efetuar os inventários físicos, deverá confrontar os montantes neles encontrados com os saldos das contas que, durante todo o período, registraram os respectivos estoques. Nesse caso, é comum aparecerem divergências entre o saldo escriturado na conta que registra o estoque e o valor inventariado.

Essas divergências podem decorrer de simples erro nos registros contábeis, de perdas ou de quebras, conforme explanado na Seção 5.7 a seguir, ou decorrer, ainda, de furtos, desfalques ou desvios.

Quanto às divergências inexpressivas decorrentes de erros nos registros contábeis, a regularização deverá ser feita entre as contas que representam os estoques com divergências e as contas Custo de Produção do Período, Custo em Formação do Produto respectivo, Custo dos Produtos Vendidos ou Resultado do Exercício, conforme o material seja classificado como custo ou despesa e de acordo com o sistema utilizado pela empresa para apuração dos seus resultados (inventário periódico ou permanente).

Quando as diferenças forem expressivas, será necessário apurar as causas que certamente serão estranhas à movimentação normal da empresa. Nesse caso, quando o inventário físico for superior ao contábil, poderá ter ocorrido finalização de produção sem que se tenha dado entrada nos estoques (em relação aos produtos acabados), poderá ter ocorrido compra de materiais sem o devido registro (no caso de matérias-primas e outros materiais) etc. Quando o estoque físico for inferior ao contábil, poderá caracterizar vendas sem a emissão de documentação apropriada, furtos, desvios etc.

No caso em que ficar comprovado o furto, o roubo etc., a regularização será feita debitando-se uma conta de despesa operacional do grupo das outras despesas operacionais que reflita a referida baixa (poderá ser: perdas por divergências de estoques) e a crédito da conta que registra o respectivo estoque. Neste caso, para dar suporte ao registro contábil, a empresa deverá arquivar os respectivos boletins de ocorrência policial, ou, se ficar comprovada a responsabilidade de empregados, os comprovantes dos inquéritos realizados conforme determina a legislação trabalhista.

5.6.1 Exemplo prático

Empresa industrial que adota o sistema de inventário permanente

Exemplo 1 – Divergências inexpressivas

a. Estoque físico superior ao estoque contábil:

Suponhamos que em 31 de dezembro de X1, em uma empresa industrial, o inventário físico dos produtos acabados tenha apresentado o montante de $ 1.500.030, enquanto a conta Estoque de Produtos Acabados apresentava nos registros contábeis saldo de $ 1.500.000.

Regularização:

Estoque de Produtos Acabados

a Custo dos Produtos Vendidos

Pela divergência encontrada no confronto

entre o estoque físico e o contábil,

conf. documento n. 01 30

b. Estoque físico menor que o contábil:

Suponhamos, agora, que o estoque físico atinja o montante de $ 50.000, enquanto o estoque contábil apresente saldo igual a $ 50.500.

Regularização:

Custo dos Produtos Vendidos

a Estoque de Produtos Acabados

Divergência a menor entre o estoque físico

e o contábil etc. 500

Exemplo 2 – Diferenças expressivas

Suponhamos que, em 31 de dezembro de X1, o inventário físico dos produtos acabados em estoque em uma empresa industrial tenha sido igual a $ 200.000, enquanto o saldo contábil da conta Estoques tenha sido igual a $ 300.000. Ficando constatada a ocorrência de roubo por terceiros estranhos à empresa, foi feita queixa perante a autoridade policial da localidade.

REGULARIZAÇÃO:

Perdas por divergências de estoques

a Estoque de Produtos Acabados

Baixa que se processa, tendo em vista furto

ocorrido nas dependências da empresa, conforme

Boletim de Ocorrência Policial, n. 443............................ 100.000

5.7 Quebras ou perdas de estoque

Os estoques estão sujeitos a perdas ou quebras que podem variar em função da natureza do bem e da atividade desenvolvida pela empresa. Elas podem ocorrer na fabricação, no transporte, no manuseio ou na armazenagem.

Existem perdas ou quebras que são consideradas normais ou razoáveis, uma vez que decorrem da própria natureza dos bens, como é o caso, por exemplo, dos bens que sofrem perdas com evaporação, seja no processo de fabricação, no de transporte ou de armazenagem (produtos químicos – petróleo e seus derivados); dos produtos que são armazenados por processo de congelamento ou resfriamento e sofrem perda de peso (aves); dos produtos que, em decorrência do processo de fabricação, sofrem perdas, como ocorre na indústria de papel e seus derivados (aparas), nas indústrias de confecções (retalhos) etc.

Existem perdas ou quebras de estoques que são consideradas anormais por serem esporádicas, como aquelas decorrentes de deterioração, obsolescência ou, ainda, pela ocorrência de riscos não cobertos por seguros.

A legislação tributária reconhece, por meio do art. 291 do RIR/1999, que as perdas e as quebras de estoques, sejam elas normais ou anormais, devem ser contabilizadas como custo de produção ou como custo das mercadorias ou dos produtos vendidos – interferindo, assim, no resultado bruto –, desde que devidamente comprovadas, como segue:

a. Por laudo ou certificado de autoridade sanitária ou de segurança que especifique e identifique as quantidades destruídas ou inutilizadas e as razões da providência.
b. Por certificado de autoridade competente, nos casos de incêndios, inundações ou outros eventos semelhantes.
c. Mediante laudo de autoridade fiscal chamada a certificar a destruição de bens obsoletos, invendáveis ou danificados, quando não houver valor residual apurável.

A contabilização das perdas ou quebras de estoques, portanto, conforme entendimento do Fisco, sejam elas normais ou anormais, desde que devidamente justificadas, deve ser efetivada como custo de produção ou como custo das mercadorias vendidas.

Julgamos que o entendimento do Fisco está mais relacionado ao reconhecimento do gasto como dedutível para fins de apuração da base de cálculo do Imposto de Renda, que propriamente refletindo a correta formação do custo de fabricação.

Dessa forma, em relação às perdas consideradas normais no processo de fabricação, do ponto de vista técnico, realmente é correta a sua manutenção no custo de fabricação. No entanto, conforme comentamos no Capítulo 4, quando os materiais desperdiçados no processo de fabricação puderem ser comercializados, como ocorre com os retalhos, com as aparas de papel etc., o produto auferido na venda dessas sobras deverá ser abatido do custo de fabricação do período em que foram geradas.

Também, em relação às perdas anormais, o mais correto do ponto de vista técnico seria contabiliza-las diretamente a débito de uma conta representativa de despesa operacional, classificável no subgrupo das Outras Despesas Operacionais. No plano de contas do Capítulo 3, previmos a conta Perdas ou Quebras de Estoques.

EXEMPLO:

Suponhamos que, em razão de alagamento no setor de produção da fábrica, tenham ocorrido avarias em 5.000 m de tecidos na Indústria de Confecções Guaratinguetá S.A.

Vamos considerar que essa matéria-prima, avaliada em $ 25.000, tenha sido requisitada para incorporação ao custo de fabricação do produto A.

Nesse caso, a referida quantidade de matéria-prima deve ser subtraída do Custo de Fabricação. O registro contábil poderá ser feito por meio do seguinte lançamento:

Despesas Eventuais

a CUSTO EM FORMAÇÃO

a PRODUTO A

a Materiais

Baixa que se processa, tendo em vista perdas

ocorridas em função de alagamento no setor de produção,

conf. laudo, referente a 5.000 m de tecido 25.000

Observações

- A conta debitada representa despesa operacional, a qual influirá no Resultado do Exercício.
- Para dar baixa no respectivo valor correspondente às matérias-primas, deverá ser creditada a conta que represente o referido material no grupo do Custo em Formação do respectivo produto. Por esse motivo, creditamos a conta Materiais com seus grupos e subgrupos, todos do Custo de Produção do Período.

ATIVIDADES TEÓRICAS

1. Responda:

   1.1 Que tratamento contábil deve ser dado às perdas de materiais decorrentes de evaporação, reações químicas etc., comuns em alguns processos de fabricação?

   1.2 Qual é o tratamento a ser dado aos materiais desperdiçados no processo de fabricação que serão vendidos como subprodutos?

   1.3 Do ponto de vista técnico, qual é o tratamento a ser dado às perdas consideradas anormais no processo de fabricação?

   1.4 Qual é o tratamento a ser dado às diferenças inexpressivas entre o estoque físico e o contábil, quando este for inferior àquele?

   1.5 Havendo diferença expressiva a menor entre o estoque físico e o contábil, como será feita a regularização?

2. Julgue as afirmativas como falsas (F) ou verdadeiras (V):

   2.1 ( ) É comum aparecer divergências entre o saldo escriturado na conta que registra o estoque de produtos acabados e o valor inventariado.

   2.2 ( ) As divergências entre o estoque físico e o contábil podem decorrer de simples erro nos registros contábeis, de perdas ou de quebras ou, ainda, de furtos, desfalques ou desvios.

   2.3 ( ) Havendo finalizações de produções sem que se tenha dado entrada nos estoques, esse fato causará diferenças a maior nos estoques contabilizados em relação ao físico.

   2.4 ( ) Uma diferença inexpressiva encontrada a maior entre o estoque contábil e o físico será regularizada debitando-se a conta representativa do custo dos produtos vendidos e creditando-se a conta de estoque respectiva.

6 Mão de Obra e Gastos Gerais de Fabricação

6.1 Mão de Obra

6.1.1 Conceito

Mão de obra é o gasto com o pessoal que trabalha direta ou indiretamente na fabricação dos produtos.

O custo com mão de obra engloba não só os salários pagos aos empregados, como também os encargos sociais decorrentes da legislação trabalhista e previdenciária, além de todos os demais gastos com o pessoal que direta ou indiretamente trabalha na produção.

Assim, os gastos que normalmente as empresas industriais têm com o pessoal correspondem a assistência médica e social, aviso prévio e indenizações, contribuições de Previdência, contribuições para o Fundo de Garantia do Tempo de Serviço (FGTS), décimo terceiro salário, férias, horas extras, lanches e refeições, prêmios e gratificações, salários, seguro de acidentes do trabalho, seguro de vida em grupo, vale-refeição, vale-transporte etc.

6.1.2 Classificação

Você já estudou no Capítulo 2 que, em relação aos produtos, a mão de obra pode ser direta ou indireta.

6.1.2.1 Mão de Obra Direta

Compreende os gastos com o pessoal que trabalha diretamente na fabricação dos produtos.

A mão de obra direta é aquela que pode ser facilmente identificada em relação aos produtos, por exemplo, o salário do torneiro mecânico, do tecelão, do carpinteiro, os quais trabalham diretamente na transformação das matérias-primas.

6.1.2.2 Mão de Obra Indireta

Compreende os gastos com o pessoal que trabalha na empresa industrial, cujas tarefas estão direcionadas à produção, porém sem manipular diretamente os produtos.

Sempre que não houver meios seguros que permitam a clara e objetiva identificação dos gastos com mão de obra em relação aos produtos fabricados, esses gastos deverão ser considerados como mão de obra indireta.

Como exemplos de mão de obra indireta, podemos citar os salários e encargos dos supervisores da fábrica, dos chefes de seção, dos faxineiros, dos eletricistas e mecânicos que fazem manutenção nas máquinas e equipamentos industriais etc. Esse pessoal não age diretamente na fabricação deste ou daquele produto, porém os serviços que presta beneficiam toda a produção em conjunto.

A mão de obra indireta é atribuída aos produtos por meio de rateio.

O rateio consiste na distribuição dos custos aos produtos, com base em critérios que podem ser estimados ou até mesmo arbitrados pela empresa.

6.1.3 Contabilização da Mão de Obra Direta

6.1.3.1 Gastos Decorrentes da Folha de Pagamento

Os custos com mão de obra, em quase sua totalidade, são compostos pelos gastos com salários e encargos, contidos nas folhas de pagamento.

Para facilitar a contabilização e também a atribuição desses custos aos produtos, a empresa industrial deve elaborar folhas de pagamento distintas, separando o pessoal que trabalha diretamente na produção daquele que trabalha de forma indireta.

É importante salientar que, em uma empresa industrial, os gastos com pessoal podem ser classificados em quatro categorias: Mão de Obra Direta (relacionados ao pessoal que trabalha diretamente na fabricação dos produtos); Mão de Obra Indireta (relacionados ao pessoal cujas tarefas beneficiam a fabricação de vários produtos ao mesmo tempo); despesas administrativas (relacionados ao pessoal que trabalha na administração da empresa); e despesas com vendas (relacionados ao pessoal que trabalha na área comercial).

Os gastos com pessoal que trabalha nas diversas áreas da empresa industrial, com raras exceções, são os mesmos e envolvem salários, encargos, gratificações, comissões etc. Entretanto, dependendo da área de atuação do empregado, esses gastos serão atribuídos aos produtos direta ou indiretamente, ou considerados despesas administrativa ou comercial.

Nas empresas industriais que adotam o sistema do custo departamental para atribuição dos custos indiretos aos produtos, o ideal é que sejam elaboradas folhas de pagamentos para cada departamento, sejam eles produtivos ou de serviços. Essa prática facilitará, primeiro, o reconhecimento desses gastos nos respectivos departamentos em que foram gerados e, depois, facilitará a transferência dos custos gerados em cada departamento para os produtos.

Mesmo nos casos em que a empresa adote o sistema de inventário periódico, apurando os custos englobadamente e somente no final de cada período, é também aconselhável que se elabore uma folha de pagamento para cada uma de suas áreas: produção, comercial e administrativa.

Vejamos, então, os procedimentos para contabilização dos gastos relativos à folha de pagamento da mão de obra direta.

6.1.3.1.1 Salários, Previdência Social e FGTS

Informações extraídas da folha de pagamento do pessoal da produção da Indústria de Peças para Motos Coruputuba S.A., do mês de janeiro de X5:

Valor bruto da folha	100.000
Contribuição de Previdência retida dos empregados	10.000
Imposto de Renda retido dos empregados	5.000
Contribuição de Previdência parte patronal	27.800
FGTS	8.000

Notas

- O valor retido dos salários dos empregados que a empresa deverá repassar para a Previdência Social varia conforme a faixa salarial de cada um. A Previdência Social altera com frequência essas faixas salariais para fins de recolhimento e para fins de pagamento dos benefícios aos seus segurados.

- A importância que a empresa deve recolher para a Previdência Social, considerada parte patronal que incide sobre o valor bruto da folha de pagamento, corresponde ao somatório de encargos devidos para a própria Previdência (INSS e SAT), bem como para terceiros (Sebrae, Senai, Sesi etc.), cujos percentuais também são alterados com frequência por dispositivos legais.

- O percentual que as empresas devem recolher a título de FGTS corresponde a 8% sobre o valor bruto devido aos empregados. Esse percentual também está sujeito a alterações, embora essa ocorrência seja mais rara que nos dois casos já comentados na presente Nota.

- Além da obrigatoriedade de pagar a contribuição de Previdência, os empregados estão sujeitos ao pagamento de outras obrigações que também são retidas dos seus vencimentos pela própria empresa, e posteriormente recolhidas ao governo ou a outra entidade. A mais comum dessas obrigações é o Imposto de Renda. Esse tributo é devido somente pelos trabalhadores que tiverem rendimentos acima de determinado valor fixado anualmente pelo governo federal.

Para entender o mecanismo que envolve a contabilização de uma folha de pagamento de salários, você precisa saber que os empregados recebem os seus salários sempre no mês seguinte ao mês trabalhado. Isso equivale a dizer que as empresas efetuarão o pagamento dos gastos com salários relativos à folha de pagamento sempre no mês seguinte ao da ocorrência de seus fatos geradores. Ressalte-se que o fato gerador do gasto com salários e demais encargos ocorre no momento em que o trabalhador presta serviços para a empresa.

Você já deve ter percebido que os gastos com salários e encargos incorridos em determinado mês deverão integrar os custos dos produtos fabricados no respectivo mês. Esse é um dos motivos que justifica a elaboração da folha de pagamento no último dia de cada mês. De posse da folha, os gastos com salários e encargos serão apropriados ao custo do respectivo mês.

Dessa forma, a contabilização da folha de pagamento é feita em duas etapas:

a. No último dia do mês, após efetuar os cálculos e elaborar a folha de pagamento de salários, a empresa efetuará a contabilização, apropriando os gastos incorridos naquele mês e, por consequência, registrando as obrigações respectivas.

b. No mês seguinte, são efetuados os lançamentos da liquidação da folha, correspondentes ao pagamento do líquido aos empregados, bem como ao recolhimento da contribuição de Previdência, FGTS, IR e outros, mediante o preenchimento das guias próprias.

Após esses esclarecimentos, acompanhe a contabilização da folha de pagamento em questão:

1ª Etapa: Apropriações – no último dia do mês

A apropriação dos gastos com a folha de pagamento na empresa industrial é feita debitando-se as contas que representam os respectivos custos e creditando-se as Contas de Obrigações próprias.

Como estamos contabilizando a mão de obra direta, as contas representativas desse custo são aquelas que no Elenco de Contas apresentado no Capítulo 3 correspondem ao grupo 3.3.2.02 Mão de Obra Direta.

Por razões práticas, nos lançamentos a seguir não apresentaremos os códigos das contas.

1) *Salários*

a Salários a Pagar

Pela apropriação da folha de pagamento do pessoal da produção, referente ao mês de janeiro de X5.. *100.000*

2) *Salários a Pagar*

a Diversos

Pelas retenções conf. folha:

a Contribuições de Previdência a Recolher

Valor retido conf. folha *10.000*

---

a IRR Fonte a Recolher

Valor retido conf. folha *5.000* *15.000*

---

3) *Contribuições de Previdência*

a Contribuições de Previdência a Recolher

Ref. parte patronal conf. folha *27.800*

---

4) *Contribuições para o FGTS*

a FGTS a Recolher

8% conf. folha *8.000*

Observe que, debitando as contas do grupo 3.3.2.02, representativas da mão de obra direta, os gastos com os salários e encargos dos trabalhadores da produção ficaram devidamente apropriados ao custo de produção do período. Se a empresa pretender atribuir esses custos a cada produto fabricado, deverá manter apontamentos na área de produção que permitam identificar o montante de tais custos para cada produto fabricado. Esses apontamentos indicarão o número de horas que os empregados trabalharam em cada produto. Assim, bastará debitar as contas do grupo 3.4.3, representativas da mão de obra do custo em formação de cada produto, e creditar as contas do grupo 3.4.1.02, que foram debitadas nos lançamentos aqui apresentados.

É importante salientar que o excesso de detalhamento na contabilização dos custos com mão de obra nem sempre traz benefícios, principalmente quando os empregados trabalham durante o mês na fabricação de muitos produtos diferentes. Nesses casos, os custos no sistema contábil englobariam toda a produção do período, e extracontabilmente eles seriam apurados por produto.

Se, mesmo assim, houver interesse na contabilização dos custos por produto, a empresa poderá fazê-lo com base nas apurações extracontábeis (mapas, relatórios, planilhas etc.).

2ª Etapa: Liquidação – no mês seguinte

Suponhamos que, no dia 5 do mês de fevereiro, a empresa tenha efetuado o pagamento do líquido aos empregados e feito os recolhimentos de todas as obrigações decorrentes da folha de pagamento de janeiro, em dinheiro.

O registro contábil ficará como segue:

4) *Diversos*

a Caixa

Pela liquidação da folha de pagamento de janeiro, como segue:

Salários a Pagar		
Líquido pago aos empregados......................................	*85.000*	
Contribuições de Previdência a Recolher		
Recolhimento conf. guia	*37.800*	
FGTS a Recolher		
Recolhimento conf. guia	*8.000*	*145.800*

Observação

- Os custos com a folha de pagamento foram devidamente apropriados no mês de janeiro, e agora, em fevereiro, o registro contábil é feito para registrar o cumprimento das obrigações, envolvendo somente contas patrimoniais.

6.1.3.1.2 Férias

Todo empregado, após cada período de 12 meses de trabalho na empresa, tem direito a 30 dias corridos de férias regulamentares, observando-se o limite de faltas estabelecido na CLT.

Para cada mês trabalhado ou fração superior a 14 dias, o empregado tem direito a 1/12 de 30 dias de férias. Isso equivale a dois dias e meio de férias para cada mês trabalhado.

O valor das férias é pago ao trabalhador dois dias antes do período determinado para o seu gozo. Esse valor corresponde ao salário do mês acrescido de 1/3 desse mesmo valor.

Embora o valor das férias seja pago de uma só vez ao trabalhador, a empresa industrial deverá apropriar mensalmente a parcela correspondente às férias a que o empregado faz jus, já que o referido valor corresponde a custo incorrido no respectivo mês. Agindo dessa forma, esse valor será incluído no Custo de Produção do período.

Como se trata de custo incorrido cujo valor somente será pago ao trabalhador em época oportuna, para contabilizá-lo debita-se uma conta que represente o custo respectivo, creditando-se uma conta do Passivo Circulante que registre a respectiva obrigação. Pode ser a conta "Férias a Pagar".

Para se conhecer o valor das férias que deverá ser provisionado mensalmente, alguns cuidados precisam ser tomados, visando aproximar-se ao máximo da realidade.

Os cálculos devem ser efetuados levando-se em conta a forma de remuneração (base mensal, por hora, tarefa etc.), o número de horas diárias que o empregado fica à disposição da empresa, os encargos sociais, os aumentos reais de salário etc. Na prática, cada empresa deve efetuar os cálculos de acordo com a sua realidade.

Calcularemos o valor das férias à razão de 1/12 sobre o valor bruto da folha de pagamento, acrescido dos encargos sociais respectivos.

Exemplo prático

Sabendo que o valor bruto da folha de pagamento acrescido dos encargos sociais da Indústria de Peças para Motos Coruputuba S.A., no mês de janeiro de X5, foi de $ 135.800,00, faremos:

1/12 de 135.800 = 11.316,66 316,66 + 1/3 = 15.088,88

Contabilização no livro Diário em 31 de janeiro de X5:

4) *Férias*

a Férias a Pagar

Valor que se provisiona com base em

1/12 da remuneração acrescida dos

encargos conf. folha de janeiro/X5,

acrescido de 1/3 desse valor 15.088,88

Observações

- A conta debitada Férias, é do grupo 3.3.2 e corresponde a Custo do Período.
- A conta creditada Férias a Pagar, é do Passivo Circulante. Essa conta, mensalmente, receberá a crédito o valor das férias provisionadas. No mês que ocorrer pagamento de férias aos empregados, essa conta será debitada, creditando-se as contas Caixa ou Bancos conta Movimento.
- Por razões de simplificação, apropriamos a obrigação com as férias e respectivos encargos na conta "Férias a Pagar". Contudo, poderíamos utilizar contas de obrigações distintas como Férias a Pagar, Contribuições de Previdência sobre Férias a Recolher e FGTS sobre Férias a Recolher.

A legislação trabalhista estabelece que o empregado deverá receber o valor correspondente às suas férias, com base no salário do mês em que lhes forem concedidas. Dessa forma, em períodos de inflação, em que os salários variem de mês para mês, para que o valor provisionado para o pagamento das férias e encargos possam refletir adequadamente esses encargos, mensalmente será preciso proceder as atualizações dos saldos das contas que registram os compromissos da empresa como Férias a Pagar, Contribuições de Previdência sobre Férias a Recolher e FGTS sobre Férias a Recolher.

Vamos considerar que tanto os compromissos com as férias e respectivos encargos relativos ao mês de janeiro tenham sido contabilizados conjuntamente na conta Férias a Pagar, no valor de $ 15.088,88. Sabendo que a inflação de fevereiro foi de 10%, no último dia de fevereiro corrigiremos o saldo da conta Férias a Pagar referente a janeiro da seguinte maneira:

5) *Variações Monetárias Passivas*

a Férias a Pagar

Correção monetária que se contabiliza, tendo em vista inflação de 10% ocorrida neste mês de fevereiro/X5 .... *1.508,88*

Observações

- A conta debitada Variações Monetárias Passivas é conta de despesa, pois o valor da correção monetária não integra o Custo de Produção do período, já que se trata de correção do montante das férias já contabilizadas como custos no mês de janeiro. Poderia o saldo conter parcelas contabilizadas no exercício anterior.
- A conta Férias a Pagar, sendo creditada pelo respectivo valor, fica devidamente atualizada, refletindo o valor real do encargo até a data da correção.

6.1.3.1.3 Décimo terceiro salário

O décimo terceiro salário corresponde a um salário extra pago a todo trabalhador que tenha trabalhado na mesma empresa durante os 12 meses do ano.

Será pago integralmente se o empregado trabalhou na empresa durante os 12 meses do ano e proporcionalmente ao tempo trabalhado, caso tenha iniciado o trabalho durante o ano, se for demitido ou ainda se pedir demissão antes do seu término.

O décimo terceiro salário deve ser pago em duas parcelas: a primeira poderá ser paga junto com as férias do empregado, nos meses de fevereiro a novembro ou no máximo até o dia 30 de novembro, e a segunda, no mês de dezembro, até o dia 20, no máximo.

Para efeito de cálculo do décimo terceiro salário, considera-se mês integral o período de 15 dias ou mais trabalhados no mês.

O tratamento a ser dado para cálculo e contabilização mensal do décimo terceiro salário é o mesmo que já estudamos em relação às férias, pois mensalmente os trabalhadores fazem jus ao equivalente a 1/12 da remuneração que receber no respectivo mês.

A única diferença é que no caso do décimo terceiro salário, não há o acréscimo de 1/3, como ocorre com as férias.

O valor mensalmente provisionado na conta "Décimo Terceiro Salário a Pagar", também precisa ser corrigido mês a mês, da mesma forma como fazemos com o valor das férias provisionadas, porque de acordo com a legislação vigente, o décimo terceiro salário deve ser pago ao trabalhador com base no salário normal a que ele tem direito no respectivo mês.

Sabendo que o valor bruto da folha de pagamento do mês de janeiro da Indústria de Peças para Motos Coruputuba S.A., acrescido dos encargos sociais, foi de $ 135.800, faremos:

1/12 de 135.800 = 11.316,66

Contabilização no livro Diário em 31 de janeiro de X5:

6) *Décimo Terceiro Salário*

a Décimo Terceiro Salário a Pagar

Valor que se provisiona referente ao mês de janeiro, com base em 1/12 da remuneração bruta acrescida dos encargos 11.316,66

Observações

- A conta debitada Décimo Terceiro Salário é do grupo 3.3.2.02 e corresponde a custo do período.
- A conta Décimo Terceiro Salário a Pagar, é do Passivo Circulante. Essa conta, mensalmente, receberá a crédito o valor do décimo terceiro salário provisionado. No mês que ocorrer pagamento de décimo terceiro salário aos empregados, essa conta será debitada, creditando-se as contas Caixa ou Bancos conta Movimento.
- Por razões de simplificação, apropriamos a obrigação com o décimo terceiro salário na conta Décimo Terceiro Salário a Pagar. Entretanto, poderíamos segregar em contas próprias as obrigações para com a Previdência e para com o FGTS.

Conforme já mencionamos, o saldo da conta Décimo Terceiro Salário a Pagar também deverá ser corrigido mensalmente, caso haja inflação que seja reconhecida no aumento dos salários.

O procedimento para atualização é semelhante ao já explicado no caso da correção da conta Férias a Pagar.

6.1.3.1.4 Salário-família

O salário-família é um auxílio da Previdência Social aos trabalhadores de baixa renda que possuem filhos com até 14 anos de idade, ou inválidos.

O valor da cota do salário-família pago por dependente é fixado periodicamente pela Previdência Social.

O salário-família não é custo nem despesa da empresa.

Quem paga esse salário aos empregados é a própria empresa, a qual compensará seu valor das obrigações devidas para a Previdência Social.

Sobre o salário-família não incide nenhum desconto ou encargo.

Contabilmente, o valor do salário-família é incluído na conta Salários a Pagar e deduzido da conta Contribuições de Previdência a Recolher.

CONTABILIZAÇÃO:

Suponhamos que em uma folha de pagamento de salários conste a importância de $ 200 referente a salário-família a ser pago para alguns empregados.

A contabilização será como segue:

Contribuições de Previdência a Recolher

a Salários a Pagar

Pelo registro do Salário-Família conf. folha

de pagamento deste mês.. 200

Observações

- A conta debitada Contribuições de Previdência a Recolher do Passivo Circulante é a mesma conta que foi creditada no momento do registro da retenção da contribuição de Previdência, parte dos empregados e também referente à parte patronal. Tratando-se de conta de Obrigação, sendo debitada neste lançamento, terá seu saldo reduzido do valor das cotas do salário-família. Assim, quando a empresa for recolher as suas obrigações para a Previdência Social, estará recolhendo $ 200 a menor, compensando, dessa forma, as cotas do salário-família que pagou aos seus empregados.
- A conta creditada Salários a Pagar do Passivo Circulante ficará com seu saldo aumentado relativo às cotas do salário-família. Assim, quando a empresa for pagar o líquido aos empregados, estará pagando, juntamente com os salários, as cotas do salário-família.
- Note, portanto, que a contabilização do salário-família não transita por conta de despesa e muito menos por conta de custo. É uma obrigação do governo aos empregados.

6.1.4 Apropriação do Custo com Mão de Obra Direta aos produtos

Conforme você pôde observar, os gastos com a folha de pagamento do mês, relativos ao pessoal que trabalha diretamente na produção, foram debitados de maneira devida nas contas do grupo da Mão de Obra Direta.

Essas contas são: Salários, Encargos Sociais, Férias e Décimo Terceiro Salário.

Havendo interesse da empresa em contabilizar o custo por produto, deverá manter alguma forma de controle que permita o conhecimento do tempo trabalhado pelos empregados em cada produto. Geralmente esse acompanhamento é realizado por um ou mais empregados destacados para fazer o apontamento das horas trabalhadas em cada produto.

Se porventura a Indústria de Peças para Motos Coruputuba S.A. tivesse fabricado no mês de janeiro apenas um produto, os custos referidos seriam atribuídos a esse único produto. Entretanto, suponhamos que a referida indústria tenha fabricado, durante o mês de janeiro, três tipos de produtos, sendo:

produto A = corrente;
produto B = catraca;
produto C = pedal.

Vamos supor também que, mediante boletins diários de apontamento da mão de obra, elaborados na área de produção, a indústria tenha condições de saber o número de horas trabalhadas pelos empregados em cada produto.

Suponhamos então que, consultando esses apontamentos, concluímos que a mão de obra direta aplicada aos três produtos correspondeu a: produto A, 60%; produto B, 30%; e produto C, 10%.

Assim, os gastos com salários, encargos sociais, férias e décimo terceiro salário correspondentes à folha de janeiro devem ser atribuídos, para cada produto, na seguinte proporção:

MAPA DE RATEIO DA MÃO DE OBRA DIRETA MÊS: Janeiro – ANO: X5				
Custos	Valor	Produto A 60%	Produto B 30%	Produto C 10%
Contr. de Previdência	27.800	16.680	8.340	2.780
Contr. para o FGTS	8.000	4.800	2.400	800
Férias	15.311	9.187	4.593	1.531
Décimo Terceiro Salário	11.483	6.890	3.445	1.148
Salários	100.000	60.000	30.000	10.000
TOTAIS	**162.594**	**97.557**	**48.778**	**16.259**

Mediante esse mapa, a apropriação da mão de obra direta aos produtos será feita debitando-se a conta Mão de Obra do grupo do Custo em Formação de cada produto e creditando-se as contas que registraram os custos englobadamente.

Apropriação da mão de obra direta para o produto A:

(Para melhor compreensão, neste caso, excepcionalmente, utilizaremos grupos, subgrupos e contas.)

3.3.4	*CUSTO EM FORMAÇÃO*		
3.3.4.01	*PRODUTO A*		
3.3.4.01.1.002	*Mão de Obra*		
	a Diversos		
	Apropriação que se processa, da MOD ao custo em formação do produto A:		
3.3.2	*a CUSTOS DIRETOS DE FABRICAÇÃO*		
3.3.2.02	*a MÃO DE OBRA DIRETA*		
3.3.2.02.1.003	*a Contribuições de Previdência*	*16.680*	
3.3.2.02.1.004	*a Contribuições para o FGTS*	*4.800*	
3.3.2.02.1.005	*a Décimo Terceiro Salário*	*6.890*	
3.3.2.02.1.006	*a Férias*	*9.187*	
3.3.2.02.1.009	*a Salários*	*60.000*	*97.557*

Com esse lançamento, os custos com a mão de obra direta ficaram devidamente apropriados na conta que registra o Custo em Formação do produto A.

Para apropriar os custos com MOD aos custos em formação dos produtos B e C, o lançamento é semelhante ao apresentado para o produto A.

6.1.5 Outros gastos com pessoal

Suponhamos que, durante o mês de janeiro de X5, a Indústria de Peças para Motos Coruputuba S.A. tenha pago, à vista, ao Bar e Restaurante Piracuama Ltda. a importância de $ 3.500, conforme NF n. 121, referente a lanches fornecidos ao pessoal que trabalha na área de produção.

CONTABILIZAÇÃO NO LIVRO DIÁRIO:

Lanches e Refeições

a Caixa

Paga NF n. 121 ao Bar e Restaurante Piracuama

referente a lanches para o Pessoal da produção *3.500*

Observações

- A conta debitada Lanches e Refeições é do grupo da Mão de Obra Direta, e no Elenco de Contas do Capítulo 3 tem o código: 3.3.2.02.1.007. Com débito nessa conta, estamos contabilizando o gasto como custo de fabricação do período.
- Como se trata de lanches fornecidos para todo o pessoal que trabalha na área de produção, esse gasto também é considerado mão de obra direta e a apropriação para os diversos produtos poderá ser feita com base na mesma proporção em que foi apropriado o valor dos gastos com a folha de pagamento, ou seja, para o produto A, 60%; para o produto B, 30%; e para o produto C, 10%.

Observação

- A contabilização também é semelhante ao caso anterior, ou seja, debita-se a conta Mão de Obra, que representa o Custo em Formação de cada produto, creditando-se a conta Lanches e Refeições, que registrou o valor englobadamente.

6.1.6 Contabilização da Mão de Obra Indireta

A contabilização dos custos com Mão de Obra Indireta é semelhante à contabilização dos custos com mão de obra direta.

Em relação aos gastos com a folha de pagamento, no final do mês debitam-se as contas representativas dos custos com mão de obra indireta, integrantes do grupo 3.3.3.02 do Elenco de Contas.

Posteriormente, a atribuição desses custos aos produtos será feita por meio de rateio. Nesse momento, serão debitadas as contas representativas do Custo em Formação de cada produto e creditadas as contas do grupo da Mão de Obra Indireta que receberam a débito os registros englobadamente.

A única diferença entre o rateio da mão de obra direta com o rateio da mão de obra indireta está em que, no caso do rateio da mão de obra direta, os critérios são concretos, uma vez que há apontamentos que permitem uma perfeita e clara identificação desse custo em relação aos produtos fabricados. Já no caso do rateio da mão de obra indireta, como ela beneficia a fabricação de vários produtos ao mesmo tempo, os critérios são abstratos e, por isso mesmo, devem ser estimados ou até mesmo arbitrados pelo contabilista.

É evidente que, para ratear os custos com mão de obra indireta, cada empresa encontrará os critérios que melhor se adaptem às suas realidades, no entanto serão sempre critérios subjetivos.

São exemplos de bases para rateio da mão de obra indireta: as mesmas bases utilizadas para rateio da mão de obra direta; o custo da matéria-prima aplicada em cada produto; o custo primário etc.

Entretanto, conforme já dissemos, os critérios serão sempre subjetivos e o contabilista decidirá por aquele que melhor se adapte às realidades de momento.

Em relação aos demais gastos com pessoal que devam ser classificados como mão de obra indireta, os critérios de contabilização também são semelhantes ao exemplo apresentado para a mão de obra direta.

ATIVIDADES TEÓRICAS

1. Responda:

   1.1 O que é Mão de Obra?

   1.2 O que é Mão de Obra Direta?

   1.3 O que é Mão de Obra Indireta?

   1.4 O que é rateio?

   1.5 Qual é a principal característica da Mão de Obra Indireta?

   1.6 Qual é o tratamento contábil a ser destinado aos demais custos com mão de obra que não aqueles constantes das folhas de pagamentos?

2. Julgue as afirmativas como falsas (F) ou verdadeiras (V):

   2.1 ( ) O custo com mão de obra envolve apenas os salários pagos aos empregados e os respectivos encargos sociais e trabalhistas dele decorrentes.

   2.2 ( ) O custo com mão de obra envolve todos os gastos com o pessoal, inclusive salários e encargos.

   2.3 ( ) Sempre que não houver meios seguros que permitam a clara e objetiva identificação dos gastos com mão de obra em relação aos produtos fabricados, esses gastos deverão ser considerados mão de obra indireta.

   2.4 ( ) O rateio dos custos indiretos aos produtos será feito sempre por meio de bases arbitradas pela empresa.

   2.5 ( ) Os gastos com pessoal poderão ser classificados como custos ou como despesas, dependendo da área de atuação dos respectivos trabalhadores.

   2.6 ( ) No final de cada mês, para apropriar o custo com mão de obra direta, debitam-se as contas representativas da mão de obra direta e creditam-se as contas de obrigações respectivas.

   2.7 ( ) A contabilização dos custos com mão de obra indireta é diferente da contabilização dos custos com mão de obra direta.

   2.8 ( ) O salário-família corresponde a custo da empresa.

   2.9 ( ) O salário-família não é despesa e também não é custo. É uma ajuda que o governo federal oferece para os trabalhadores de baixa renda, e que tenham filhos com até 14 anos de idade ou inválidos.

   2.10 ( ) Os gastos com férias e décimo terceiro salário não precisam ser contabilizados mensalmente, uma vez que só serão devidos uma única vez aos empregados.

   2.11 ( ) Os custos com mão de obra direta e indireta decorrentes da folha de pagamento, inicialmente, devem ser contabilizados no final do mês a débito das contas que representam os custos englobadamente, e depois esses custos serão transferidos para compor o custo em formação de cada produto.

ATIVIDADE PRÁTICA

Informações extraídas da folha de pagamento do pessoal da produção da Companhia Roseira Industrial, referente ao mês de maio de X6:

Valor bruto da folha	500.000
Contribuição de Previdência retida dos empregados	50.000
IR Fonte retido dos empregados	40.000
Contribuição de Previdência parte patronal	139.000
FGTS	40.000
Salário-família	2.000

Considerando que essas informações foram extraídas de uma folha de pagamento do pessoal que trabalha indiretamente na produção, pede-se:

a) Apropriar os custos com a mão de obra indireta, no último dia do mês de maio, utilizando as contas do grupo da Mão de Obra Indireta.

b) Apropriar férias e décimo terceiro proporcionais relativos ao mês.

c) Apropriar os custos decorrentes da folha de pagamento, para os dois produtos fabricados durante o mês, com base na mão de obra direta, sabendo-se que o produto A utilizou 70% da MOD e o produto B, 30%.

6.2 Gastos gerais de fabricação

6.2.1 Conceito

Os gastos gerais de fabricação compreendem todos os gastos decorrentes do processo de fabricação que não correspondam à mão de obra e também não correspondam aos gastos com materiais.

Os gastos gerais de fabricação mais comuns são: água e esgoto, aluguéis, arrendamentos, amortização, combustíveis, comunicações, depreciação, energia elétrica, manutenção e reparo, roupas especiais, serviços de terceiros, seguro contra incêndio etc.

6.2.2 Classificação

Você já estudou no Capítulo 2 que, em relação aos produtos, os gastos gerais de fabricação podem ser diretos ou indiretos.

6.2.2.1 Gastos gerais de fabricação diretos

São os gastos que incidem de forma direta na fabricação, sendo facilmente identificados as suas quantidades e os seus valores em relação aos produtos fabricados.

Exemplos: a energia elétrica consumida por uma máquina, quando exista medidor que permita identificar o consumo em relação a cada produto fabricado; a depreciação dos teares utilizados na fabricação de tecidos etc.

6.2.2.2 Gastos gerais de fabricação indiretos

Sempre que não houver meios seguros que permitam uma clara e objetiva identificação dos gastos gerais de fabricação em relação aos produtos fabricados, esses gastos deverão ser considerados gastos gerais de fabricação indiretos.

É preciso, também, destacar a existência de casos em que os controles necessários para a identificação dos gastos gerais de fabricação diretos em relação a cada produto ficam tão onerosos que é preferível considerá-los juntamente com os gastos indiretos (Característica Qualitativa Fundamental da Informação Contábil-Financeira Útil, da materialidade).

As apropriações dos gastos gerais de fabricação indiretos ao custo de fabricação de cada produto é feita por meio de rateio.

Vários são os critérios que podem ser utilizados. Conforme já dissemos, não existe regra geral que possa ser adotada por todas as empresas. Cada caso deve ser analisado isoladamente. Caberá ao contabilista responsável pela contabilidade de custos decidir sobre o critério que melhor se encaixe em cada caso.

Na ausência de um critério mais objetivo, aconselha-se a adoção do custo primário como base para rateio dos gastos gerais de fabricação aos produtos.

6.2.2.3 Contabilização dos gastos gerais de fabricação

Em sua maior parte, os gastos gerais de fabricação não têm relação direta com os produtos fabricados, pois ocorrem mensalmente e independem do volume produzido. Esses gastos são também classificados como custos fixos, conforme estudamos no Capítulo 2.

A contabilização, portanto, a exemplo do que ocorre com a contabilização da mão de obra, deve ser feita inicialmente a débito de uma conta representativa do respectivo gasto, integrante do grupo 3.3.2.03 Gastos Gerais de Fabricação Diretos ou do grupo 3.3.3.03 Gastos Gerais de Fabricação Indiretos. Posteriormente, deverá ser transferido para o Custo em Formação de cada produto.

Quando o gasto geral de fabricação for classificado como direto, o seu rateio para o Custo em Formação de cada produto será feito com base em critérios concretos; entretanto, quando for considerado indireto, o rateio para o Custo em Formação de cada produto será feito por meio de critérios abstratos.

Em razão do regime contábil de competência, em sua maioria, os gastos gerais de fabricação, exatamente por ocorrerem com regularidade e independentemente do volume de produção, devem ser incorporados ao Custo de Produção do período em que forem gerados.

Por isso, esses gastos devem ser apropriados mensalmente como custos do mês em que foram gerados, tenham ou não sido pagos. Para a sua contabilização, três situações devem ser consideradas:

1ª) **Gastos gerados e pagos no mês**

Nesse caso, a contabilização será feita no dia em que o pagamento for efetuado, debitando-se uma conta do grupo Gastos Gerais de Fabricação que represente o respectivo gasto e creditando-se a conta Caixa ou Bancos, conforme o caso.

EXEMPLO:

A Companhia Industrial Bananal S.A. pagou, em 31 de julho, conta de energia elétrica no valor de $ 20.000 referente ao consumo do período.

Considerando que o gasto se refere a consumo exclusivo da área de produção e que não há na fábrica medidores que permitam a identificação do gasto em relação a cada produto fabricado, veja como o gasto será contabilizado:

Energia Elétrica

a Caixa

Paga conta de energia elétrica ref. ao mês...................... 20.000

Observação

- Debitamos a conta Energia Elétrica, que nesse caso será integrante do grupo dos Gastos Gerais de Fabricação Indiretos, para incorporar o referido gasto ao custo de produção do mês de sua ocorrência.

2ª) **Gastos gerados no mês cujos pagamentos serão efetuados no mês seguinte**

EXEMPLO:

O aluguel do imóvel onde está instalada a fábrica de Biscoitos Jacareí S.A., referente ao mês de junho, foi de $ 30.000. Conforme contrato de locação, o referido pagamento deve ser feito no dia 10 de julho.

Contabilização no livro Diário, em 30 de junho:

Aluguéis (da fábrica)

a Aluguéis a Pagar

Apropriação que se processa referente a

aluguel deste mês 30.000

Observações

- Debitando a conta Aluguéis, nesse caso integrante do grupo dos Gastos Gerais de Fabricação Indiretos, o referido gasto ficou devidamente apropriado ao custo de produção do mês em que foi gerado.
- O crédito na conta Aluguéis a Pagar, do Passivo Circulante, identifica o registro da obrigação que será paga no mês seguinte.

3ª) **Gastos pagos antes da ocorrência do fato gerador**

EXEMPLO:

O gasto mais comum ocorre com seguro contra incêndio, o qual é pago antecipadamente e tem, em geral, vigência de 12 meses.

Em 01 de março de X5, a Empresa Industrial São José do Barreiro S.A. assinou contrato com a Cia. Seguradora Brasileira, tendo pago $ 3.650 referentes ao prêmio de seguro pelo período de 365 dias.

Tendo em vista que o referido gasto com seguro refere-se à cobertura do imóvel onde está instalada a área de produção, veja como ficará sua contabilização:

Prêmios de Seguro a Vencer

a Caixa

Pago à Cia. Seguradora Brasileira etc.............................. 3.650

Observação

- A conta debitada Prêmios de Seguro a Vencer é conta do Ativo Circulante que representa o gasto pago antecipadamente. Essa conta será creditada mensalmente pela apropriação da parcela do referido gasto como Custo de Produção do período.

Contabilização em 31 de março:

Prêmios de Seguro

a Prêmios de Seguro a Vencer

Apropriação que se processa referente

à parcela deste mês 300

Observações

- Debitamos a conta Prêmios de Seguro, nesse caso integrante do grupo dos Gastos Gerais de Fabricação Indiretos, para que o referido gasto fique devidamente apropriado ao custo de produção do período.
- Creditamos a conta Prêmios de Seguro a Vencer para dar baixa no valor do respectivo gasto, tendo em vista a parcela já vencida.

Você deve observar que nos três exemplos deste item contabilizamos o gasto geral de fabricação incorrido no mês em contas dos grupos dos Gastos Gerais de Fabricação Indiretos que registram os custos globais. Para ratear os referidos custos para os produtos, debitaremos as contas representativas do custo em formação de cada produto e creditaremos as contas supramencionadas.

6.2.2.4 Rateio dos gastos gerais de fabricação

Os procedimentos contábeis a serem adotados para contabilizar o rateio dos gastos gerais de fabricação são semelhantes aos adotados para o rateio da mão de obra, ou seja, debita-se a conta Gastos Gerais de Fabricação do grupo Custo em Formação de cada produto e credita-se a conta que registrou englobadamente o referido gasto, do grupo próprio.

Vários critérios podem ser usados visando a adoção da base de rateio mais adequada para cada caso. Como ocorre com todos os custos indiretos de fabricação, não há regra geral que possa ser adotada por todas as empresas.

Apenas como sugestão, veja as bases de rateio que podem ser utilizadas para atribuição dos gastos gerais de fabricação aos produtos:

- valor da matéria-prima aplicada;
- valor da mão de obra direta;
- custo primário (matéria-prima mais mão de obra direta);
- horas de trabalho (utilizadas na fabricação de cada produto) etc.

EXEMPLO:

Suponhamos que na empresa Industrial Cachoeira Paulista S.A., durante o mês de maio, ocorreram os seguintes gastos gerais de fabricação:

Água e Esgoto	300
Aluguéis da Fábrica	2.000
Depreciação	500
Energia Elétrica	3.000
Prêmios de Seguro	100
Total	5.900

A empresa fabricou durante o mês três produtos, os quais tiveram os seguintes custos primários:

produto A = $ 4.200;
produto B = $ 2.100;
produto C = $ 700.

PEDE-SE:

Calcular e contabilizar o valor dos gastos gerais de fabricação que deverá ser atribuído a cada produto, tendo por base o custo primário.

Conforme vimos, o primeiro passo será calcular a porcentagem de participação de cada produto em relação ao total do custo primário da produção do período. Depois, com base nesse percentual encontrado, basta calcular o valor proporcional de cada gasto a ser rateado para cada produto.

Solução:

1. Cálculo da proporção do custo primário de cada produto em relação ao total do custo primário da produção do período:

Custo Primário do produto A =	4.200
Custo Primário do produto B =	2.100
Custo Primário do produto C =	700
Total	7.000

2. Cálculo da proporção a ser rateada para cada produto:

produto A:

$$x \frac{4.200 \times 100}{7.000} = 60\%$$

produto B:

$$7.000 = 100\%$$
$$2.100 = x$$
$$x = \frac{4.200 \times 100}{7.000} = 30\%$$

produto C:

$$7.000 = 100\%$$
$$700 = x$$
$$x = \frac{700 \times 100}{7.000} = 10\%$$

Uma vez determinada a participação do custo primário de cada produto em relação ao total do custo primário, basta aplicar os respectivos percentuais sobre o valor de cada gasto para encontrar o valor a ser rateado.

Para facilitar, analise o seguinte mapa de rateio dos gastos gerais de fabricação:

MAPA DE RATEIO DOS GASTOS GERAIS DE FABRICAÇÃO MÊS: Janeiro – ANO: X5				
Custos	Valor	Produto A 60%	Produto B 30%	Produto C 10%
Água e Esgoto	300	180	90	30
Aluguéis da Fábrica	2.000	1.200	600	200
Depreciação	500	300	150	50
Energia Elétrica	3.000	1.800	900	300
Prêmios de Seguro	100	60	30	10
Totais	**5.900**	**3.540**	**1.770**	**590**

CONTABILIZAÇÃO:

Basta debitar a conta Gastos Gerais de Fabricação do grupo Custo em Formação do respectivo produto, creditando-se as contas do grupo Gastos Gerais de Fabricação que registraram englobadamente os respectivos gastos. Veja:

Gastos Gerais de Fabricação

a Diversos

Rateio que se processa à razão de 60% sobre os Gastos Gerais de Fabricação, conforme mapa, para formação do custo do produto A:

a Água

Saldo desta Conta.. 180

a Aluguéis da Fábrica

Idem 1.200

a Depreciação

Idem 300

a Energia Elétrica

Idem 1.800

a Prêmios de Seguro

Idem 60 3.540

Observação

- Debitando a conta Gastos Gerais de Fabricação (GGFs), que faz parte do grupo Custo em Formação do produto A, estamos incorporando ao custo de produção do referido produto os respectivos valores dos GGFs.

Observação

- Creditando as contas do grupo Gastos Gerais de Fabricação Indiretos, que registraram os valores globais dos GGFs, estamos dando baixa nos respectivos valores que foram rateados. Essas contas, após os rateios para os três produtos, ficarão com saldo igual a zero.

Agora, basta proceder da mesma maneira com os custos a serem atribuídos aos produtos B e C.

6.3 Resumo

Até aqui, você aprendeu que o custo industrial é composto por três elementos básicos: materiais, mão de obra e gastos gerais de fabricação.

Assim, o custo de produção de determinado período pode ser apurado pela seguinte fórmula:

$$CPP = MT + MO + GGF$$

em que:

CPP = Custo de produção ou de fabricação do período;
MT = Materiais;
MO = Mão de Obra;
GGF = Gastos gerais de fabricação.

Você estudou também que, quanto aos produtos, o custo industrial pode ser classificado em direto e indireto.

Dessa forma, os gastos com materiais diretos, mão de obra direta e gastos gerais de fabricação diretos compõem o custo direto de fabricação, e os gastos com materiais indiretos, mão de obra indireta e gastos gerais de fabricação indiretos compõem o custo indireto de fabricação, também conhecido pela sigla CIF.

Você aprendeu ainda que, por razões de simplificação, empresas industriais de pequeno e médio portes, para apurar o custo de fabricação de seus produtos, utilizam a seguinte fórmula:

$$CPP = MP + MOD + CIF$$

em que:

CPP = Custo de produção ou de fabricação do período;
MP = Matéria-prima;
MOD = Mão de Obra Direta;
CIF = Custos indiretos de fabricação.

Os custos indiretos de fabricação, nesse caso, compõem-se dos gastos com materiais diretos e indiretos (exceto a matéria-prima), mão de obra indireta e gastos gerais de fabricação diretos e indiretos.

Note que essa fórmula evidencia inicialmente o custo primário (matéria-prima + mão de obra direta), a ele adicionando os demais custos de fabricação diretos e indiretos, sendo todos considerados CIFs.

Nos Capítulos 7 e 8, você aprenderá a apurar e contabilizar o custo industrial pelos sistemas de inventário periódico e de inventário permanente.

Nota

- É importante ler o texto da Seção 9.7 Alocação de Custos Fixos Indiretos de Fabricação aos Produtos, do Capítulo 9.

ATIVIDADES TEÓRICAS

1. Responda:

1.1 O que são gastos gerais de fabricação?

1.2 Como deverá ser classificado o consumo de energia elétrica de uma máquina de produção que possui medidor de consumo de energia?

1.3 Como devem ser contabilizados os gastos gerais de fabricação?

1.4 Quais as bases que geralmente são utilizadas para o rateio dos gastos gerais de fabricação aos produtos?

1.5 Qual é a fórmula que pode ser utilizada para apuração do custo de produção do período?

1.6 Nas empresas industriais que costumam considerar custos diretos somente a matéria-prima e a mão de obra direta, como fica a fórmula para apuração do custo de produção do período?

2. Julgue as afirmativas como falsas (F) ou verdadeiras (V):

2.1 ( ) Embora os gastos gerais de fabricação possam ser classificados em diretos ou indiretos, é comum, por razões práticas, considerá-los todos como indiretos.

2.2 ( ) Qualquer gasto classificado como gastos gerais de fabricação, quando pode ser identificado em relação ao produto fabricado, deve ser considerado direto, ainda que sejam onerosos os custos para permitir essa identificação.

2.3 ( ) Em relação à mão de obra e aos gastos gerais de fabricação, quando diretos, o rateio para os produtos será feito por critérios objetivos, e quando indiretos, por critérios subjetivos.

2.4 ( ) Os três elementos componentes do custo industrial são: materiais, mão de obra e gastos gerais de fabricação.

ATIVIDADE PRÁTICA

Contas e saldos extraídos do livro Razão de uma empresa industrial, em 31 de março de X2:

Mão de Obra Direta	
Salários e Encargos	135.000
Lanches e Refeições	10.000
Mão de Obra Indireta	
Salários e Encargos	50.000
Gastos Gerais de Fabricação Diretos	
Aluguel de Máquinas	10.000
Energia Elétrica	20.000
Depreciação	2.000
Gastos Gerais de Fabricação Indiretos	
Aluguel	30.000
Energia Elétrica	10.000
Depreciação	3.000
Água e Esgoto	3.000
Serviços de Terceiros	12.000

Considerar que a empresa industrial fabricou durante o mês de março quatro produtos, tendo gasto com matérias-primas respectivamente: 200.000; 80.000; 80.000 e 40.000.

Considerando, ainda, que não foram aplicados outros materiais no processo de fabricação, pede-se:

a) Elaborar mapa de rateio dos custos diretos, tendo como base a proporção da matéria-prima aplicada na fabricação de cada produto.

b) Calcular o custo primário.

c) Elaborar mapa de rateio para os custos indiretos, tendo como base o custo primário.

d) Calcular os custos de fabricação de cada produto.

e) Contabilizar todos os eventos necessários. Tendo em vista que os mapas serão elucidativos, proceder à contabilização sintética dos custos de fabricação de cada produto e posterior transferência para a conta de Estoques de Produtos Acabados.

7 Sistema de Inventário Periódico

7.1 Conceito

Inventário periódico é um sistema contábil simplificado por meio do qual os resultados são apurados somente no final de um período.

O período de apuração de resultados normalmente tem duração de um ano; coincide com o ano civil e é conhecido por exercício social.

No final de cada exercício social, as empresas apuram os seus resultados e elaboram as demonstrações contábeis. Entretanto, há empresas que, por interesse próprio (fins gerenciais) ou pelas características que envolvem o seu processo operacional ou, ainda, por exigências legais, apuram seus resultados em períodos menores (mês, trimestre ou semestre).

Sabemos que as empresas que atuam no ramo comercial, para apurar os seus resultados precisam conhecer os valores dos seus estoques iniciais e finais de mercadorias e de materiais de consumo. Sabemos, também que da mesma forma, as empresas que atuam no ramo industrial, também precisam conhecer os valores dos seus estoques iniciais e finais de matérias-primas e de outros materiais que aplicam nos processos de fabricação, dos produtos acabados, dos produtos em elaboração e dos demais materiais de consumo.

A expressão "inventário periódico" decorre do fato de que os custos dos estoques finais, necessários para a apuração dos resultados, são conhecidos somente no final de um período, quando são elaborados os inventários respectivos.

Nas empresas comerciais que adotam esse sistema de inventário periódico, a atribuição de custos aos estoques de mercadorias e de materiais de consumo existentes no final de cada exercício social é muito simples: basta consultar as últimas notas fiscais de compras (critério PEPS).

Entretanto, nas empresas industriais, os procedimentos para atribuição de custos aos estoques finais não são tão simples assim.

Ocorre que nessas empresas, existem estoques de produtos fabricados por elas mesmas bem como estoques de produtos em processo de fabricação, cujos custos a eles atribuídos precisam ser apurados.

Conforme comentamos na Seção 5.3 do Capítulo 5, com o advento das Leis n^{s} 11.638/07 e 11.941/09 que promoveram importantes alterações na Lei n. 6.404/76, especialmente na parte que trata de matéria contábil, as empresas industriais brasileiras atribuíam custos aos estoques de produtos acabados e de produtos em elaboração com base nos custos de fabricação ou com base em critérios arbitrados pelo fisco. Contudo, esse procedimento mudou.

Agora, as empresas industriais, objeto do nosso estudo, ficaram obrigadas a atribuir custos aos estoques de produtos acabados e em elaboração, com fundamento nos seus registros contábeis, e não mais com fundamento em valores arbitrados pelo fisco.

Assim, conforme já dissemos, todas as empresas industriais estão obrigadas a manter um sistema de contabilidade de custos e observar as disciplinas contidas nas normas brasileiras de contabilidade, sejam elas de pequeno, médio ou grande porte.

7.2 Esquema técnico para contabilização

7.2.1 Elenco de Contas

Por razões de simplificação (característica deste sistema de inventário periódico), aconselha-se a contabilização apenas do Custo da Produção Acabada no Período e do Custo dos Produtos Vendidos. Caso haja interesse da empresa em conhecer o Custo de Produção do Período, o Custo de Produção e outros, é preferível apurá-los extracontabilmente. Nesse caso, torna-se útil a Demonstração do Custo dos Produtos Vendidos, estudada no Capítulo 2.

Para possibilitar a contabilização e a apuração do custo de produção do período, do custo da produção acabada no período e do custo dos produtos vendidos, pelo sistema de inventário periódico, além das contas patrimoniais e de resultado que costumam ser utilizadas pelas empresas em geral, utilizaremos também as contas dos seguintes grupos e subgrupos, constantes do Elenco de Contas apresentado no Capítulo 3:

1.1.6.01 Estoques de Mercadorias, Produtos e Insumos

Todas as contas desse grupo e respectivos subgrupos, exceto relativas a mercadorias.

1.1.6.02 Estoques de Materiais de Consumo

Todas as contas desse grupo.

Incluem-se também todas as contas redutoras das contas representativas dos estoques.

1.2.3 IMOBILIZADO

Todas as contas desse grupo e respectivos subgrupos, inclusive as redutoras.

3.3.1 CUSTO DAS COMPRAS DE MATERIAIS

Todas as contas desse grupo e respectivos subgrupos, exceto aquelas relativas a mercadorias.

3.3.2 CUSTOS DIRETOS DE FABRICAÇÃO

Todas as contas desse grupo e respectivos subgrupos.

3.3.3 CUSTOS INDIRETOS DE FABRICAÇÃO (CIFs)

Todas as contas desse grupo e respectivos subgrupos.

4.1.2 RECEITA BRUTA DE VENDA DE PRODUTOS

Todas as contas desse grupo e respectivos subgrupos.

5.1.1.02.1.001 Custo de Produção do Período (CPP)
5.1.1.02.1.003 Custo da Produção Acabada no Período (CPAP)
5.1.1.02.1.005 Custo dos Produtos Vendidos (CPV)
5.1.2.02. Resultado da Venda de Produtos (RVP)
5.1.2.02.1.001 Lucro sobre Vendas de Produtos
5.1.2.02.1.002 (–) Prejuízo sobre Vendas de Produtos

7.2.2 Orientações para contabilização

7.2.2.1 Procedimentos relativos aos estoques de produtos e de insumos

As contas do Ativo Circulante, representativas dos estoques de produtos e dos insumos que serão aplicados no processo de fabricação, não serão movimentadas durante o exercício social. Elas serão utilizadas somente para registrar os valores dos estoques iniciais e finais.

Assim, os saldos dessas contas, no início do período, corresponderão aos estoques iniciais derivados do Balanço levantado no final do período anterior; os saldos existentes nessas contas no final do período representarão os estoques finais conforme inventários físicos realizados.

Veja, então, os procedimentos contábeis relativos a cada conta:

a. Estoque de produtos acabados

No último dia do período, se houver produtos fabricados no período e não vendidos, eles deverão ser avaliados para compor o estoque final de Produtos Acabados. Como esse sistema simplificado não segrega os custos por produto, a atribuição de custos aos estoques de produtos acabados deverá ser efetuada em base racional e consistente, conforme estabelece o item 13.10 da NBC TG 1.000. Esse assunto já foi tratado na Seção 5.3 do Capítulo 5.

Assim, no último dia do período, em relação à conta Estoque de Produtos Acabados, existirão dois valores: saldo da conta, que corresponde ao estoque inicial, e o valor do inventário físico realizado, que corresponde ao estoque final.

O procedimento contábil será conforme segue:

- Credita-se a conta 1.1.6.01.1.002 Estoque de Produtos Acabados para que o seu saldo inicial seja transferido a débito da conta 5.1.1.02.1.005 Custo dos Produtos Vendidos (CPV); em seguida, debita-se a própria conta Estoque de Produtos Acabados e credita-se a conta Custo dos Produtos Vendidos, pelo valor do estoque final.

b. Estoque de produtos em elaboração

No último dia do período, deve-se levantar o estoque final dos produtos que ainda se encontrarem em fase de elaboração na área de produção da fábrica. A avaliação desse estoque, também deve ser efetuada em base racional e consistente, conforme estabelece o item 13.10 da NBC TG 1.000. Esse assunto já foi tratado na Seção 5.3 do Capítulo 5.

Assim, no último dia do período, estaremos diante de dois valores representativos dos produtos em elaboração: o saldo devedor da conta Estoque de Produtos em Elaboração, que representa o estoque inicial, e o valor do estoque final apurado por meio do inventário físico realizado.

O procedimento contábil será como segue:

- A conta 1.1.6.01.1.003 Estoque de Produtos em Elaboração será creditada para que o seu saldo inicial seja transferido por débito para a conta 5.1.1.02.1.003 Custo da Produção Acabada no Período (CPAP); em seguida, debita-se a própria conta Estoque de Produtos em Elaboração e credita-se a conta Custo da Produção Acabada no Período, pelo valor do estoque final.

c. Estoque de matérias-primas

No último dia do período, deverá ser feito o inventário físico das matérias-primas existentes em estoque. Como não houve controle permanente dos estoques durante o período, a avaliação desses materiais poderá ser feita pelo critério PEPS, ou seja, aproveitando-se os custos constantes das últimas notas fiscais de compras, conforme vimos na Seção 5.2 do Capítulo 5.

Assim, no último dia do mês, em relação a essa conta, também estaremos diante de dois valores: saldo devedor da conta Estoque de Matérias-primas, que representa o estoque inicial, e o estoque final apurado por meio do inventário físico realizado.

O procedimento contábil será como segue:

- A conta 1.1.6.01.1.004 Estoque de Matérias-primas será creditada para que o seu saldo inicial seja transferido por débito para a conta 5.1.1.02.1.001 Custo de Produção do Período (CPP); em seguida, debita-se a própria conta Estoque de Matérias-primas e credita-se a conta Custo de Produção do Período, pelo valor do estoque final conforme inventário físico realizado.

d. Estoque de materiais secundários

Valem aqui os mesmos comentários feitos para a conta Estoque de Matérias-primas.

e. Estoque de materiais auxiliares

Valem aqui, também, os mesmos comentários feitos para a conta Estoque de Matérias-primas.

f. Estoque de materiais de acondicionamento e embalagem

Valem aqui, também, os mesmos comentários feitos para a conta Estoque de Matérias-primas.

g. Estoque de subprodutos

Como os subprodutos correspondem a sobras derivadas do processo de fabricação, no período em que forem acumulados estoques desses materiais, eles deverão ser contabilizados a débito da conta 1.1.6.01.1.008 Estoque de Subprodutos e a crédito da conta 5.1.1.02.1.001 Custo de Produção do Período (CPP). Veja mais detalhes na Seção 4.3.9 do Capítulo 4, e também na solução do Exemplo Prático (Seção 7.3) deste capítulo.

7.2.2.2 Procedimentos relativos aos estoques de materiais de consumo

Os materiais de consumo que trataremos na presente Seção compreendem os materiais de escritório ou expediente, os materiais de informática, os materiais de higiene e limpeza e os materiais de manutenção.

Geralmente esses materiais são adquiridos em quantidades incomparavelmente inferiores às de matérias-primas, de materiais secundários e de materiais de embalagens. Podem ser adquiridos até mesmo em lojas de varejo e, por esse motivo, os custos das compras quase sempre correspondem aos valores constantes das notas fiscais de compra.

Entretanto, previmos no Elenco de Contas apresentado no Capítulo 3 subgrupos de contas no grupo 3.3.1, custos semelhantes àqueles utilizados para a contabilização das compras de matérias-primas.

Tendo em vista que os materiais de consumo geralmente envolvem uma grande variedade de itens, é comum, para evitar minuciosos controles com a estocagem e distribuição desses materiais, que as empresas mantenham contratos com empresas atacadistas ou mesmo com empresas varejistas, as quais fornecem os materiais na medida das necessidades. Nesse caso, bastará controlar as compras contabilmente cujo total no final do período refletirá o respectivo consumo. Essa prática facilita inclusive a segregação desses gastos em despesas ou custos.

É importante salientar que esses materiais são consumidos tanto pela área de produção quanto pelas áreas administrativa e comercial.

Assim, quando a empresa efetua compras específicas para cada área, de acordo com as necessidades, o registro contábil será feito onerando as áreas administrativa, comercial ou de produção, sem grandes complicações. Entretanto, nos casos em que os materiais são adquiridos e estocados para serem posteriormente consumidos pelas diversas áreas da empresa, sem que haja controle do consumo por meio de requisições de materiais, o consumo de cada área deverá ser estimado para que no final do período o rateio possa ser efetuado de maneira adequada.

Assim, o procedimento que sugerimos para a contabilização dos materiais de escritório, de informática, de higiene e limpeza e dos materiais de manutenção, quando a empresa decidir adotar o sistema de inventário periódico, é como segue:

- Primeiro, deve-se apurar contabilmente o valor das compras líquidas desses materiais, transferindo-se os saldos das contas Compras Anuladas, Abatimentos sobre Compras, Descontos Incondicionais Obtidos e outras que possam representar custo ou redução do custo das compras a débito e/ou a crédito da conta que registra o valor das compras do respectivo material. Isso possibilitará a apuração do valor das compras líquidas, ou seja, do custo das compras do respectivo material efetuadas durante o período.
- Em seguida, deve ser feito o inventário físico para levantar o valor do estoque final do material em questão. Neste caso, também, o critério mais indicado para avaliação dos estoques será o PEPS, conforme estudamos na Seção 5.2.

Assim, estaremos diante de três valores: estoque inicial correspondente ao saldo devedor existente na conta Estoque do respectivo material, compras líquidas e estoque final, este conforme o inventário levantado.

Extracontabilmente, apura-se o consumo, aplicando-se a seguinte fórmula:

$$C = EI + CL - EF$$

onde:

EI = Estoque Inicial;
CL = Compras Líquidas e
EF = Estoque Final.

Apurado, então, o consumo, este deverá ser rateado para a produção, para a administração e para a área comercial.

Lembramos, mais uma vez, que o consumo de cada uma das três áreas deve ser estimado caso não haja outra forma mais objetiva de apurá-lo.

Conhecidos, então, os três valores citados, o procedimento contábil será como segue:

- Inicialmente, transfere-se o valor das compras líquidas para a conta representativa do estoque, mediante débito na conta representativa do estoque e crédito na conta representativa das compras líquidas; em seguida, transferem-se os valores relativos aos consumos de cada área, debitando-se cada uma das contas próprias: Material de Escritório, Material de Informática, Material de Higiene e Limpeza ou Material de Manutenção do grupo das Despesas Administrativas ou do grupo das Despesas com Vendas ou ainda do grupo dos Custos Indiretos. Como contrapartida, credita-se a conta representativa do estoque respectivo.

Agindo dessa forma, após os lançamentos supra, o saldo remanescente na conta representativa do estoque em questão corresponderá ao valor do estoque final.

Lembramos que existem outras maneiras de se contabilizarem os eventos aqui tratados, no entanto, julgamos ser este um procedimento claro para essa circunstância.

Esse procedimento pode ser adotado com todos os materiais de consumo.

7.2.2.3 Procedimentos relativos às compras de materiais

Os procedimentos contábeis a serem adotados pelas empresas industriais que elegerem o sistema de inventário periódico, em relação às compras de materiais, sejam eles destinados à produção ou ao consumo em qualquer das áreas da empresa industrial, serão aqueles já comentados no Capítulo 4.

Portanto, durante o exercício social (ou períodos menores), no momento em que ocorrerem compras ou qualquer um dos fatos que alterem o valor das compras, serão debitadas e/ou creditadas as contas do grupo 3.3.1 CUSTO DAS COMPRAS DE MATERIAIS, subgrupo correspondente ao material em questão.

No último dia do período, em relação às compras de matérias-primas, materiais secundários, materiais auxiliares e materiais de embalagem, inicialmente serão apuradas as compras líquidas desses materiais e, em seguida, será creditada a conta que registrou as compras líquidas para que o seu saldo seja transferido a débito da conta Custo de Produção do Período. Quanto aos valores dos estoques inicial e final, o procedimento contábil já foi explicado na letra "c" da Seção 7.2.2.1. Em relação às compras dos materiais de consumo, os procedimentos já foram comentados na Seção 7.2.2.2.

Convém ressaltar ainda que, havendo interesse, os saldos das compras líquidas de materiais, antes de serem transferidos para a conta Custo da Produção do Período, poderão passar pelas contas respectivas dos grupos 3.3.2 CUSTOS DIRETOS DE FABRICAÇÃO ou 3.3.3 CUSTOS INDIRETOS DE FABRICAÇÃO (CIFs). Entretanto, nesse caso, após esses procedimentos, os saldos das contas desses dois grupos serão transferidos para a conta Custo de Produção do Período.

7.2.2.4 Procedimentos relativos à mão de obra

Os gastos com mão de obra, conforme vimos no Capítulo 6, podem decorrer das folhas de pagamentos ou não.

Em relação àqueles decorrentes das folhas de pagamentos, quando a empresa tiver por hábito elaborar folhas de pagamentos separadas para a produção e para as demais áreas, a contabilização será feita sem embaraços. Nesse caso, para se lançar a mão de obra, bastará efetuar os registros com base nos valores contidos na folha de pagamento do pessoal da produção, separando, se for necessário, a mão de obra direta da indireta. Esse procedimento será feito normalmente durante o período, debitando-se as contas representativas da mão de obra direta ou indireta dos grupos 3.3.2 ou 3.3.3, conforme o caso, e creditando-se as contas de obrigação ou representativas das disponibilidades, também de acordo com o caso.

Em relação aos demais gastos com pessoal, também serão lançados a débito das contas próprias dos mesmos grupos 3.3.2 ou 3.3.3 e a crédito das contas patrimoniais respectivas.

Cuidado especial deverá ser tomado quando a empresa tiver por praxe elaborar folha de pagamento única englobando o pessoal da produção e das demais áreas. Nesse caso, será preciso estimar ou arbitrar critérios para fazer o rateio desses gastos para custos e para despesas, conforme a situação.

Portanto, chegando-se no final do período, todos os gastos relativos à mão de obra estarão devidamente registrados a débito das contas próprias dos grupos 3.3.2 CUSTOS DIRETOS DE FABRICAÇÃO e 3.3.3 CUSTOS INDIRETOS DE FABRICAÇÃO (CIFs).

Visando apurar o custo de produção do período, o procedimento contábil no final do respectivo período será como segue: creditam-se todas as contas dos grupos 3.3.2 e 3.3.3, representativas da mão de obra direta e indireta, para que os seus saldos sejam transferidos a débito da conta 5.1.1.02.1.001 Custo de Produção do Período (CPP).

7.2.2.5 Procedimentos relativos aos gastos gerais de fabricação

A contabilização dos gastos gerais de fabricação é semelhante à contabilização dos gastos com a mão de obra, ou seja, quando os gastos forem gerados e pertencerem integralmente à área de produção, bastará debitar a conta respectiva dos grupos 3.3.2 ou 3.3.3 representativa dos gastos gerais de fabricação diretos ou indiretos e creditar a conta patrimonial respectiva.

Entretanto, é comum, nas empresas industriais, ocorrerem gastos classificados como gastos gerais de fabricação, que possuem parte custos e parte despesas.

Isso ocorre, por exemplo, quando todas as áreas da empresa industrial (produção, comercial e administrativa) operam em um mesmo imóvel. Nesse caso, vários gastos beneficiarão as três áreas ao mesmo tempo, sendo o mais comum o gasto com aluguel.

Assim, quando o aluguel é único para todo o imóvel onde estão instaladas as três áreas da empresa industrial, ele conterá parte despesa e parte custo, e será preciso rateá-lo para custos, para despesas administrativas e para despesas com vendas.

Um critério muito utilizado consiste em ratear o gasto com aluguel que possui parte despesa e parte custo, tomando por base a área ocupada.

Uma vez definidos os critérios, no momento da ocorrência do fato gerador do gasto com aluguel, este deverá ser dividido em três partes, sendo cada uma debitada na conta representativa do custo, da despesa administrativa e da despesa com vendas. Em contrapartida, deverá ser creditada a conta patrimonial adequada.

Além dos gastos com aluguéis, há outros que podem possuir parte despesas e parte custos, por exemplo: energia elétrica, seguro contra incêndio, segurança, água e esgoto, telefones e comunicações, inclusive gastos com pessoal que possa prestar serviços para as três áreas, como ocorre com os vigias, os faxineiros etc.

Portanto, chegando-se ao final do período, todos os gastos gerais de fabricação estarão devidamente registrados a débito das contas dos grupos 3.3.2 e 3.3.3 representativas dos gastos gerais de fabricação diretos e indiretos.

Visando apurar o custo de produção do período, o procedimento contábil será como segue:

- Creditam-se todas as contas dos grupos 3.3.2 e 3.3.3 representativas dos gastos gerais de fabricação para que os seus saldos sejam transferidos a débito da conta 5.1.1.02.1.001 Custo de Produção do Período (CPP).

7.2.2.6 Apuração e contabilização do custo de produção do período

Você já sabe que o custo de produção do período é composto pelos custos com materiais diretos e indiretos, com mão de obra direta e indireta e com gastos gerais de fabricação diretos e indiretos, incorridos durante o período. Pois bem, nas Seções 7.2.2.1 a 7.2.2.5, você aprendeu que, no último dia do período, os custos relativos aos materiais, à mão de obra e aos gastos gerais de fabricação são transferidos a débito da conta 5.1.1.02.1.001 Custo de Produção do Período (CPP).

Portanto, para se conhecer o custo de produção do período, após as transferências citadas, bastará somar no livro Razão os valores lançados a débito dessa conta.

Extracontabilmente, o custo de produção do período pode ser apurado pela seguinte fórmula:

$$CPP = MD + MI + MOD + MOI + GGFD + GGFI$$

7.2.2.7 Apuração e contabilização do custo da produção acabada no período

Você já sabe que o custo da produção acabada no período é composto somente pelos gastos com materiais, mão de obra e gastos gerais de fabricação aplicados nos produtos cujos processos de fabricação foram concluídos no período.

Portanto, nesse custo poderão estar incluídos custos de períodos anteriores integrantes em produtos que se encontravam em fase de elaboração no início do período, e ele poderá não conter parcela de custos incorridos no período que estejam integrando produtos em fase de elaboração no final do mesmo período.

Contabilmente, esse custo pode ser apurado como segue:

- Debita-se a conta Custo da Produção Acabada no Período e credita-se a conta representativa do Estoque Inicial de Produtos em Elaboração, bem como a conta Custo de Produção do Período. Em seguida, credita-se a conta Custo da Produção Acabada no Período e debita-se a conta Estoque Final de Produtos em Elaboração.

Extracontabilmente, pode ser apurado pela seguinte fórmula:

$$CPAP = EIPE + CPP - EFPE$$

7.2.2.8 Apuração e contabilização do custo dos produtos vendidos

Contabilmente, o custo dos produtos vendidos pode ser apurado como segue:

- Debita-se a conta Custo dos Produtos Vendidos e credita-se a conta representativa do Estoque Inicial de Produtos Acabados, bem como a conta Custo da Produção Acabada no Período e, em seguida, credita-se a conta Custo dos Produtos Vendidos debitando-se a conta Estoque Final de Produtos Acabados.

Extracontabilmente, o custo dos produtos vendidos poderá ser apurado pela seguinte fórmula:

$$CPV = EIPA + CPAP - EFPA$$

7.2.2.9 Apuração e contabilização do resultado na venda de produtos

O resultado na venda de produtos pode ser apurado pela seguinte fórmula:

$$RVP = (V - AV - VA - DIC - TV) - CPV$$

em que:

RVP = Resultado na venda de produtos;
V = Receita bruta de vendas;
AV = Abatimentos sobre vendas;
VA = Vendas anuladas;
DIC = Descontos incondicionais concedidos;

TV = Tributos sobre vendas, que em geral compreendem o ICMS, o PIS sobre Faturamento e a Cofins sobre Faturamento. Lembramos que outros tributos poderão figurar nessa fórmula tendo em vista o tipo do produto vendido, bem como o seu destino, como o Imposto sobre Vendas a Varejo de Combustíveis Líquidos e Gasosos (IVVC) e o Imposto sobre Exportação;

CPV = Custo dos produtos vendidos.

Observe, ainda, que o resultado apurado pelos valores das contas que se encontram entre parênteses corresponde à receita líquida de vendas. Assim, poderemos também apurar o resultado na venda de produtos pela seguinte fórmula:

$$RVP = VL - CPV$$

em que:

RVP = Resultado na venda de produtos;

VL = Receita líquida de vendas;

CPV = Custo dos produtos vendidos.

Contabilmente, o resultado na venda de produtos poderá ser apurado como segue:

- Creditam-se os saldos das contas Abatimentos sobre Vendas, Vendas Anuladas, Descontos Incondicionais Concedidos, bem como todas representativas dos tributos incidentes sobre as vendas, para que esses saldos sejam transferidos a débito da conta Vendas. Após essas transferências, o saldo da conta Vendas no livro Razão corresponderá às vendas líquidas do período.
- Debita-se a conta Vendas para que o seu saldo seja transferido a crédito da conta Resultado na Venda de Produtos.
- Credita-se a conta Custo dos Produtos Vendidos para que o seu saldo seja transferido a débito da conta Resultado na Venda de Produtos.

Após esses três lançamentos estarem devidamente registrados nos livros Diário e Razão, bastará apurar no livro Razão o saldo da conta Resultado na Venda de Produtos, que, sendo credor, corresponderá a lucro e, sendo devedor, a prejuízo.

Nota

- É importante salientar que existem outras maneiras mais analíticas ou mais sintéticas para se contabilizar o custo de produção do período, bem como o custo dos produtos vendidos pelas empresas que adotam o sistema de inventário periódico. Assim, a adoção de contabilização com maior ou menor grau de detalhamento dependerá sempre dos interesses da própria empresa.

Por fim, cumpre esclarecer que julgamos que a sugestão apresentada no presente capítulo, para contabilização do custo industrial, adotando o sistema de inventário periódico, é suficiente para que se possa extrair dos registros contábeis todas as informações necessárias com a maior clareza e segurança possível.

ATIVIDADES TEÓRICAS

1. Responda:

   1.1 O que significa inventário periódico?

   1.2 Por que a denominação inventário periódico?

   1.3 Por que o sistema de inventário periódico é preferido pelas empresas de pequeno e médio portes?

   1.4 Contabilmente, qual é o destino a ser dado aos produtos acabados e não vendidos que estiverem na área de produção no final de um período?

   1.5 No final do período de apuração, em relação à conta Estoque de Produtos Acabados, estaremos diante de dois valores: saldo devedor da conta e estoque final conforme inventário realizado. Qual é o procedimento contábil a ser tomado em relação ao saldo devedor da conta?

   1.6 Como deverão ser apurados extracontabilmente os consumos dos materiais de consumo utilizados pelas diversas áreas da empresa industrial?

   1.7 Como serão transferidos os valores dos materiais de consumo relativos a custos e a despesas?

   1.8 Qual é o destino a ser dado às compras de materiais, à mão de obra e aos gastos gerais de fabrlcação incorridos no período?

   1.9 Qual a fórmula que pode ser utilizada para se apurar o custo dos produtos vendidos?

   1.10 Qual é a fórmula que pode ser utilizada para o cálculo do resultado na venda de produtos?

2. Julgue as afirmativas como falsas (F) ou verdadeiras (V):

   2.1 ( ) O período de um ano em que a empresa opera, e em cujo final apura seus resultados, denomina-se exercício social.

   2.2 ( ) Adotando o sistema de inventário periódico, contabilmente só será possível conhecer o custo da produção acabada no período, no encerramento do respectivo período.

   2.3 ( ) No sistema de inventário periódico, as contas representativas dos estoques de materiais são movimentadas normalmente durante o exercício social.

   2.4 ( ) No sistema de inventário periódico, as contas representativas dos estoques de materiais servem para representar o estoque inicial e o final.

   2.5 ( ) Para avaliar o estoque final de matérias-primas, pode-se utilizar o critério PEPS.

   2.6 ( ) Como os subprodutos correspondem a sobras do processo de fabricação, no período em que forem acumulados estoques desses materiais, eles deverão ser contabilizados a débito da conta Estoque de Subprodutos e a crédito da conta Custo de Produção do Período (CPP).

   2.7 ( ) As compras líquidas de materiais serão apuradas contabilmente debitando-se a conta que registra a compra do respectivo material e creditando-se todas as contas que representam aumentos ou diminuições do valor das compras.

2.8 ( ) Os saldos das contas representativas dos materiais aplicados na produção, da mão de obra e dos gastos gerais de fabricação incorridos no período serão transferidos a débito da conta Custo de Produção do Período, creditando-se as respectivas contas de custos.

2.9 ( ) Para se conhecer o custo de produção do período, após efetuados os registros contábeis pertinentes no final do mês, bastará examinar o saldo devedor constante na respectiva conta no livro Razão.

7.3 Exemplo prático

1. Informações gerais

1.1 Empresa industrial: Ráfia Indústria e Comércio Ltda.

1.2 Ramo de atividade: confecções.

1.3 A empresa está instalada em um imóvel alugado, composto por três andares mais o térreo, e suas áreas administrativa, comercial e de produção estão assim distribuídas:

a) área administrativa: ocupa todo o terceiro andar do imóvel, onde está instalada também a diretoria;

b) área comercial: ocupa 50% do segundo andar do imóvel;

c) área de produção: ocupa 50% do segundo andar; 100% do primeiro andar e 100% do térreo.

1.4 As contas de aluguéis são individualizadas por andar. O rateio do aluguel do segundo andar é feito com base na área ocupada pelos departamentos de produção (50%) e comercial (50%).

1.5 Número de empregados da empresa: 20 na área administrativa, 10 na área comercial e 70 na área de produção.

1.6 Sócios: a empresa tem dois sócios; um que se dedica exclusivamente à área administrativa e outro à área de produção.

1.7 A empresa mantém almoxarifado, onde são armazenados materiais de uso comum nas três áreas (material de escritório, informática e higiene e limpeza), materiais de uso exclusivo no processo de fabricação (tecidos, aviamentos, etiquetas e material de embalagem). Mantém, também, setor próprio para armazenagem e controle dos produtos acabados, enquanto não forem encaminhados aos clientes.

1.8 A indústria fabrica, normalmente sob encomenda, roupas masculinas e femininas, vendendo exclusivamente por atacado.

1.9 O processo de fabricação se desenvolve, em média, em 30 dias, considerando desde o ingresso dos tecidos no departamento de corte, a passagem das peças pelas diversas oficinas de serviços, até o recebimento dos produtos prontos para serem encaminhados aos clientes.

1.10 A empresa utiliza, então, serviços de terceiros, que são executados por oficinas especializadas situadas fora do estabelecimento da empresa, os quais são responsáveis pela maior parte das etapas do processo de fabricação.

1.11 Para transportar materiais e produtos entre o estabelecimento industrial e as oficinas de serviços externos, a empresa contratou serviços de uma empresa especializada em transportes de bens, pagando um valor fixo mensal. Portanto, o rateio desse custo aos produtos será feito com base no número de peças acabadas no mês.

É importante salientar, ainda, que os gastos com o transporte de produtos da empresa para seus clientes serão tratados como despesas com vendas.

1.12 As atividades de costura, bordado, acabamento e passadoria são realizadas por oficinas externas, cujos serviços são cobrados com base no número de peças trabalhadas em cada uma dessas oficinas. Assim, a base para rateio desses custos será sempre o número de peças fabricadas. Considerar, ainda, que as oficinas somente emitem faturas para os serviços já concluídos.

1.13 Considerar, também, que todos os produtos passam pelos departamentos de corte e expedição; pelas oficinas de costura, passadoria e acabamento; e somente parte deles poderá passar pela oficina de bordado.

1.14 Lembramos que, no ramo de confecções, há outros departamentos (ou oficinas) por onde a matéria-prima ou os produtos poderão passar para receber algum tipo de tratamento, os quais, por razões de simplificação, deixamos de apresentar no presente exemplo prático. São exemplos desses departamentos ou oficinas: tinturaria, beneficiamento de matérias-primas, caseado etc.

1.15 É importante salientar que o processo de fabricação nas indústrias que atuam no ramo de confecções é bastante complexo. Normalmente, essas empresas industriais fabricam uma infinidade de produtos que variam em cor, tamanho, modelo, tipo do tecido aplicado, detalhes de corte e costura etc. Esses detalhes podem ser tantos que tornam inviável a manutenção de controles contábeis individualizados por produto. A solução encontrada nesse ramo de indústria é a elaboração de controles extracontábeis que permitam, para fins gerenciais, o acompanhamento do custo de cada produto visando, principalmente, a fixação do preço de venda, enquanto o registro contábil do processo industrial é feito por grupos ou famílias de produtos. O grau de detalhe nos registros contábeis dependerá dos interesses da empresa industrial, que deverá analisar a viabilidade de manter ou não um número elevado de registros no sistema contábil.

1.16 No exemplo em questão, procuramos reunir em quatro produtos os principais eventos que ocorrem nesse tipo de indústria.

1.17 É importante salientar que, em decorrência de o ciclo de produção no presente exemplo prático, ter em média 30 dias, ficou decidido que os custos indiretos serão atribuídos somente aos produtos acabados no mês. Assim, os produtos que estiverem em elaboração no final de um mês não receberão carga de custos indiretos do mês findo. Esse critério parece-nos bastante justo, uma vez que os produtos receberão somente por uma vez a carga de custos indiretos, ainda que o processo de fabricação inicie em um mês e seja concluído em outro. Se esse critério for aplicado na vida real, deve ser analisado frequentemente, pois caso haja muita variação no prazo médio de fabricação, especialmente quando for superior a 30 dias, ele precisa ser revisto para evitar que um produto permaneça no processo industrial por mais tempo que outro, recebendo a mesma carga de custos indiretos.

2. Balanço Patrimonial

Balanço Patrimonial de Ráfia Indústria e Comércio Ltda., levantado em 28 de fevereiro de X1			
Contas	$	Contas	$
ATIVO		**PASSIVO**	
ATIVO CIRCULANTE		**PASSIVO CIRCULANTE**	
Disponibilidades		**Fornecedores**	
Caixa e Bancos..........................	400.000	Duplicatas a Pagar....................	1.700.000
Total das Disponibilidades...........	400.000	**Obrigações Tributárias**	
Clientes		ICMS a Recolher.......................	400.000
Duplicatas a Receber.................	900.000	IPI a Recolher...........................	200.000
Total dos Direitos a Receber de Clientes..................................	900.000	COFINS a Recolher.....................	150.000
		PIS sobre Faturamento a Recolher	110.000
Estoques		**Obrigações Trabalhistas e Previdenciárias**	
Estoque de Produtos Acabados......	87.325	Salários e Encargos a Pagar.........	140.000
Estoque de Produtos em Elaboração..............................	2.545.000		
Estoque de Matérias-primas.........	834.000	**Outras Obrigações**	
Estoque de Materiais Secundários	920.000	Aluguéis Passivos a Pagar...........	40.000
Estoque de Materiais de Embalagem..............................	250.000		
Estoque de Materiais de Escritório	30.000		
Estoque de Materiais de Informática..............................	25.000		
Estoque de Materiais de Higiene e Limpeza..................................	18.000		
Total dos Estoques....................	4.709.325		
Total do Ativo Circulante............	6.009.325	**Total do Passivo Circulante**	2.740.000
Computadores e Periféricos.........	50.000	Capital Social.............................	3.000.000
(–) Depreciação Acumulada de Computadores e Periféricos.........	(20.000)	Reserva para Investimentos...........	465.325
Máquinas e Equipamentos Industriais..............................	200.000		
(–) Depreciação Acumulada de Máquinas e Equipamentos Industriais................................	(40.000)		
Móveis e Utensílios....................	20.000		
(–) Depreciação Acumulada de MUT...	(14.000)		
Total do Ativo Não Circulante	196.000	**Total do Patrimônio Líquido**	3.465.325
TOTAL DO ATIVO	**6.205.325**	**TOTAL DO PASSIVO**	**6.205.325**

3. Fatos ocorridos no mês de março de X1

3.1 Compra, a prazo, de tecidos para aplicação no produto A, do fornecedor Santo Antônio S.A., como segue:

Valor das matérias-primas, incluso o ICMS	1.500.000
IPI acrescido	150.000
Fretes e seguros acrescidos	20.000
Total a ser pago ao fornecedor	1.670.000
ICMS sobre as matérias-primas	270.000
Valor líquido das matérias-primas	1.230.000
Valor dos fretes	20.000

(Considerar que não houve incidência do ICMS sobre os fretes.)

3.2 Compra, a prazo, de tecidos para aplicação no produto B, do fornecedor São João S.A., como segue:

Valor das matérias-primas, incluso o ICMS	800.000
IPI acrescido	80.000
Fretes e seguros acrescidos	10.000
Total a ser pago ao fornecedor	890.000
ICMS destacado	144.000
Valor das compras líquidas	656.000
Valor dos fretes	10.000

(Considerar que não houve incidência de ICMS sobre os fretes.)

3.3 Compra, a prazo, de tecidos para serem aplicados no produto C, do fornecedor São Pedro S.A., como segue:

Valor das matérias-primas, incluso o ICMS	250.000
IPI adicionado	25.000
Fretes e seguros adicionados	5.000
Total a ser pago ao fornecedor	280.000
ICMS destacado	45.000
Valor líquido dos tecidos	205.000
Valor dos fretes	5.000

(Considerar que não houve incidência do ICMS sobre os fretes.)

3.4 Apropriação da mão de obra direta, do pessoal da produção, do departamento de corte, conforme folha, no montante de $ 300.000.

3.5 Apropriar o pró-labore dos sócios, conforme folha, englobando os encargos sociais, no montante de $ 60.000. Considerar que 50% representam despesa administrativa e 50%, custo indireto de fabricação.

3.6 Apropriar os salários e encargos referentes à mão de obra indireta (gerente de produção, chefes e supervisores da fábrica), no montante de $ 31.000.

3.7 Pagamento efetuado por meio de cheque à oficina de costura, conforme nota fiscal, no valor de $ 420.000.

OBS.: Ficou acordado entre a indústria Ráfia e as oficinas que lhes prestam serviços que os serviços serão remunerados com base no número de peças acabadas em cada mês.

3.8 Pagamento efetuado por meio de cheque à oficina de bordado, conforme nota fiscal, no valor de $ 50.000. O pagamento refere-se a serviços prestados somente para fabricação do produto B.

3.9 Pagamento efetuado por meio de cheque à oficina de acabamento, conforme nota fiscal, no valor de $ 20.000.

3.10 Pagamento efetuado por meio de cheque à oficina de passadoria, conforme nota fiscal, no valor de $ 40.000.

3.11 Apropriar a folha de pagamento relativa à mão de obra do departamento de expedição, considerando salários e encargos, no montante de $ 20.000.

3.12 Pagamento efetuado, por meio de cheque, à empresa transportadora Real Ltda., referente a transporte de materiais e produtos entre a empresa industrial e as oficinas de serviços, conforme nota fiscal, no valor de $ 70.000.

3.13 Foram acumulados subprodutos, derivados da produção do mês, correspondentes a retalhos, avaliados pelo preço de venda em $ 15.000.

Reduzir esse valor do custo da produção acabada do período.

3.14 Venda dos subprotutos à vista, conforme nota fiscal, no valor de $ 15.000.

3.15 Durante o mês, foram vendidas 213.000 unidades do produto A, conforme nota fiscal, por $ 3.500.000. O ICMS incluso foi de $ 630.000.000 e o IPI adicionado, no total de $ 350.000. O total da nota fiscal, portanto, importou em 3.850.000, sendo $ 1.050.000 à vista e $ 2.800.000 a prazo.

3.16 Durante o mês, foram vendidas 76.000 unidades do produto B, à vista, por $ 1.300.000, conforme notas fiscais. O ICMS incluso foi igual a $ 234.000 e o IPI adicionado $ 130.000.

3.17 Durante o mês, foram vendidas 59.500 unidades do produto C, a prazo, por $ 500.000. O ICMS incluso foi no valor de $ 90.000, e o IPI adicionado, no montante de $ 50.000.

3.18 Durante o mês, foram vendidas 95.500 unidades do produto D por $ 1.000.000, conforme notas fiscais. A venda foi efetuada a prazo, tendo o ICMS importado em $ 180.000 e o IPI, em $ 100.000.

3.19 Apropriar o PIS sobre Faturamento, no valor de $ 118.800.

3.20 Apropriar a Cofins sobre Faturamento, no valor de $ 185.200.

3.21 Apropriar as despesas com a folha de pagamento da área administrativa, tendo o total dos salários e encargos correspondido a $ 40.500.

3.22 Apropriar as despesas com a folha de pagamento da área comercial, tendo o total dos salários e encargos correspondido a $ 18.000.

3.23 Para facilitar a contabilização dos gastos comuns às três áreas, que são pagos durante o mês, o departamento de custos da empresa preparou um mapa de rateio contendo os valores de cada gasto que deverá ser atribuído a cada uma das áreas da empresa. As diversas bases de rateio adotadas para a elaboração desse mapa serão apresentadas após ele.

MAPA DE RATEIO RELATIVO AOS GASTOS COMUNS ÀS TRÊS ÁREAS DA EMPRESA, CORRESPONDENTES AOS PAGAMENTOS EFETUADOS DURANTE O MÊS DE MARÇO Debitar a conta de despesa ou custo correspondente Creditar a conta Caixa e Bancos	
Área Administrativa	
Energia Elétrica	1.500
Telefone e Fax	5.000
Água e Esgoto	1.000
Área Administrativa	
Manutenção de Elevadores	800
Assistência Técnica Processamento de Dados	3.600
Conservação Predial	2.000
Lanches e Refeições	2.000
Segurança	10.000
Despesas Postais	1.000
Serviços de Terceiros	10.000
Total	**36.900**
Área Comercial	
Energia Elétrica	500
Telefone e Fax	15.000
Água e Esgoto	500
Manutenção de Elevadores	400
Assistência Técnica Processamento de Dados	1.200
Conservação Predial	1.000

(continua)

(continuação)

MAPA DE RATEIO RELATIVO AOS GASTOS COMUNS ÀS TRÊS ÁREAS DA EMPRESA, CORRESPONDENTES AOS PAGAMENTOS EFETUADOS DURANTE O MÊS DE MARÇO Debitar a conta de despesa ou custo correspondente Creditar a conta Caixa e Bancos	
Lanches e Refeições	1.000
Segurança	5.000
Despesas Postais	4.000
Total	**28.600**
Área de Produção	
Energia Elétrica	10.000
Telefone e Fax	20.000
Água e Esgoto	3.500
Manutenção de Elevadores	2.800
Assistência Técnica Processamento de Dados	7.200
Conservação Predial	5.000
Lanches e Refeições	7.000
Segurança	25.000
Manutenção Produção	17.500
Total	98.000
Total Geral	**163.500**

Informações acerca do mapa de rateio supra:

- As notas fiscais de energia elétrica são individualizadas por andar. O rateio do consumo do segundo andar é feito também com base na área ocupada.
- As notas fiscais relativas aos gastos com o uso de telefones são individualizadas por área.
- A conta de água e esgoto é única para todo o imóvel e o rateio é feito com base no número de empregados de cada área.
- Os gastos com a manutenção dos elevadores são comuns às três áreas. O rateio é feito com base no número de empregados de cada área.
- Os gastos com a manutenção de informática são comuns às três áreas. O rateio é feito com base no número de computadores em uso, em cada área, como segue: administração, 18 aparelhos; comercial, 6 aparelhos; produção, 36 aparelhos.
- O gasto com a conservação predial é comum às três áreas. O rateio é feito com base na área ocupada.

- O fornecimento de café e lanches é terceirizado. O rateio é feito com base no número de empregados de cada área.
- Os gastos com segurança são pagos a uma empresa especializada, que mantém pessoal 24 horas por dia fazendo a segurança em todas as dependências da empresa. O rateio para as três áreas é feito com base na área ocupada.
- Os gastos com correios são efetuados e identificados por área.

3.24 Pagamento efetuado referente a fretes e carretos ocorridos durante o mês, na entrega de produtos aos clientes, no valor de $ 25.000.

3.25 Despesas financeiras e tributárias pagas durante o mês, como segue:

Despesas Bancárias	2.500
Juros Passivos	12.000
Impostos e Taxas	17.000
Total	31.500

Observação

- Lançar as despesas tributárias (impostos e taxas) no grupo das despesas administrativas.

3.26 Apropriar o aluguel da área de produção, a ser pago no mês seguinte, no valor de $ 40.000.

3.27 Apropriar o aluguel referente ao segundo andar, a ser pago no mês seguinte, no valor de $ 10.000, sendo 50% do andar ocupado pela produção e 50% pela área comercial.

3.28 Apropriar o aluguel do terceiro andar, onde funciona a administração, a ser pago no mês seguinte, no valor de $ 10.000.

3.29 Pagamentos efetuados relativos a obrigações geradas em meses anteriores:

Duplicatas a Pagar	1.700.000
ICMS a Recolher	400.000
IPI a Recolher	200.000
COFINS a Recolher	50.000
PIS sobre Faturamento a Recolher	110.000
Salários e Encargos a Pagar	140.000
Aluguéis Passivos a Pagar	40.000
Total	2.740.000

3.30 Recebidas de clientes, em dinheiro, duplicatas no valor de 900.000, com 3% de juros e $ 22.000 de descontos.

3.31 Ajustar os saldos das contas ICMS a Recuperar e ICMS a Recolher.

3.32 Ajustar os saldos das contas IPI a Recuperar e IPI a Recolher.

4. Pede-se:

4.1 Contabilizar os fatos apresentados no item 3, considerando que a empresa Ráfia Indústria e Comércio Ltda. adota o sistema de inventário periódico para o registro e a apuração dos seus resultados.

4.2 Após contabilizar os fatos propostos no item 3, nos livros Diário e Razão, elaborar o primeiro Balancete de Verificação do Razão.

4.3 Depreciar:

a) máquinas e equipamentos industriais pela taxa de 10% a.a.;

b) computadores pela taxa de 20% a.a. Apropriar 20% para administração, 10% para a área comercial e o restante para a produção;

c) móveis e utensílios pela taxa de 10% a.a. Apropriar 70% para administração, 20% para área comercial e o restante para produção.

4.4 Ajustes em materiais de consumo:

Ajustar os saldos das contas de Estoque de Materiais de Escritório, Estoque de Material de Informática e Estoque de Material de Higiene e Limpeza.

No exemplo em questão, vamos supor que o almoxarife, após ter apurado o consumo de cada um desses materiais, por diferença de estoques, tenha estimado o consumo para cada área com base no movimento real ocorrido nos três últimos meses, elaborando a seguinte tabela:

Material de Escritório	
Administração	10.000
Comercial	4.000
Produção	1.000
Material de Informática	
Administração	5.000
Comercial	3.000
Produção	12.000
Material de Higiene e Limpeza	
Administração	2.000
Comercial	1.000
Produção	7.000

4.5 Apurar o custo de produção do período, considerando que os custos dos estoques finais a seguir foram levantados com base no critério PEPS, sendo:

Estoque Final de Matérias-primas	= 649.135
Estoque Final de Materiais Secundários	= 310.000
Estoque Final de Materiais de Embalagem	= 140.000

Considerar que o saldo da conta Fretes e Seguros sobre Compras no valor de $ 35.000 refere-se somente à compra de matérias-primas. Fazer o rateio para o estoque e para o custo.

4.6 Apurar o custo da produção acabada no período, considerando que o estoque inicial de produtos em elaboração, conforme consta do Balanço de 28 de fevereiro, era de $ 2.545.000, e o estoque final foi igual a $ 2.389.200.

4.7 Apurar o custo dos produtos vendidos, considerando que o estoque inicial de produtos acabados, conforme Balanço de 28 de fevereiro, era de $ 87.325, e o estoque final de produtos acabados, em 31 de março, foi igual a $ 180.780.

4.8 Apurar o resultado da venda de produtos.

4.9 Apurar o resultado líquido, que terá as seguintes deduções e destinações:

Deduções:

a) 10% para Contribuição Social;

b) 15% para o Imposto de Renda.

Observação

■ Considerar que não haverá ajustes no resultado para fins de cálculo dessas duas deduções.

Destinações:

a) 60% aos sócios, na proporção de 50% para cada um;

b) 40% à constituição de reserva para investimentos.

4.10 Elaborar as seguintes demonstrações contábeis:

a) Balanço Patrimonial;

b) Demonstração do Resultado do Exercício;

c) Demonstração do Custo dos Produtos Vendidos.

4.11 Informações adicionais

Estoques Iniciais de Produtos Acabados em 01 de março – em quantidades

Produto A:	3.000 unidades
Produto B:	1.000 unidades
Produto C:	500 unidades
Produto D:	5.500 unidades
Total:	10.000 unidades

Estoque Inicial de Produtos em Elaboração, em 01 de março – em quantidades

Produto A:	140.000 unidades
• 140.000 na oficina de costura	
Produto B:	70.000 unidades
• 50.000 na costura	
• 20.000 no bordado	
Produto C:	50.000 unidades
• 50.000 na costura	
Produto D:	90.000 unidades
• 90.000 no acabamento	
Total:	350.000 unidades

Produção iniciada em março:

Produto A:	200.000 unidades
Produto B:	100.000 unidades
Produto C:	100.000 unidades
Produto D:	Zero
Total:	400.000 unidades

Produção acabada em março:

Produto A:	220.000	(49%)
Produto B:	80.000	(18%)
Produto C:	60.000	(13%)
Produto D:	90.000	(20%)
Total:	450.000	(100%)

Estoque Final de Produtos em Elaboração em 31 de março – em quantidades

Produto A:	120.000 unidades
• 120.000 na costura	
Produto B:	90.000 unidades
• 40.000 na costura	
• 50.000 no bordado	
Produto C:	90.000 unidades
• 90.000 na costura	
Produto D:	Zero
Total:	300.000 unidades

Produtos Vendidos em março

Produto A:	213.000 unidades
Produto B:	76.000 unidades
Produto C:	59.500 unidades
Produto D:	95.500 unidades
Total:	444.000 unidades

Estoque Final de Produtos Acabados em 31 de março – em quantidades

Produto A:	10.000 unidades
Produto B:	5.000 unidades
Produto C:	1.000 unidades
Produto D:	Zero
Total:	16.000 unidades

Solução:

4.1 Contabilizar os fatos apresentados.

Observação

- Por razões de simplificação, inserimos históricos somente em casos especiais.

Livro diário

Contabilização dos fatos ocorridos durante o mês de março

1) *Diversos*

a Duplicatas a Pagar

a Santo Antônio S.A.

Compras de Matérias-primas	*1.230.000*	
Fretes e Seguros sobre Compras	*20.000*	
ICMS a Recuperar	*270.000*	
IPI a Recuperar	*150.000*	*1.670.000*

2) *Diversos*

a Duplicatas a Pagar

a São João S.A.

Compras de Matérias-primas	*656.000*	
Fretes e Seguros sobre Compras	*10.000*	
ICMS a Recuperar	*144.000*	
IPI a Recuperar	*80.000*	*890.000*

3) *Diversos*

a Duplicatas a Pagar

a São Pedro S.A.

Compras de Matérias-primas	*205.000*	
Fretes e Seguros sobre Compras	*5.000*	
ICMS a Recuperar	*45.000*	
IPI a Recuperar	*25.000*	*280.000*

4) *CUSTOS DIRETOS*

MÃO DE OBRA

Salários e Encargos

a Salários e Encargos a Pagar

Conf. folha	*300.000*	

5) *Diversos*

a Pró-labore e Encargos a Pagar

CUSTOS INDIRETOS

MÃO DE OBRA

Pró-labore e Encargos

Ref. a 50% conf. folha	*30.000*	

DESPESAS ADMINISTRATIVAS

Pró-labore e Encargos

Ref. 50% conf. folha	*30.000*	*60.000*

6) *CUSTOS INDIRETOS*

MÃO DE OBRA

Salários e Encargos

a Salários e Encargos a Pagar	*31.000*	

7) *CUSTOS DIRETOS*

GASTOS GERAIS DE FABRICAÇÃO

Oficinas Externas

a Caixa e Bancos

Pagamento efetuado à Oficina de Costura etc.	*420.000*	

8) *CUSTOS DIRETOS*

GASTOS GERAIS DE FABRICAÇÃO

Oficinas Externas

a Caixa e Bancos

Pagamento à Oficina de Bordado etc. *50.000*

---

9) *CUSTOS DIRETOS*

GASTOS GERAIS DE FABRICAÇÃO

Oficinas Externas

a Caixa e Bancos

Pagamento efetuado à Oficina de

Acabamento etc. *20.000*

---

10) *CUSTOS DIRETOS*

GASTOS GERAIS DE FABRICAÇÃO

Oficinas Externas

a Caixa e Bancos

Pagamento efetuado à Oficina de Passadoria etc...........40.000

---

11) *CUSTOS DIRETOS*

MÃO DE OBRA

Salários e Encargos

a Salários e Encargos a Pagar

Conf. folha...20.000

---

12) *CUSTOS DIRETOS*

GASTOS GERAIS DE FABRICAÇÃO

Transportes

a Caixa e Bancos

Pagamento efetuado à Empresa

Transportadora Real etc..70.000

---

13) *Estoque de Subprodutos*

a Custo de Produção do Período

Subprodutos acumulados no mês, conforme

sobras etc. 15.000

---

14) *Caixa e Bancos*

a Estoque de Subprodutos

Venda etc.	*15.000*	

Nota

- Nas vendas de subprodutos, poderão incidir tributos. Não os previmos no presente exemplo por razões de ordem prática.

15A) *Diversos*

a Diversos

Caixa	*1.050.000*	
Duplicatas a Receber	*2.800.000*	*3.850.000*
a Vendas de Produtos	*3.500.000*	
a IPI a Recolher	*350.000*	*3.850.000*

15B) *ICMS sobre Vendas*

a ICMS a Recolher	*630.000*	

16A) *Caixa*

a Diversos

a Vendas de Produtos	*1.300.000*	
a IPI a Recolher	*130.000*	*1.430.000*

16B) *ICMS sobre Vendas*

a ICMS a Recolher	*234.000*	

17A) *Duplicatas a Receber*

a Diversos

a Vendas de Produtos	*500.000*	
a IPI a Recolher	*50.000*	*550.000*

17B) *ICMS sobre Vendas*

a ICMS a Recolher	*90.000*	

18A) *Duplicatas a Receber*

a Diversos		
a Vendas de Produtos	*1.000.000*	
a IPI a Recolher	*100.000*	*1.100.000*

18B) *ICMS sobre Vendas*

a ICMS a Recolher	*180.000*

19) *PIS sobre Faturamento*

a PIS sobre Faturamento a Recolher	*118.800*

20) *COFINS*

a COFINS a Recolher	*185.200*

21) *DESPESAS ADMINISTRATIVAS*

Salários e Encargos	
a Salários e Encargos a Pagar	*40.500*

22) *DESPESAS COM VENDAS*

Salários e Encargos	
a Salários e Encargos a Pagar	*18.000*

23A) *Diversos*

a Caixa e Bancos		
Pagamentos como segue:		
DESPESAS ADMINISTRATIVAS		
Energia Elétrica	*1.500*	
Telefone e Fax	*5.000*	
Água e Esgoto	*1.000*	
Manutenção de Elevadores	*800*	
Assistência Técnica de Processamento de Dados	*3.600*	
Conservação Predial	*2.000*	
Lanches e Refeições	*2.000*	
Segurança	*10.000*	
Despesas Postais	*1.000*	
Serviços de Terceiros	*10.000*	*36.900*

23B) *Diversos*

a Caixa e Bancos Área Comercial

Pagamentos de despesas como segue:

DESPESAS COM VENDAS

Energia Elétrica	*500*	
Telefone e Fax	*15.000*	
Água e Esgoto	*500*	
Manutenção de Elevadores	*400*	
Assistência Técnica de Processamento de Dados	*1.200*	
Conservação Predial	*1.000*	
Lanches e Refeições	*1.000*	
Segurança	*5.000*	
Despesas Postais	*4.000*	*28.600*

23C) *Diversos*

a Caixa e Bancos

Pagamentos como segue:

CUSTOS INDIRETOS

GASTOS GERAIS DE FABRICAÇÃO INDIRETOS

Energia Elétrica	*10.000*	
Telefone e Fax	*20.000*	
Água e Esgoto	*3.500*	
Manutenção de Elevadores	*2.800*	
Assistência Técnica de Processamento de Dados	*7.200*	
Conservação Predial	*5.000*	
Lanches e Refeições	*7.000*	
Segurança	*25.000*	
MANUTENÇÃO PRODUÇÃO	*17.500*	*98.000*

Nota

- No exemplo em questão, estamos considerando que a empresa, ao efetuar os pagamentos de suas despesas fixas, bem como dos custos fixos, tem condições de separar cada pagamento em relação às três áreas. Entretanto, nem sempre isso é possível, pois há situações em que a empresa paga uma só fatura, que deverá ratear para duas ou três áreas. Nesse caso, deverá escolher uma base para rateio que seja compatível com o gasto e sua proporção em relação ao consumo em cada área.

24) *DESPESAS COM VENDAS*

Fretes e Carretos

a Caixa e Bancos 25.000

25) *Diversos*

a Caixa e Bancos

DESPESAS FINANCEIRAS

Despesas Bancárias 2.500

Juros Passivos 12.000

DESPESAS ADMINISTRATIVAS

Impostos e Taxas 17.000 31.500

26) *CUSTOS INDIRETOS*

GASTOS GERAIS DE FABRICAÇÃO

Aluguéis Passivos

a Aluguéis a Pagar 40.000

27) *Diversos*

a Aluguéis a Pagar

DESPESAS COM VENDAS

Aluguéis Passivos 5.000

CUSTOS INDIRETOS

GASTOS GERAIS DE FABRICAÇÃO

Aluguéis Passivos 5.000 10.000

28) *DESPESAS ADMINISTRATIVAS*

Aluguéis Passivos

a Aluguéis a Pagar 10.000

29) *Diversos*

a Caixa e Bancos

Duplicatas a Pagar 1.700.000

ICMS a Recolher 400.000

IPI a Recolher 200.000

COFINS a Recolher	*150.000*	
PIS sobre Faturamento a Recolher	*110.000*	
Salários e Encargos a Pagar	*140.000*	
Aluguéis Passivos a Pagar	*40.000*	*2.740.000*

30) *Diversos*

a Diversos

Caixa	*905.000*	
Descontos Concedidos	*22.000*	*927.000*
a Duplicatas a Receber	*900.000*	
a Juros Ativos	*27.000*	*927.000*

31) *ICMS a Recolher*

a ICMS a Recuperar	*459.000*

32) *IPI a Recolher*

a IPI a Recuperar	*255.000*

4.2 Após contabilizar os fatos propostos no item 3 nos livros Diário e Razão, elaborar o primeiro Balancete de Verificação do Razão.

PRIMEIRO BALANCETE DE VERIFICAÇÃO DO RAZÃO Em 31 de março		
Contas	**Débito**	**Crédito**
Caixa e Bancos	240.000	
Duplicatas a Receber	4.450.000	
Estoque de Produtos Acabados	87.325	
Estoque de Produtos em Elaboração	2.545.000	
Estoque de Matéria-prima	834.000	
Estoque de Materiais Secundários	920.000	
Estoque de Materiais de Embalagem	250.000	
Estoque de Material de Escritório	30.000	
Estoque de Material de Informática	25.000	

(continua)

(continuação)

PRIMEIRO BALANCETE DE VERIFICAÇÃO DO RAZÃO Em 31 de março		
Contas	Débito	Crédito
Estoque de Material de Higiene e Limpeza	18.000	
Computadores e Periféricos	50.000	
Máquinas e Equipamentos Industriais	200.000	
Móveis e Utensílios	20.000	
DESPESAS COM VENDAS		
Salários e Encargos	18.000	
Aluguéis Passivos	5.000	
Energia Elétrica	500	
Telefone e Fax	15.000	
Água e Esgoto	500	
Manutenção de Elevadores	400	
Assistência Técnica Processamento de Dados	1.200	
Conservação Predial	1.000	
Lanches e Refeições	1.000	
Segurança	5.000	
Despesas Postais	4.000	
Fretes e Carretos	25.000	
DESPESAS FINANCEIRAS		
Despesas Bancárias	2.500	
Juros Passivos	12.000	
Descontos Concedidos	22.000	
DESPESAS ADMINISTRATIVAS		
Pró-labore e Encargos	30.000	
Salários e Encargos	40.500	
Aluguéis Passivos	10.000	
Energia Elétrica	1.500	
Telefone e Fax	5.000	

(continua)

(continuação)

PRIMEIRO BALANCETE DE VERIFICAÇÃO DO RAZÃO Em 31 de março		
Contas	Débito	Crédito
Água e Esgoto	1.000	
Manutenção de Elevadores	800	
Assistência Técnica Processamento de Dados	3.600	
Conservação Predial	2.000	
Lanches e Refeições	2.000	
Segurança	10.000	
Despesas Postais	1.000	
Serviços de Terceiros	10.000	
Impostos e Taxas	17.000	
CUSTOS DIRETOS		
Compras de Matérias-primas	2.091.000	
Fretes e Seguros sobre Compras	35.000	
Salários e Encargos	320.000	
Oficinas Externas	530.000	
Transporte	70.000	
CUSTOS INDIRETOS		
Pró-labore e Encargos	30.000	
Salários e Encargos	31.000	
Aluguéis Passivos	45.000	
Energia Elétrica	10.000	
Telefone e Fax	20.000	
Água e Esgoto	3.500	
Manutenção de Elevadores	2.800	
Assistência Técnica Processamento de Dados	7.200	
Conservação Predial	5.000	
Lanches e Refeições	7.000	
Segurança	25.000	

(continua)

(continuação)

PRIMEIRO BALANCETE DE VERIFICAÇÃO DO RAZÃO Em 31 de março		
Contas	**Débito**	**Crédito**
Manutenção Produção	17.500	
ICMS sobre Vendas	1.134.000	
PIS sobre Faturamento	118.800	
COFINS	185.200	
Depreciação Acumulada de Computadores e Periféricos		20.000
Depreciação Acumulada de Máquinas e Equip. Industriais		40.000
Depreciação Acumulada de Móveis e Utensílios		14.000
Duplicatas a Pagar		2.840.000
ICMS a Recolher		675.000
IPI a Recolher		375.000
Cofins a Recolher		185.200
PIS a Recolher		118.800
Salários e Encargos a Pagar		409.500
Pró-labore e Encargos a Pagar		60.000
Aluguéis Passivos a Pagar		60.000
Capital Social		3.000.000
Reserva para Investimentos		465.325
Vendas de Produtos		6.300.000
Juros Ativos		27.000
Custo de Produção do Período		15.000
Totais	**14.604.825**	**14.604.825**

4.3 Depreciar:

a) Máquinas e equipamentos industriais pela taxa de 10% a.a.;

CÁLCULOS:

10% de 200.000 = 20.000

20.000/12 = 1.667

33) *CUSTOS INDIRETOS*

GASTOS GERAIS DE FABRICAÇÃO

Depreciação

a Depreciação Acumulada de Máquinas e

Equipamentos Industriais

Cota do mês, conf. cálculos.. 1.667

---

b) Computadores pela taxa de 20% a.a. Apropriar 20% para administração, 10% para a área comercial e o restante para a produção;

Cálculos:

20% de 50.000 = 10.000

10.000/12 = 834

Despesas com Vendas 10% = 83

Despesas Administrativas: 20% = 166

Gastos Gerais de Fabricação 70% = 585

34) *Diversos*

a Depreciação Acumulada de Computadores

DESPESAS COM VENDAS

Depreciação.. 83

DESPESAS ADMINISTRATIVAS

Depreciação.. 166

CUSTOS INDIRETOS

GASTOS GERAIS DE FABRICAÇÃO

Depreciação.. 585 834

---

c) Móveis e utensílios pela taxa de 10%. Apropriar 70% para administração; 20% para área comercial e o restante para produção.

Cálculos:

10% de 20.000 = 2.000

2.000/12 = 167

Despesas com Vendas: 20% = 34

Despesas Administrativas: 70% = 116

Gastos Gerais de Fabricação: 10% = 17

35) *Diversos*

a Depreciação Acumulada de Móveis e utensílios		
Despesas com Vendas		
Depreciação	*34*	
DESPESAS ADMINISTRATIVAS		
Depreciação	*116*	
CUSTOS INDIRETOS DE FABRICAÇÃO		
GASTOS GERAIS DE FABRICAÇÃO		
Depreciação	*17*	*167*

4.4 Ajustes em materiais de consumo.

Veja, então, como será o registro contábil:

36A) *Diversos*

a Diversos		
DESPESAS ADMINISTRATIVAS		
Material de Escritório	*10.000*	
Material de Informática	*5.000*	
Material de Higiene e Limpeza	*2.000*	*17.000*
a Estoque de Material de Escritório	*10.000*	
a Estoque de Material de Informática	*5.000*	
a Estoque de Material de Higiene e Limpeza	*2.000*	*17.000*

36B) *Diversos*

a Diversos		
DESPESAS COM VENDAS		
Material de Escritório	*4.000*	
Material de Informática	*3.000*	
Material de Higiene e Limpeza	*1.000*	*8.000*
a Estoque de Material de Escritório	*4.000*	
a Estoque de Material de Informática	*3.000*	
a Estoque de Material de Higiene e Limpeza	*1.000*	*8.000*

36C)*Diversos*

a Diversos

CUSTOS INDIRETOS

GASTOS GERAIS DE FABRICAÇÃO INDIRETOS

Material de Escritório	*1.000*	
Material de informática	*12.000*	
Material de Higiene e Limpeza	*7.000*	*20.000*
a Estoque de Material de Escritório	*1.000*	
a Estoque de Material de Informática	*12.000*	
a Estoque de Material de Higiene e Limpeza	*7.000*	*20.000*

Nota

■ É importante salientar que os gastos com as áreas administrativa (Despesas Administrativas) e comercial (Despesas com Vendas) – lançamentos 23A, 23B, 36A e 36B – em geral contêm uma parcela que deve ser rateada para a área de produção, porque essas duas áreas dedicam parte de suas tarefas para a produção. Essa irregularidade somente é corrigida com a aplicação do custo departamental ou do sistema de custeio ABC, conforme veremos nos Capítulos 10 e 11.

4.5 Apurar o custo de produção do período:

Cálculos e Contabilização

Matérias-primas

Estoque inicial	834.000
(+) Compras	2.091.000
(–) Estoque final	(649.135)
(=) Matéria-prima consumida	2.275.865

RATEIO DOS FRETES E SEGUROS

FSE = EF/C x EF

FSE = 649.135/2.091.000 x 35.000 = 10.865

FSC = 35.000 – 10.865 = 24.135

Materiais Secundários

Estoque Inicial	920.000
(–) Estoque Final	(310.000)
(=) Material Secundário consumido	610.000

Material de Embalagem

Estoque Inicial	250.000
(–) Estoque Final	(140.000)
(=) Material Embalagem consumido	110.000

37) *Custo de Produção do Período*

a Diversos		
a Estoque de Matérias-primas	*834.000*	
a Estoque de Material Secundário	*920.000*	
a Estoque de Materiais de Embalagem	*250.000*	
a Compras de Matérias-primas	*2.091.000*	
a Fretes e Seguros sobre Compras	*24.135*	*4.119.135*

38) *Diversos*

a Custo de Produção do Período		
Estoque de Matérias-primas	*649.135*	
Estoque de Material Secundário	*310.000*	
Estoque de Materiais de Embalagem	*40.000*	*1.099.135*

39) *Estoque de Matérias-primas*

a Fretes e Seguros sobre Compras	*10.865*

Nos lançamentos 40 e 41 a seguir, vamos transferir para a conta Custo de Produção do Período os demais custos diretos, bem como todos os custos indiretos. Veja:

40) *Custo de Produção do Período*

a Diversos		
a CUSTOS DIRETOS		
a MÃO DE OBRA		
a Salários e Encargos	*320.000*	
a Oficinas Externas	*530.000*	
a Transportes	*70.000*	*920.000*

41) *Custo de Produção do Período*

a Diversos		
a CUSTOS INDIRETOS		
a MATERIAIS		
a Material de Escritório	*1.000*	
a Material de Informática	*12.000*	
a Material de Higiene e Limpeza	*7.000*	
a MÃO DE OBRA		
a Pró-labore e Encargos	*30.000*	
a Salários e Encargos	*31.000*	
*a Lanches e Refeições**	*7.000*	
a GASTOS GERAIS DE FABRICAÇÃO		
a Aluguéis Passivos	*45.000*	
a Energia Elétrica	*10.000*	
a Telefone e Fax	*20.000*	
a Água e Esgoto	*3.500*	
a Manutenção de Elevadores	*2.800*	
a Assistência Técnica de Processamento de Dados	*7.200*	
a Conservação Predial	*5.000*	
a Segurança	*25.000*	
a Manutenção Produção	*17.500*	
a Depreciação	*2.269*	*226.269*

* Embora os gastos com lanches e refeições tenham beneficiado tanto o pessoal que atua como mão de obra direta quanto aquele que atua como mão de obra indireta, em razão do pequeno valor, todos foram tratados como integrantes dos custos indiretos de fabricação (Característica Qualitativa Fundamental da Informação Contábil-Financeira Útil, da materialidade).

Veja o custo de produção do período apurado no respectivo Razonete:

CUSTO DE PRODUÇÃO DO PERÍODO

	(37)	4.119.125	(13)	15.000
	(40)	920.000	(38)	1.099.135
	(41)	226.269		
Soma		5.265.404	Soma	1.114.135
Saldo		4.151.269		

4.6. Apurar o custo da produção acabada no período. Veja como chegamos ao custo do estoque final de produtos em elaboração:
A disciplina está no art. 296 do RIR/1999:

> (...)
>
> a) Os produtos em elaboração serão avaliados por uma vez e meia o maior custo das matérias-primas adquiridas no período de apuração, ou em oitenta por cento do valor dos produtos acabados, determinado de acordo com a letra "b";
>
> b) Os produtos acabados serão avaliados em setenta por cento do maior preço de venda no período de apuração. Neste caso, o valor dos produtos acabados deverá ser determinado tomando por base o preço de venda, sem exclusão de qualquer parcela a título do ICMS.

Estabelece, ainda, a legislação tributária que as regras apresentadas nas letras a e b deverão ser devidamente reconhecidas na escrituração comercial.

Pelas características que envolvem o processo de fabricação em estudo, optaremos em atribuir custos aos estoques finais de produtos em elaboração com base no preço de venda. Acompanhe.

Informações obtidas perante o controle interno, na área de produção:

Produto A

Peças em elaboração no início do período	140.000
(+) Peças cortadas no período	200.000
(–) Peças acabadas no período	(220.000)
(=) Peças em elaboração no final do período	120.000
Peças vendidas no período	213.000
Preço de venda global	3.500.000
Preço de venda unitário	16,43

Cálculo do custo do estoque final

70% de 16,43 =	11,50
80% de 11,50 =	9,20
120.000 × 9,20 =	1.104.000

Produto B

Peças em elaboração no início do período	70.000
(+) Peças cortadas no período	100.000
(–) Peças acabadas no período	(80.000)
(=) Peças em elaboração no final do período	90.000
Peças vendidas no período	76.000

Preço de venda global	1.300.000
Preço de venda unitário	17,11

Cálculo do estoque final dos produtos em elaboração

70% de 17, 11 = 11,98

80% de 11, 98 = 9,58

90.000 × 9,58 = 862.200

Produto C

Peças em elaboração no início do período	50.000
(+) Peças cortadas no período	100.000
(–) Peças acabadas no período	(60.000)
(=) Peças em elaboração no final do período	90.000
Peças vendidas no período	59.500
Preço de venda	500.000
Preço de venda unitário	8,40

Cálculo do estoque final dos produtos em elaboração

70% de 8,40 = 5,88

80% de 5,88 = 4,70

90.000 × 4,70 = 423.000

Produto D

Peças em elaboração no início do período	90.000
(+) Peças cortadas no períodos	Zero
(–) Peças acabadas no período	(90.000)
(=) Peças em elaboração no final do período	Zero
Peças vendidas no período	95.500
Preço de venda	1.000.000
Preço de venda unitário	10,47

Cálculo do estoque final dos produtos em elaboração

Não há estoque final.

Resumo:

Estoque final produto A	1.104.000
Estoque final produto B	862.200
Estoque final produto C	423.000
Estoque final produtos em elaboração	2.389.200

CONTABILIZAÇÃO:

42) *Custo da Produção Acabada no Período*

a Diversos

a Estoque de Produtos em Elaboração............................ 2.545.000

a Custo de Produção do Período.................................... 4.151.269 6.696.269

43) *Estoque de Produtos em Elaboração*

a Custo da Produção Acabada no Período...................... 2.389.200

Veja o Razonete a seguir:

CUSTO DE PRODUÇÃO ACABADA NO PERÍODO			
(42)	6.696.269	(43)	2.389.200
Saldo	4.307.069		

4.7 Apurar o custo dos produtos vendidos:

Veja como encontramos o valor do estoque final de produtos acabados (a disciplina também está no art. 296 do RIR/1999).

Aproveitando os cálculos iniciais devidamente explicados no item 4.6 dessa solução, veja, então, como chegamos ao custo do estoque final dos produtos acabados.

Produto A

Cálculo do custo do estoque final de produtos acabados

70% de 16,43 = 11,50

10.000 × 11, 50 = 115.000

Produto B

Cálculo do estoque final dos produtos acabados

70% de 17, 11 = 11,98

5.000 × 11,98 = 59.900

Produto C

Cálculo do estoque final dos produtos acabados

70% de 8,40 = 5,88

1.000 × 5,88 = 5.880

RESUMO:

Estoque final produto A.. 115.000

Estoque final produto B	59.900
Estoque final produto C	5.880
Estoque final dos produtos acabados	180.780

CONTABILIZAÇÃO

44) *Custo dos Produtos Vendidos*

a Diversos

a Estoque de Produtos Acabados...............................	*87.325*	
a Custo da Produção Acabada no período....................	*4.307.069*	*4.394.394*

45) *Estoque de Produtos Acabados*

a Custo dos Produtos Vendidos.....................................	*180.780*

Veja o Razonete a seguir:

CUSTO DOS PRODUTOS VENDIDOS			
(44)	4.394.394	(45)	180.780
Saldo	4.213.614		

4.8 Apurar o resultado da venda de produtos:

46) *Resultado da Venda de Produtos*

a Diversos

a ICMS sobre Vendas...	*1.134.000*	
a PIS sobre Faturamento..	*118.800*	
a Cofins	*185.200*	
a Custo dos Produtos Vendidos.......................................	*4.213.614*	*5.651.614*

47) *Vendas de produtos*

a Resultado da Venda de Produtos.................................	*6.300.000*

48) *Resultado da Venda de Produtos*

a Lucro sobre Vendas de produtos

Lucro Bruto apurado	*648.386*

4.9 Apurar o resultado líquido:

49) *Resultado do Exercício*

a Diversos		
a DESPESAS COM VENDAS		
a Salários e Encargos	*18.000*	
a Energia Elétrica	*500*	
a Telefone e Fax	*15.000*	
a Água e Esgoto	*500*	
a Manutenção de Elevadores	*400*	
a Assistência Técnica de Processamento de Dados	*1.200*	
a Conservação Predial	*1.000*	
a Lanches e Refeições	*1.000*	
a Segurança	*5.000*	
a Despesas Postais	*4.000*	
a Fretes e Carretos	*25.000*	
a Aluguéis Passivos	*5.000*	
a Material de Escritório	*4.000*	
a Material de Informática	*3.000*	
a Material de Higiene e Limpeza	*1.000*	
a Depreciação	*117*	*84.717*

50) *Resultado do Exercício*

a Diversos		
a DESPESAS FINANCEIRAS		
a Despesas Bancárias	*2.500*	
a Juros Passivos	*12.000*	
a Descontos Concedidos	*22.000*	*36.500*

51) *Resultado do Exercício*

a Diversos		
a DESPESAS ADMINISTRATIVAS		
a Pró-labore e Encargos	*30.000*	
a Salários e Encargos	*40.500*	
a Energia Elétrica	*1.500*	
a Telefone e Fax	*5.000*	

a Água e Esgoto	*1.000*	
a Manutenção de Elevadores	*800*	
a Assistência Técnica de Processamento de Dados	*3.600*	
a Conservação Predial	*2.000*	
a Lanches e Refeições	*2.000*	
a Segurança	*10.000*	
a Despesas Postais	*1.000*	
a Serviços de Terceiros	*10.000*	
a Impostos e Taxas	*17.000*	
a Aluguéis Passivos	*10.000*	
a Material de Escritório	*10.000*	
a Material de Informática	*5.000*	
a Material de Higiene e Limpeza	*2.000*	
a Depreciação	*282*	*151.682*

52) *Diversos*

a Resultado do Exercício		
Lucro sobre Vendas de Produtos	*648.386*	
Juros Ativos	*27.000*	*675.386*

53) *Resultado do Exercício*

a Diversos		
a CSLL a Recolher		
10% de 402.487	*40.248*	
a IR sobre o Lucro Líquido a Recolher		
15% de 402.487	*60.373*	
a Lucros Acumulados		
Lucro Líquido do exercício	*301.866*	*402.487*

54) *Lucros Acumulados*

a Diversos		
Destinação do lucro líquido como segue:		
a Sócios Conta Corrente		
60% de 301.866	*181.119*	
a Reserva para Investimentos		
40% conf. cálculos	*120.747*	*301.866*

4.10 Elaborar as seguintes demonstrações contábeis:

a) Balanço Patrimonial

BALANÇO PATRIMONIAL DE RÁFIA INDÚSTRIA E COMÉRCIO LTDA., LEVANTADO EM 31 DE MARÇO DE X1

Contas	$	Contas	$
ATIVO		**PASSIVO**	
ATIVO CIRCULANTE		PASSIVO CIRCULANTE	
Disponibilidades		Obrigações a fornecedores	
Caixa e Bancos	240.000	Duplicatas a Pagar	2.840.000
Total das Disponibilidades	240.000	Total das Obrigações a Fornecedores	2.840.000
Clientes		**Obrigações tributárias**	
Duplicatas a Receber	4.450.000	ICMS a Recolher	675.000
Total de Clientes	4.450.000	IPI a Recolher	375.000
Estoques		Cofins a Recolher	185.200
		PIS a Recolher	118.800
Estoque de Produtos Acabados	180.780	CSLL a Recolher	40.248
Estoque de Produtos em Elaboração	2.389.200	IR sobre o Lucro Líquido a Recolher	60.373
Estoque de Matéria-prima	660.000	Total das Obrigações Tributárias	1.454.621
Estoque de Materiais Secundários	310.000	**Obrigações trabalhistas**	
Estoque de Material de Embalagem	140.000	Salários e Encargos a Pagar	409.500
Estoque de Material de Escritório	15.000	Pró-labore e Encargos a Pagar	60.000
Estoque de Material de Informática	5.000	Total das Obrigações Trabalhistas	469.500
Estoque de Material de Higiene e Limpeza	8.000	**Outras obrigações**	
Total dos Estoques	3.707.980	Aluguéis Passivos a Pagar	60.000
Total do Ativo Circulante	8.397.980	Sócios Conta Corrente	181.119
		Total de Outras Obrigações	241.119
ATIVO NÃO CIRCULANTE			
ATIVO IMOBILIZADO			
Computadores e Periféricos	50.000	**Total do Passivo Circulante**	5.005.240
Depreciação Acumulada Computadores e Periféricos	(20.834)	PATRIMÔNIO LÍQUIDO	
Máquinas e Equipamentos Industriais	200.000	Capital Social	3.000.000
Depreciação Acum. Máq. Eq. Ind.	(41.667)	Reserva para Investimentos	586.072
Móveis e Utensílios	20.000		
Depreciação Acumulada MUT	(14.167)		
Total do Ativo Não Circulante	**193.332**	**Total do Patrimônio Líquido**	**3.586.072**
TOTAL DO ATIVO	**8.591.312**	**TOTAL DO PASSIVO**	**8.591.312**

b) Demonstração do Resultado do Exercício

DEMONSTRAÇÃO DO RESULTADO DO EXERCÍCIO DE RÁFIA INDÚSTRIA E COMÉRCIO LTDA., ELABORADA EM 31 DE MARÇO DE X1	
Contas	$
1. RECEITA OPERACIONAL BRUTA	
Venda de Produtos	6.300.000
2. DEDUÇÕES E ABATIMENTOS	
ICMS sobre Vendas	(1.134.000)
PIS sobre Faturamento	(118.800)
COFINS sobre Faturamento	(185.200)
3. RECEITA OPERACIONAL LÍQUIDA (1 – 2)	4.862.000
4. CUSTOS OPERACIONAIS	
CPV	(4.213.614)
5. LUCRO BRUTO (3 – 4)	648.386
6. DESPESAS OPERACIONAIS	
Despesas com Vendas	(84.717)
Despesas Financeiras	(36.500)
(+) Receitas Financeiras	27.000
Despesas Gerais e Administrativas	(151.682)
Outras Despesas Operacionais	
7. OUTRAS RECEITAS OPERACIONAIS	
8. LUCRO (PREJUÍZO) OPERACIONAL (5 – 6 + 7)	402.487
9. OUTRAS RECEITAS	
10. OUTRAS DESPESAS	
11. RESULTADO DO EXERCÍCIO ANTES DO IR (8 + 9 – 10)	402.487
12. Contribuição Social sobre o Lucro Líquido	(40.248)
13. Imposto de Renda sobre o Lucro Líquido	(60.373)
14. RESULTADO DO EXERCÍCIO APÓS O IR (11 – 12 – 13)	301.866
15. PARTICIPAÇÕES	
Debêntures	
Empregados	
Administradores	
Partes Beneficiárias	
Instituições ou Fundos de Assistência Previdência dos Empregados	
16. LUCRO OU PREJUÍZO LÍQUIDO DO EXERCÍCIO (14 – 15)	301.866

c) Demonstração do Custo dos Produtos Vendidos

DEMONSTRAÇÃO DO CUSTO DOS PRODUTOS VENDIDOS DE RÁFIA INDÚSTRIA E COMÉRCIO LTDA., ELABORADA EM 31 DE MARÇO DE X1		
Contas	**$**	**$**
1. Estoque inicial de Matérias-primas	834.000	
2. (+) Compras Líquidas de Matérias-primas	2.115.135	
3. (=) CUSTO DAS MATÉRIAS-PRIMAS DISPONÍVEIS (1 + 2)	2.949.135	
4. (–) Custo matérias-primas não aplicadas na Produção		
4.1. Estoque Final de Matérias-primas..........................	649.135*	
4.2. Custo das Vendas de Matérias-primas....................	–	
4.3. Subprodutos Acumulados no Período....................	15.000	
4.4. Outros..	(664.135)	
5. (=) CUSTO DAS MATÉRIAS-PRIMAS APLICADAS (3 – 4)	2.285.000	
6. (+) Mão de Obra Direta	320.000	
7. (=) CUSTO PRIMÁRIO (5 + 6)	2.605.000	
8. (+) Outros Custos Diretos		
8.1. Materiais Secundários..	610.000	
8.2. Materiais de Embalagem....................................	110.000	
8.3. Outros Materiais..		
8.4. Gastos Gerais de Fabricação Diretos.....................	600.000	1.320.000
9. (=) CUSTOS DIRETOS DE FABRICAÇÃO (7 + 8)	3.925.000	
10. (+) Custos Indiretos de Fabricação		
10.1. Materiais Indiretos..	20.000	
10.2. Mão de Obra Indireta..	68.000	
10.3. Gastos Gerais de Fabricação Indiretos.................	138.269	226.269
11. (=) CUSTO DE PRODUÇÃO DO PERÍODO (9 + 10)	4.151.269	
12. (+) Estoque Inicial de Produtos em Elaboração	2.545.000	
13. (=) CUSTO DE PRODUÇÃO (11 + 12)	6.696.269	
14. (–) Estoque Final de Produtos em Elaboração	(2.389.200)	
15. (=) CUSTO DA PROD. ACABADA NO PERÍODO (13 – 14)	4.307.069	
16. (+) Estoque Inicial de Produtos Acabados	87.325	
17. (=) CUSTO DOS PRODUTOS DISPONÍVEIS PARA VENDA (15 + 16)	4.394.394	
18. (–) Estoque Final de Produtos Acabados	(180.780)	
19. (=) CUSTO DOS PRODUTOS VENDIDOS (17 – 18)	4.213.614	

* Não incluir o valor dos fretes rateados para o estoque final.

d) Cálculos de suporte para a elaboração da DCPV

Lembramos que a maior parte dos valores integrantes da DCPV é extraída diretamente do livro Razão (Razonetes). Entretanto, alguns valores precisam ser calculados.

VEJA:

MÃO DE OBRA DIRETA	
Salários e Encargos (Corte)	300.000
Salários e Encargos Expedição	20.000
Total da MOD	320.000
OUTROS CUSTOS DIRETOS	
GASTOS GERAIS DE FABRICAÇÃO	
OFICINAS EXTERNAS	
Oficina de Costura	420.000
Oficina de Bordado	50.000
Oficina de Acabamento	20.000
Oficina de Passadoria	40.000
Soma	530.000
TRANSPORTES	
Gasto total	70.000
Total dos Gastos Gerais de Fabricação Diretos	600.000
CUSTOS INDIRETOS DE FABRICAÇÃO	
MATERIAIS INDIRETOS	
Material de Escritório	1.000
Material de Informática	12.000
Material de Higiene e Limpeza	7.000
Total Material Indireto	20.000
MÃO DE OBRA INDIRETA	
Pró-labore	30.000
Salários e Encargos	31.000
Lanches e Refeições	7.000
Total MOI	68.000
GASTOS GERAIS DE FABRICAÇÃO INDIRETOS	
Aluguéis Passivos	45.000
Energia Elétrica	10.000

(continua)

(continuação)

Telefone e Fax	20.000
Água e Esgoto	3.500
Manutenção de Elevadores	2.800
Assistência Téc. Proc. Dados	7.200
Conservação Predial	5.000
Segurança	25.000
Manutenção Produção	17.500
Depreciação	2.269
Total Gastos Gerais de Fabricação Indiretos	138.269
Total dos Custos Indiretos	**226.269**

8 Sistema de Inventário Permanente

8.1 Conceito

Inventário permanente é um sistema contábil por meio do qual os resultados podem ser apurados a qualquer momento.

A expressão "inventário permanente" decorre do fato de que os custos dos estoques de materiais necessários para a apuração dos resultados são atualizados permanentemente.

Nas empresas que adotam esse sistema, a cada compra efetuada, tanto as quantidades quanto os custos unitários e totais dos materiais existentes em estoque são devidamente atualizados.

O uso das fichas de controle de estoques, conforme estudamos no Capítulo 5, sejam elas manuais ou realizadas por meio de processamento eletrônico de dados, facilita o controle da movimentação dos materiais, possibilitando o conhecimento dos custos das unidades adquiridas, transferidas para as diversas áreas da empresa, bem como daquelas que permanecerem em estoque.

Da mesma forma, os gastos com mão de obra e os gastos gerais de fabricação são também acompanhados por empregados destacados para esse fim, realizando apontamentos ou atuando de outras maneiras que possibilitem a identificação dos custos diretos com os produtos fabricados, bem como com a definição prévia de critérios para rateio dos custos indiretos, sejam eles correspondentes a materiais, mão de obra ou gastos gerais de fabricação.

Assim, para permitir o conhecimento do custo unitário dos produtos no momento em que são fabricados, esse sistema, conforme dissemos, exige o trabalho de pessoal especializado, bem como a adoção de controles detalhados, motivo pelo qual é adotado com mais frequência pelas empresas industriais de grande porte.

As empresas industriais que optam por esse sistema para contabilização e apuração do custo de fabricação, durante o exercício social, têm uma carga maior de trabalho para controle dos elementos que compõem o custo de fabricação em relação àquelas que optam pelo sistema de inventário periódico. Pelo sistema de inventário periódico, maior volume de trabalho se concentra na data de encerramento do período, quando são realizados os procedimentos necessários para a apuração do custo global de fabricação e do resultado bruto, enquanto pelo sistema de inventário permanente, no final do período, os procedimentos se resumem na apuração do resultado bruto, uma vez que o custo de fabricação e o custo dos produtos vendidos foram apurados e contabilizados durante o período, à medida que ocorriam compras de materiais, transferências de materiais para produção, além dos demais gastos com mão de obra e gastos gerais de fabricação, bem como as vendas de produtos.

Trata-se, portanto, de um sistema complexo cuja grande vantagem é a possibilidade do conhecimento, por meio da escrituração contábil, do custo unitário, uma vez que o custo da produção pode ser apurado e contabilizado diariamente.

Adotando-se o sistema de inventário permanente, todas as decisões a serem tomadas pela empresa em relação ao gerenciamento da produção e das vendas encontrarão fundamento nos registros contábeis.

8.2 Esquema técnico para contabilização

8.2.1 Elenco de Contas

Para possibilitar a contabilização e a apuração do custo unitário e global da produção do período e do custo dos produtos vendidos, pelo sistema de inventário permanente, além das contas patrimoniais e de resultado que são utilizadas pelas empresas em geral, utilizaremos também as contas dos seguintes grupos, constantes do Elenco de Contas apresentado no Capítulo 3:

1.1.6.01 Estoques de Mercadorias, Produtos e Insumos

Todas as contas desse grupo e respectivos subgrupos, exceto as relativas a mercadorias.

1.1.6.02 Estoques de Materiais de Consumo

Todas as contas desse grupo.

Incluem-se também todas as contas redutoras das contas representativas dos estoques.

1.2.3 IMOBILIZADO

Todas as contas desse grupo e respectivos subgrupos, inclusive as redutoras.

3.3.2 CUSTOS DIRETOS DE FABRICAÇÃO

Todas as contas desse grupo e respectivos subgrupos.

3.3.3 CUSTOS INDIRETOS DE FABRICAÇÃO (CIFs)

Todas as contas desse grupo e respectivos subgrupos.

3.3.4 CUSTO EM FORMAÇÃO

Todas as contas desse grupo e respectivos subgrupos.

4.1.2 RECEITA BRUTA DE VENDA DE PRODUTOS

Todas as contas desse grupo e respectivos subgrupos.

5.1.1.02.1.001 Custo de Produção do Período (CPP)
5.1.1.02.1.003 Custo da Produção Acabada no Período (CPAP)
5.1.1.02.1.005 Custo dos Produtos Vendidos (CPV)
5.1.2.02 Resultado da Venda de Produtos (RVP)
5.1.2.02.1.001 Lucro sobre Vendas de Produtos
5.1.2.02.1.002 (–) Prejuízo sobre Vendas de Produtos

8.2.2 Orientações para contabilização

8.2.2.1 Procedimentos relativos aos estoques de produtos

Pelo sistema de inventário permanente, ao contrário do que ocorre com o sistema de inventário periódico, as contas representativas dos estoques são movimentadas normalmente durante o exercício social. Isso ocorre especialmente em relação aos estoques de produtos acabados e de materiais que serão aplicados no processo de fabricação ou consumidos pelas diversas áreas da empresa industrial.

Nesta Seção, trataremos especificamente dos estoques de produtos acabados, de produtos em elaboração e de subprodutos.

Veja, então, os procedimentos contábeis:

a. **Estoque de produtos acabados**

   Essa conta é utilizada para registrar o estoque de produtos fabricados pela empresa, enquanto não forem vendidos.

   No início do período, o seu saldo devedor representa o estoque inicial derivado do Balanço Patrimonial elaborado no último dia do período anterior.

   Durante o período, essa conta será debitada pelas transferências de produtos acabados derivadas da área de produção e será creditada por ocasião das vendas de produtos.

A contabilização será como segue:

- Pelas transferências recebidas da área de produção: debita-se a conta 1.1.6.01.1.002 Estoque de Produtos Acabados e credita-se a conta 5.1.1.02.1.003 Custo da Produção Acabada no Período (CPAP), considerando, aqui, somente o custo dos produtos acabados que estiverem sendo transferidos.
- Pelas vendas de produtos: debita-se a conta 5.1.1.02.1.005 Custo dos Produtos Vendidos (CPV) e credita-se a conta 1.1.6.01.1.002 Estoque de Produtos Acabados, considerando, aqui, para dar baixa nos estoques, o valor do custo e não o da venda.

Você já sabe que, na venda, dois ou três lançamentos devem ser efetuados. Aqui, estamos tratando apenas da baixa nos estoques.

O saldo remanescente na conta Estoque de Produtos Acabados, no final do período, corresponderá ao estoque final desse material.

Devemos ressaltar, no entanto, que a empresa industrial elaborará o inventário físico dos produtos acabados que estiverem em estoque no final do período, para confrontar com o estoque contábil. Havendo divergências, elas deverão ser ajustadas adotando-se os critérios estudados na Seção 5.6 do Capítulo 5.

Ao efetuar o inventário físico, os produtos serão avaliados pelos custos constantes das respectivas fichas de controle de estoques.

Havendo interesse da empresa, a conta Estoque de Produtos Acabados poderá ser subdividida para permitir o registro de cada um dos produtos fabricados, e, nos casos de variações de valor nos custos de fabricação, poderá ser adotado um dos critérios de controle estudados na Seção 5.2 do Capítulo 5. Contudo deve-se observar que a NBC TG 16 não contempla os critérios UEPS e Custo Médio Ponderado Fixo.

b. Estoque de Produtos em Elaboração

Esta conta é utilizada para registrar os estoques inicial e final dos produtos que se encontrarem em fase de elaboração no início e no final de um período.

O saldo devedor da conta existente no início do período representa o valor do estoque inicial derivado do Balanço Patrimonial levantado no final do período anterior. Esse saldo, logo no primeiro dia do período, deverá ser transferido para as contas representativas do custo em formação de cada produto, integrantes do grupo 3.3.4 Custo em Formação.

No último dia do período, essa conta será debitada para receber por transferência os saldos das contas do grupo 3.3.4 Custo em Formação correspondentes aos produtos cujos processos de fabricação ainda não estiverem concluídos.

Os produtos inacabados serão avaliados com base nos registros contábeis. Como esse sistema inclui o controle individualizado dos produtos na fase de fabricação, para conhecer os custos de fabricação no último dia do período, basta considerar como custo de cada produto a soma dos valores lançados a débito nas contas relativas aos materiais, à mão de obra e aos gastos gerais de fabricação constantes do grupo 3.3.4 Custo em Formação do respectivo produto.

Lembramos que, havendo interesse, no grupo de contas do Custo em Formação de cada produto, poderão ser criadas contas para o registro dos custos diretos e indiretos de materiais, mão de obra e gastos gerais de fabricação. Entretanto, alertamos para o fato de que o detalhamento em excesso pode prejudicar a clareza dos registros contábeis. Há casos em que controles extracontábeis são mais eficientes que os detalhamentos excessivos que podem entravar o sistema contábil.

c. **Estoque de subprodutos**

Como os subprodutos correspondem a sobras que ocorrem no processo de fabricação, no período em que forem acumulados estoques desses materiais, eles deverão ser contabilizados a débito da conta 1.1.6.01.1.008 Estoque de Subprodutos e a crédito da conta 5.1.1.02.1.001 Custo de Produção do Período (CPP).

Sendo os subprodutos tratados como recuperação do custo de produção, e quando for possível identificar as sobras em relação a cada produto, o ideal será dar baixa da parcela correspondente a cada produto. Nesse caso, as transferências do custo dos produtos acabados do grupo do Custo em Formação para o grupo do Custo da Produção Acabada no Período deverá ser feita por subcontas individualizadas identificativas de cada produto.

Mais detalhes acerca dos subprodutos você encontra na Seção 4.3.9 do Capítulo 4.

8.2.2.2 Procedimentos relativos aos estoques de materiais a serem aplicados na produção

Os estoques de materiais que serão aplicados no processo produtivo envolvem basicamente as matérias-primas, os materiais secundários, os materiais auxiliares e os materiais de embalagem.

De acordo com a natureza do processo produtivo, poderão existir outros tipos de materiais que, por conveniência da empresa, devam ser classificados com terminologias diferentes dessas. No entanto, todos eles terão o mesmo tratamento em relação à contabilização, aos controles de estoques e ao encaminhamento para a produção.

Conforme já dissemos, adotando-se o sistema de inventário permanente, ao contrário do que ocorre com o sistema de inventário periódico, as contas representativas dos estoques de materiais são movimentadas normalmente durante o exercício social. Elas são debitadas pelos custos das compras, bem como pelos custos dos fatos que alteram os valores das compras para mais (fretes e seguros, tributos não recuperáveis etc.) e creditadas pelas requisições feitas pelas diversas áreas da empresa, pelas vendas e também pelos fatos que alteram o valor das compras para menos (abatimentos sobre compras, compras anuladas e descontos incondicionais obtidos).

A empresa industrial manterá fichas para controle dos estoques dos materiais a serem aplicados no processo de produção, sejam elas realizadas manualmente ou por meio de processamento eletrônico de dados, e controlará os estoques de materiais escolhendo um dos critérios apresentados na Seção 5.2 do Capítulo 5.

Mantendo controle permanente dos estoques, toda movimentação de materiais na empresa industrial estará, diariamente, registrada de forma devida pela contabilidade, possibilitando, a qualquer momento, o conhecimento dos custos dos materiais estocados, dos custos dos materiais transferidos para a produção, dos custos dos materiais transferidos para as áreas administrativa e comercial, bem como a apuração dos custos da produção acabada no período e dos resultados bruto e líquido da empresa na parte relativa aos materiais.

Veja com mais detalhes na Seção 8.2.2.4, adiante, as orientações para o registro contábil da movimentação dos materiais a serem aplicados no processo de fabricação.

8.2.2.3 Procedimentos relativos aos estoques de materiais de consumo

Estamos considerando materiais de consumo aqueles consumidos tanto pelas áreas administrativa e comercial quanto pela área produtiva, embora não integrem os produtos.

São materiais de consumo, portanto, os materiais de escritório ou de expediente, os materiais de informática, os materiais de higiene e limpeza e os materiais de manutenção.

As contas de estoque utilizadas para o registro desses materiais também são movimentadas da mesma forma que são movimentadas as contas de estoques utilizadas para o registro dos materiais a serem aplicados na produção.

Assim, no início do período, os saldos devedores existentes nessas contas correspondem aos estoques iniciais, derivados do Balanço Patrimonial levantado no final do período anterior.

Durante o período, essas contas serão debitadas pelas compras, bem como pelos fatos que alteram os valores das compras para mais, e creditadas pelas requisições feitas pelas diversas áreas da empresa e pelos fatos que alteram os valores das compras para menos.

No último dia do período, o saldo existente em cada uma dessas contas corresponderá ao respectivo estoque final.

A empresa industrial deverá realizar inventários físicos dos materiais existentes em estoque no último dia do período para confrontar com o saldo devedor da conta, devidamente escriturado no livro Razão. Havendo divergências, estas serão ajustadas, conforme estudamos na Seção 5.6 do Capítulo 5.

Para avaliar os materiais em estoque, serão utilizados os custos devidamente constantes das fichas de controle de estoques de cada material.

Veja mais detalhes acerca da contabilização desses materiais na Seção 8.2.2.5, adiante.

8.2.2.4 Procedimentos relativos à movimentação dos materiais a serem aplicados na produção

Nesta Seção, trataremos dos procedimentos contábeis envolvendo a movimentação dos materiais adquiridos pela empresa industrial para serem aplicados no processo de fabricação.

Esses procedimentos são como segue:

a. **Estoques iniciais**

Os estoques iniciais correspondem aos saldos devedores das respectivas contas de estoques existentes no início do período. Esses valores derivam do Balanço Patrimonial levantado no último dia do período anterior.

b. **Compras**

As compras serão registradas a débito da conta de estoque respectiva, integrante do grupo 1.1.6 Estoques, e a crédito da conta patrimonial própria (Caixa, Bancos, Duplicatas a Pagar ou Fornecedores), observando-se os fatos que alteram os valores das compras, como os fretes e seguros sobre compras, os abatimentos sobre compras, as compras anuladas, os descontos incondicionais obtidos, além dos tributos incidentes sobre as compras.

c. **Controle dos estoques**

Todos os materiais estocados serão controlados por meio de fichas de controle de estoques, que podem ser feitas manualmente ou por meio de processamento eletrônico de dados. O critério para controle será de escolha da própria empresa (Preço Específico, PEPS, UEPS, Média Ponderada Móvel ou Média Ponderada Fixa).

Agindo desse modo, as quantidades estocadas estarão devidamente controladas pelos respectivos custos unitários e totais.

d. **Transferências para produção**

As transferências de materiais para a produção são feitas por meio das requisições de materiais. Nelas, deverão ser especificados os materiais requisitados e, posteriormente, anotados pelo almoxarife ou responsável os respectivos custos, conforme constarem das fichas de controle de estoques.

O maior ou menor grau de detalhes na contabilização dependerá dos interesses da empresa.

Veja, então, uma opção que pode ser utilizada.

Para dar baixa nos estoques e caracterizar o ingresso dos materiais na produção, debita-se a conta que representa o material que estiver sendo requisitado, integrante do grupo 3.3.2 Custos Diretos de Fabricação, e credita-se a conta que registra o estoque respectivo, integrante do grupo 1.1.6 Estoques.

Posteriormente, mediante mapas relativos à produção de cada produto, debita-se a conta representativa dos materiais do grupo 3.3.4 Custo em Formação de cada produto e credita-se a conta que registrou o respectivo material do grupo 3.3.2 Custos Diretos de Fabricação.

Visando reduzir a quantidade de lançamentos contábeis, pode-se suprimir o uso das contas representativas dos materiais do grupo 3.3.2 Custos Diretos de Fabricação, contabilizando diretamente na conta que registra os materiais, integrante do grupo 3.3.4 Custo em Formação de cada produto.

Agindo dessa forma, ficam registrados a baixa nos estoques e o ingresso dos materiais na área de produção, diretamente, nas contas que registram os custos em formação de cada produto.

e. **Estoques finais**

Por esse sistema, os estoques finais já estarão devidamente lançados nas contas de estoque, pois correspondem aos saldos devedores de cada conta existente no final do período.

Entretanto, o controle contábil não exime a responsabilidade de se elaborar o inventário físico de todos os materiais existentes em estoque no final de cada período. Poderá, conforme já dissemos, haver divergências entre o estoque físico e o contábil, caso em que deverão ser tomadas as providências cabíveis, conforme estudamos na Seção 5.6 do Capítulo 5.

8.2.2.5 Procedimentos relativos à movimentação dos materiais de consumo

Os materiais de consumo, conforme já salientamos, são aqueles que podem ser consumidos tanto pela área de produção quanto pelas áreas administrativa e comercial.

Os procedimentos contábeis, bem como de controle de estoques relativos a esses materiais, são semelhantes aos procedimentos já estudados em relação aos materiais a serem aplicados no processo de fabricação.

Por esse sistema, a segregação dos gastos com esses materiais em custos e despesas não acarretará embaraços, uma vez que, no momento em que forem requisitados do almoxarifado, as próprias requisições de materiais gerarão registros contábeis específicos para custos (produção) ou para despesas (administração ou vendas).

É importante salientar que, por falta de materialidade, em certos casos, a empresa industrial, mesmo adotando o sistema de inventário permanente, poderá adotar para alguns desses materiais de consumo o sistema de inventário periódico, cujos procedimentos já foram estudados no capítulo anterior

Nota

- Com algumas mudanças, o texto a seguir é semelhante ao contido na Seção 7.2.2.4 do Capítulo 7.

8.2.2.6 Procedimentos relativos à mão de obra

Os gastos com mão de obra, conforme vimos no Capítulo 6, podem decorrer das folhas de pagamento ou não.

Em relação àqueles decorrentes das folhas de pagamentos, quando a empresa tiver por hábito elaborar folhas de pagamentos separadas para a produção e para as demais áreas, a contabilização será feita sem embaraços. Nesse caso, para se lançar a mão de obra, bastará efetuar os registros com base nos valores contidos na folha de pagamento do pessoal da produção, separando a mão de obra direta da indireta. Esse procedimento será feito normalmente durante o período, debitando-se as contas próprias dos grupos 3.3.2 e 3.3.3 representativas dos custos diretos e indiretos de fabricação e creditando-se as contas de obrigação ou representativas das disponibilidades, conforme o caso.

Posteriormente, mediante mapas apropriados, elaborados com base em apontamentos efetuados por empregados perante a área de produção, quando se tratar de mão de obra direta, ou por meio de mapas de rateio, quando se tratar de mão de obra indireta, debitam-se as contas representativas da mão de obra do grupo 3.3.4 Custo em Formação de cada produto e creditam-se todas as contas correspondentes dos grupos 3.3.2 e 3.3.3.

Lembramos que, a exemplo do que ocorre com os materiais, havendo interesse, poderão ser criados, no grupo do Custo em Formação de cada produto, subgrupos para a mão de obra direta e indireta.

Em relação aos demais gastos com pessoal, o procedimento contábil será idêntico aos procedimentos relativos aos gastos com a folha de pagamento.

Cuidado especial deverá ser tomado quando a empresa tiver por praxe elaborar folha de pagamento única englobando o pessoal da produção e das demais áreas. Nesse caso, será preciso estimar ou arbitrar critérios para fazer o rateio desses gastos para custos e para despesas, conforme a situação.

Portanto, chegando-se ao final do período, todos os gastos com a mão de obra estarão devidamente registrados a débito das contas do grupo 3.3.4 Custo em Formação, relativas a cada produto fabricado ou que ainda esteja em fase de produção.

8.2.2.7 Procedimentos relativos aos gastos gerais de fabricação

Nota

- Com algumas mudanças, o texto a seguir é semelhante ao contido na Seção 7.2.2.5 do Capítulo 7.

A contabilização dos gastos gerais de fabricação é semelhante à contabilização dos gastos com a mão de obra, ou seja, quando os gastos forem gerados e pertencerem integralmente à área de produção, bastará debitar a conta representativa dos Gastos Gerais de Fabricação do grupo 3.3.2 Custos Diretos de Fabricação ou do grupo 3.3.3 Custos Indiretos de Fabricação (CIFs) e creditar a conta patrimonial respectiva.

Posteriormente, mediante mapas que permitam identificar os gastos gerais de fabricação diretos em relação a cada produto ou mapas de rateio quando se tratar dos gastos gerais de fabricação indiretos, serão feitas as transferências dos custos lançados nos grupos 3.3.2 e 3.3.3 (creditando-se as contas desses grupos) para as contas do grupo 3.3.4 Custo em Formação (debitando-se as contas desse grupo).

Entretanto, nas empresas industriais, é comum ocorrerem gastos classificados como gastos gerais de fabricação que possuem parte custos e parte despesas.

Isso acontece, por exemplo, quando todas as áreas da empresa industrial (produção, comercial e administrativa) operam em um mesmo imóvel. Nesse caso, vários gastos beneficiarão as três áreas ao mesmo tempo, sendo o mais comum deles o gasto com aluguel.

Quando o aluguel é único para todo o imóvel onde estão instaladas as três áreas da empresa industrial, ele conterá parte despesa e parte custo. Assim, será preciso rateá-lo para custos, para despesas administrativas e para despesas com vendas.

Um critério muito utilizado, conforme já dissemos no capítulo anterior, consiste em ratear o gasto com aluguel que possui parte despesa e parte custo com base na área ocupada.

Então, uma vez definidos os critérios, no momento da ocorrência do fato gerador do gasto com aluguel, este deverá ser dividido em três partes, sendo cada uma debitada na conta representativa do custo, da despesa administrativa e da despesa com vendas. Em contrapartida, deverá ser creditada a conta patrimonial adequada.

Além dos gastos com aluguel, há outros que podem possuir parte despesas e parte custos, por exemplo, energia elétrica, seguro contra incêndio, segurança, água e esgoto, telefones e comunicações, inclusive gastos com pessoal que possa prestar serviços para as três áreas, como ocorre com vigias, faxineiros etc. No Capítulo 9, você encontrará mais detalhes sobre esse assunto.

Portanto, chegando-se ao final do período, todos os gastos gerais de fabricação estarão devidamente registrados a débito das contas do grupo 3.3.4 Custo em Formação, nas subcontas de cada produto.

Notas

- Conforme já assinalamos, trabalhando com o sistema de inventário permanente, a empresa poderá apurar os custos dos produtos à medida que os respectivos processos de fabricação forem se encerrando ao longo do mês. Ocorre, entretanto, que a maior parte dos custos indiretos de fabricação com materiais, mão de obra e gastos gerais de fabricação somente será conhecida após o fechamento do mês. Assim, é comum estimar o valor dos custos indiretos logo no início do mês para que se possa contabilizar e fechar o custo de fabricação de cada produto. Agindo dessa maneira, após o fechamento do mês, ao se conhecer os valores reais dos CIFs, deverão ser contabilizados os respectivos ajustes. Por razões de simplificação, consideraremos no presente capítulo os CIFs como se fossem reais. Na Seção 9.6 do Capítulo 9, você encontrará mais detalhes acerca desse assunto.

- É importante ler o texto da Seção 9.7 Alocação de Custos Fixos Indiretos de Fabricação aos Produtos, do Capítulo 9.

8.2.2.8 Apuração e contabilização do custo da produção acabada no período

Adotando o sistema de inventário permanente, pelos critérios sugeridos nas seções anteriores do presente capítulo, ao chegarmos ao final do período, encontraremos a seguinte situação em relação ao custo industrial:

a. As contas do grupo 1.1.6, representativas dos estoques, com seus saldos devedores, representam os estoques finais de produtos e de materiais existentes e deverão figurar no Balanço Patrimonial a ser elaborado.

b. As contas dos grupos 3.3.2 Custos Diretos de Fabricação e 3.3.3 Custos Indiretos de Fabricação (CIFs), representativas dos materiais, da mão de obra e dos gastos gerais de fabricação, deverão estar todas "zeradas", uma vez que os seus saldos foram transferidos para as contas do grupo 3.3.4 Custo em Formação.

   É importante salientar que, em relação aos custos indiretos de fabricação, nos processos de fabricação em que o critério de rateio desses custos seja uniforme a todos os produtos, poderá ser criada uma conta específica para o CIF, no mesmo grupo 3.3.3 dos custos indiretos, com o intuito de receber por transferência os saldos de todas as contas representativas dos custos indiretos. Agir assim facilitará o rateio do CIF para os produtos. Essa situação ocorreu no exemplo prático que desenvolvemos na Seção 8.3.

c. As contas do grupo 3.3.4 Custo em Formação que tiverem saldos corresponderão aos estoques finais de produtos em elaboração, devendo, portanto, ser transferidas para a conta Estoque de Produtos em Elaboração, ficando com saldos "zerados". Deve-se ressaltar que os demais valores creditados nessas contas correspondem a transferências para a conta 5.1.1.02.1.003 Custo da Produção Acabada no Período (CPAP) ou diretamente para a conta representativa do estoque de produtos acabados, conforme o critério adotado pela empresa.

   É importante salientar também que, para maior clareza, a conta Custo da Produção Acabada no Período poderá ser subdividida para permitir o registro do custo por tipo de produto.

d. As subcontas da conta principal 5.1.1.02.1.003 Custo da Produção Acabada no Período (CPAP) que contiverem saldos corresponderão a produtos acabados, e esses saldos, portanto, deverão ser transferidos para a conta de estoque correspondente. Lembramos que os créditos constantes na conta 5.1.1.02.1.003 Custo da Produção Acabada no Período (CPAP) ou em suas subcontas correspondem ao custo da produção que realmente foi concluída no período.

   Reiteramos, mais uma vez, que o maior ou menor grau de detalhes nos registros contábeis dependerá dos interesses da empresa. Especificamente em relação aos produtos acabados no período, conforme já assinalamos, a empresa poderá optar em transferir os respectivos custos diretamente para a conta representativa do estoque de produtos acabados ou usar a conta intermediária denominada Custo da Produção Acabada no Período, de acordo com o que estamos sugerindo.

Assim, feitos os pequenos ajustes que acabamos de comentar, de transferências de saldos, no final do período, para se conhecer o custo da produção acabada no período, nenhum outro registro contábil será necessário, uma vez que esse custo já está devidamente contabilizado a crédito da conta 5.1.1.02.1.003 Custo da Produção Acabada no Período (CPAP), a qual, se tiver sido subdividida, corresponderá a todos os créditos lançados em suas subcontas.

Para concluir, lembramos que, enquanto no sistema de inventário periódico os resultados precisarão ser contabilizados no final do período, no sistema de inventário permanente a maior parte das informações necessárias relativas ao custo industrial já estará devidamente contabilizada, bastando coletar os dados nas respectivas fichas de Razão de cada uma das contas desejadas.

No Exemplo prático apresentado na Seção 8.3, você vivenciará melhor os procedimentos até aqui apresentados.

8.2.2.9 Apuração e contabilização do resultado na venda de produtos

Os procedimentos relativos à apuração, bem como à contabilização do resultado na venda de produtos, são semelhantes nos dois sistemas. Valem aqui, portanto, as mesmas orientações contidas na Seção 7.2.2.8 do Capítulo 7.

Nota

- É importante salientar, mais uma vez, que existem outras maneiras mais analíticas ou mais sintéticas para se contabilizar o custo da produção acabada no período e o custo dos produtos vendidos pelas empresas que adotam o sistema de inventário permanente. Assim, a adoção de contabilização com maior ou menor grau de detalhamento dependerá sempre dos interesses da própria empresa.

Por fim, cumpre esclarecer que julgamos que a sugestão apresentada no presente capítulo para contabilização do custo industrial, adotando o sistema de inventário permanente, é suficiente para que possamos extrair dos registros contábeis todas as informações necessárias ao perfeito conhecimento dos componentes do custo de fabricação incorridos em determinado período, com a maior clareza e segurança possível.

ATIVIDADES TEÓRICAS

1. Responda:

   1.1 O que você entende por inventário permanente?

   1.2 Por que a denominação inventário permanente?

   1.3 No sistema de inventário periódico, há um grupo de contas especial para o registro das compras e dos fatos que alteram seus valores. Como esses fatos são contabilizados no sistema de inventário permanente?

1.4 Pelo sistema de inventário periódico, no final do período, somente serão transferidos para estoque os produtos acabados remanescentes na área de produção. E, no sistema de inventário permanente, que procedimento deve ser tomado?

1.5 Pelo sistema de inventário periódico, os estoques finais de materiais devem ser contabilizados a débito da conta representativa do estoque em questão e a crédito da conta Custo dos Produtos Vendidos, ou Custo de Produção do Período. Como deve ser contabilizado o estoque final de materiais pelas empresas que adotam o sistema de inventário permanente?

2. Julgue as afirmativas como falsas (F) ou verdadeiras (V):

2.1 ( ) Pelo sistema de inventário permanente, é possível extrair dos registros contábeis o custo unitário dos produtos fabricados.

2.2 ( ) Pelo sistema de inventário permanente, durante o exercício, as empresas têm carga de trabalho menor que na data do encerramento do período, em relação à apuração dos custos e dos seus resultados.

2.3 ( ) Pelo sistema de inventário periódico, o volume de trabalho visando a apuração dos custos é maior no final do período, enquanto pelo sistema de inventário permanente o volume de trabalho maior recai durante o período.

2.4 ( ) Pelo sistema de inventário periódico, contabiliza-se o custo de produção do período, entretanto, como pelo sistema de inventário permanente os materiais já são transferidos para a produção com seus respectivos custos, para não emperrar o sistema contábil, o custo que se deve contabilizar é o da produção acabada no período.

2.5 ( ) Pelo sistema de inventário permanente, as contas representativas dos estoques de materiais são movimentadas normalmente durante o exercício social.

2.6 ( ) Adotando-se o sistema de inventário permanente, a empresa estará dispensada da elaboração do inventário físico dos materiais no final de cada período.

2.7 ( ) Pelo sistema de inventário permanente, haverá um grupo especial para se contabilizar as compras de materiais e os respectivos fatos que alteram seus valores.

2.8 ( ) Os materiais de consumo, por razões de simplificação, podem ser controlados por meio de inventários periódicos.

2.9 ( ) Em relação à apropriação dos gastos com mão de obra e com os gastos gerais de fabricação, a contabilização na data da ocorrência dos respectivos fatos geradores é semelhante nos dois sistemas: inventário periódico e inventário permanente. A diferença é que, no sistema de inventário permanente, depois de apropriados, esses gastos serão transferidos para a conta correspondente ao custo em formação de cada produto.

8.3 Exemplo prático

Nota

- Com o intuito de propiciar a você uma análise comparativa dos procedimentos contábeis existentes entre os sistemas de inventário periódico (simplificado) e o sistema de inventário permanente (completo), apresentaremos, nesta Seção, o mesmo exemplo prático desenvolvido na Seção 7.3 do Capítulo 7. Aqui, você perceberá que o movimento ocorrido no mês de março é o mesmo, no entanto, com mais detalhes e informações que caracterizam o sistema de inventário permanente.

1. Informações gerais

Valem aqui, as mesmas informações apresentadas no item 1 da Seção 7.3 do Capítulo 7.

2. Balanço Patrimonial

Vale, aqui, o mesmo Balanço Patrimonial apresentado no item 2 da Seção 7.3 do Capítulo 7.

3. Fatos ocorridos no mês de março de X1

3.1 Proceder, contabilmente, às transferências dos estoques iniciais de produtos em elaboração para as contas próprias do custo em formação de cada produto, como segue:

Produto A (140.000 × 7,50)	1.050.000
Produto B (50.000 × 10,00)	500.000
Produto B (20.000 × 9,50)	190.000
Total Produto B	690.000
Produto C (50.000 × 3,50)	175.000
Produto D (90.000 × 7,00)	630.000

3.2 Compra, a prazo, de tecidos para aplicação no produto A, do fornecedor Santo Antônio S.A., como segue:

Valor das matérias-primas, incluso o ICMS	1.500.000
IPI acrescido	150.000
Fretes e seguros acrescidos	20.000
Total a ser pago ao fornecedor	1.670.000
ICMS sobre as matérias-primas	270.000
Valor líquido das matérias-primas	1.250.000

3.3 Compra, a prazo, de tecidos para aplicação no produto B, do fornecedor São João S.A., como segue:

Valor das matérias-primas incluso ICMS	800.000
IPI acrescido	80.000
Fretes e seguros acrescidos	10.000
Total a ser pago ao fornecedor	890.000
ICMS destacado	144.000
Valor das compras líquidas	666.000

3.4 Compra, a prazo, de tecidos para serem aplicados no produto C, do fornecedor São Pedro S.A., como segue:

Valor das matérias-primas, incluso ICMS	250.000
IPI adicionado	25.000
Fretes e seguros adicionados	5.000
Total a ser pago ao fornecedor	280.000
ICMS destacado	45.000
Valor líquido dos tecidos	210.000

3.5. Requisição n. 1 de tecidos para aplicação no produto A, no valor de $ 1.200.000.

Observação

- Sempre que no momento da requisição do material for possível identificar o produto no qual ele será aplicado, o registro contábil poderá ser feito diretamente a débito da conta própria do grupo do custo em formação do respectivo produto.

3.6 Requisição n. 2 de tecidos para aplicação no produto B, no valor de $ 800.000.

3.7 Requisição n. 3 de tecidos para aplicação no produto C, no valor de $ 300.000.

3.8 Requisição n. 4 de aviamentos para aplicação no produto A, no valor de $ 300.000.

3.9 Requisição n. 5 de aviamentos para aplicação no produto B, no valor de $ 200.000.

3.10 Requisição n. 6 de aviamentos para aplicação no produto C, no valor de $ 100.000.

3.11 Requisição n. 7 de etiquetas para aplicação no produto A, no valor de $ 6.000.

3.12 Requisição n. 8 de etiquetas para aplicação no produto B, no valor de $ 2.000.

3.13 Requisição n. 9 de etiquetas para aplicação no produto C, no valor de $ 2.000.

3.14 Requisição n. 10 de material de embalagem para aplicação no produto A, no valor de $ 60.000.

3.15 Requisição n. 11 de material de embalagem para aplicação no produto B, no valor de $ 20.000.

3.16 Requisição n. 12 de material de embalagem para aplicação no produto C, no valor de $ 15.000.

3.17 Requisição n. 13 de material de embalagem para aplicação no produto D, no valor de $ 15.000.

3.18 Apropriação da Mão de Obra Direta, do pessoal da produção, do departamento de corte, conforme folha, no montante de $ 300.000.

3.19 Com base na matéria-prima aplicada, o setor de produção apresentou a seguinte informação para atribuição do custo com MOD aos produtos:

Produto A: 52%	156.000
Produto B: 35%	105.000
Produto C: 13%	39.000
Total	300.000

3.20 Apropriar o pró-labore dos sócios, conforme folha, englobando os encargos sociais, no montante de $ 60.000. Considerar que 50% representam despesa administrativa e 50%, custo indireto de fabricação.

3.21 Apropriar os salários e encargos referentes à mão de obra indireta (gerente de produção, chefes e supervisores da fábrica), no montante de $ 31.000.

3.22 Pagamento efetuado por meio de cheque à oficina de costura, conforme nota fiscal, no valor de $ 420.000.

Observação

- Ficou acordado entre a indústria Ráfia e as oficinas que lhe prestam serviços que os serviços serão remunerados com base no número de peças acabadas em cada mês. Portanto, apropriar as parcelas ao custo em formação de cada produto, conforme informações recebidas da produção, como segue:

  Produto A = 236.920

  Produto B = 118.460

  Produto C = 64.620

  Total: 420.000

3.23 Pagamento efetuado por meio de cheque à oficina de bordado, conforme nota fiscal, no valor de $ 50.000. O pagamento refere-se a serviços prestados somente para fabricação do produto B.

3.24 Pagamento efetuado por meio de cheque à oficina de acabamento, conforme nota fiscal, no valor de $ 20.000.

Contabilizar esse custo na conta representativa do custo em formação de cada produto, com base nas seguintes informações recebidas da área de produção:

Produto A: 20.000/450.000 = 0,0444444 × 220.000 = 9.777

Produto B: 20.000/450.000 = 0,0444444 × 80.000 = 3.556

Produto C: 20.000/450.000 = 0,0444444 × 60.000 = 2.667

Produto D: 20.000/450.000 = 0,0444444 × 90.000 = 4.000

Total: 20.000

Nota

- Nos cálculos para rateio de custos aos produtos, o valor unitário encontrado normalmente não é exato. O ideal é trabalhar com pelo menos 7 casas decimais; adotar o critério de aproximação e escolher aleatoriamente um ou mais produtos para ajustar os cálculos, possibilitando que a soma dos valores rateados coincida com o montante objeto de rateio. Na tabela em estudo, aproximamos os valores a serem rateados aos produtos "b", "c" e "d" e optamos em ajustar o cálculo no valor a ser rateado para o produto "a".

3.25 Pagamento efetuado por meio de cheque à oficina de passadoria, conforme nota fiscal, no valor de $ 40.000.

Apropriar as parcelas nas contas relativas ao custo em formação de cada produto, com base nas seguintes informações recebidas da área de produção:

Produto A: 40.000/450.000 = 0,0888888 × 220.000 = 19.556

Produto B: 40.000/450.000 = 0,0888888 × 80.000 = 7.111

Produto C: 40.000/450.000 = 0,0888888 × 60.000 = 5.333

Produto D: 40.000/450.000 = 0,0888888 × 90.000 = 8.000

Total: 40.000

3.26 Apropriar a folha de pagamento relativa à mão de obra do departamento de expedição, considerando salários e encargos, no montante de $ 20.000.

3.27 Ratear o custo com MOD do departamento de expedição para os produtos com base nas seguintes informações recebidas da área de produção:

Produto A: 20.000/450.000 = 0,0444444 × 220.000 = 9.777

Produto B: 20.000/450.000 = 0,0444444 × 80.000 = 3.556

Produto C: 20.000/450.000 = 0,0444444 × 60.000 = 2.667

Produto D: 20.000/450.000 = 0,0444444 × 90.000 = 4.000

Total: 20.000

3.28 Pagamento efetuado por meio de cheque à empresa transportadora Real Ltda., referente ao transporte de materiais e produtos entre a empresa industrial e as oficinas de serviços, conforme nota fiscal, no valor de $ 70.000.

3.29 Tendo em vista que a empresa não adota o custo departamental, os gastos com transporte, constantes do fato anterior, serão rateados aos produtos com base no número de peças acabadas no período, como segue:

Produto A (49%):... 34.300

Produto B (18%):... 12.600

Produto C (13%):... 9.100

Produto D (20%):... 14.000

3.30 Foram acumulados subprodutos, derivados da produção do mês, correspondentes a retalhos, avaliados pelo preço de venda em $ 15.000.

Reduzir esse valor do custo da produção acabada do período, na seguinte proporção: produto A, 52%; produto B, 35%; e produto C, 13%.

3.31 Venda dos subprodutos, à vista, conforme nota fiscal, no valor de $ 15.000.

3.32 Durante o mês, foram vendidas 213.000 unidades do produto A, conforme nota fiscal, por $ 3.500.000. O ICMS incluso foi de $ 630.000 e o IPI adicionado, no total de $ 350.000. O total da nota fiscal, portanto, importou em $ 3.850.000, sendo $ 1.050.000 à vista e $ 2.800.000 a prazo.

Observação

- Embora a empresa adote o sistema de inventário permanente, tendo em vista que durante o mês ela vende produtos cujos processos de fabricação são concluídos no próprio mês, é preferível proceder às baixas nos estoques de produtos acabados somente após o fechamento do mês, quando os custos dos produtos acabados no mês estiverem devidamente calculados e contabilizados. Essa observação vale também para os fatos 3.33, 3.34 e 3.35.

3.33 Durante o mês foram vendidas 76.000 unidades do produto B, à vista, por $ 1.300.00, conforme notas fiscais. O ICMS incluso foi igual a $ 234.000 e o IPI adicionado foi de $ 130.000.

3.34 Durante o mês, foram vendidas 59.500 unidades do produto C, a prazo, por $ 500.000. ICMS incluso no valor de $ 90.000, e o IPI adicionado foi no montante de $ 50.000.

3.35 Durante o mês, foram vendidas 95.500 unidades do produto D, por $ 1.000.000 conforme notas fiscais. A venda foi efetuada a prazo, tendo o ICMS importado em $ 180.000 e o IPI, em $ 100.000.

3.36 Apropriar o PIS sobre Faturamento, no valor de $ 118.800.

3.37 Apropriar a Cofins sobre Faturamento, no valor de $ 185.200.

3.38 Apropriar as despesas com a folha de pagamento da área administrativa, em que o total dos salários e encargos corresponderam a $ 40.500.

3.39 Apropriar as despesas com a folha de pagamento da área comercial, em que o total dos salários e encargos correspondeu a $ 18.000.

3.40 Para facilitar a contabilização dos gastos comuns às três áreas, que são pagos durante o mês, o departamento de custos da empresa preparou um mapa de rateio contendo os valores de cada gasto que deverá ser atribuído a cada uma das áreas da empresa. As diversas bases de rateio adotadas para a elaboração desse mapa serão apresentadas após ele.

MAPA DE RATEIO RELATIVO AOS GASTOS COMUNS ÀS TRÊS ÁREAS DA EMPRESA, CORRESPONDENTES AOS PAGAMENTOS EFETUADOS DURANTE O MÊS DE MARÇO Debitar a conta de despesa ou custo correspondente Creditar a conta Caixa e Bancos	
Área Administrativa	
Energia Elétrica	1.500
Telefone e Fax	5.000
Água e Esgoto	1.000
Manutenção de Elevadores	800
Assistência Técnica Processamento de Dados	3.600
Conservação Predial	2.000
Lanches e Refeições	2.000
Segurança	10.000
Despesas Postais	1.000
Serviços de Terceiros	10.000
Total	36.900

(continua)

(continuação)

MAPA DE RATEIO RELATIVO AOS GASTOS COMUNS ÀS TRÊS ÁREAS DA EMPRESA, CORRESPONDENTES AOS PAGAMENTOS EFETUADOS DURANTE O MÊS DE MARÇO Debitar a conta de despesa ou custo correspondente Creditar a conta Caixa e Bancos	
Área Comercial	
Energia Elétrica	500
Telefone e Fax	15.000
Área Comercial	
Água e Esgoto	500
Manutenção de Elevadores	400
Assistência Técnica Processamento de Dados	1.200
Conservação Predial	1.000
Lanches e Refeições	1.000
Segurança	5.000
Despesas Postais	4.000
Total	28.600
Área de Produção	
Energia Elétrica	10.000
Telefone e Fax	20.000
Água e Esgoto	3.500
Manutenção de Elevadores	2.800
Assistência Técnica Processamento de Dados	7.200
Conservação Predial	5.000
Lanches e Refeições	7.000
Segurança	25.000
Manutenção Produção	17.500
Total	98.000
Total Geral	**163.500**

Informações acerca do mapa de rateio supra:

- As notas fiscais de energia elétrica são individualizadas por andar. O rateio do consumo do segundo andar é feito também com base na área ocupada.
- As notas fiscais relativas aos gastos com o uso de telefones são individualizadas por área.
- A conta de água e esgoto é única para todo o imóvel e o rateio é feito com base no número de empregados de cada área.

- Os gastos com a manutenção dos elevadores são comuns às três áreas. O rateio é feito com base no número de empregados de cada área.
- Os gastos com a manutenção de informática são comuns às três áreas. O rateio é feito com base no número de computadores em uso em cada área, como segue: administração, 18 aparelhos; comercial, 6 aparelhos; produção, 36 aparelhos.
- O gasto com a conservação predial é comum às três áreas. O rateio é feito com base na área ocupada.
- O fornecimento de café e lanches é terceirizado. O rateio é feito com base no número de empregados de cada área.
- Os gastos com segurança são pagos a uma empresa especializada, que mantém pessoal 24 horas por dia fazendo a segurança em todas as dependências da empresa. O rateio para as três áreas é feito com base na área ocupada.
- Os gastos com correios são efetuados e identificados por área.

3.41 Pagamento efetuado referente a fretes e carretos ocorridos durante o mês na entrega de produtos aos clientes, no valor de $ 25.000.

3.42 Despesas financeiras e tributárias pagas durante o mês, como segue:

Despesas Bancárias	2.500
Juros Passivos	12.000
Impostos e Taxas	17.000
Total	31.500

Observação

■ Lançar as despesas tributárias (impostos e taxas) no grupo das despesas administrativas.

3.43 Apropriar o aluguel da área de produção a ser pago no mês seguinte, no valor de $ 40.000.

3.44 Apropriar o aluguel referente ao segundo andar, a ser pago no mês seguinte, no valor de $ 10.000, em que 50% do andar é ocupado pela produção e 50% pela área comercial.

3.45 Apropriar o aluguel do terceiro andar, onde funciona a administração, a ser pago no mês seguinte, no valor de $ 10.000.

3.46 Pagamentos efetuados relativos a obrigações geradas em meses anteriores:

Duplicatas a Pagar	1.700.000
ICMS a Recolher	400.000
IPI a Recolher	200.000
COFINS a Recolher	150.000
PIS sobre Faturamento a Recolher	110.000
Salários e Encargos a Pagar	140.000

Aluguéis Passivos a Pagar 40.000

Total 2.740.000

3.47 Recebidas de clientes, em dinheiro, duplicatas no valor de $ 900.000, com 3% de juros e $ 22.000 de descontos.

3.48 Ajustar os saldos das contas ICMS a Recuperar e ICMS a Recolher.

3.49 Ajustar os saldos das contas IPI a Recuperar e IPI a Recolher.

3.50 Relação elaborada pelo almoxarifado referente à remessa de materiais de consumo realizadas durante o mês, para as três áreas:

Material de Escritório	
Administração	10.000
Comercial	4.000
Produção	1.000
Material de Informática	
Administração	5.000
Comercial	3.000
Produção	12.000
Material de Higiene e Limpeza	
Administração	2.000
Comercial	1.000
Produção	7.000

Observação

- Os materiais de uso no expediente diário das três áreas, quando adquiridos em grandes quantidades, são ativados. As retiradas desses materiais são feitas mediante requisições devidamente assinadas e autorizadas pelos chefes ou responsáveis pelas áreas solicitantes. Para evitar acúmulo de lançamentos no sistema contábil com o registro individualizado de cada requisição, pode-se adotar o seguinte critério: o consumo é controlado pelo almoxarifado, que informa ao setor de contabilidade, no final de cada período ou quando se fizer necessário, o montante a ser atribuído a cada área ou a cada departamento.

4. Pede-se:

4.1 Contabilizar os fatos apresentados no item 3, considerando que a empresa Ráfia Indústria e Comércio Ltda. adota o sistema de inventário permanente para o registro e a apuração dos seus resultados.

4.2 Apurar e contabilizar o custo de fabricação do período e o custo dos produtos vendidos, considerando:

a) Depreciação de máquinas e equipamentos industriais pela taxa de 10% a.a.

b) Depreciação de computadores pela taxa de 20% a.a. Apropriar 20% para a administração, 10% para a área comercial e o restante para a produção.

c) Depreciação de móveis e utensílios pela taxa de 10%. Apropriar 70% para a administração, 20% para a área comercial e o restante para a produção.

d) Tendo em vista que o critério de rateio dos custos indiretos de fabricação aos produtos, no presente exemplo prático, será uniforme, e com base no número de peças acabadas no período, para facilitar o rateio desses custos, transferir todos os saldos de todas as contas representativas dos custos indiretos (materiais, mão de obra e gastos gerais de fabricação indiretos) para a conta única denominada "CIF".

e) Proceder ao rateio dos custos indiretos de fabricação para os produtos com base no número de peças acabadas no período, como segue:

Produto A: 220.000 peças = 49%
Produto B: 80.000 peças = 18%
Produto C: 60.000 peças = 13%
Produto D: 90.000 peças = 20%
Totais: 450.000 peças = 100%

f) Estoques finais de produtos em elaboração, conforme inventários físicos realizados na área de produção, em 31 de março:

Produto A (Costura): 120.000 × 8,02 = 962.400

Produto B (Costura): 40.000 × 10,78 = 431.200

Produto B (Bordado): 50.000 × 10,58 = 529.000

Subtotal: 960.200

Produto C (Costura): 90.000 × 4,13 = 371.700

Total: 2.294.300

Observação

- Os custos unitários foram extraídos dos controles internos, uma vez que a empresa acompanha os custos de fabricação por grupo de produtos.

g) Após apurar o custo da produção acabada de cada produto, transferir para a conta Estoque de Produtos Acabados, nas subcontas respectivas.

h) Apurar o custo dos produtos vendidos, por produto, considerando que havia estoque inicial de produtos acabados; que a empresa adota o sistema PEPS para controle de estoques e que o inventário físico apontou as seguintes quantidades de peças em estoque no dia 31 de março:

Produto A: 10.000 peças
Produto B: 5.000 peças
Produto C: 1.000 peças
Produto D: Zero
Total: 16.000 peças

4.3 Apurar o resultado líquido, que terá as seguintes deduções e destinações:

Deduções:

a) 10% para Contribuição Social;

b) 15% para o Imposto de Renda.

Observação

- Considerar que não haverá ajustes no resultado para fins de cálculo dessas duas deduções.

Destinações:

a) 40% à constituição de reserva para investimentos.

b) O restante distribuir aos acionistas, na proporção de 50% para cada um.

4.4 Elaborar as seguintes demonstrações contábeis:

a) Balanço Patrimonial;

b) Demonstração do Resultado do Exercício;

c) Demonstração do Custo dos Produtos Vendidos.

4.5 Informações adicionais

Estoques Iniciais de Produtos Acabados em 01 de março – em quantidades

Produto A:	3.000 unidades
Produto B:	1.000 unidades
Produto C:	500 unidades
Produto D:	5.500 unidades
Total:	10.000 unidades

Estoque Inicial de Produtos em Elaboração em 01 de março – em quantidades

Produto A:	140.000 unidades
	• 140.000 na oficina de costura
Produto B:	70.000 unidades
	• 50.000 na costura
	• 20.000 no bordado
Produto C:	50.000 unidades
	• 50.000 na costura
Produto D:	90.000 unidades
	• 90.000 no acabamento
Total:	350.000 unidades

Produção iniciada em março:

Produto A:	200.000 unidades
Produto B:	100.000 unidades
Produto C:	100.000 unidades

Produto D: zero

Total: 400.000 unidades

Produção acabada em março:

Produto A: 220.000 (49%)

Produto B: 80.000 (18%)

Produto C: 60.000 (13%)

Produto D: 90.000 (20%)

Total: 450.000 (100%)

Estoque Final de Produtos em Elaboração em 31 de março – em quantidades

Produto A: 120.000 unidades

- 120.000 na costura

Produto B: 90.000 unidades

- 40.000 na costura
- 50.000 no bordado

Produto C: 90.000 unidades

- 90.000 na costura

Produto D: Zero

Total: 300.000 unidades

Produtos Vendidos em março

Produto A: 213.000 unidades

Produto B: 76.000 unidades

Produto C: 59.500 unidades

Produto D: 95.500 unidades

Total: 444.000 unidades

Estoque Final de Produtos Acabados em 31 de março – em quantidades

Produto A: 10.000 unidades

Produto B: 5.000 unidades

Produto C: 1.000 unidades

Produto D: Zero

Total: 16.000 unidades

Solução:

4.1 Contabilizar os fatos.

Nota

- Por razões de simplificação, inserimos históricos somente em casos especiais.

Contabilização dos fatos ocorridos durante o mês de março

1A) *CUSTO EM FORMAÇÃO*

PRODUTO A

Materiais

a Estoque de Produtos em Elaboração

a Produto A 1.050.000

1B) *CUSTO EM FORMAÇÃO*

PRODUTO B

Materiais

a Estoque de Produtos em Elaboração

a Produto B 690.000

1C) *CUSTO EM FORMAÇÃO*

PRODUTO C

Materiais

a Estoque de Produtos em Elaboração

a Produto C 175.000

1D) *CUSTO EM FORMAÇÃO*

PRODUTO D

Materiais

a Estoque de Produtos em Elaboração

a Produto D 630.000

---

2) *Diversos*

a Duplicatas a Pagar

a Santo Antônio S.A.

Estoque de Matérias-primas

Tecido A	*1.250.000*	
ICMS a Recuperar................................	*270.000*	
IPI a Recuperar	*150.000*	*1.670.000*

---

3) *Diversos*

a Duplicatas a Pagar

a São João S.A.

Estoque de Matérias-primas

Tecido B	*666.000*		
ICMS a Recuperar		*144.000*	
IPI a Recuperar		*80.000*	*890.000*

4) *Diversos*

a Duplicatas a Pagar

a São Pedro S.A.

Estoque de Matérias-primas

Tecido C	*210.000*		
ICMS a Recuperar		*45.000*	
IPI a Recuperar		*25.000*	*280.000*

5) *CUSTO EM FORMAÇÃO*

PRODUTO A

Materiais

a Estoque de Matérias-primas

a Tecidos A

Requisição n. 1 .... *1.200.000*

Nota

■ Por razões práticas, contabilizaremos as transferências de materiais do almoxarifado para a produção debitando diretamente as contas representativas do custo em formação de cada produto. Se você preferir, poderá fazer um lançamento intermediário, ao dar baixa nos estoques, debitando as contas próprias do grupo Custo Direto. Agindo assim, haverá necessidade de que os valores sejam posteriormente transferidos para as contas próprias do custo em formação de cada produto.

6) *CUSTO EM FORMAÇÃO*

PRODUTO B

Materiais

a Estoque de Matérias-primas

a Tecidos B

Requisição n. 2 .... *800.000*

7) *CUSTO EM FORMAÇÃO*
PRODUTO C
Materiais
a Estoque de Matérias-primas
a Tecidos C
Requisição n. 3 .... *300.000*

---

8) *CUSTO EM FORMAÇÃO*
PRODUTO A
Materiais
a Estoque de Materiais Secundários
a Aviamentos
Requisição n. 4 .... *300.000*

---

9) *CUSTO EM FORMAÇÃO*
PRODUTO B
Materiais
a Estoque de Materiais Secundários
a Aviamentos
Requisição n. 5 .... *200.000*

---

10) *CUSTO EM FORMAÇÃO*
PRODUTO C
Materiais
a Estoque de Materiais Secundários
a Aviamentos
Requisição n. 6 .... *100.000*

---

11) *CUSTO EM FORMAÇÃO*
PRODUTO A
Materiais
a Estoque de Materiais Secundários
a Etiquetas
Requisição n. 7 .... *6.000*

---

12) *CUSTO EM FORMAÇÃO*

PRODUTO B

Materiais

a Estoque de Materiais Secundários

a Etiquetas

Requisição n. 8 .... *2.000*

---

13) *CUSTO EM FORMAÇÃO*

PRODUTO C

Materiais

a Estoque de Materiais Secundários

a Etiquetas

Requisição n. 9 .... *2.000*

---

14) *CUSTO EM FORMAÇÃO*

PRODUTO A

Materiais

a Estoque de Materiais de Embalagem

Requisição n. 10 .... *60.000*

---

15) *CUSTO EM FORMAÇÃO*

PRODUTO B

Materiais

a Estoque de Materiais de Embalagem

Requisição n. 11 .... *20.000*

---

16) *CUSTO EM FORMAÇÃO*

PRODUTO C

Materiais

a Estoque de Materiais de Embalagem

Requisição n. 12 .... *15.000*

---

17) *CUSTO EM FORMAÇÃO*

PRODUTO D

Materiais

a Estoque de Materiais de Embalagem

Requisição n. 13 .... *15.000*

---

18) *CUSTOS DIRETOS*

MÃO DE OBRA

Salários e Encargos

a Salários e Encargos a Pagar

Conf. folha *300.000*

---

19) *Diversos*

a CUSTOS DIRETOS

a MÃO DE OBRA

a Salários e Encargos

Pela atribuição, conf. mapa etc., como segue:

CUSTO EM FORMAÇÃO

PRODUTO A

Mão de Obra

Salários e Encargos

52% *156.000*

CUSTO EM FORMAÇÃO

PRODUTO B

Mão de Obra

Salários e Encargos

35% *105.000*

CUSTO EM FORMAÇÃO

PRODUTO C

Mão de Obra

Salários e Encargos

13% *39.000* *300.000*

---

20) *Diversos*

a Pró-labore e Encargos a Pagar

CUSTOS INDIRETOS

MÃO DE OBRA

Pró-labore e Encargos

Ref. a 50% conf. folha *30.000*

DESPESAS ADMINISTRATIVAS

Pró-labore e Encargos

Ref. a 50% conf. folha *30.000* *60.000*

---

21) *CUSTOS INDIRETOS*

MÃO DE OBRA

Salários e Encargos

a Salários e Encargos a Pagar *31.000*

22A) *CUSTOS DIRETOS*

GASTOS GERAIS DE FABRICAÇÃO

Oficinas Externas

a Caixa e Bancos

Pagamento efetuado à Oficina de Costura etc. *420.000*

22B) *Diversos*

a CUSTOS DIRETOS

a GASTOS GERAIS DE FABRICAÇÃO

a Oficinas Externas

CUSTO EM FORMAÇÃO

PRODUTO A

GASTOS GERAIS DE FABRICAÇÃO

Oficinas Externas *236.920*

CUSTO EM FORMAÇÃO

PRODUTO B

GASTOS GERAIS DE FABRICAÇÃO

Oficinas Externas *118.460*

CUSTO EM FORMAÇÃO

PRODUTO C

GASTOS GERAIS DE FABRICAÇÃO

Oficinas Externas *64.620* *420.000*

23A) *CUSTOS DIRETOS*

GASTOS GERAIS DE FABRICAÇÃO

Oficinas Externas

a Caixa e Bancos

Pagamento à Oficina de Bordado etc. *50.000*

23B) *CUSTO EM FORMAÇÃO*

PRODUTO B

GASTOS GERAIS DE FABRICAÇÃO

Oficinas Externas

a CUSTOS DIRETOS

a GASTOS GERAIS DE FABRICAÇÃO

a Oficinas Externas *50.000*

---

24)A *CUSTOS DIRETOS*

GASTOS GERAIS DE FABRICAÇÃO

Oficinas Externas

a Caixa e Bancos

Pagamento efetuado à Oficina

de Acabamento etc. *20.000*

24B) *Diversos*

a CUSTOS DIRETOS

a GASTOS GERAIS DE FABRICAÇÃO

a Oficinas Externas

CUSTO EM FORMAÇÃO

PRODUTO A

GASTOS GERAIS DE FABRICAÇÃO

Oficinas Externas *9.777*

CUSTO EM FORMAÇÃO

PRODUTO B

GASTOS GERAIS DE FABRICAÇÃO

Oficinas Externas 3.556

CUSTO EM FORMAÇÃO

PRODUTO C

GASTOS GERAIS DE FABRICAÇÃO

Oficinas Externas 2.667

CUSTO EM FORMAÇÃO

PRODUTO D

GASTOS GERAIS DE FABRICAÇÃO

Oficinas Externas 4.000 20.000

25A) *CUSTOS DIRETOS*

GASTOS GERAIS DE FABRICAÇÃO

Oficinas Externas

a Caixa e Bancos

Pagamento efetuado à Oficina

de Passadoria etc. 40.000

25B) *Diversos*

a CUSTOS DIRETOS

a GASTOS GERAIS DE FABRICAÇÃO

a Oficinas Externas

CUSTO EM FORMAÇÃO

PRODUTO A

GASTOS GERAIS DE FABRICAÇÃO

Oficinas Externas 19.556

CUSTO EM FORMAÇÃO

PRODUTO B

GASTOS GERAIS DE FABRICAÇÃO

Oficinas Externas 7.111

CUSTO EM FORMAÇÃO

PRODUTO C

GASTOS GERAIS DE FABRICAÇÃO

Oficinas Externas 5.333

CUSTO EM FORMAÇÃO

PRODUTO D

GASTOS GERAIS DE FABRICAÇÃO

Oficinas Externas *8.000* *40.000*

---

26) *CUSTOS DIRETOS*

MÃO DE OBRA

Salários e Encargos

a Salários e Encargos a Pagar

Conf. folha *20.000*

---

27) *Diversos*

a CUSTOS DIRETOS

a MÃO DE OBRA DIRETA

a Salários e Encargos

Pela atribuição, conf. mapa etc., como segue:

CUSTO EM FORMAÇÃO

PRODUTO A

MÃO DE OBRA

Salários e Encargos *9.777*

CUSTO EM FORMAÇÃO

PRODUTO B

MÃO DE OBRA

Salários e Encargos *3.556*

CUSTO EM FORMAÇÃO

PRODUTO C

MÃO DE OBRA

Salários e Encargos *2.667*

CUSTO EM FORMAÇÃO

PRODUTO D

MÃO DE OBRA

Salários e Encargos *4.000* *20.000*

---

28) *CUSTOS DIRETOS*

GASTOS GERAIS DE FABRICAÇÃO

Transportes

a Caixa e Bancos

Pagamento efetuado à Empresa

Transportadora Real etc. *70.000*

---

29) *Diversos*

a CUSTOS DIRETOS

a Gastos Gerais de Fabricação

a Transporte

Rateio, como segue:

CUSTO EM FORMAÇÃO

PRODUTO A

GASTOS GERAIS DE FABRICAÇÃO

Transporte *34.300*

CUSTO EM FORMAÇÃO

PRODUTO B

GASTOS GERAIS DE FABRICAÇÃO

Transporte *12.600*

CUSTO EM FORMAÇÃO

PRODUTO C

GASTOS GERAIS DE FABRICAÇÃO

Transporte *9.100*

CUSTO EM FORMAÇÃO

PRODUTO D

GASTOS GERAIS DE FABRICAÇÃO

Transporte *14.000* *70.000*

---

30) *Estoque de Subprodutos*

a Diversos

Subprodutos acumulados no mês, conforme sobras identificadas, como segue:

a CUSTO EM FORMAÇÃO

a PRODUTO A

a MATERIAIS

52% 7.800

a CUSTO EM FORMAÇÃO

a PRODUTO B

a MATERIAIS

35% 5.250

a CUSTO EM FORMAÇÃO

a PRODUTO C

a MATERIAIS

13% 1.95015.000

---

31) *Caixa e Bancos*

a Estoque de Subprodutos

Venda etc. 15.000

Observação

■ Nas vendas de subprodutos, poderão incidir tributos. Não os previmos no presente exemplo por razões de simplificação.

32A) *Diversos*

a Diversos

Caixa 1.050.000

Duplicatas a Receber 2.800.000 3.850.000

a Vendas de Produtos

a Produto A 3.500.000

a IPI a Recolher 350.000 3.850.000

32B) *ICMS sobre Vendas*

a ICMS a Recolher 630.000

33A) *Caixa*

a Diversos

a Vendas de Produtos

a Produto B 1.300.000

a IPI a Recolher 130.000 1.430.000

33B) *ICMS sobre Vendas*

a ICMS a Recolher 234.000

34A) *Duplicatas a Receber*

a Diversos

a Vendas de Produtos

a Produto C	500.000	
a IPI a Recolher	50.000	550.000

34B) *ICMS sobre Vendas*

a ICMS a Recolher 90.000

35A) *Duplicatas a Receber*

a Diversos

a Vendas de Produtos

a Produto D	1.000.000	
a IPI a Recolher	100.000	1.100.000

35B) *ICMS sobre Vendas*

a ICMS a Recolher 180.000

---

36) *PIS sobre Faturamento*

a PIS sobre Faturamento a Recolher 118.800

---

37) *COFINS*

a COFINS a Recolher 185.200

---

38) *DESPESAS ADMINISTRATIVAS*

Salários e Encargos

a Salários e Encargos a Pagar 40.500

---

39) *DESPESAS COM VENDAS*

Salários e Encargos

a Salários e Encargos a Pagar 18.000

---

40) *Diversos*

a Caixa e Bancos

Pagamentos como segue:

DESPESAS ADMINISTRATIVAS		
Energia Elétrica	1.500	
Telefone e Fax	5.000	
Água e Esgoto	1.000	
Manutenção de Elevadores	800	
Assistência Técnica de Processamento de Dados	3.600	
Conservação Predial	2.000	
Lanches e Refeições	2.000	
Segurança	10.000	
Despesas Postais	1.000	
Serviços de Terceiros	10.000	36.900

40B) *Diversos*

a Caixa e Bancos Área Comercial

Pagamentos de despesas como segue:

DESPESAS COM VENDAS		
Energia Elétrica	500	
Telefone e Fax	15.000	
Água e Esgoto	500	
Manutenção de Elevadores	400	
Assistência Técnica de Processamento de Dados	1.200	
Conservação Predial	1.000	
Lanches e Refeições	1.000	
Segurança	5.000	
Despesas Postais	4.000	28.600

40C) *Diversos*

a Caixa e Bancos

Pagamentos como segue:

CUSTOS INDIRETOS

GASTOS GERAIS DE FABRICAÇÃO INDIRETOS		
Energia Elétrica	10.000	

Telefone e Fax	*20.000*	
Água e Esgoto	*3.500*	
Manutenção de Elevadores	*2.800*	
Assistência Técnica de Processamento de Dados	*7.200*	
Conservação Predial	*5.000*	
*Lanches e Refeições**	*7.000*	
Segurança	*25.000*	
MANUTENÇÃO PRODUÇÃO	*17.500*	*98.000*

* Embora os gastos com lanches e refeições tenham beneficiado tanto o pessoal que atua como mão de obra direta quanto aqueles que atuam como mão de obra indireta, pelo pequeno valor, foram tratados como integrantes dos custos indiretos de fabricação (Característica Qualitativa Fundamental da Informação Contábil-Financeira Útil, da materialidade).

Nota

■ No exemplo em questão, estamos considerando que a empresa, ao efetuar os pagamentos de suas despesas fixas, bem como dos custos fixos, tem condições de separar cada pagamento em relação às três áreas. Entretanto, nem sempre isso é possível, pois há casos em que a empresa paga uma só fatura, que deverá ratear para duas ou três áreas. Nesse caso, deverá escolher uma base para rateio que seja compatível com o gasto e sua proporção em relação ao consumo em cada área.

41) *DESPESAS COM VENDAS*

Fretes e Carretos

a Caixa e Bancos	*25.000*	

42) *Diversos*

a Caixa e Bancos

DESPESAS FINANCEIRAS		
Despesas Bancárias	*2.500*	
Juros Passivos	*12.000*	
DESPESAS ADMINISTRATIVAS		
Impostos e Taxas	*17.000*	*31.500*

43) *CUSTOS INDIRETOS*

GASTOS GERAIS DE FABRICAÇÃO

Aluguéis Passivos

a Aluguéis a Pagar	*40.000*	

44) *Diversos*

a Aluguéis a Pagar		
DESPESAS COM VENDAS		
Aluguéis Passivos	*5.000*	
CUSTOS INDIRETOS		
GASTOS GERAIS DE FABRICAÇÃO		
Aluguéis Passivos	*5.000*	*10.000*

45) *DESPESAS ADMINISTRATIVAS*

Aluguéis Passivos	
a Aluguéis a Pagar	*10.000*

46) *Diversos*

a Caixa e Bancos		
Duplicatas a Pagar	*1.700.000*	
ICMS a Recolher	*400.000*	
IPI a Recolher	*200.000*	
COFINS a Recolher	*150.000*	
PIS sobre Faturamento a Recolher	*110.000*	
Salários e Encargos a Pagar	*140.000*	
Aluguéis Passivos a Pagar	*40.000*	*2.740.000*

47) *Diversos*

a Diversos		
Caixa	*905.000*	
Descontos Concedidos	*22.000*	*927.000*
a Duplicatas a Receber	*900.000*	
a Juros Ativos	*27.000*	*927.000*

48) *ICMS a Recolher*

a ICMS a Recuperar	*459.000*

49) *IPI a Recolher*

a IPI a Recuperar	255.000	

50A) *Diversos*

a Diversos

DESPESAS ADMINISTRATIVAS

Material de Escritório	10.000	
Material de Informática	5.000	
Material de Higiene e Limpeza	2.000	17.000
a Estoque de Material de Escritório	10.000	
a Estoque de Material de Informática	5.000	
a Estoque de Material de Higiene e Limpeza	2.000	17.000

50B) *Diversos*

a Diversos

DESPESAS COM VENDAS

Material de Escritório	4.000	
Material de Informática	3.000	
Material de Higiene e Limpeza	1.000	8.000
a Estoque de Material de Escritório	4.000	
a Estoque de Material de Informática	3.000	
a Estoque de Material de Higiene e Limpeza	1.000	8.000

50C) *Diversos*

a Diversos

CUSTOS INDIRETOS

GASTOS GERAIS DE FABRICAÇÃO INDIRETOS

Material de Escritório	1.000	
Material de Informática	12.000	
Material de Higiene e Limpeza	7.000	20.000
a Estoque de Material de Escritório	1.000	
a Estoque de Material de Informática	12.000	
a Estoque de Material de Higiene e Limpeza	7.000	20.000

Nota

- É importante salientar que os gastos com a área administrativa (Despesas Administrativas) e com a área comercial (Despesas com Vendas) – lançamentos 40A, 40B, 50A e 50B – em geral, contêm uma parcela que deve ser rateada para a área de produção. Isso porque essas duas áreas dedicam parte de suas tarefas para a produção. Essa irregularidade somente é corrigida com a aplicação do custo departamental ou do sistema ABC, conforme veremos adiante, nos Capítulos 10 e 11.

PRIMEIRO BALANCETE DE VERIFICAÇÃO DO RAZÃO Em 31 de março		
Contas	Débito	Crédito
Caixa e Bancos	240.000	
Duplicatas a Receber	4.450.000	
Estoque de Produtos Acabados A	29.700	
Estoque de Produtos Acabados B	13.300	
Estoque de Produtos Acabados C	3.075	
Estoque de Produtos Acabados D	41.250	
Estoque de MP Tecido A	400.000	
Estoque de MP Tecido B	210.000	
Estoque de MP Produto C	50.000	
Estoque de MS Aviamentos	300.000	
Estoque de MS Etiquetas	10.000	
Estoque de Material de Embalagem	140.000	
Estoque de Material de Escritório	15.000	
Estoque de Material de Informática	5.000	
Estoque de Material de Higiene e Limpeza	8.000	
Computadores e Periféricos	50.000	
Máquinas e Equipamentos Industriais	200.000	
Móveis e Utensílios	20.000	
DESPESAS COM VENDAS		
Salários e Encargos	18.000	
Aluguéis Passivos	5.000	
Energia Elétrica	500	
Telefone e Fax	15.000	
Água e Esgoto	500	
Manutenção de Elevadores	400	
Assistência Técnica Processamento de Dados	1.200	
Conservação Predial	1.000	

(continua)

(continuação)

PRIMEIRO BALANCETE DE VERIFICAÇÃO DO RAZÃO Em 31 de março		
Contas	Débito	Crédito
Lanches e Refeições	1.000	
Segurança	5.000	
Despesas Postais	4.000	
Fretes e Carretos	25.000	
Material de Escritório	4.000	
Material de Informática	3.000	
Material de Higiene e Limpeza	1.000	
DESPESAS FINANCEIRAS		
Despesas Bancárias	2.500	
Juros Passivos	12.000	
Descontos Concedidos	22.000	
DESPESAS ADMINISTRATIVAS		
Pró-labore e Encargos	30.000	
Salários e Encargos	40.500	
Aluguéis Passivos	10.000	
Energia Elétrica	1.500	
Telefone e Fax	5.000	
Água e Esgoto	1.000	
Manutenção de Elevadores	800	
Assistência Técnica Processamento de Dados	3.600	
Conservação Predial	2.000	
Lanches e Refeições	2.000	
Segurança	10.000	
Despesas Postais	1.000	
Serviços de Terceiros	10.000	
Impostos e Taxas	17.000	
Material de Escritório	10.000	
Material de Informática	5.000	
Material de Higiene e Limpeza	2.000	
CUSTOS INDIRETOS		
Aluguéis Passivos	45.000	

(continua)

(continuação)

PRIMEIRO BALANCETE DE VERIFICAÇÃO DO RAZÃO Em 31 de março		
Contas	Débito	Crédito
Energia Elétrica	10.000	
Telefone e Fax	20.000	
Água e Esgoto	3.500	
Manutenção de Elevadores	2.800	
Assistência Técnica Processamento de Dados	7.200	
Conservação Predial	5.000	
Lanches e Refeições	7.000	
Segurança	25.000	
Manutenção Produção	17.500	
Material de Escritório	1.000	
Material de Informática	12.000	
Material de Higiene e Limpeza	7.000	
Custo em Formação Produto A	3.105.350	
Custo em Formação Produto B	2.023.283	
Custo em Formação Produto C	721.367	
Custo em Formação Produto D	681.000	
ICMS sobre Vendas	1.134.000	
PIS sobre Faturamento	118.800	
COFINS	185.200	
Depreciação Acumulada Computadores e Perternces		20.000
Depreciação Acumulada Máquinas e Equip Industriais		40.000
Depreciação Acumulada MUT		14.000
Duplicatas a Pagar		2.840.000
ICMS a Recolher		675.000
IPI a Recolher		375.000
Cofins a Recolher		185.200
PIS a Recolher		118.800
Salários e Encargos a Pagar		409.500
Pró-labore e Encargos a Pagar		60.000
Aluguéis Passivos a Pagar		60.000
Capital Social		3.000.000

(continua)

(continuação)

PRIMEIRO BALANCETE DE VERIFICAÇÃO DO RAZÃO Em 31 de março		
Contas	Débito	Crédito
Reserva para Investimentos		465.325
Vendas Produto A		3.500.000
Vendas Produto B		1.300.000
Vendas Produto C		500.000
Vendas Produto D		1.000.000
Juros Ativos		27.000
TOTAIS	**14.589.825**	**14.589.825**

Contabilização dos fatos após o término do mês de março

4.2 Apurar e contabilizar o custo de fabricação do período e o custo dos produtos vendidos, considerando:

a) Depreciação de máquinas e equipamentos industriais pela taxa de 10% a.a.;

CÁLCULOS:

10% de 200.000 = 20.000
20.000/12 = 1.667

51) *CUSTOS INDIRETOS*

GASTOS GERAIS DE FABRICAÇÃO

Depreciaçãox

a Depreciação Acumulada de Máquinas e

Equipamentos Industriais

Cota do mês, conf. cálculos *1.667*

b) Depreciação de computadores pela taxa de 20% a.a. Apropriar 20% para administração, 10% para a área comercial, e o restante para a produção.

CÁLCULOS:

20% de 50.000 = 10.000
10.000/12 = 834
Despesas com Vendas 10% = 83
Despesas Administrativas: 20% = 166
Gastos Gerais de Fabricação: 70% = 585

52) *Diversos*

a Depreciação Acumulada de Computadores

DESPESAS COM VENDAS

Depreciação.. 83

DESPESAS ADMINISTRATIVAS

Depreciação.. 166

CUSTOS INDIRETOS

GASTOS GERAIS DE FABRICAÇÃO

Depreciação.. 585 834

---

c) Depreciação de móveis e utensílios pela taxa de 10%. Apropriar 70% para a administração, 20% para a área comercial, e o restante para a produção.

CÁLCULOS:

10% de 20.000 = 2.000

2.000/12 167

Despesas com Vendas: 20% = 34

Despesas Administrativas: 70% = 116

Gastos Gerais de Fabricação: 10% = 17

53) *Diversos*

a Depreciação Acumulada de Móveis e Utensílios

DESPESAS COM VENDAS

Depreciação.. 34

DESPESAS ADMINISTRATIVAS

Depreciação.. 116

CUSTOS INDIRETOS DE FABRICAÇÃO

GASTOS GERAIS DE FABRICAÇÃO

Depreciação.. 17 167

---

d) Tendo em vista que o critério de rateio dos custos indiretos de fabricação dos produtos, no presente exemplo prático, será uniforme, e com base no número de peças acabadas no período, para facilitar o rateio desses custos, transferir todos os saldos de todas as contas representativas dos custos indiretos (materiais, mão de obra e gastos gerais de fabricação indiretos) para a conta única denominada "CIF".

Nota

- Lembramos que o objetivo do lançamento a seguir é somente facilitar os cálculos do rateio dos CIFs ao custo em formação de cada produto. Tendo em vista que nas empresas certamente o processo contábil é feito por meio do computador, fica fácil o cálculo individualizado, bem como as transferências de cada conta representativa dos custos indiretos para as contas representativas do custo em formação de cada produto.

54) *CIF*

a Diversos

a Pró-labore	*30.000*	
a Salários e Encargos	*31.000*	
a Aluguéis Passivos	*45.000*	
a Energia Elétrica	*10.000*	
a Telefone e Fax	*20.000*	
a Água e Esgoto	*3.500*	
a Manutenção de Elevadores	*2.800*	
a Assistência Técnica de Processamento de Dados	*7.200*	
a Conservação Predial	*5.000*	
a Lanches e Refeições	*7.000*	
a Segurança	*25.000*	
a Manutenção Produção	*17.500*	
a Material de Escritório	*1.000*	
a Material de Informática	*12.000*	
a Material de Higiene e Limpeza	*7.000*	
a Depreciação	*2.269*	*226.269*

e) Proceder ao rateio dos custos indiretos de fabricação para os produtos com base no número de peças acabadas no período, como segue:

Produto A: 220.000 peças = 49%
Produto B: 80.000 peças = 18%
Produto C: 60.000 peças = 13%
Produto D: 90.000 peças = 20%
Totais: 450.000 = 100%

TABELA PARA RATEIO DO CIF AOS PRODUTOS		
Produtos	%	$
Produto A	49	110.872
Produto B	18	40.728
Produto C	13	29.415
Produto D	20	45.254
Totais	100	226.269

55) *Diversos*

a CIF

CUSTO EM FORMAÇÃO		
PRODUTO A	*110.872*	
CUSTO EM FORMAÇÃO		
PRODUTO B	*40.728*	
CUSTO EM FORMAÇÃO		
PRODUTO C	*29.415*	
CUSTO EM FORMAÇÃO		
PRODUTO D	*45.254*	*226.269*

f) Estoques finais de produtos em elaboração, conforme inventários físicos realizados na área de produção, em 31 de março:

Produto A (Costura): 120.000 × 8,02 = 962.400
Produto B (Costura): 40.000 × 10,78 = 431.200
Produto B (Bordado): 50.000 × 10,58 = 529.000
Subtotal: 960.200
Produto C (Costura): 90.000 × 4,13 = 371.700
Total: 2.294.300

Observação

- Os custos unitários foram definidos conforme dados extraídos dos registros contábeis, uma vez que a empresa acompanha os custos de fabricação por grupo de produtos.

56) *Diversos*

a Diversos

Pelo registro do estoque de produtos em elaboração, existente em 31 de março, conforme levantamento feito no setor de produção:

Estoque de Produtos em Elaboração		
Produto A...	*962.400*	
Estoque de Produtos em Elaboração		
Produto B...	*960.200*	
Estoque de Produtos em Elaboração		
Produto C	*371.700*	*2.294.300*
a CUSTO EM FORMAÇÃO		
a PRODUTO A	*962.400*	

a CUSTO EM FORMAÇÃO

a PRODUTO B 960.200

a CUSTO EM FORMAÇÃO

a Produto C.. 371.700 2.294.300

---

g) Após apurar o custo da produção acabada de cada produto, transferir para a conta Estoque de Produtos Acabados, nas subcontas respectivas.

57) *Diversos*

a Diversos

Transferência para estoques, dos produtos acabados no período:

Estoque de Produtos Acabados

Produto A.. 2.223.002

Estoque de Produtos Acabados

Produto B.. 1.087.561

Estoque de Produtos Acabados

Produto C 371.152

Estoque de Produtos Acabados

Produto D.. 720.254 4.401.969

a CUSTO EM FORMAÇÃO

a PRODUTO A 2.223.002

a CUSTO EM FORMAÇÃO

a PRODUTO B 1.087.561

a CUSTO EM FORMAÇÃO

a PRODUTO C 371.152

a CUSTO EM FORMAÇÃO

a PRODUTO D 720.254 4.401.969

---

h) Apurar o custo dos produtos vendidos, por produto, considerando que havia estoque inicial de produtos acabados; que a empresa adota o sistema PEPS para controle de estoques; e que o inventário físico apontou as seguintes quantidades de peças em estoque no dia 31 de março:

Produto A: 10.000 peças.

Produto B: 5.000 peças.

Produto C: 1.000 peças.

Produto D: Zero

Total: 16.000 peças

Cálculo do custo unitário das peças produzidas, para fins de atribuição de custos aos estoques finais:

Produto A

$ 2.223.002/220.000 peças = 10,10*
EF: 10,10 × 10.000 peças = 101.000

* Dependendo da quantidade de unidades de produtos fabricados, o ideal será trabalhar com um maior número de casas decimais.

Produto B

$ 1.087.561/80.000 peças = 13,59
EF: 5.000 peças × 13,59 = 67.950

Produto C

$ 371.152/60.000 = 6,19
EF: 1.000 peças × 6,19 = 6.190

Produto D

$ 720.254/90.000 peças = 8,00
EF: Zero

Apuração do Custo dos Produtos Vendidos, por produto.

CÁLCULO:

Custo do estoque inicial de produtos acabados + custo da produção acabada no período – custo do estoque final dos produtos acabados.

Produto A

Estoque inicial	29.700
+ Custo da produção acabada no período	2.223.002
Total	2.252.702
(–) Estoque Final	(101.000)
= CPV	2.151.702

Produto B

Estoque inicial	13.300
+ Custo da produção acabada no período	1.087.561
Total	1.100.861
(–) Estoque Final	(67.950)
= CPV	1.032.911

Produto C

Estoque inicial	3.075
+ Custo da produção acabada no período	371.152
Total	374.227
(–) Estoque Final	6.190
= CPV	368.037

Produto D

Estoque inicial	41.250
+ Custo da produção acabada no período	720.254
Total	761.504
(–) Estoque final	ZERO
= CPV	761.504

58) *Diversos*

a Diversos

Pelo registro do custo dos produtos vendidos no mês, como segue:

CPV		
Produto A	*2.151.702*	
CPV		
Produto B	*1.032.911*	
CPV		
Produto C	*368.037*	
CPV		
Produto D	*761.504*	*4.314.154*
a Estoque de Produtos Acabados		
a Produto A	*2.151.702*	
a Estoque de Produtos Acabados		
a Produto B	*1.032.911*	
a Estoque de Produtos Acabados		
a Produto C	*368.037*	
a Estoque de Produtos Acabados		
a Produto D	*761.504*	*4.314.154*

59) *Resultado da Venda de Produtos (RVP)*

a Diversos

a CPV	
a produto A	*2.151.702*
a CPV	
a produto B	*1.032.911*
a CPV	
a Produto C	*368.037*

a CPV

a Produto D .... 761.504 | 4.314.154

60) *RVP*

a Diversos

a PIS sobre Faturamento	118.800	
a COFINS	185.200	
a ICMS sobre Vendas	1.134.000	1.438.000

61) *Diversos*

a Resultado da Venda de Produtos (RVP)

Vendas Produto A	3.500.000	
Vendas Produto B	1.300.000	
Vendas Produto C	500.000	
Vendas Produto D	1.000.000	6.300.000

62) *Resultado da Venda de Produtos*

a Lucro sobre Vendas de Produtos

Lucro Bruto apurado 547.846

4.3. Apurar o resultado líquido, que terá as seguintes deduções e destinações:

Deduções:

a) 10% para Contribuição Social;

b) 15% para o Imposto de Renda.

Observação

- Considerar que não haverá ajustes no resultado para fins de cálculo dessas duas deduções.

Destinações:

a) 60% aos sócios, na proporção de 50% para cada um;

b) 40% à constituição de reserva para investimentos.

63) *Resultado do Exercício*

a Diversos

a DESPESAS COM VENDAS

a Salários e Encargos	*18.000*	
a Energia Elétrica	*500*	
a Telefone e Fax	*15.000*	
a Água e Esgoto	*500*	
a Manutenção de Elevadores	*400*	
a Assistência Técnica de Processamento de Dados	*1.200*	
a Conservação Predial	*1.000*	
a Lanches e Refeições	*1.000*	
a Segurança	*5.000*	
a Despesas Postais	*4.000*	
a Fretes e Carretos	*25.000*	
a Aluguéis Passivos	*5.000*	
a Material de Escritório	*4.000*	
a Material de Informática	*3.000*	
a Material de Higiene e Limpeza	*1.000*	
a Depreciação	*117*	*84.717*

64) *Resultado do Exercício*

a Diversos		
a DESPESAS FINANCEIRAS		
a Despesas Bancárias	*2.500*	
a Juros Passivos	*12.000*	
a Descontos Concedidos	*22.000*	*36.500*

65) *Resultado do Exercício*

a Diversos		
a DESPESAS ADMINISTRATIVAS		
a Pró-labore e Encargos	*30.000*	
a Salários e Encargos	*40.500*	
a Energia Elétrica	*1.500*	
a Telefone e Fax	*5.000*	
a Água e Esgoto	*1.000*	
a Manutenção de Elevadores	*800*	
a Assistência Técnica de Processamento de Dados	*3.600*	
a Conservação Predial	*2.000*	

a Lanches e Refeições	2.000	
a Segurança	10.000	
a Despesas Postais	1.000	
a Serviços de Terceiros	10.000	
a Impostos e Taxas	17.000	
a Aluguéis Passivos	10.000	
a Material de Escritório	10.000	
a Material de Informática	5.000	
a Material de Higiene e Limpeza	2.000	
a Depreciação	282	151.682

66) *Diversos*

a Resultado do Exercício		
Lucro sobre Vendas de Produtos	547.846	
Juros Ativos	27.000	574.846

67) *Resultado do Exercício*

a Diversos		
a CSLL a Recolher		
10% de 301.947	30.194	
a IR sobre o Lucro Líquido a Recolher		
15% de 301.947	45.292	
a Lucros Acumulados		
Lucro líquido do exercício	226.461	301.947

68) *Lucros Acumulados*

a Diversos		
Destinação do lucro líquido como segue:		
a Reserva para Investimentos		
40% de 226.461	90.585	
a Sócios Conta Corrente		
Distribuição de 60% do lucro líquido		
60% de 226.461	135.876	226.461

4.4. Elaborar as seguintes demonstrações contábeis:

a) Balanço Patrimonial

BALANÇO PATRIMONIAL DE RÁFIA INDÚSTRIA E COMÉRCIO LTDA., LEVANTADO EM 31 DE MARÇO DE X1			
Contas	$	Contas	$
ATIVO		**PASSIVO**	
ATIVO CIRCULANTE		**PASSIVO CIRCULANTE**	
Disponibilidades		Fornecedores	
Caixa e Bancos	240.000	Duplicatas a Pagar	2.840.000
Clientes		**Obrigações Tributárias**	
Duplicatas a Receber	4.450.000	ICMS a Recolher	675.000
Estoques		IPI a Recolher	375.000
		Cofins a Recolher	185.200
Estoque de Produtos Acabados A	101.000	PIS a Recolher	118.800
Estoque de Produtos Acabados B	67.950	CSLL a Recolher	30.194
Estoque de Produtos Acabados C	6.190	IR sobre o Lucro Líquido a Recolher	45.292
Total dos Estoques de Produtos Acabados	175.140	**Obrigações Trabalhistas**	
Estoque de Produtos em Elaboração A	962.400	Salários e Encargos a Pagar	409.500
		Pró-labore e Encargos a Pagar	60.000
Estoque de Produtos em Elaboração B	960.200	**Contas a Pagar**	
Estoque de Produtos em Elaboração C	371.700	Aluguéis Passivos a Pagar	60.000
		Sócios Conta Corrente	135.876
Total dos Estoques de Produtos em Elaboração	2.294.300		
Estoque de MP Tecido A	400.000		
Estoque de MP Tecido B	210.000		
Estoque de MP Produto C	50.000		
Total dos Estoques de Matérias-primas	660.000		
Estoque de MS Aviamentos	300.000		
Estoque de MS Etiquetas	10.000		
Total dos Estoques de Materiais Secundários	310.000		
Estoque de Material de Embalagem	140.000		
Estoque de Material de Escritório	15.000		
Estoque de Material de Informática	5.000		
Estoque de Material de Higiene e Limpeza	8.000		
Total dos Estoques	3.607.440		
Total do Ativo Circulante	8.297.440	**Total do Passivo Circulante**	4.934.862

(continua)

(continuação)

BALANÇO PATRIMONIAL DE RÁFIA INDÚSTRIA E COMÉRCIO LTDA., LEVANTADO EM 31 DE MARÇO DE X1			
Contas	$	Contas	$
ATIVO NÃO CIRCULANTE		**PATRIMÔNIO LÍQUIDO**	
Imobilizado		**Capital Social**	
Computadores e Periféricos	50.000	Capital	3.000.000
(–) Depreciação Acumulada de Computadores e Periféricos	(20.834)	Reserva para Investimentos	555.910
		Total do Patrimônio Líquido	3.555.910
Máquinas e Equipamentos Industriais	200.000	**Total do Passivo**	8.490.772
(–) Depreciação Acumulada de Máquinas e Equipamentos Industriais	(41.667)		
Móveis e Utensílios	20.000		
(–) Depreciação Acumulada de Móveis e Utensílios	(14.167)		
Total do Ativo Não Circulante	193.332		
Total do Ativo	8.490.772		

b) Demonstração do Resultado do Exercício

DEMONSTRAÇÃO DO RESULTADO DO EXERCÍCIO DE RÁFIA INDÚSTRIA E COMÉRCIO LTDA., ELABORADA EM 31 DE MARÇO DE X1	
Contas	$
1. Receita Operacional Bruta	
Venda de Produtos	6.300.000
2. Deduções e Abatimentos	
ICMS sobre Vendas	(1.134.000)
PIS sobre Faturamento	(118.800)
COFINS sobre Faturamento	(185.200)
3. Receita Operacional Líquida (1 – 2)	**4.862.000**
4. Custos Operacionais	
CPV	**(4.314.154)**
5. Lucro Bruto (3 – 4)	**547.846**
6. Despesas Operacionais	
Despesas com Vendas	(84.717)
Despesas Financeiras	(36.500)
(+) Receitas Financeiras	27.000
Despesas Gerais e Administrativas	(151.682)
Outras Despesas Operacionais	

(continua)

DEMONSTRAÇÃO DO RESULTADO DO EXERCÍCIO DE RÁFIA INDÚSTRIA E COMÉRCIO LTDA., ELABORADA EM 31 DE MARÇO DE X1	
Contas	$
7. Outras Receitas Operacionais	
8. Lucro (Prejuízo) Operacional (5 – 6 + 7)	301.947
9. Outras Receitas	
10. Outras Despesas	
11. Resultado do Exercício Antes do IR (8 + 9 – 10)	301.947
12. Contribuição Social sobre o Lucro Líquido	(30.194)
13. Imposto de Renda sobre o Lucro Líquido	(45.292)
14. Resultado do Exercício Após o IR (11 – 12 – 13)	226.461
15. Participações Debêntures... Empregados... Administradores... Partes Beneficiárias... Instituições ou Fundos de Assistência Previdência dos Empregados...	
16. Lucro ou Prejuízo Líquido do Exercício (14 – 15)	226.461

c) Demonstração do Custo dos Produtos Vendidos

DEMONSTRAÇÃO DO CUSTO DOS PRODUTOS VENDIDOS DE RÁFIA INDÚSTRIA E COMÉRCIO LTDA., ELABORADA EM 31 DE MARÇO DE X1		
1. Estoque inicial de Matérias-primas	834.000	
2. (+) Compras Líquidas de Matérias-primas	2.126.000	
3. (=) Custo das Matérias-Primas Disponíveis (1 + 2)	2.960.000	
4. (–) Custo matérias-primas não aplicadas na Produção 4.1. Estoque Final de Matérias-primas... 4.2. Custo das Vendas de Matérias-primas... 4.3. Subprodutos acumulados no período... 4.4. Outros...	 660.000 – 15.000 (615.000)	
5. (=) Custo das Matérias-Primas Aplicadas (3 – 4)	2.285.000	
6. (+) Mão de Obra Direta	320.000	
7. (=) Custo Primário (5 + 6)	2.605.000	
8. (+) Outros Custos Diretos 8.1. Materiais Secundários... 8.2. Materiais de Embalagem... 8.3. Outros Materiais... 8.4. Gastos Gerais de Fabricação Diretos...	 610.000 110.000 600.000	 1.320.000

(continua)

(continuação)

DEMONSTRAÇÃO DO CUSTO DOS PRODUTOS VENDIDOS DE RÁFIA INDÚSTRIA E COMÉRCIO LTDA., ELABORADA EM 31 DE MARÇO DE X1		
9. (=) Custos Diretos de Fabricação (7 + 8)	3.925.000	
10. (+) Custos Indiretos de Fabricação 10.1. Materiais Indiretos.. 10.2. Mão de Obra Indireta.. 10.3. Gastos Gerais de Fabricação Indiretos.................	 20.000 68.000 138.269	 226.269
11. (=) Custo de Produção do Período (9 + 10)	4.151.269	
12. (+) Estoque Inicial de Produtos em Elaboração	2.545.000	
13. (=) Custo de Produção (11 + 12)	6.696.269	
14. (–) Estoque Final de Produtos em Elaboração	2.294.300	
15. (=) Custo da Produção Acabada no Período (13 – 14)	4.401.969	
16. (+) Estoque Inicial de Produtos Acabados	87.325	
17. (=) Custo dos Produtos Disponíveis para Venda (15 + 16)	4.489.294	
18. (–) Estoque Final de Produtos Acabados	175.140	
19. (=) Custo dos Produtos Vendidos (17 – 18)	4.314.154	

8.3.1 Cálculos de suporte para elaboração da DCPV

Lembramos que os dados para elaboração da DCPV são extraídos do livro Razão (ou dos Razonetes). No entanto, sempre alguns cálculos precisam ser efetuados. Apresentaremos, portanto, alguns deles para sua conferência.

COMPRAS DE MATÉRIAS-PRIMAS	
Produto A	1.250.000
Produto B	666.000
Produto C	210.000
Total das compras de matérias-primas	2.126.000
(–) Vendas de subprodutos (retalhos)	(15.000)
MÃO DE OBRA DIRETA	
Salários e Encargos (Corte)	300.000
Salários e Encargos Expedição	20.000
Total da MOD	320.000

(continua)

(continuação)

OUTROS CUSTOS DIRETOS	
MATERIAIS SECUNDÁRIOS	
Aviamentos produto A	300.000
Aviamentos produto B	200.000
Aviamentos produto C	100.000
Total Aviamentos	600.000
Etiquetas produto A	6.000
Etiquetas produto B	2.000
Etiquetas produto C	2.000
Total Etiquetas	10.000
Total Material Secundário aplicado	610.000
MATERIAL DE EMBALAGEM	
Material de Embalagem produto A	60.000
Material de Embalagem produto B	20.000
Material de Embalagem produto C	15.000
Material de Embalagem produto D	15.000
Total Material de Embalagem	110.000
GASTOS GERAIS DE FABRICAÇÃO	
OFICINAS EXTERNAS	
Oficina de Costura	420.000
Oficina de Bordado	50.000
Oficina de Acabamento	20.000
Oficina de Passadoria	40.000
Total	530.000
TRANSPORTES	
Gasto Total	70.000
Total dos GGFs	600.000
CUSTOS INDIRETOS DE FABRICAÇÃO	
MATERIAIS INDIRETOS	
Material de Escritório	1.000

(continua)

(continuação)

Material de Informática	12.000
Material de Higiene e Limpeza	7.000
Total Material Indireto	20.000
MÃO DE OBRA INDIRETA	
Pró-labore	30.000
Salários e Encargos	31.000
Lanches e Refeições	7.000
Total MOI	68.000
GASTOS GERAIS DE FABRICAÇÃO INDIRETOS	
Aluguéis Passivos	45.000
Energia Elétrica	10.000
Telefone e Fax	20.000
Água e Esgoto	3.500
Manutenção de Elevadores	2.800
Assistência Técnica de Processamento de Dados	7.200
Conservação Predial	5.000
Segurança	25.000
Manutenção Produção	17.500
Depreciação	2.269
Total GGFs Indiretos	138.269
Total dos Custos Indiretos	**226.269**

8.4 Comentários finais

Se você comparar os resultados apurados no Capítulo 7 com os apurados no presente capítulo, perceberá que há uma diferença de $ 100.540 a maior no Custo dos Produtos Vendidos do Capítulo 8 em relação ao do Capítulo 7.

VEJA:

Item 19 da DCPV do Capítulo 8 =	4.314.154
(–) Item 19 da DCPV do Capítulo 7 =	4.213.614
(=) Diferença =	100.540

Essa variação ocorreu em função dos diferentes critérios utilizados para avaliação dos estoques finais de produtos em elaboração e de produtos acabados nos dois Capítulos: no Capítulo 7, adotamos o sistema de inventário periódico e no Capítulo 8 o do Inventário permanente.

Observe que, somando a diferença entre o estoque final de produtos em elaboração dos dois capítulos ($ 94.900) com a diferença do estoque final de produtos acabados também de ambos os capítulos ($ 5.640), obteremos o montante de $ 100.540.

Se você analisar as informações contidas nas duas Demonstrações do Resultado do Exercício, perceberá também que essa diferença de $ 100.540 prevalece entre os custos operacionais (item 4), entre o Lucro Bruto (item 5) entre o Lucro Operacional (item 8) e entre o Resultado do Exercício Antes do IR (item 10). A partir do item 11, as diferenças se modificam em decorrência dos cálculos da Contribuição Social e do IR pois as bases de cálculo são diferentes nos dois capítulos.

9 Custos Indiretos de Fabricação (CIFs)

9.1 Introdução

Você estudou no Capítulo 2 que, em relação aos produtos, o custo de fabricação pode ser direto ou indireto.

Aprendeu que os custos diretos são facilmente identificados em relação a cada produto fabricado enquanto os custos indiretos não são. Na verdade, a identificação dos custos indiretos em relação aos produtos constitui o grande desafio do contabilista de custos.

As preocupações surgem desde o momento da segregação dos gastos em despesas ou custos bem como daqueles que deverão ser inicialmente ativados, conforme estudamos na Seção 2.1 do Capítulo 2.

Assim, é preciso considerar que os gastos podem ser:

a. gerados definitivamente como despesas;

b. gerados definitivamente como custos;

c. inicialmente ativados e posteriormente transformados em despesas ou custos; e

d. inicialmente ativados e posteriormente transformados parte em despesas e parte em custos.

Para que os empresários ou seus administradores possam tomar decisões adequadas em benefício da empresa, é preciso que conheçam o custo real dos produtos que fabricam.

Você já aprendeu que a atribuição de custos diretos aos produtos é tarefa que não causa embaraços, contudo, o grande desafio, conforme dissemos, está na atribuição dos custos indiretos.

Os sistemas de custeio departamental e ABC que estudaremos nos Capítulos 10 e 11, são algumas das alternativas encontradas para que a atribuição dos custos indiretos aos produtos seja feita da maneira mais justa possível.

Sabemos que não existe regra fixa que se possa adotar em toda e qualquer situação, exatamente em decorrência das características que envolvem tanto os custos indiretos quanto os processos de fabricação.

Assim, deve-se escolher sempre o melhor critério que, mesmo estimado, possibilite a atribuição dos custos indiretos aos produtos da maneira mais justa possível.

Mesmo diante da infinidade de bases de rateio em uso que podem ser adotadas, haverá sempre uma dose de subjetivismo na escolha deste ou daquele critério. Por esse motivo, antes de definir os critérios a serem adotados para atribuição dos custos indiretos aos produtos, o contador de custos deve ter pleno domínio de todo o mecanismo que envolve o processo de fabricação e das características de cada produto fabricado pela empresa na qual trabalha. Um critério adotado com sucesso em uma empresa pode não ser o ideal para outra, ainda que fabriquem produtos iguais, em razão das circunstâncias que envolvem cada um dos processos de fabricação.

É sempre conveniente lembrar que, em relação aos custos indiretos, há duas etapas de rateio: na primeira, segregam-se os gastos no momento em que são gerados ou depois de ativados, em despesas e custos indiretos, e, na segunda, atribuem-se os custos indiretos aos produtos.

Em qualquer uma dessas etapas, antes de se definir a melhor base para rateio, é sempre conveniente que sejam estudadas todas as possibilidades existentes para que se adote aquela que ofereça a menor margem de erro possível. Podem ser adotadas bases já consagradas, embora cada caso em particular possa sugerir a criação de bases mais adequadas.

Algumas das bases de rateio mais utilizadas para a segregação do gasto em despesa e custo são: a área ocupada para os gastos com aluguel e IPTU; o número de atendimentos (ou de empregados) para os gastos com assistência médica e ambulatorial; o número de empregados para o gasto com água e esgoto; a área de iluminação para os gastos com energia elétrica que não seja aplicada diretamente nas máquinas de produção etc.

Na etapa de atribuição dos custos indiretos aos produtos, o estudo deve ser ainda mais cuidadoso, uma vez que cada processo de fabricação poderá sugerir uma base de rateio específica. Apenas para completar nosso raciocínio, nessa etapa, algumas das bases de rateio mais consagradas são: valor ou volume da matéria-prima aplicada; horas-máquina; horas-homem; valor da mão de obra direta; custo primário; número de peças fabricadas etc.

9.2 Conceito

Custos indiretos de fabricação (CIFs) compreendem os gastos com materiais, mão de obra e gastos gerais de fabricação aplicados indiretamente na fabricação dos produtos.

Uma das características dos custos indiretos é beneficiar a fabricação de vários produtos ao mesmo tempo, motivo pelo qual se torna difícil uma segura identificação de suas quantidades e de seus valores em relação a cada unidade produzida.

Já estudamos no Capítulo 2 que, em relação aos produtos, os custos podem ser diretos e indiretos.

Vimos também que, em razão do volume de produção, os custos podem ser fixos, variáveis e mistos, e que os mistos correspondem aos fixos, os quais possuem uma parte variável (semifixos), e aos variáveis, os quais possuem uma parte fixa (semivariáveis).

Dissemos, ainda, como regra geral, que os custos diretos são variáveis, enquanto os indiretos são fixos.

Agora, vamo-nos aprofundar um pouco mais nesses conceitos.

A classificação do custo em direto e indireto está relacionada ao produto em si, e a classificação do custo em fixo e variável está relacionada ao volume da produção.

Fixos, portanto, são todos os custos que permanecem estáveis independentemente de variação no volume da produção. O aluguel da fábrica, por exemplo, ocorrerá mensalmente, tenha ou não a empresa fabricado algum bem. Embora esse gasto possa estar sujeito a reajustes anuais ou até mesmo mensais, não perde a condição de fixo, pois tais reajustes independem de variação no volume da produção.

Variáveis são os custos que se alteram para mais ou para menos, conforme seja o volume produzido. O exemplo mais claro de custo variável é o gasto com a matéria-prima.

A partir daqui, trataremos especificamente dos custos indiretos.

A afirmativa de que, como regra geral, os custos indiretos são fixos decorre do fato de que, ainda que nada venha a produzir, a empresa industrial incorrerá em certos gastos indispensáveis para sua existência. Os mais comuns são: aluguel, IPTU, energia elétrica, telefone, segurança, salários e encargos do pessoal mensalista etc. Esses gastos, quando atribuíveis à área de produção, são tratados como custos indiretos. Entretanto, é preciso considerar que eles permanecerão estáveis dentro de um limite de produção e poderão ter seus valores aumentados quando o volume de produção superar esse limite. Por exemplo, se a empresa precisar contratar pessoal para atender a aumento no volume da produção, incorrerá também em aumento de gastos com salários e encargos, energia elétrica, água e esgoto, telefones, segurança etc.

Contudo, as variações que os custos indiretos sofrem, embora decorram de aumentos no volume da produção, não serão diretamente proporcionais a esses aumentos.

Feitas essas considerações, podemos então afirmar que os custos indiretos, embora fixos, poderão conter uma parcela variável.

CIFs fixos são aqueles que, mesmo não integrando os produtos, são indispensáveis à movimentação do patrimônio da empresa industrial, beneficiam a fabricação de vários produtos ao mesmo tempo, independem do volume de bens produzidos e ocorrem regularmente durante todos os meses do ano. São exemplos desses custos: o aluguel e respectivo IPTU da fábrica, os salários e encargos dos mensalistas (geralmente chefes e supervisores), a depreciação de máquinas etc.

CIFs semifixos compreendem os CIFs fixos que possuem uma parcela variável, como ocorre com a parte da energia elétrica utilizada para movimentar máquinas de produção, com a parte dos salários e encargos decorrentes de horas extras e contratação de pessoal eventual etc.

9.3 Segregação dos gastos em despesas e custos

Uma das importantes tarefas do contador de custos é segregar, entre os gastos que representam consumo de bens ou utilização de serviços, aqueles que devem ser classificados como despesas daqueles que devem ser classificados como custos.

Para facilitar essa tarefa, a regra a ser observada é a seguinte:

a. A despesa vai para o resultado.

b. O custo vai para o produto.

Assim, todos os gastos que corresponderem a consumo de bens ou a utilização de serviços nas áreas administrativa e comercial, visando a obtenção de receitas, serão classificados como despesas, enquanto aqueles que corresponderem a consumo de bens ou a utilização de serviços na área de produção que objetivam a fabricação de produtos serão classificados como custos.

A aplicação dessa regra seria muito simples se na empresa industrial as três áreas citadas fossem estanques, isto é, independentes, e os gastos gerados em cada uma delas não beneficiassem nenhuma outra.

Ocorre, no entanto, que a empresa industrial é uma organização na qual todas as atividades se desenvolvem visando a produção e a venda de produtos.

Assim, essas três áreas,[1] embora com tarefas distintas, são interdependentes e indispensáveis para a movimentação do patrimônio da empresa industrial.

Portanto, nem todos os gastos com o consumo de bens ou com a utilização de serviços incorridos nas áreas administrativa e comercial correspondem exclusivamente a despesas. Parte deles deve integrar o custo de fabricação.

Ocorre que o pessoal das áreas administrativa e comercial realiza tarefas também para a área de produção e vice-versa.

---

[1] A segregação das atividades desenvolvidas nas empresas industriais nas três áreas básicas facilita nossos estudos. Lembramos, no entanto, que, considerando a finalidade dos estudos, as atividades desenvolvidas pelas empresas poderão ser agrupadas em mais áreas: administrativa, pessoal, finanças, comercial, produção etc. Em relação às despesas, conforme disciplina contida na Lei n. 6.404/1976, podem ser classificadas em: Despesas com Vendas, Despesas Gerais e Administrativas, Despesas Financeiras, Outras Despesas Operacionais e Outras Despesas.

O departamento pessoal, órgão da área administrativa, além de prestar serviços ao pessoal das áreas administrativa e comercial, cuida do pessoal da produção; o departamento de compras, integrante da área comercial, adquire materiais que serão consumidos nas áreas administrativa e comercial e também na área de produção. A própria área de produção, cujas tarefas devem estar concentradas para a fabricação dos produtos, pode prestar serviços para as demais áreas da empresa. O departamento de conservação e manutenção, por exemplo, vinculado à área de produção, em geral, presta serviços também para as áreas administrativa e comercial, caso em que os gastos com pessoal e material incorridos nesses serviços não podem onerar o custo de fabricação.

Dessa forma, alguns gastos serão classificados totalmente como despesas; outros, totalmente como custos, enquanto outros poderão conter parte despesas e parte custos.

Os gastos que correspondem somente a despesas e que ocorrem nas áreas administrativa e comercial devem ser classificados entre as Despesas com Vendas, Administrativas, Financeiras, Outras Despesas Operacionais ou Despesas Não operacionais, integrando o resultado do exercício.

Os gastos que corresponderem somente a custos deverão ser rateados diretamente aos produtos fabricados, salvo nos casos em que a empresa adote o custeio departamental ou o custeio baseado em atividades (ABC).

Os gastos que contiverem parte despesa e parte custo deverão sofrer dois processos de rateio:

a. Segregação do gasto em despesa e custo.

b. Atribuição aos produtos da parte correspondente ao custo.

Nos dois processos de rateio, as bases utilizadas serão diferentes, conforme já comentamos, e como você poderá constatar também na Seção 9.5 adiante.

9.4 Base de rateio

9.4.1 Conceito

Base de rateio é a medida que serve de parâmetro para a distribuição dos custos indiretos aos produtos.

Você já estudou no Capítulo 2 que os custos indiretos de fabricação são atribuídos aos produtos por meio de critérios que podem ser estimados ou até mesmo arbitrados pela empresa. Estudou também que a distribuição dos custos indiretos aos produtos denomina-se rateio.

Para que os custos indiretos sejam atribuídos aos produtos da maneira mais justa possível, não basta optar pela base de rateio mais usual; é preciso, sempre, analisar cuidadosamente os principais fatores que influenciam na fabricação de cada produto para escolher a base de rateio que melhor se adapte a cada situação particular.

Assim, os principais fatores a serem considerados são: as características que envolvem o processo de fabricação (processo térmico, mecânico, químico, montagem, beneficiamento etc.), o tipo do produto fabricado, o volume, o peso e o valor da matéria-prima aplicada, os equipamentos utilizados, o ciclo da produção (tempo de maturação do produto na fase de produção), o tempo de horas-máquina e de horas-homem necessárias etc.

Nota

- Sempre que houver um meio seguro que possibilite a perfeita identificação do custo em relação ao produto, esse meio deve prevalecer sobre qualquer outro critério subjetivo. Na ausência dessa possibilidade, o contador de custos deverá escolher a base de rateio que ofereça a menor margem de erro possível na atribuição dos custos indiretos aos produtos.

9.4.2 Escolha da base para rateio do gasto entre despesa e custo

Para escolher a base de rateio ideal, visando a segregação do gasto entre despesa e custo, é preciso relacionar o gasto com o motivo que o gerou.

O gasto com energia elétrica, por exemplo, poderá decorrer da necessidade de iluminar o ambiente ou da necessidade de fazer funcionar máquinas.

Quando decorrer da necessidade de iluminar o ambiente, esse será o motivo da sua existência, logo, a base de rateio deverá ser a quantidade de bicos de luz em cada área ou setor; se o gasto decorrer da necessidade de movimentar máquinas, esse será o motivo de sua ocorrência, logo, a base de rateio mais indicada será o número de horas trabalhadas pelas máquinas.

Vamos supor que o gasto com o consumo de água na empresa tenha dois motivos: higiene do pessoal e limpeza das dependências do imóvel.

Nesse caso, dois são os motivos que geram o gasto com água: limpeza do imóvel e consumo do pessoal.

A escolha da base de rateio estará dividida entre o número de empregados e a área ocupada pelo imóvel. Pode-se optar por aquela que gere o maior consumo ou, se houver medidores que permitam o conhecimento do consumo por área e por empregados, deve-se dividir o gasto em duas partes e utilizar as duas bases de rateio.

Veja mais um exemplo: o gasto com conservação de elevadores poderá ocorrer mensalmente ou em alguns meses do ano. Se os elevadores forem utilizados apenas por pessoas, a base de rateio deverá ser o número de empregados de cada área, departamento ou setor que utilizam os elevadores, pois esse é o motivo do gasto. No entanto, se os elevadores forem utilizados para transporte de cargas, como materiais e produtos, a base de rateio poderá ser o volume, o valor, a quantidade etc. de materiais e de produtos movimentados no período, uma vez que o motivo do gasto foi exatamente a remoção de materiais e produtos na empresa.

9.4.3 Taxa para rateio dos CIFs

Tanto os rateios dos gastos em despesa e custos quanto os rateios dos custos indiretos de fabricação aos produtos são feitos proporcionalmente em função da medida escolhida como parâmetro para rateio.

A parcela do gasto a ser rateada entre despesa e custo ou a parcela do custo indireto a ser rateada para cada produto podem ser encontradas mediante a aplicação de uma taxa sobre o montante objeto de rateio.

Essa taxa pode ser apurada de duas maneiras: em unidade monetária ou em porcentagem.

Nota

- Os comentários a seguir, sobre o cálculo das taxas de rateio em unidade monetária ($) e em porcentagem (%), embora se refiram aos CIFs, aplicam-se também ao rateio dos gastos em despesa e custo.

a. Taxa em unidade monetária ($)

TAXA DE RATEIO DOS CIFs = CIFs/BASE DE RATEIO

Aplicando-se essa fórmula, a taxa será expressa em unidade monetária ($) e corresponderá ao valor médio do CIF por unidade, conforme a base de rateio escolhida.

É importante salientar que, no caso em questão, o denominador da divisão deverá ser o total da medida escolhida para rateio. Se a medida for horas-máquina, deve-se levantar o total das horas trabalhadas pelas máquinas no período; se for número de empregados, deve-se levantar o total dos empregados que trabalham na fábrica e/ou nas áreas objeto do cálculo; se a medida for custo primário, deve-se levantar o total dos custos primários de todos os produtos fabricados no período etc.

b. Taxa em porcentagem (%)

Nesse caso, a taxa poderá ser apurada por meio de regra de três simples, relacionando o total da medida escolhida em unidade monetária, quantidade ou outra grandeza qualquer com o total dessa mesma medida por produto. Se a base de rateio escolhida for horas-máquina, para apurar os percentuais a serem atribuídos a cada produto, deve-se levantar o total das horas-máquina consumidas na produção do período e o total das horas-máquina consumidas por produto. Apurar-se-á, então, o percentual de horas-máquina consumido para cada grupo ou família de produtos fabricados.

EXEMPLO:

Suponhamos que, durante o mês de março, determinada empresa industrial tenha fabricado os seguintes produtos:

Produto A = 600 unidades
Produto B = 1.500 unidades
Produto C = 450 unidades
Produto D = 450 unidades
Total = 3.000 unidades

Considerando que o único custo indireto a ser rateado aos quatro produtos tenha sido um gasto com energia elétrica no valor de $ 12.000 e que a base de rateio escolhida seja o número de unidades produzidas, veja os cálculos para rateio:

a. Rateio por meio da taxa em unidade monetária

Cálculo da taxa em $

$ 12.000/3.000 unidades = $ 4 por unidade produzida.

Rateio dos $ 12.000 aos produtos:

Produto A: 600 unidades × $ 4 = $ 2.400
Produto B: 1.500 unidades × $ 4 = $ 6.000
Produto C: 450 unidades × $ 4 = $ 1.800
Produto D: 450 unidades × $ 4 = $ 1.800
Total = ... $ 12.000

b. Rateio por meio da taxa em porcentagem (%)

Veja, agora, os mesmos cálculos, porém utilizando porcentagem:

Cálculo da taxa em porcentagem

Produto A
3.000 unidades = 100%
600 unidades = X
onde X = 20%

Produto B
3.000 unidades = 100%
1.500 unidades = X
onde X = 50%

Produtos C e D
3.000 unidades = 100%
450 unidades = X
onde X = 15%

Assim, o gasto com energia elétrica será rateado como segue:

Produto A: 20% de $ 12.000 = $ 2.400
Produto B: 50% de $ 12.000 = $ 6.000
Produto C: 15% de $ 12.000 = $ 1.800
Produto D: 15% de $ 12.000 = $ 1.800
Total: .... $ 12.000

9.4.4 Principais bases para rateio dos CIFs

Ao escolher a melhor base para rateio dos custos indiretos, deve-se tomar cuidado para evitar que algum produto seja onerado com carga de custo indireto que não beneficiou a sua produção.

Quando a produção for homogênea, isto é, quando os produtos forem fabricados em tempos coincidentes recebendo as mesmas cargas de materiais diretos e também de mão de obra direta, será possível, por razões práticas, adotar como base de rateio dos custos indiretos o número de peças fabricadas. Dependendo das características que envolvam o processo de fabricação, bem como do próprio custo indireto a ser rateado, se total ou relativo a determinado departamento ou centro de custos – conforme veremos adiante, no Capítulo 10 –, essa base de rateio poderá referir-se a unidades concluídas, ensacadas, coladas, cortadas, costuradas etc., podendo ainda ter como limite de tempo uma hora, um dia, um mês ou outro período.

No entanto, não sendo a produção homogênea, isto é, quando a empresa industrial fabricar produtos diferentes que recebam cargas de matérias-primas variando em volume, peso e valor, com carga de horas-máquina e horas-homem aplicadas em proporções também diferentes, será possível utilizar uma das seguintes bases de rateio:

a. **Custo da matéria-prima aplicada**

A adoção dessa base de rateio é indicada sempre que o custo das matérias-primas aplicadas for expressivo em relação ao custo unitário.

Para fazê-lo, será preciso levantar o valor total das matérias-primas aplicadas na produção do período e o valor das matérias-primas aplicadas em cada unidade, família ou grupo de produtos fabricados.

Havendo grande disparidade de valores entre as diversas matérias-primas aplicadas, pode-se optar pelo volume, pelo peso ou por outra medida de grandeza que não a monetária.

b. **Custo da Mão de Obra direta**

A aplicação dessa base de rateio é indicada sempre que o custo da mão de obra direta for expressivo em relação ao custo unitário. Deve ser adotada especialmente nos casos em que a parte variável dos custos indiretos decorra em maior proporção dos gastos com salários e encargos, e nos casos em que os empregados com maiores salários manipulem a maior parte da produção.

Para aplicar essa base de rateio, será preciso levantar o valor total dos gastos com mão de obra direta incorridos na produção do período e também o valor da mão de obra direta atribuído a cada unidade, família ou grupo de produtos.

Quando houver variações expressivas no valor dos salários dos empregados que manipulam diretamente os produtos, o ideal será utilizar como base de rateio a hora-homem ou a hora-máquina.

c. **Custo primário**

Sempre que o valor das matérias-primas aplicadas e o valor da mão de obra direta forem igualmente expressivos na fabricação dos produtos, ou até mesmo na ausência de outra base de rateio mais apropriada, será possível adotar como medida para rateio dos CIFs aos produtos o valor do custo primário.

Em muitos casos, esse critério se apresenta como uma forma bastante justa na distribuição dos custos indiretos aos produtos.

Para aplicar essa base de rateio, será preciso levantar o total do custo primário da produção do período e os custos primários de cada unidade, família ou grupo de produtos fabricados.

Nos casos de grande disparidade entre os custos das matérias-primas, bem como dos salários do pessoal da mão de obra direta, a solução será abandonar essa base de rateio, procurando outra que permita a distribuição dos custos indiretos aos produtos de maneira mais justa.

d. **Horas-máquina**

Essa base de rateio é indicada quando os gastos com as máquinas são preponderantes em relação aos gastos com a mão de obra direta. Nas indústrias de tecelagem, por exemplo, um só empregado maneja dezenas de máquinas ao mesmo tempo, caso em que a base mais indicada para atribuição dos custos indiretos aos produtos é a hora-máquina, uma vez que a hora-homem é inexpressiva na tarefa de tecer, se comparada à hora-máquina.

Para se adotar essa base de rateio, será preciso levantar o número de horas em que as máquinas foram utilizadas na produção do período, bem como o tempo em que cada unidade, família ou grupo de produtos utilizou máquinas.

e. **Horas-homem**

Base de rateio adequada aos casos em que o trabalho do homem prepondera na fabricação dos produtos e, principalmente, quando há muita disparidade no valor dos salários dos empregados.

Para aplicá-la, será preciso levantar o número de horas totais que o pessoal trabalhou durante o mês e também o número de horas consumidas para fabricar cada unidade, família ou grupo de produtos.

f. **Unidades produzidas (número de peças fabricadas)**

Conforme já dissemos, sempre que a produção for homogênea, a adoção do número de peças para rateio dos custos indiretos surge como opção muito prática.

Nesse caso, bastará somar o total dos custos indiretos de fabricação incorridos no mês e dividir pelo total das unidades fabricadas também no mesmo mês, obtendo-se, assim, o custo indireto por unidade.

O cuidado a ser tomado na adoção dessa base de rateio será quando no período existirem unidades acabadas, porém iniciadas em períodos anteriores; unidades iniciadas e acabadas no mesmo período e unidades iniciadas e não acabadas até o último dia do período. Nesse caso, para não ratear os custos indiretos de forma injusta, o ideal será adotar como base para rateio o tempo de maturação, isto é, o número de dias em que cada unidade permaneceu na fase de elaboração durante o período. Entretanto, havendo dificuldade para o acompanhamento do ciclo de produção por unidade ou, ainda, falta de interesse da própria empresa em ser mais ou menos detalhista em seus controles e sendo o tempo médio de fabricação de cada produto ou família igual a 30 dias, por exemplo, pode-se adotar como regra a atribuição do CIF incorrido no mês somente para os produtos que forem acabados no respectivo mês. Assim, os lotes de produtos que forem iniciados em um mês e acabados no mês seguinte receberão carga de CIF somente em um mês. Essa prática é possível, por exemplo, nas indústrias de confecções, exatamente por manipularem produtos diversificados em grandes quantidades.

g. **Tempo de maturação dos produtos na fase de fabricação**

Adotando-se essa base para rateio, obrigatoriamente após o fechamento de cada mês, deve-se levantar o tempo em que cada produto permaneceu em fabricação. Esse levantamento deverá abranger tanto os produtos cujos processos de fabricação tenham sido iniciados em períodos anteriores como aqueles cujos processos de fabricação tenham sido iniciados no período findo, estejam ou não concluídos. O que importa é o tempo em que cada produto permaneceu na fase de fabricação no período findo.

Por meio de regra de três, obtém-se o percentual do tempo relativo a cada produto ou grupo de produtos.

Assim, os custos indiretos incorridos no período serão rateados para todos os produtos na proporção do tempo em que permaneceram na fase de fabricação no respectivo período.

Notas

- A relação custo-benefício deve sempre ser levada em conta no momento da decisão da escolha da melhor base de rateio a ser utilizada para evitar cálculos e detalhes desnecessários.
- Lembramos, mais uma vez, que são inúmeras as bases de rateio que podem ser adotadas. Nesta Seção, relacionamos algumas das mais expressivas.

9.5 Principais gastos que representam Custos Indiretos de Fabricação e suas Bases de Rateio

Você já sabe que os gastos que devem ser classificados como custos indiretos podem ocorrer tanto na área de produção quanto nas áreas administrativa e comercial.

Sabe também que a maioria desses gastos, quando incorridos nas áreas administrativa e comercial, conterá uma parcela a ser classificada como despesa e uma parcela a ser classificada como custo.

Nesta seção, apresentaremos os principais gastos que são classificados como custos indiretos, bem como as suas bases de rateio mais utilizadas.

9.5.1 Materiais Indiretos

Materiais secundários

Você já estudou que os materiais secundários são aqueles que entram na composição dos produtos, juntamente com a matéria-prima, complementando-a ou até mesmo dando o acabamento necessário ao produto.

Em geral, os gastos com materiais secundários são tratados como custos diretos. Entretanto, nos casos em que economicamente não compensem os controles para identificação desses gastos em relação a cada produto fabricado, eles devem ser tratados em conjunto com os custos indiretos.

Por serem de uso exclusivo da área de produção, fica descartada a classificação dos gastos com esses materiais como despesa.

A apuração do montante gasto com esses materiais no processo de fabricação dependerá do sistema de controle dos estoques adotado pela empresa. Quando o sistema for o de inventário permanente, o almoxarifado terá condições de informar o total consumido no período. Havendo materialidade, essas informações poderão ser dadas inclusive em relação a cada produto, com base nas requisições de materiais. Caso a empresa adote o sistema de inventário periódico, o montante consumido será apurado por diferença de estoques, considerando, obviamente, as compras efetuadas no período.

Após definido o valor do gasto incorrido no período, a atribuição a cada produto poderá ser feita adotando-se uma das seguintes bases de rateio abaixo:

Bases de rateio	Custo, volume, peso da matéria-prima aplicada; valor da mão de obra direta; custo primário; hora-máquina; hora-homem; ou número de peças fabricadas.

Materiais auxiliares

Você já estudou, também, que os materiais auxiliares são aqueles que, embora consumidos no processo de fabricação, não entram na composição dos produtos.

Exatamente por não integrarem os produtos e também porque ocorrem somente na área de produção, os gastos com esses materiais são tratados especificamente como custos indiretos.

Dependendo da natureza dos produtos fabricados (ferrosos, madeiras, tecidos, químicos etc.), os materiais auxiliares poderão compreender estopas, lixas, graxas, óleos lubrificantes, colas, vernizes, solventes etc.

Várias bases de rateio poderão ser adotadas conforme a característica do processo de fabricação. Quando os produtos são fabricados por meio de máquinas, pode-se utilizar como base de rateio a hora-máquina, embora o número de peças, em alguns casos, seja um critério que oferece menor margem de erro para atribuição desses custos aos produtos.

A apuração do montante gasto com esses materiais no processo de fabricação também dependerá do sistema de controle dos estoques adotado pela empresa, conforme já comentamos em relação aos materiais secundários.

Bases de rateio	Custo, volume, peso da matéria-prima aplicada; valor da mão de obra direta; custo primário; hora-máquina; hora-homem; ou número de peças fabricadas.

Materiais de acondicionamento e embalagem

Os materiais de acondicionamento e embalagem compreendem tanto aqueles utilizados para embalar os produtos visando protegê-los antes que deixem a área de produção, como aqueles utilizados para acondicionar ou embalar os produtos no momento da venda. Veja mais detalhes na Seção 4.3.8 do Capítulo 4.

Por esse motivo, os gastos com materiais de embalagem e acondicionamento poderão conter parte a ser classificada como custo e parte a ser classificada como despesa.

Os gastos com materiais de embalagem e de acondicionamento utilizados na área comercial devem ser contabilizados em conta representativa de despesa a ser classificada no grupo Despesas com Vendas. Não se tratando de custo de produção, não haverá também necessidade de se identificar esses gastos em relação a cada unidade de produto vendida.

Os gastos com esses materiais, quando consumidos na área de produção, mesmo representando custos diretos, por razões práticas, devem ser tratados juntamente com os custos indiretos. Esse critério não se aplica quando é possível a identificação segura das quantidades desses materiais utilizados em relação às unidades produzidas, ou quando seus valores representam uma parcela expressiva do custo unitário.

Dessa forma, é comum o total dos gastos com esses materiais incorridos em um período ser atribuído aos produtos fabricados por meio de estimativas.

Imaginemos uma indústria do ramo de confecções que fabrique cerca de 300 itens diferentes, com uma produção mensal de 400.000 peças.

Em determinado período, os gastos com material de embalagem e acondicionamento atingiram o montante de $ 15.000, sendo $ 8.000 referentes a sacos plásticos, $ 3.000 a cabides e $ 4.000 a sacolas plásticas.

Dos produtos fabricados, 300.000 peças masculinas utilizaram somente sacos plásticos, 100.000 peças femininas utilizaram cabides e também sacos plásticos, e todas as sacolas plásticas foram consumidas somente na área comercial. Veja como o montante de $ 15.000 será distribuído entre despesa e custo.

Despesa

Despesas com Vendas

Material de Embalagem e Acondicionamento 4.000

Custo

Base de rateio: número de peças fabricadas

a. Peças femininas

8.000/400.000 peças = $ 0,02 por peça

100.000 × $ 0,02 = $ 2.000

Resumo peças femininas

Sacos plásticos .... $ 2.000

Cabides .... $ 3.000

Total .... $ 5.000

b. Peças masculinas

300.000 × $ 0,02 = $ 6.000

Resumo peças masculinas

Sacos plásticos .... $ 6.000

É importante salientar, ainda, que a escolha da base de rateio para atribuição dos gastos com esses materiais aos produtos dependerá muito do tipo do produto, bem como das quantidades de embalagens que precisem receber.

Quando os produtos fabricados recebem carga homogênea de materiais de embalagem, o rateio pode ser feito com base no número de peças produzidas, sem grandes complicações.

Entretanto, quando os produtos fabricados utilizarem embalagens diversificadas, o ideal será fazer o rateio por grupo ou famílias de produtos. Assim, os produtos receberão somente a carga dos gastos com embalagens que realmente utilizaram.

A apuração do montante gasto com materiais de acondicionamento e embalagem, seja na área de produção ou na área comercial, dependerá do sistema de controle dos estoques adotado pela empresa, conforme já comentamos em relação aos materiais secundários. Tendo em vista que o consumo desses materiais poderá ocorrer tanto na área de produção quanto na comercial, ainda que a empresa adote o sistema de inventário periódico, é sempre conveniente manter algum controle para identificar com a maior precisão possível o montante gasto em cada uma dessas áreas.

Bases de rateio	
Para segregar despesas e custos	Quando não houver controle que permita identificar o montante dos materiais utilizados em cada uma das áreas, o cálculo pode ser estimado. Nesse caso, é importante entrevistar o pessoal que utiliza esse material para efetuar o cálculo da maneira mais precisa possível.
Para atribuir custos aos produtos	Valor ou volume da matéria-prima aplicada ou número de peças fabricadas.

Materiais de escritório (ou de expediente)

São utilizados no expediente normal em todas as áreas da empresa industrial, motivo pelo qual os gastos com eles conterão parcela a ser lançada como despesa e parcela a ser lançada como custo.

O consumo desses materiais na área de produção não é expressivo, no entanto deve integrar o grupo dos custos indiretos de fabricação, para ser atribuído aos produtos.

A apuração do montante dos gastos com esses materiais também dependerá do sistema adotado pela empresa para controle dos estoques: inventário permanente ou periódico, conforme já estudamos no Capítulo 4.

Quando a empresa adotar o sistema de inventário permanente, será possível levantar o montante consumido em cada uma das áreas, seja administrativa, comercial ou de produção, por meio das requisições de materiais. Na adoção do inventário periódico, o consumo global será apurado por diferença de estoques (considerando ainda as compras efetuadas no período) e deverá ser inicialmente rateado para cada área, observando-se que o maior volume desses materiais é consumido na área administrativa.

Em decorrência da grande quantidade de itens e do pequeno valor da maioria deles, por razões práticas, os valores a serem atribuídos a cada uma das áreas da empresa geralmente são estimados. Nesse caso, a forma mais sensata para se decidir acerca do montante consumido em cada área é fazer entrevistas com o pessoal que utiliza esses materiais.

Quando a empresa tiver por hábito adquirir esses materiais à medida do consumo, o montante gasto em cada área será facilmente encontrado pelo somatório dos valores das respectivas notas fiscais de compras.

Na área de produção, todos os produtos fabricados no período deverão receber uma carga dos gastos incorridos com esses materiais no referido período.

Bases de rateio	
Para segregar despesas e custos	Entrevistas com pessoal que utiliza esse material.
Para atribuir custos aos produtos	Pelo inexpressivo valor que o gasto com esses materiais representa em relação ao custo unitário, a base de rateio mais indicada é o número de peças fabricadas.

Materiais de informática

Esses materiais também são utilizados em todas as áreas da empresa industrial, motivo pelo qual conterão parcelas a serem consideradas despesas e parcela a ser considerada custo.

Os mesmos comentários que fizemos em relação aos materiais de escritório aplicam-se aos de informática. No entanto, ressalvamos que, em decorrência de a automação estar presente em toda a empresa, o consumo de cada área poderá ser calculado com base no número de computadores em uso em cada uma delas.

É importante salientar que, com exceção dos materiais utilizados na manutenção dos aparelhos que poderão ser identificados facilmente por área, o maior volume dos materiais de informática poderá corresponder a tintas e papéis para impressoras. Nesses casos, também será fácil identificar os setores que consomem esses materiais para que recebam a carga dos gastos de forma adequada.

Bases de rateio	
Para segregar despesas e custos	Número de computadores existente em cada área.
Para atribuir custos aos produtos	Número de peças fabricadas.

Materiais de higiene e limpeza

Trata-se de materiais que também são consumidos em todas as áreas da empresa industrial, motivo pelo qual os seus gastos poderão conter parte a ser classificada como despesa e parte a ser classificada como custo.

Os mesmos comentários que fizemos em relação aos materiais de escritório aplicam-se também no presente caso. No entanto, o consumo desses materiais nas diversas áreas da empresa é mais proporcional que no caso dos materiais de escritório.

Os materiais de limpeza são utilizados na limpeza dos móveis e de todo o imóvel da empresa industrial, enquanto os materiais de higiene, incluindo água, desinfetantes, papel higiênico etc., são mais consumidos onde houver maior concentração de empregados.

Assim, quando a empresa adotar o sistema de inventário permanente, será fácil obter o total consumido em cada área. Entretanto, nem sempre a relação custo-benefício aponta para controles mais globais, com a adoção do sistema de inventário periódico.

Quando, por razões práticas, o consumo desses materiais for apurado globalmente, o primeiro passo será separar as parcelas a serem consideradas despesa administrativa e comercial da parcela a ser considerada custo. Um critério sensato é o rateio com base no número de empregados para a parte relativa aos materiais de higiene, e com base na área ocupada (metragem quadrada) pelos departamentos no caso dos materiais de limpeza.

Bases de rateio	
Para segregar despesas e custos	Número de empregados e/ou área ocupada.
Para atribuir custos aos produtos	Horas-homem, custo primário ou número de peças fabricadas.

9.5.2 Mão de Obra Indireta (MOI)

Para os comentários desta Seção, em relação aos gastos com mão de obra indireta, vamos segregar aqueles que decorrem das folhas de pagamentos dos outros gastos com pessoal, conforme fizemos no Capítulo 6.

Os gastos que normalmente integram as folhas de pagamentos compreendem salários, contribuições de Previdência parte patronal, contribuições para o FGTS, seguro de acidentes do trabalho, décimo terceiro salário, férias, pró-labore, aviso prévio, indenizações etc.

Os demais gastos com pessoal normalmente correspondem a assistência médica e social, lanches e refeições, seguro de vida em grupo, vale-refeição, vale-transporte, diárias e ajuda de custos, transporte etc.

Esses gastos com mão de obra indireta podem ocorrer tanto na área de produção quanto nas áreas administrativa e comercial.

Na área de produção, referem-se a gastos com os chefes de seção, supervisores, gerente de produção, vigias, faxineiros, guardas, porteiros, atendentes etc.

Mesmo não representando custos diretos, os gastos com chefes, supervisores e gerentes de produção poderão ser rateados somente para os produtos cuja fabricação esteja nas áreas de atuação de cada um. Já os gastos com vigias, faxineiros, guardas e outros deverão ser rateados para todos os produtos indistintamente, uma vez que esses serviços de apoio beneficiam toda a produção.

Em relação aos gastos constantes das folhas de pagamentos, é sempre conveniente que o departamento pessoal da empresa tenha por praxe elaborar folhas de pagamentos por setores, visando facilitar a identificação dos gastos em cada área. Especificamente em relação aos gastos derivados das folhas de pagamentos da área de produção, é conveniente, ainda, que as folhas sejam elaboradas por setor, para facilitar a identificação com os produtos fabricados. No entanto, quando isso não ocorrer, deve-se escolher a base de rateio que melhor represente a parcela dos gastos em relação aos produtos fabricados. Pode ser utilizada hora-homem, tempo de maturação dos produtos na fase de produção, custo primário ou a própria mão de obra direta.

Em relação aos gastos com o pessoal que trabalha na área de produção e que não tem ligação com os produtos, como ocorre com os vigias, faxineiros etc., o ideal será proceder ao rateio com base no tempo de maturação dos produtos na fase de produção, embora também possam ser adotados as horas-homem, a mão de obra direta ou o número de peças fabricadas.

Em relação aos gastos com o pessoal que trabalha nas áreas administrativa e comercial, como essas áreas também prestam serviços para a produção, eles conterão parcela a ser classificada como despesa e parcela a ser classificada como custo.

É comum, em uma empresa industrial, os sócios-gerentes dedicarem parte do seu tempo para a administração, parte para a área comercial e parte para a produção. O mesmo ocorre com o pessoal da administração e da área comercial. Os empregados do departamento pessoal e recursos humanos (RH), por exemplo, executam tarefas de controle do pessoal de todas as áreas da empresa, elaborando folhas de pagamento, controlando faltas, licenças para tratamento de saúde, elaborando contratos de seguro, realizando recrutamento, seleção e treinamento de pessoal etc. O pessoal da área de compras, do departamento comercial, também ocupa a maior parte do tempo em tarefas de compras de materiais para serem utilizados pela área de produção.

Assim, será preciso segregar, nos totais gastos com o pessoal da direção, da área administrativa e da área comercial, as partes que correspondem a despesa das partes que correspondem a custo.

Nesses casos, geralmente não é possível identificar com precisão o tempo que cada sócio, chefe de seção ou funcionário em geral se dedicou durante um período a essa ou àquela área. Por isso, a solução é fazer a segregação por critérios estimados.

Não existe, também aqui, regra fixa a ser adotada. Será preciso fazer cuidadoso estudo para que o rateio dos gastos entre despesas e custos seja o mais real possível.

As menores margens de erro são obtidas quando se adotam o custeio departamental ou o custeio baseado em atividades (ABC), assuntos que trataremos nos Capítulos 10 e 11, respectivamente.

Portanto, quando não houver aplicação do custeio departamental ou do custeio ABC, o ideal será a definição do tempo de trabalho que cada profissional dedica para a administração, para a área comercial e para a produção com base em relatórios que podem ser elaborados pelos próprios funcionários, contendo todas as atividades diárias por eles desempenhadas.

Depois de segregada a parte dos gastos que corresponderá à despesa administrativa, à despesa comercial e ao custo, o próximo passo será ratear os custos aos produtos.

Nessa fase, também é muito importante efetuar estudos para se identificar a parcela de custos indiretos gerados nas áreas administrativa e comercial que deverá ser atribuída a cada tipo de produto em particular, ou se o rateio deve abranger todos os produtos indistintamente.

Portanto, em relação à mão de obra indireta, dois serão os cuidados: com aquela gerada na área de produção e com aquela gerada nas áreas administrativa e comercial.

Bases de rateio	
Para segregar despesas e custos	Tempo de trabalho do pessoal dedicado a cada área.
Para atribuir custos aos produtos	Valor, volume da matéria-prima aplicada, valor da mão de obra direta, custo primário, horas-homem, tempo de maturação dos produtos na fase de fabricação, número de peças fabricadas etc.

9.5.3 Gastos gerais de fabricação indiretos

Os gastos gerais de fabricação, a exemplo da mão de obra indireta, podem ocorrer tanto na área de produção quanto nas áreas administrativa e comercial.

Esses gastos referem-se a aluguéis, energia elétrica, água e esgoto, telefones, serviços de terceiros etc.

Quando não se adotar o custeio departamental ou o custeio baseado em atividades (ABC), a solução será segregar entre esses gastos a parcela que deverá ser considerada despesa da parcela que deverá ser considerada custo.

Os gastos gerais de fabricação, conforme vimos no Capítulo 6, podem ser diretos ou indiretos, embora a maior parte deles, pelas próprias características que os envolvem, represente custos indiretos.

Nesta seção, vamos tratar os mais comuns.

Água e esgoto

Esse gasto beneficia todas as áreas da empresa industrial. Normalmente a água encanada disponibilizada pelo governo é utilizada nas empresas para limpeza das dependências do imóvel e para higiene do pessoal. A água que é consumida pelo pessoal ou utilizada no processo de fabricação, como ocorre, por exemplo, nas indústrias de refrigerantes e assemelhados, geralmente é adquirida de empresas especializadas ou extraída do subsolo pela própria empresa, por meio de poços perfurados para esse fim.

Portanto, quanto à água adquirida para consumo em garrafões ou outros recipientes, fica fácil identificar os respectivos valores para atribuir como despesas às áreas administrativa e comercial ou como custo à área de produção.

No que se refere à água encanada, derivada do fornecimento normal pelos órgãos públicos especializados, quando não houver medidor que possibilite apurar o consumo por área, o consumo do período deverá ser segregado primeiro entre despesas e custos para, em um segundo momento, a parcela correspondente ao custo ser rateada aos produtos.

Em relação ao gasto com a água utilizada para limpeza das dependências da empresa e para higiene do pessoal, o rateio para despesa administrativa, para despesa comercial ou para custo poderá ser feito com base na área ocupada por esses departamentos ou com base no número de empregados. Dentre essas duas bases, deve-se optar pela que gerar o maior consumo.

Quando a água for utilizada na área de produção, integrando ou não o produto final, o consumo deverá ser controlado separadamente do consumo das demais dependências da empresa, por meio de medidores exclusivos ou de outra forma, para que seja conhecido o montante do gasto e possibilitado o rateio aos produtos, quando for o caso.

Se integrar o produto final, o gasto com água deverá ser tratado como custo direto, caso contrário, como custo indireto.

Bases de rateio	
Para segregar despesas e custos	Área ocupada ou número de empregados.
Para atribuir custos aos produtos	Custo primário, horas-homem; unidades produzidas.

Aluguel

Quando a empresa estiver instalada em imóvel de propriedade de terceiro, o gasto com aluguel beneficiará todas as áreas da empresa industrial, caso em que conterá parte a ser considerada despesa administrativa, parte despesa comercial e parte custo.

Várias situações poderão ocorrer: a empresa poderá locar um só imóvel onde sejam instaladas as três áreas; poderá alugar imóveis separados para cada uma de suas áreas; poderá alugar um edifício com vários andares e inúmeras salas com contratos por andar, por salas etc.

Assim, quando for possível segregar o gasto em relação a cada área, mantendo contratos de locação separadamente, não haverá problemas para identificar as parcelas do gasto a serem classificadas como despesa e como custo. Entretanto, quando o imóvel é único ou quando em um mesmo andar com um só contrato funcionar duas ou mais áreas da empresa, haverá necessidade de se ratear o referido aluguel para cada área. Neste caso, a base para o rateio mais coerente será a área ocupada pela administração, pela área comercial ou pela área de produção.

Bases de rateio	
Para segregar despesas e custos	Área ocupada.
Para atribuir custos aos produtos	Valor, volume etc. da matéria-prima aplicada, mão de obra direta, custo primário, tempo de maturação do produto na fase de produção, número de unidades produzidas etc.

Combustíveis

Os gastos com combustíveis também poderão conter parte a ser classificada como despesa e parte a ser classificada como custo.

Os combustíveis são utilizados em veículos e poderão englobar gastos com gasolina, óleo diesel, álcool, gás, lubrificantes etc.

Quando utilizados em veículos que estejam a serviço da administração e da diretoria, devem ser classificados como despesas administrativas; quando utilizados em veículos da área comercial para transporte de pessoal, de materiais adquiridos de fornecedores ou na entrega de produtos aos clientes, devem ser classificados como despesas com vendas; e, quando utilizados em veículos que estiverem a serviço da área de produção, no transporte de pessoas, no transporte interno, nas remessas de produtos para industrialização fora do estabelecimento e vice-versa etc., devem ser classificados como custos.

Em geral, as empresas não encontram dificuldades para segregar esses gastos em despesas e custos, uma vez que o consumo pode ser controlado em relação a cada veículo, o que facilita a classificação desse gasto.

O uso de bases de rateio só é admissível nos casos em que o consumo seja inexpressivo.

Bases de rateio	
Para segregar despesas e custos	Número de veículos, quilômetro rodado etc.
Para atribuir custos aos produtos	Custo primário e número de peças fabricadas que receberam o benefício do transporte.

Comunicações

Os gastos com comunicações podem envolver o uso de telefones fixos, fax, telefones móveis, além de outros equipamentos normalmente úteis para a comunicação interna da empresa.

Esses gastos também poderão conter parte a ser classificada como despesa e parte a ser classificada como custo.

Em relação à utilização de telefones fixos e celulares, podem-se segregar os gastos com base nos documentos emitidos pelas concessionárias desses serviços.

Nos casos esporádicos em que não seja possível a identificação do consumo por área – quando, por exemplo, houver na empresa um equipamento do tipo PBX que atenda a todas as áreas –, o rateio do gasto poderá ser feito com base no número de aparelhos existentes em cada área, ou, ainda, por estimativas apuradas com o pessoal que usa esse serviço.

Bases de rateio	
Para segregar despesas e custos	Número de aparelhos em uso ou estimativa feita pelo pessoal que utiliza o serviço.
Para atribuir custos aos produtos	Custo primário, número de peças fabricadas etc.

Conservação predial

Esse gasto, por beneficiar todas as áreas da empresa, também conterá parte a ser classificada como despesa e parte a ser classificada como custo.

Quando esses serviços forem executados por trabalhadores da própria empresa, havendo materialidade, poderão ser compostos de mão de obra e de materiais. Nesse caso, será fácil identificar a área onde o serviço foi prestado e, por consequência, será fácil segregar o gasto em despesa ou custo.

No entanto, quando forem prestados por terceiros, o montante do gasto corresponderá aos valores pagos a esses prestadores de serviços, sendo, portanto, também fácil a identificação da área que recebeu o benefício.

Bases de rateio	
Para segregar despesas e custos	Área ocupada pelo imóvel.
Para atribuir custos aos produtos	Custo primário, número de peças fabricadas etc.

Depreciação

Depreciação é a alocação sistemática do valor depreciável de um ativo ao longo da sua vida útil (item 6 da NBC TG 27). Alocar sistematicamente o valor depreciável de um bem consiste em "transferir" periodicamente uma parcela do valor gasto na aquisição, fabricação ou construção do bem de uso para o custo de fabricação ou para o resultado do período.

Portanto, a depreciação é um processo contábil que visa considerar despesa ou custo de um período parte dos valores gastos na aquisição, fabricação ou construção dos bens de uso.

Esse gasto não monetário também ocorre em todas as áreas da empresa industrial. Entretanto, por se referir aos bens de uso, os quais devem ser identificados no momento da depreciação, fica fácil a segregação entre despesa e custo.

Por razões práticas, contabilmente se costumam reunir em uma só conta de despesa administrativa os valores de todas as cotas de depreciação relativas aos bens em uso na área administrativa. O mesmo ocorre com as demais áreas da empresa.

A tarefa mais trabalhosa concentra-se exatamente na área de produção. Ocorre que a depreciação poderá representar custo direto ou indireto. Será direto sempre que houver possibilidade de se identificar os produtos fabricados pelos equipamentos que estiverem sendo depreciados.

Quando a relação custo-benefício não for favorável, os custos com depreciação, embora identificáveis em relação a cada produto fabricado, deverão ser rateados por meios estimados.

Bases de rateio	
Para atribuir custos aos produtos	Horas-máquina.

Energia elétrica

A energia elétrica também é consumida em todas as dependências da empresa industrial. Ela é utilizada tanto para iluminação quanto para o funcionamento de máquinas e equipamentos nas áreas administrativa, comercial e, principalmente, na área de produção.

O ideal é que na empresa haja medidores que possam controlar o consumo em cada uma das áreas, e que possibilitem, ainda, o conhecimento do consumo para iluminação e do consumo no uso de máquinas e equipamentos.

Quando isso não for possível, será preciso adotar critérios que permitam primeiro a segregação desses gastos entre despesa e custo e, depois, o rateio do custo aos produtos.

É muito importante segregar o consumo utilizado para iluminação do consumo utilizado nas máquinas de produção. Havendo medidores nas máquinas de produção, podem-se classificar os respectivos gastos como custos diretos e atribuí-los claramente aos produtos fabricados em cada máquina.

Na ausência de medidores, a solução então será escolher um critério de rateio.

Bases de rateio	
Para segregar despesas e custos	Área ocupada; bicos de luz existentes em cada área, número de máquinas e equipamentos em uso em cada área.
Para atribuir custos aos produtos	Horas-máquina, número de peças fabricadas etc.

Estacionamento

Os gastos com estacionamento poderão conter parte a ser classificada como despesa e parte a ser classificada como custos. Essa segregação dependerá da área para a qual o veículo estiver disponível.

Geralmente, quando nas suas dependências a empresa industrial não possui espaço suficiente para acomodar seus veículos ou até mesmo veículos de clientes, ela loca uma área – coberta ou não – para esse fim. Nesse caso, o valor do gasto corresponderá ao valor do aluguel, acrescido de IPTU e outras taxas, além de consumo de energia elétrica e empregados que trabalharão no estacionamento. O somatório desses gastos poderá ser contabilizado na conta Estacionamento e a segregação entre custos e despesas dependerá do número de veículos de cada área que utilizar regularmente o estacionamento ou de outro critério adotado em função do uso regular.

Quando a conta Estacionamento, além dos gastos citados, contiver gastos decorrentes do uso de outros estacionamentos, no mesmo município ou em outras localidades, não sendo possível identificar o uso por veículo e área, o rateio poderá ser feito em função do número de veículos de cada área.

Bases de rateio	
Para segregar despesas e custos	Número de veículos existentes em cada área.
Para atribuir custos aos produtos	Custo primário, número de peças fabricadas etc.

Impostos e taxas

Os gastos abrangidos por esse título também poderão conter parte a ser classificada como despesa e parte a ser classificada como custo.

Nesse título, em geral, são contabilizados vários tributos, exceto aqueles que costumeiramente já são contabilizados de forma segregada, como o ICMS, o IPI, o ISS, o Imposto de Renda e a Contribuição Social sobre o Lucro Líquido. Ele pode, então, englobar tributos, como IPTU e IPVA, taxas, como pedágio, licenciamento de veículos etc.

As empresas de grande porte preferem desdobrar essa conta em tantos títulos quantos forem os tributos existentes.

Quando nesse título estiverem englobados vários tributos, para segregar o gasto em despesa e custo, será preciso um estudo em cada período para que se possa definir a qual área o gasto deve ser atribuído. Os tributos com licenciamento de veículos, por exemplo, envolvendo IPVA e seguro obrigatório, que ocorrem no início do ano, deverão ser rateados para as áreas onde se encontram os respectivos veículos. É importante observar que esses gastos são anuais e por esse motivo, devem ser distribuídos proporcionalmente para cada mês do ano (1/12).

Quando não houver meios seguros que permitam uma clara identificação desses gastos em relação a cada área, eles deverão ser rateados estimativamente.

Bases de rateio	
Para segregar despesas e custos	Área ocupada, número de veículos etc.
Para atribuir custos aos produtos	Custo primário, tempo de uso de veículos, unidades produzidas etc.

Manutenção em elevadores

Esse gasto também poderá conter parte a ser classificada como despesa e parte a ser classificada como custo.

Quando os elevadores beneficiarem ao mesmo tempo os andares onde se encontram a produção, a área administrativa e a área comercial, o ideal será ratear os gastos em função do número de empregados em cada área e que utilizam os elevadores.

Bases de rateio	
Para segregar despesas e custos	Número de empregados, área ocupada.
Para atribuir custos aos produtos	Custo primário, número de peças fabricadas etc.

Manutenção e reparos na produção

Os gastos com manutenção e reparos na área de produção poderão abranger tanto máquinas como imóveis.

Trata-se de gasto que será classificado exclusivamente como custos.

Quando corresponderem a manutenção em máquinas, o seu rateio aos produtos deverá ter como base horas-máquina; quando corresponderem a imóveis, o critério poderá ser custo primário ou número de peças fabricadas no período.

Bases de rateio	Custo primário, unidades produzidas etc.

Prêmios de seguro

Os gastos com seguro registrados nessa conta englobam, em geral, seguros contra roubo e incêndio em bens móveis e imóveis, inclusive em veículos.

Nesse caso, o gasto também conterá parte despesa e parte custo. Entretanto, pela própria natureza desse gasto, a empresa não encontra dificuldades para segregá-lo em despesa e custo.

Bases de rateio	
Para segregar despesas e custos	Número veículos, quantidade de mercadorias, quantidade de produtos, quantidade de bens, área do imóvel etc.
Para atribuir custos aos produtos	Custo primário, número de peças fabricadas etc.

Segurança

Os gastos com a segurança interna e externa da empresa industrial poderão compreender salários e encargos do pessoal contratado pela empresa e que atua como vigilantes, guardas etc., ou conter o valor pago a uma empresa de segurança quando a empresa industrial decidir terceirizar essa tarefa.

Quando as tarefas são desenvolvidas por trabalhadores da própria empresa, esses gastos devem integrar o custo da mão de obra indireta. Quando o trabalho for terceirizado e a empresa tiver, no final de cada mês, somente um valor a pagar, esse gasto também poderá estar incluso na conta Serviços de Terceiros.

Em qualquer das situações comentadas, o gasto com a segurança conterá sempre uma parcela a ser classificada como despesa e uma parcela a ser classificada como custo.

Bases de rateio	
Para segregar despesas e custos	Área ocupada.
Para atribuir custos aos produtos	Custo primário ou número de peças fabricadas no período.

Serviços de terceiros

Os gastos com serviços de terceiros devem abranger todos os valores pagos a terceiros para a realização de tarefas em qualquer das áreas da empresa.

Nesse título, comumente se englobam os gastos que a empresa realiza com a contratação de serviços que não são executados por seus empregados. É comum a contratação de técnicos em informática, eletricistas, pedreiros, advogados etc. para realizar tarefas eventuais.

Esses gastos, portanto, conterão parte a ser classificada como despesa e parte a ser classificada como custo.

Bases de rateio	
Para segregar despesas e custos	Estimativa do pessoal que utiliza o serviço em cada área.
Para atribuir custos aos produtos	Custo primário, valor da mão de obra direta ou número de peças fabricadas no período.

Transporte

Esse gasto é comum nas empresas que não mantêm frotas próprias de veículos a seu serviço. Pode englobar os gastos com o transporte tanto de pessoas quanto de bens de uso, materiais e produtos.

Quando se referir a transporte de bens, o comum é contabilizá-lo na conta denominada Fretes e Carretos, que também poderá figurar como despesa ou custo.

Quando não houver meios seguros que possibilitem a segregação dos gastos em despesa e custo, o rateio poderá ser feito com base no volume dos serviços que foram prestados a cada área da empresa beneficiada com esse gasto. Nesse caso, a estimativa deve ser feita pelo pessoal que trabalha em cada uma das respectivas áreas.

Bases de rateio	
Para segregar despesas e custos	Estimativa do pessoal que utiliza o serviço em cada área.
Para atribuir custos aos produtos	Custo primário, número de peças produzidas que foram beneficiadas com esse serviço.

9.6 Custos Indiretos e Estimados

9.6.1 Introdução

A atribuição dos custos indiretos de fabricação aos produtos, depois de conhecidos os seus valores e identificadas as melhores bases para rateio, é uma tarefa relativamente simples.

Entretanto, é preciso considerar as seguintes situações:

- Os valores da maior parte dos custos indiretos somente são conhecidos depois do encerramento do mês.

- Há produtos cujos processos de fabricação vão sendo concluídos ao longo do mês e precisam receber cargas dos custos indiretos cujos valores ainda não são conhecidos.
- Há produtos cujos processos de fabricação são encerrados no mês, porém iniciados em meses anteriores.
- Há produtos cujos processos de fabricação são concluídos ao longo do mês e que foram iniciados no mesmo mês.
- Há produtos cujos processos de fabricação foram iniciados no mês e ainda não serão concluídos até o final do mesmo mês.

Todos os produtos que passaram pela área de produção durante o mês, cujos processos de fabricação tenham ou não sido concluídos, precisam receber cargas de CIFs gerados no respectivo mês.

Quando as características do processo de fabricação permitirem, o ideal será atribuir parcelas dos custos indiretos de fabricação aos produtos tendo por base o tempo em que eles permaneceram na fase de fabricação, conforme já comentamos na Seção 9.4. No entanto, é preciso alertar para o fato de que a generalização do rateio pode provocar atribuições injustas, pois alguns produtos podem não ter sido beneficiados com alguns custos indiretos. Os produtos cujos processos de fabricação não dependam do uso de máquinas não deverão ser onerados com os gastos com depreciação e energia elétrica utilizadas para movimentar máquinas.

Nosso enfoque nesta Seção será dado à atribuição dos custos indiretos aos produtos cujos processos de fabricação vão sendo encerrados ao longo do mês e que deverão receber cargas de custos indiretos cujos valores reais somente serão conhecidos após o fechamento do respectivo mês.

A solução para esses casos será atribuir um valor estimado, relativo a cada um dos custos indiretos que estão incorrendo no respectivo mês.

Entretanto, pelo menos mais dois aspectos precisam ser considerados:

1º) Há custos indiretos fixos que ocorrem regularmente em todos os meses do ano, como o aluguel, o IPTU, o condomínio etc.

2º) Há custos indiretos que, embora ocorram regularmente em todos os meses do ano, possuem uma parcela variável, isto é, seus valores podem aumentar ou diminuir em função de variações no volume da produção, embora não na mesma proporção. São exemplos desses custos: energia elétrica, água etc.

Além desses aspectos, é preciso, ainda, considerar os possíveis reajustes de preços que estão previstos em alguns contratos, como ocorre com os aluguéis e arrendamentos, com os reajustes de salários etc.

9.6.2 Taxa para rateio dos CIFs estimados

A atribuição da parcela dos custos indiretos de fabricação aos produtos cujos processos de fabricação vão sendo encerrados ao longo do mês, antes mesmo de ser conhecido o total desses custos indiretos, só é possível por meio de estimativas.

Como todos os produtos fabricados devem receber uma carga de custos indiretos incorridos durante o período em que eles permaneceram na fase de elaboração, seja relativa aos CIFs totais ou a parte deles, e como esses CIFs ainda não são conhecidos, a solução será fazer uma previsão do CIF que deverá ocorrer no respectivo período.

Sendo o CIF normalmente rateado aos produtos por meio de uma taxa, conforme vimos na Seção 9.4.3, a solução será prever essa taxa.

Tendo em vista que a taxa de aplicação de CIF é apurada dividindo-se o total do CIF pela base de rateio escolhida, temos de prever:

- O total dos custos indiretos de fabricação para o mês.
- O volume da produção do mês.
- A base de rateio ideal.

Como a maior parte dos CIFs é mista, isto é, possui uma parte fixa e uma parte variável, além dos CIFs fixos, temos também de definir entre os mistos qual é a parte fixa, com base em períodos anteriores, e calcular a parte variável, de acordo com o volume de produção que for estimado para o período.

Havendo interesse, e desde que a relação custo-benefício não seja desfavorável, podem-se criar várias taxas estimadas de aplicação do CIF.

Quando se trabalha com taxa única, os CIFs serão atribuídos aos produtos de maneira uniforme. Contudo, a adoção de mais de uma taxa estimada evitará a atribuição de custos indiretos a produtos ou família de produtos que não foram beneficiados por eles.

EXEMPLO:

Suponhamos as seguintes estimativas para a produção do mês de julho em uma empresa industrial:

- Volume de produção estimado: 4.320 unidades do produto A.
- CIFs fixos estimados: $ 21.600.
- CIFs variáveis estimados: $ 10 por h/m.
- Base de rateio escolhida: horas-máquina.
- Horas-máquina estimadas para produzir cada unidade: 3 h/m.
- Total de horas-máquina estimadas para a produção do período: 12.960 h/m.

Com base nessas informações, veja como calcularemos a taxa estimada de aplicação dos CIFs:

a. Apuração do CIF total (estimado)

CIFs fixos	21.600
(+) CIFs variáveis: 4.320 unidades × $ 10	43.200
(=) CIF total	64.800

b. Cálculo da taxa estimada de aplicação de CIF:

$ 64.800/12.960 h/m = $ 5 por hora-máquina.

Vamos supor, agora, que no dia 10 de julho foi concluída a fabricação de um lote do produto A com 30 unidades, a qual consumiu 90 horas-máquina e teve como custo direto o montante de $ 1.740.

Veja como serão compostos o custo total e o unitário dessas 30 unidades fabricadas:

Custos diretos	1.740
+ CIFs estimados (90 h/m x $ 5)	450
= Custo total	2.190
Custo unitário: 2.190/30 =	$ 73

Vamos supor que em 20 de julho a empresa tenha vendido as 30 unidades já fabricadas por $ 100 cada uma.

Desconsiderando a existência de impostos, veja como ficará o resultado bruto dessa venda:

Receita de vendas: 30 unidades × $ 100	3.000
(–) Custo 30 unidades × $ 73	(2.190)
= Lucro Bruto	810

Vamos supor, ainda, que no dia 30 de julho tenha sido finalizada a produção das 4.290 unidades restantes do produto A.

Tendo em vista que os custos diretos devidamente contabilizados na conta própria correspondem a $ 248.820 e que os custos indiretos estimados correspondem a (12.870 h/m × $ 5) $ 64.350, veja como serão compostos o custo total e o unitário dessas 4.290 unidades fabricadas:

Custos diretos	248.820
+ CIFs estimados (12.870 h/m × $ 5)	64.350
= Custo total..	313.170

Custo unitário: 313.170/4.290 = $ 73

Após o fechamento do mês, quando todos os custos indiretos de fabricação estiverem devidamente contabilizados pelos seus valores reais, deverá ser calculada nova taxa, agora com base nos CIFs realmente incorridos no mês.

Vamos supor, para concluir nosso raciocínio, que após encerrado o movimento do mês de julho o total dos CIFs devidamente contabilizados tenha sido de $ 71.280.

Considerando que todos os dados estimados tenham coincidido com os incorridos, exceto em relação ao total dos CIFs, a taxa real de aplicação de CIF será:

Taxa real: $ 71.280/12.960 h/m = $ 5,50 por h/m

Dificilmente a taxa estimada de aplicação de CIF coincidirá com a taxa real. No nosso exemplo, a variação ocorreu somente no total dos CIFs, no entanto, pode haver também variação no volume produzido, no tempo de horas-máquina para fabricação de cada produto etc.

Assim, deve-se refazer todos os cálculos nos quais foram utilizadas taxas estimadas, agora com a taxa real, para que se possa apurar as possíveis divergências e proceder aos ajustes necessários.

Veja como ficará o ajuste no exemplo em estudo:

90 h/m × $ 5,50	495
12.870 h/m × $ 5,50	70.785
Total	71.280

Como o CIF estimado foi igual a $ 64.800, a diferença para ajuste corresponde a $ 6.480.

Então, o custo real de fabricação das 4.320 unidades fabricadas ficará como segue:

Custos diretos	250.560
+ CIFs estimados	64.800
+ Ajuste (dif. entre CIFs reais e estimados)	6.480
= Custo real total	321.840

Custo real unitário: 321.840/4.320 = 74,50

Quando os critérios adotados para estimar esses valores forem bem rigorosos, a diferença para mais ou para menos entre a taxa prevista e a real será pequena, gerando, em consequência, diferenças irrisórias entre o custo estimado e o custo real atribuído aos produtos fabricados no período.

Quando a variação for substancial, devem-se fazer os respectivos ajustes no custo dos produtos vendidos, nos estoques de produtos acabados e também nos estoques de produtos em elaboração, conforme a taxa de aplicação do CIF utilizada para ratear custos aos produtos em elaboração e aos produtos acabados vendidos e estocados. Esse ajuste deve ser feito após o fechamento de cada mês.

Entretanto, quando a variação entre o CIF real e o estimado for muito pequena, por falta de materialidade, não deverá provocar ajustes nos custos do período. Ela permanecerá contabilizada em conta própria para que, no final do exercício social, seja baixada como perda ou ganho diretamente a débito ou a crédito da conta Resultado do Exercício.

Mas há um ponto muito importante a ser considerado: os CIFs podem variar em determinados meses do ano em decorrência de gastos sazonais com manutenção, férias coletivas, décimo terceiro salário, prêmios a empregados, consumo de gás, óleos ou energia elétrica utilizados em caldeiras para aquecimento de ambientes em períodos de temperaturas mais baixas ou para resfriamento em períodos de temperaturas mais altas etc. Situações dessa natureza, certamente, provocarão diferenças consideráveis entre o CIF real e o estimado nos meses em que ocorrerem. Nesses casos, não deverão ser procedidos ajustes nos custos dos produtos que no referido mês tenham recebido cargas de CIF, uma vez que esses gastos deverão onerar todos os produtos fabricados durante o ano. Assim, devem-se manter as diferenças na conta própria de variação de CIF, pois, nos meses em que esses gastos não ocorrerem, haverá compensação.

O ideal será recalcular a taxa estimada de aplicação de CIF mensalmente para evitar grandes disparidades.

Portanto, para efetuar os ajustes, será preciso analisar as situações que provocaram as variações, quando relevantes, para que possam ser feitas correções no próprio mês ou para que elas sejam incorporadas aos custos dos produtos ao longo do ano.

Notas

- A chave para se obter uma taxa estimada bem próxima da real está na precisão dos procedimentos adotados para a previsão do volume da produção do período, para a estimativa do montante dos custos indiretos variáveis, que é calculado de acordo com o volume da produção estimada, para a obtenção dos custos indiretos fixos, bem como para a escolha de um ou mais denominadores que reflitam de maneira adequada a parcela do CIF para cada produto, família ou grupo de produtos.

- No exemplo apresentado nesta Seção, previmos o rateio do CIF aos produtos de forma homogênea, pela mesma base de rateio. Lembramos, no entanto, que, conforme as características que envolvam cada processo de fabricação, haverá necessidade da utilização de várias bases de rateio, caso em que diversas taxas estimadas de aplicação de CIF também deverão ser calculadas.

9.6.3 Contabilização dos CIFs estimados

Você já estudou, nos Capítulos 7 e 8, os procedimentos necessários para a contabilização do custo de fabricação pelos sistemas de inventário periódico e de inventário permanente.

No Capítulo 8, mais especificamente, você estudou que, adotando o sistema de inventário permanente, as empresas podem apurar e contabilizar o custo dos produtos à medida que os respectivos processos de fabricação forem sendo encerrados. Naquele momento, por questão de simplificação, consideramos os CIFs com seus valores reais. Entretanto, já alertamos você, por meio de duas notas, que no presente capítulo trataríamos do assunto com mais detalhes.

Pois bem, agora que você já sabe como se obtém o valor dos CIFs, antes mesmo que seus montantes reais sejam conhecidos, veja os procedimentos contábeis necessários.

Para exemplificar, vamos contabilizar os eventos apresentados no exemplo da Seção 9.6.2.

a. Registros contábeis do dia 10 de julho – data em que foi concluído o processo de fabricação de um lote contendo 30 unidades do produto A.

A contabilização será como segue:

1) *Custo em Formação – Produto A*

a Custos Diretos *1.740*

2) *Custo em Formação – Produto A*

a CIFs Estimados (ou Aplicados).................................... *450*

Observe que a conta creditada no lançamento (2) "CIFs Estimados" é utilizada para registrar os custos indiretos predeterminados. Essa conta, sendo creditada, acumulará durante o mês o total dos custos indiretos estimados e lançados provisoriamente a débito do custo em formação de cada produto cujo processo de fabricação tenha sido encerrado no mês.

No Elenco de Contas do Capítulo 3, esta conta está prevista com o código: "3.3.3.04.2.999 CIFs Estimados".

Considerando que o lote do produto A foi concluído, a transferência para estoque ficará como segue:

3) *Estoque de Produtos Acabados – Produto A*

a Custo em Formação – Produto A................................ *2.190*

b. Registros contábeis da venda de 30 unidades

Vamos supor, ainda, que em 20 de junho tenham sido vendidas as 30 unidades do produto A por $ 100 cada uma.

Desconsiderando a incidência de impostos, veja como ficará o registro contábil dessa venda:

4) *Caixa*

a Vendas de Produtos – Produto A................................ *3.000*

5) *Custo dos Produtos Vendidos – Produto A*

a Estoque de Produtos Acabados – Produto A *2.190*

c. Registros contábeis em 30 de julho

Registro da produção acabada e transferência para estoque:

6) *Custo em Formação – Produto A*

a Custos Diretos.. *248.820*

7) *Custo em Formação – Produto A*

a CIFs Estimados... *64.350*

8) *Estoque de Produtos Acabados – Produto A*

a Custo em Formação – Produto A *313.170*

---

d. Registros contábeis em 31 de julho: ajuste da diferença entre o CIF estimado e o CIF real

Conforme você estudou no Capítulo 8, os CIFs de $ 71.280, após o fechamento do mês, estarão devidamente contabilizados a débito da conta CIF e/ou das subcontas que representem cada um dos gastos que compõem o respectivo CIF.

Assim, como durante o mês de julho a conta CIF Estimado foi creditada pelos valores predeterminados de $ 64.800, em 31 de julho temos a seguinte situação na contabilidade:

Conta CIF (Real) com saldo devedor de	71.280
Conta CIF Estimado com saldo credor de	(64.800)
No confronto dos dois saldos, sobrarão	$ 6.480

Essa diferença corresponde à variação ocorrida entre o CIF real e o CIF estimado.

Veja o lançamento do confronto:

9) *CIFs Estimados*

a CIF *6.480*

Após esse lançamento, a conta CIF Estimado ficou com saldo igual a zero e a conta CIF (Real) ficou com saldo devedor de $ 6.480.

Para preservar a clareza nos registros contábeis, esse saldo deverá ser transferido para uma conta apropriada, a qual será aqui denominada "Variação de CIF", que no Elenco de Contas do Capítulo 3 está prevista com o código: 3.3.3.04.3.999 Variação de CIF.

Veja:

10) *Variação de CIF*

a CIF *6.480*

Conforme já dissemos, a diferença encontrada de $ 6.480, quando relevante, deve ser rateada entre as contas que receberam a carga do CIF estimado no mês ou permanecer na própria conta Variação de CIF para que no final do exercício social seja baixada a débito ou a crédito da conta Resultado do Exercício.

Tendo em vista que, no caso em estudo, a diferença é relevante (aproximadamente 10% do CIF total) e não há nenhuma informação de fatos sazonais que influenciaram essa variação, vamos optar por ratear essa diferença para as contas que receberam carga de CIFs estimados no mês findo.

Como no exemplo em questão parte do produto acabado "A" permanece em estoque e parte foi vendida, o saldo de $ 6.480 deverá ajustar não somente a conta Estoque de Produtos Acabados, mas também a conta Custo dos Produtos Vendidos, nas proporções de cada uma.

Veja:

11) *Diversos*		
a Variação de CIF		
Estoque de Produtos Acabados – Produto A	*6.435*	
Custo dos Produtos Vendidos – Produto A	*45*	*6.480*

Com esse lançamento, o custo de fabricação do período ficou devidamente ajustado e, por consequência, como parte dos produtos tinha sido vendida, ficou também ajustado o saldo da conta Custo dos Produtos Vendidos.

Nota

- Quando a variação entre os CIFs estimados e os CIFs reais for irrelevante, seja ela positiva ou negativa, ou quando decorrer de fatos inusitados (greves, sinistros etc.), deverá ser baixada no final do exercício, diretamente a débito ou a crédito da conta Resultado do Exercício, como perda ou ganho do exercício.

9.7 Alocação de Custos Fixos Indiretos de fabricação aos produtos

Segundo o item 13 da NBC TG 16 e o item 13.9 da Seção 13 da NBC TG 1.000), a alocação de custos fixos indiretos de fabricação às unidades produzidas deve ser baseada na capacidade normal de produção.

A capacidade normal é a produção média que se espera atingir ao longo de vários períodos em circunstâncias normais.

Contudo, a carga dos custos fixos indiretos que deve ser atribuída aos produtos fabricados deve ser somente aquela relativa a produção real do período que pode ser inferior à capacidade total.

Estabelece ainda as normas mencionadas que a parcela dos custos fixos indiretos não alocada aos produtos deve ser reconhecida diretamente como despesa no período em que esses custos forem incorridos.

Exemplo prático

Suponhamos que uma empresa industrial trabalhe apenas com uma máquina a qual tem a capacidade total de produzir 1.000 unidades de um determinado produto por mês.

Vamos considerar que no mês de fevereiro, essa máquina tenha produzido apenas 700 unidades, ou seja, produziu somente 70% do que normalmente poderia produzir.

Vamos supor, ainda que nesse mês, o total dos custos indiretos fixos tenha sido de $ 5.000.

Para simplificar, vamos assumir que esses custos indiretos correspondam somente ao aluguel da fábrica.

Como a produção real da máquina atingiu 70% da sua capacidade total, 70% dos custos indiretos fixos serão alocados ao custo de fabricação do período e 30% serão reconhecidos como despesa.

A contabilização pode ser como segue:

a. Contabilização do gasto com aluguel da fábrica:

1) *Aluguéis da Fábrica*

a Caixa

Pagamento conforme recibo etc..................................... *5.000*

Observação

- A conta debitada Aluguéis da Fábrica é do grupo dos Custos Indiretos de Fabricação, subgrupo Gastos Gerais de Fabricação. Com esse débito, o valor do aluguel passa a integrar os custos indiretos de fabricação do período.

b. Parcela dos custos indiretos fixos reconhecida como despesa

2) *Custos Indiretos não Alocados*

a Aluguéis da Fábrica

Parcela dos custos indiretos fixos reconhecida como despesa nos termos do item 13 da NBC TG 16 (ou do item 13.9 da Seção 13 da NBC TG 1.000).............................. *1.500*

Observações

- A conta "Custos Indiretos não Alocados," que é do grupo das Outras Despesas Operacionais, foi debitada para que o valor dos custos não alocados à produção do período seja reconhecida com despesa do respectivo período.
- Com os dois lançamentos apresentados, ficou alocado ao custo de produção do período, somente o valor dos custos indiretos fixos proporcional à produção real do período ($ 3.500), enquanto a parcela correspondente à capacidade não utilizada foi reconhecida como despesa (1.500).
- É importante destacar que existem outras maneiras mais ou menos detalhadas para se alocar a parcela dos custos indiretos fixos aos produtos e ao resultado.

ATIVIDADES TEÓRICAS

1. Responda:

   1.1 O que são custos indiretos de fabricação?

   1.2 Qual é a diferença existente entre o CIF fixo e o CIF variável?

   1.3 Ajude o contador Clóvis Azevedo a classificar corretamente os seguintes gastos: ele recebeu da tesouraria da empresa cinco documentos comprobatórios de pagamentos de consumo de energia elétrica, a saber: Doc 1, referente a consumo da Diretoria; Doc 2, referente a consumo do departamento de compras; Doc 3, referente a consumo do departamento de finanças; Doc 4, referente a consumo da fábrica, e Doc 5, referente a consumo de uma máquina de produção.

   1.4 O que é base de rateio?

   1.5 Cite três dos principais fatores que interferem na escolha da base de rateio ideal.

   1.6 A parcela do custo indireto a ser rateada para cada produto pode ser encontrada mediante a aplicação de uma taxa sobre o montante do custo indireto. Como pode ser calculada essa taxa?

   1.7 Cite quatro gastos que poderão conter parte despesas e parte custos.

   1.8 O contador de custos da Construtora Valemar Ltda. utilizou a hora-máquina como base para ratear os custos indiretos para as 80 churrasqueiras de alvenaria fabricadas nos endereços dos clientes durante o mês de maio, justificando que duas máquinas trabalharam durante 20 horas no mês para fabricar algumas peças de metal aplicadas nas churrasqueiras.
   Considerando que a empresa mantém cerca de 20 empregados entre serventes e montadores, além de dois que permanecem na sede, dividindo o tempo entre os trabalhos em duas máquinas de produção e o controle de materiais, a base de rateio adotada está correta? Se você discordar do contador, aponte qual seria a base de rateio mais indicada para esse caso.

   1.9 Que procedimento deve ser adotado para atribuir os CIFs aos produtos cujos processos de fabricação se encerram antes do final do mês?

   1.10 Apresente a fórmula que pode ser utilizada para obtenção da taxa de rateio dos CIFs estimados.

2. Julgue as afirmativas como falsas (F) ou verdadeiras (V):

   2.1 ( ) Os CIFs não são facilmente identificáveis em relação aos produtos porque beneficiam a fabricação de vários produtos ao mesmo tempo.

   2.2 ( ) Os CIFs, por beneficiarem a fabricação de vários produtos ao mesmo tempo, tornam-se facilmente identificáveis em relação a cada produto fabricado.

   2.3 ( ) A alocação de custos fixos indiretos de fabricação às unidades produzidas deve ser baseada na capacidade normal de produção.

   2.4 ( ) Os CIFs, pela própria natureza, são sempre fixos.

   2.5 ( ) Os CIFs podem ser fixos ou variáveis.

   2.6 ( ) Determinada empresa industrial adquiriu uma máquina para uso na área de produção, tendo pago a importância de $ 100.000. Esse gasto, por não beneficiar as áreas administrativa e comercial, será registrado como custo.

2.7 ( ) Todos os gastos com o consumo de bens ou com a utilização de serviços na área administrativa correspondem a despesa.

2.8 ( ) Todos os gastos com pessoal e materiais consumidos pelo departamento de conservação e manutenção são considerados custos.

2.9 ( ) Os gastos incorridos no departamento de compras da área comercial poderão conter parte despesas e parte custos.

2.10 ( ) O gasto com o consumo de energia elétrica ocorrido no departamento financeiro deverá ser contabilizado como despesa financeira.

2.11 ( ) Em qualquer situação, o critério subjetivo deve prevalecer na fixação da base de rateio.

2.12 ( ) A depreciação será classificada como despesa administrativa quando decorrer de bens de uso na área administrativa.

2.13 ( ) A depreciação será classificada como custo quando decorrer de bens da área de produção.

2.14 ( ) Para que se possa atribuir custos indiretos de fabricação aos produtos cujos processos de fabricação encerram antes do término do mês, podem-se adotar os CIFs estimados.

ATIVIDADE PRÁTICA

Considere as seguintes informações extraídas do controle interno de uma empresa industrial, relativas ao mês de setembro:

CIFs estimados para o mês: $ 400.000.

Produção estimada: 20.000 unidades do produto A e 30.000 unidades do produto B.

Em 15 de setembro, foram concluídas 10.000 unidades do produto A e, no dia 20, foram concluídas 15.000 unidades do produto B.

No dia 30 de setembro, foram concluídas mais 8.000 unidades do produto A e 9.000 unidades do produto B.

Considerando que os custos diretos unitários dos produtos A e B são uniformes, correspondendo a $ 42; que o total real dos CIFs do mês devidamente contabilizados na conta CIF foi igual a $ 331.800; que a produção real finalizada no mês do produto A foi igual a 18.000 peças e do produto B foi igual a 24.000 peças, pede-se:

a) Calcular a taxa para rateio dos CIFs estimados.

b) Calcular o valor dos CIFs estimados para atribuição nas unidades concluídas no mês dos produtos A e B, nos dias 15, 20 e 30.

c) Contabilizar as produções acabadas nos dias 15, 20 e 30 com base nos CIFs estimados e no custo direto real.

d) Proceder às transferências para estoque das produções acabadas no mês dos dois produtos.

e) Calcular a taxa para rateio dos CIFs reais.

f) Contabilizar os ajustes se necessário, considerando que os produtos não foram vendidos.

10 Custeio departamental

10.1 Conceito

Custeio departamental é um sistema de atribuição de custos indiretos aos produtos por meio de departamentos.

Departamentos são divisões, seções ou setores que compõem um estabelecimento comercial, industrial, prestador de serviços etc.

Veja alguns dos departamentos que poderão ser encontrados nas empresas industriais em geral:

- **Departamentos das áreas administrativa e financeira:** cobrança, contas a pagar, contas a receber, controladoria, diretoria, núcleo de processamento de dados, pessoal, transporte e comunicações.
- **Departamentos da área comercial:** compra, expedição, faturamento, marketing, recebimento, venda etc.
- **Departamentos da área de produção:** ambulatório médico, acabamento, almoxarifado, carpintaria, conservação e manutenção, contabilidade de custos, controle de qualidade, corte, costura, fundição, montagem, oficina elétrica, oficina mecânica, refeitório, segurança, tinturaria, usinagem etc.

Para a Contabilidade de Custos, departamento é a menor unidade administrativa da empresa industrial, composta por homens e bens, capaz de realizar tarefas homogêneas.

Para realizar suas tarefas, os departamentos geram gastos que poderão ser classificados tanto como despesas quanto como custos.

Quando os gastos gerados nos departamentos beneficiam a produção, conforme já vimos, eles são classificados como custos. Por esse motivo, esses departamentos são também denominados "centros de geração de custos" ou simplesmente "centros de custos".

Cada departamento corresponde a um centro de custos, embora possam existir centros de custos que não correspondam a departamento, ou, ainda, um departamento poderá ser subdividido em mais de um centro de custos, desde que essa subdivisão seja economicamente viável, permitindo melhor apropriação dos custos indiretos aos produtos.

Os gastos comuns a vários departamentos, como ocorre com o aluguel e com a energia elétrica, por exemplo, podem ser inicialmente acumulados em um centro de custos próprio para esses gastos, para que sejam posteriormente rateados aos diversos departamentos da empresa.

Na área de produção, para facilitar a atribuição dos custos diretos e especialmente dos indiretos aos produtos, pode haver mais de um centro de custos em um só departamento.

Imaginemos um departamento de produção com várias máquinas gerando gastos diferentes e sendo operadas por profissionais especializados, com carga horária e salários também diferentes. Imaginemos, ainda, que a empresa fabrique produtos heterogêneos e que uma parte deles passe por todas as máquinas desse departamento, outra parte passe por metade delas e outros produtos, por uma, duas ou três delas somente. Nesse caso, o departamento deverá ser subdividido em vários centros de custos, segregando máquinas e homens, conforme suas importâncias, para que os CIFs gerados, em função de cada máquina possam ser atribuídos somente aos produtos que as utilizaram.

Centro de custos, portanto, é a menor unidade da empresa industrial considerada para fins de acumulação de custos, que, por ser fictícia, não corresponde a unidade administrativa, embora possa coincidir com ela.

Então, o que é correto? Denominar o centro de geração de custos de centro de custos ou de departamento?

Como o sistema em estudo é conhecido por "sistema do custo departamental", ficou convencionado tratar os centros de geração de custos como sendo departamentos.

Para fins de acumulação de custos, os departamentos são de duas naturezas:

a. **Departamentos produtivos:** localizados na área de produção, são responsáveis pela fabricação dos produtos. Em cada um desses departamentos são gerados, em relação aos produtos, custos diretos e também custos indiretos, os quais serão atribuídos somente aos produtos que passarem pelo respectivo departamento. Os custos diretos serão atribuídos aos produtos sem grandes complicações, conforme já estudamos, enquanto os custos indiretos serão atribuídos aos produtos por meio de critérios estimados.
b. **Departamentos de serviços:** também denominados departamentos auxiliares ou departamentos de apoio, encontram-se em todas as áreas de atuação da empresa industrial; prestam serviços para toda a empresa, inclusive para os departamentos produtivos, embora os produtos não transitem por eles. Os custos gerados nesses departamentos são todos indiretos, e a melhor maneira de rateá-los aos produtos é por meio da departamentalização.

O mecanismo é como segue: inicialmente, identificam-se todos os custos indiretos gerados em cada departamento, acumulando-os nos respectivos centros de custos. Em seguida, os custos acumulados nos departamentos de serviços são transferidos para outros departamentos de serviços e/ou para os departamentos de produção. Depois que todos os custos indiretos se encontram devidamente alocados nos departamentos de produção, eles são transferidos aos produtos.

10.2 A importância da departamentalização

Você já aprendeu que o custo de produção é atribuído aos produtos em duas etapas:

1ª etapa: atribuição dos custos diretos.

Por meio de controles extracontábeis, é possível conhecer os valores gastos com materiais, mão de obra e gastos gerais de fabricação que foram aplicados diretamente na fabricação de cada unidade, lote, grupo ou família de produtos fabricados.

2ª etapa: atribuição dos custos indiretos.

Os gastos com materiais, mão de obra e gastos gerais de fabricação que beneficiam a fabricação de vários produtos ao mesmo tempo são rateados aos produtos por meio de critérios estimados.

Enquanto os custos diretos são gerados especificamente na área de produção, os custos indiretos de fabricação podem ter origem não só na área de produção como também nas demais áreas de atividades da empresa.

No exemplo prático apresentado na Seção 8.3 do Capítulo 8, limitamo-nos a ratear aos produtos todos os custos indiretos de fabricação, sem nos preocuparmos com a origem deles.

Os custos indiretos de fabricação incorridos em um mês e que beneficiam a fabricação de todos os produtos no referido mês realmente devem ser rateados a todos eles indistintamente; entretanto, os custos indiretos que beneficiaram a fabricação de parte dos produtos devem ser rateados somente para essa parte.

EXEMPLO:

Suponhamos que uma indústria que atua no ramo de confecções tenha fabricado, em determinado mês, 50.000 peças do produto A e 50.000 peças do produto B.

Consideremos que os custos diretos de A corresponderam a $ 250.000 e os de B, a $ 200.000, e que a empresa possui 10 departamentos produtivos, tendo o produto A passado por todos os departamentos, enquanto o produto B passou somente pela metade deles. Suponhamos que os CIFs gerados nos departamentos produtivos sejam exatamente iguais e o seu montante no referido mês tenha sido de $ 80.000. Consideremos, por fim, que o tempo de maturação dos produtos na fase de produção seja homogêneo e corresponda a um tempo médio de 30 dias, tomando como base para rateio o número de peças fabricadas. Se não for observada a departamentalização, veja como os produtos receberão as cargas dos CIFs:

Cálculo da taxa para rateio:

$ 80.000/100.000 unidades = $ 0,80 por unidade produzida.

O rateio do CIF ficará como segue:

Produto A: 50.000 × $ 0,80 = $ 40.000

Produto B: 50.000 × $ 0,80 = $ 40.000

Considere agora as mesmas informações apresentadas sem a departamentalização, porém adotando a departamentalização, em que o produto A deverá receber carga de CIF de todos os departamentos e o produto B, somente de 50% deles – ou seja, o produto A, durante os 30 dias em que permaneceu na fase de fabricação, passou pelas 10 seções produtivas, enquanto o produto B, durante o mesmo tempo, passou somente por 5 delas.

Faremos:

Produto A:

CIF referente a 100% de 5 seções produtivas:	$ 40.000
CIF referente a 50% de 5 seções produtivas:	$ 20.000
Total:	$ 60.000

Produto B:

CIF referente a 50% de 5 seções produtivas:	$ 20.000

Note, então, que sem a departamentalização o produto B recebeu carga de CIF idêntica à do produto A, sendo onerado com custos de serviços que não beneficiaram sua produção; no entanto, o produto A recebeu carga de custos indiretos menor que a real, uma vez que utilizou 100% dos serviços de cinco seções e 50% das outras cinco. O correto é, pois, que o produto A receba 75% da carga dos CIFs gerados no mês e o produto B, 25%. Portanto, com a departamentalização, essa distribuição fica mais justa.

A margem de erro na atribuição dos custos indiretos aos produtos é bem menor quando se adota o custo departamental.

10.3 Métodos de rateio

- Método Direto: por esse método, os custos gerados nos departamentos de serviços são rateados diretamente para os departamentos produtivos beneficiados pelos respectivos serviços. Assim, os departamentos de serviços não recebem custos de outros departamentos de serviços, ainda que tenham sido beneficiados pelos serviços de alguns deles.
- Método Algébrico ou da Reciprocidade: por esse método, reconhece-se a reciprocidade dos serviços prestados entre os departamentos. Com sua adoção, um departamento de serviços poderá receber, por transferência, parte do custo do próprio departamento que foi transferido para outro. Recomenda-se evitar o seu uso, uma vez que ele incentiva a distribuição reflexiva.
- Método da Hierarquização ou dos Degraus: consiste em fixar uma ordem de prioridade entre os departamentos de serviços. A partir dessa hierarquização rateiam-se

os custos gerados nos departamentos de serviços entre todos os departamentos, sejam de serviços ou produtivos.

A hierarquia deve ser observada apenas entre os departamentos de serviços, já que os departamentos produtivos, embora integrem a relação dos departamentos, figurarão logo em seguida aos departamentos de serviços, pois estes somente receberão CIF e não poderão transferir para outros departamentos. Os custos acumulados nos departamentos produtivos serão, depois, transferidos diretamente aos produtos que passaram por eles.

Por esse método, o departamento de serviços que tiver seus custos transferidos não receberá custos de outros departamentos, ainda que tenha sido beneficiado pelos serviços de alguns deles. Assim, o departamento de serviços que mais recebe custos por transferência é o que menos transfere.

Adotaremos, no exemplo prático da Seção 10.7, o Método da Hierarquização, por ele apresentar a maior coerência na atribuição dos custos indiretos de fabricação aos produtos.

10.4 Adaptações no Plano de Contas

Para adequar o Elenco de Contas apresentado no Capítulo 3, visando a adoção do custo departamental, será preciso substituir todo o grupo 3.3 do Elenco de Contas pelo que segue.

Nota

- É importante esclarecer que o Elenco de Contas a seguir representa apenas uma sugestão de nossa parte. Dependendo das necessidades de cada empresa, esse Elenco de Contas poderá ser reduzido ou até mesmo ampliado com a criação de outros grupos, subgrupos e contas que permitam o detalhamento desejado do registro contábil.

3.3.1 CUSTO DAS COMPRAS DE MATERIAIS
3.3.1.10 Custos das Compras de Mercadorias
3.3.1.11 Mercado Interno
3.3.1.11.1.001 Compras de Mercadorias
3.3.1.11.1.002 Fretes e Seguros sobre Compras
3.3.1.11.1.003 (–) Abatimentos sobre Compras
3.3.1.11.1.004 (–) Compras Anuladas ou Devoluções de Compras
3.3.1.11.1.005 (–) Descontos Incondicionais Obtidos
3.3.1.12 Mercado Externo
3.3.1.12.1.001 Compras de Mercadorias
3.3.1.12.1.002 Fretes e Seguros sobre Compras
3.3.1.12.1.003 Aluguéis de Contêineres

(continua)

(continuação)

3.3.1.12.1.004 Imposto sobre Importação (II) – não recuperável
3.3.1.12.1.005 ICMS sobre Importação – não recuperável
3.3.1.12.1.006 IPI sobre Importação – não recuperável
3.3.1.12.1.007 Taxas Aduaneiras
3.3.1.12.1.008 (–) Abatimentos sobre Compras
3.3.1.12.1.009 (–) Compras Anuladas ou Devoluções de Compras
3.3.1.12.1.010 (–) Descontos Incondicionais Obtidos
3.3.1.20 Custo das Compras de Materias-primas
(Classificação semelhante à do subgrupo 3.3.1.10)
3.3.1.30 Custo das Compras de Materiais Secundários
(Classificação semelhante à do subgrupo 3.3.1.10)
3.3.1.40 Custo das Compras de Materiais Auxiliares
(Classificação semelhante à do subgrupo 3.3.1.10)
3.3.1.50 Custo das Compras de Materiais de Acondicionamento e Embalagem
(Classificação semelhante à do subgrupo 3.3.1.10)
3.3.1.60 Custo das Compras de Materiais de Escritório (Expediente)
(Classificação semelhante à do subgrupo 3.3.1.10)
3.3.1.70 Custo das Compras de Materiais de Informática
(Classificação semelhante à do subgrupo 3.3.1.10)
3.3.1.80 Custo das Compras de Materiais de Higiene e Limpeza
(Classificação semelhante à do subgrupo 3.3.1.10)
3.3.1.90 Custo das Compras de Materiais de Manutenção
(Classificação semelhante à do subgrupo 3.3.1.10)
3.4 CUSTO DEPARTAMENTAL
3.4.1 DEPARTAMENTOS PRODUTIVOS
3.4.1.01 Departamento A
3.4.1.01.1.100 Custo Diretos
3.4.1.01.1.110 Materiais Diretos
3.4.1.01.1.111 Matérias-primas
3.4.1.01.1.112 Materiais Secundários
3.4.1.01.1.113 Materiais Auxiliares
3.4.1.01.1.114 Materiais de Acondicionamento e Embalagem
3.4.1.01.1.120 Mão de Obra Direta

(continua)

(continuação)

3.4.1.01.1.121 Assistência Médica e Social
3.4.1.01.1.122 Aviso Prévio e Indenizações
3.4.1.01.1.123 Contribuições de Previdência
3.4.1.01.1.124 Contribuições para o FGTS
3.4.1.01.1.125 Décimo Terceiro Salário
3.4.1.01.1.126 Férias
3.4.1.01.1.127 Lanches e Refeições
3.4.1.01.1.128 Prêmios e Gratificações
3.4.1.01.1.129 Salários
3.4.1.01.1.130 Seguro de Acidentes do Trabalho
3.4.1.01.1.131 Seguro de Vida em Grupo
3.4.1.01.1.132 Vale-refeição
3.4.1.01.1.133 Vale-transporte
3.4.1.01.1.134 Outros Encargos
3.4.1.01.1.150 Gastos Gerais de Fabricação Diretos
3.4.1.01.1.151 Combustíveis e Lubrificantes
3.4.1.01.1.152 Energia Elétrica
3.4.1.01.1.153 Oficinas Externas
3.4.1.01.1.154 Serviços de Terceiros
3.4.1.01.1.155 Outros Gastos Gerais de Fabricação
3.4.1.01.1.200 Custos Indiretos
3.4.1.01.1.210 Materiais Indiretos
3.4.1.01.1.211 Materiais Secundários
3.4.1.01.1.212 Materiais Auxiliares
3.4.1.01.1.213 Materiais de Acondicionamento e Embalagem
3.4.1.01.1.214 Materiais de Escritório (ou de Expediente)
3.4.1.01.1.215 Materiais de Informática
3.4.1.01.1.216 Materiais de Higiene e Limpeza
3.4.1.01.1.217 Materiais de Manutenção
3.4.1.01.1.220 Mão de Obra Indireta
3.4.1.01.1.221 Assistência Médica e Social
3.4.1.01.1.222 Aviso Prévio e Indenizações
3.4.1.01.1.223 Contribuições de Previdência

(continua)

(continuação)

3.4.1.01.1.224 Contribuições para o FGTS
3.4.1.01.1.225 Décimo Terceiro Salário
3.4.1.01.1.226 Férias
3.4.1.01.1.227 Honorários (Pró-labore)
3.4.1.01.1.228 Lanches e Refeições
3.4.1.01.1.229 Prêmios e Gratificações
3.4.1.01.1.230 Salários
3.4.1.01.1.231 Seguro de Acidentes do Trabalho
3.4.1.01.1.232 Seguro de Vida em Grupo
3.4.1.01.1.233 Vale-refeição
3.4.1.01.1.234 Vale-transporte
3.4.1.01.1.235 Outros Encargos
3.4.1.01.1.250 Gastos Gerais de Fabricação Indiretos
3.4.1.01.1.251 Água e Esgoto
3.4.1.01.1.252 Aluguéis e Arrendamentos
3.4.1.01.1.253 Amortização
3.4.1.01.1.254 Combustíveis
3.4.1.01.1.255 Comunicações
3.4.1.03.1.256 Conservação Predial
3.4.1.01.1.257 Depreciação
3.4.1.01.1.258 Energia Elétrica
3.4.1.01.1.259 Impostos e Taxas
3.4.1.01.1.260 Manutenção em Elevadores
3.4.1.01.1.261 Manutenção e Reparos Produção
3.4.1.01.1.262 Roupas Especiais
3.4.1.01.1.263 Segurança
3.4.1.01.1.264 Serviços de Terceiros
3.4.1.01.1.265 Telefone e Fax
3.4.1.01.1.266 Transporte
3.4.1.01.1.267 Outros Gastos Gerais de Fabricação
3.4.1.01.1.300 CIFs Gerados no Departamento*
3.4.1.01.1.400 CIFs Gerados em Outros Departamentos
3.4.1.01.1.401 Departamento K

(continua)

(continuação)

3.4.1.01.1.500 CIFs Totais**
3.4.1.01.1.600 CIFs Estimados
3.4.1.01.1.700 Variação de CIF
3.4.2 DEPARTAMENTOS DE SERVIÇOS
3.4.2.01 Departamentos X
3.4.2.01.1.100 Custos Indiretos
3.4.2.01.1.110 Materiais Indiretos
...
3.4.2.01.1.220 Mão de Obra Indireta
...
3.4.2.01.1.250 Gastos Gerais de Fabricação Indiretos
...
3.4.2.01.1.300 CIFs Gerados no Departamento*
3.4.2.01.1.400 CIFs de Outros Departamentos
3.4.2.01.1.401 Departamento Y
...
3.4.2.01.1.500 CIFs Totais
3.4.2.01.1.600 CIFs Estimados
3.4.2.01.1.700 Variação de CIF
3.4.3 CUSTO EM FORMAÇÃO
3.4.3.01 Produto A
3.4.3.01.1.001 Materiais
3.4.3.01.1.002 Mão de obra
3.4.3.01.1.003 Gastos Gerais de Fabricação
3.4.3.02 Produto B
3.4.3.02.1.001 Materiais
3.4.3.02.1.002 Mão de obra
3.4.3.02.1.003 Gastos Gerais de Fabricação

* As contas 3.4.1.01.1.300 CIFs Gerados no Departamento (produção) e 3.4.2.01.1.300 CIFs Gerados no Departamento (serviços) serão utilizadas quando não houver interesse de se lançar os CIFs detalhadamente, conforme previsto nos grupos 3.4.1.01.1.200 (produção).

**As contas 3.4.1.01.1.500 CIFs TOTAIS (produção) e 3.4.2.01.1.500 CIFs TOTAIS (serviços) serão utilizadas para receber no final do mês, por transferências, os saldos de todas as contas de CIF existentes no departamento. Feitas essas transferências, as contas utilizadas para o registro dos CIFs no departamento ficarão zeradas e os CIFs ficarão concentrados em uma só conta para facilitar o rateio para outros departamentos ou para os produtos. Lembramos que, com o uso do computador, poderão existir programas próprios que façam essas transferências automaticamente.

Observações

- Após substituir as contas do grupo 3.3 do Elenco de Contas do Capítulo 3 pelas aqui relacionadas, será preciso, também, mudar os códigos das contas do grupo 3.4, Custo da Prestação de Serviços, para 3.5.
- Lembramos que a departamentalização também pode ser aplicada na prestação de serviços. Não propusemos mudanças nessa parte do Elenco de Contas, porém, havendo interesse, poderão ser criadas contas apropriadas de forma semelhante às que criamos no grupo 3.4.
- Os grupos de contas dos departamentos de serviços poderão conter apenas subcontas para registrar sinteticamente os gastos com materiais, mão de obra e gastos gerais de fabricação.
- O grupo de contas do departamento de administração deverá conter contas específicas para registrar os gastos comuns a todos os departamentos da fábrica. Pode-se prever no Elenco de Contas um centro de custos como se fosse um departamento próprio, dentro do departamento administrativo.

10.5 Esquema técnico para contabilização do custo departamental

A contabilização do custo departamental poderá obedecer ao esquema técnico a seguir.

1. **Materiais**
   a. Quando requisitados pelos departamentos produtivos:
      - debitam-se as contas próprias para o registro do material direto ou indireto de cada departamento produtivo;
      - creditam-se as contas de estoques respectivas.

   b. Quando requisitados pelos departamentos de serviços:
      - debitam-se as contas próprias para o registro dos materiais indiretos de cada departamento de serviço;
      - creditam-se as contas de estoques respectivas.

2. **Mão de obra**
   a. Incorrida nos departamentos produtivos:
      - debitam-se as contas representativas da mão de obra direta ou indireta dos departamentos de produção, conforme o caso;
      - creditam-se as contas patrimoniais respectivas.

   b. Incorrida nos departamentos de serviços:
      - debitam-se as contas representativas da mão de obra de cada departamento de serviço;
      - creditam-se as contas patrimoniais respectivas.

3. **Gastos gerais de fabricação**
   a. Incorridos nos departamentos produtivos:

- debitam-se as contas próprias representativas dos gastos gerais diretos ou indiretos incorridos em cada departamento produtivo;
- creditam-se as contas patrimoniais respectivas.

b. Incorridos nos departamentos de serviços:

- debitam-se as contas representativas dos gastos gerais de fabricação incorridos em cada departamento de serviço;
- creditam-se as contas patrimoniais respectivas.

4. Gastos comuns a vários departamentos

Os gastos com energia elétrica, aluguel, telefone, segurança etc., comuns a vários departamentos, inclusive que contenham parcela a ser rateada para despesas e parcela a ser rateada para custos, podem ter um dos seguintes tratamentos:

a. Segregação em um centro de custos próprio:

Pode-se criar um centro de custos dentro do próprio departamento administrativo para acumulação desses gastos e posterior rateio para os grupos de despesas administrativas, despesas com vendas e CIFs. O tratamento contábil será:

- quando incorridos, debitam-se as contas representativas do referido gasto, integrante do centro de custos próprio, e creditam-se as contas patrimoniais respectivas;
- no momento do rateio para despesas e para custos, debitam-se as contas representativas das despesas administrativas ou comerciais e dos CIFs nos departamentos respectivos e creditam-se as contas do centro de custos próprio.

b. Registro preliminar como despesas administrativas:

- quando incorridas, debitam-se as contas com intitulações próprias do grupo das despesas administrativas e creditam-se as contas patrimoniais respectivas;
- por ocasião do rateio, debitam-se as contas representativas de despesas com vendas ou de CIF do respectivo departamento e creditam-se as contas respectivas do grupo das despesas administrativas.

c. Segregação direta em despesas e custos:

- quando incorridas, debitam-se proporcionalmente as contas representativas das despesas administrativas, das despesas com vendas e dos CIFs de cada departamento e creditam-se as contas patrimoniais respectivas.

5. Atribuição dos custos diretos aos produtos

Os custos diretos, conforme já estudamos, são identificados por produto, por meio de apontamentos efetuados pelos próprios empregados da área de produção. A contabilização será como segue:

- debitam-se as contas representativas de materiais, mão de obra ou gastos gerais de fabricação do grupo do custo em formação de cada produto;
- creditam-se as contas próprias que até então registraram os respectivos custos diretos em cada departamento produtivo.

6. **Rateio dos CIF s comuns a todos os departamentos**

   Os gastos com aluguel, água, energia elétrica, depreciação etc. comuns a todos os departamentos devem ser rateados com base em critérios definidos pela empresa, conforme estudamos no Capítulo 9:

   - debitam-se as contas que registram os custos indiretos de cada departamento (sintéticas ou analíticas);
   - creditam-se as contas que registram os respectivos custos no centro de custos próprio.

Observação

- Esses gastos, por serem repetitivos e fixos, permitem o registro segregado para cada departamento no momento em que são pagos ou apropriados, evitando-se, assim, a passagem por um centro de custos fictício anexado ao departamento administrativo.

Também é importante salientar que, para possibilitar a apuração dos custos dos produtos no momento em que são concluídos ao longo do mês, pode-se trabalhar com CIFs estimados, conforme veremos na Seção 10.6.

7. **Definição da hierarquia dos departamentos para efeito de rateio dos custos indiretos entre eles**

   Para evitar a distribuição reflexiva dos CIFs, aconselhamos a adoção do método da hierarquização.

   Nesse caso, basta definir a ordem hierárquica em que os departamentos serão alinhados para a transferência dos CIFs entre eles.

   É importante salientar, mais uma vez, que os CIFs a serem transferidos são aqueles gerados nos departamentos de serviços. Assim, devem-se ordenar os departamentos de serviços e, em seguida a eles, os de produção, sem a necessidade de que esses últimos também sejam hierarquizados. Ocorre que os departamentos de produção, após receberem os CIFs transferidos dos departamentos de serviços, procederão ao rateio diretamente aos produtos que transitaram por eles.

8. **Acumulação dos CIFs nos departamentos de serviços**

   Nos departamentos de serviços, serão acumulados os CIFs gerados no próprio departamento, bem como os CIFs recebidos por transferência de outros departamentos.

   A contabilização dos CIFs recebidos por transferência de outros departamentos será feita debitando-se a conta sintética "CIFs Gerados em Outros Departamentos" (com essa intitulação ou com intitulação semelhante) ou as contas analíticas, conforme o costume da empresa, e creditando-se a conta que registra o montante dos CIFs do respectivo departamento de origem.

   Ainda que a empresa opte em registrar esses gastos detalhadamente, deverá, no final do mês, transferi-los para uma conta sintética a fim de facilitar o rateio aos demais departamentos. Com a contabilidade de custos feita por meio do computador, essa tarefa é bastante simples e realizada normalmente pelo próprio equipamento, sem a necessidade de utilizar conta sintética.

Transferindo-se, então, os CIFs gerados no departamento e aqueles recebidos por transferência de outros departamentos para uma única conta, o rateio para outros departamentos será feito como segue:

- debitam-se as contas representativas dos CIFs de cada departamento para onde serão transferidas parcelas do CIF e credita-se a conta sintética que engloba o saldo do CIF acumulado no departamento de origem.

9. **Acumulação dos CIFs nos departamentos produtivos**

Nos departamentos produtivos, também se acumularão CIFs gerados neles próprios, bem como recebidos por transferência dos departamentos de serviços. Nos departamentos produtivos, para que os CIFs sejam rateados da forma mais coerente possível aos produtos, deve-se evitar a sintetização, uma vez que certos produtos poderão não ter sido beneficiados por alguns deles. Entretanto, é preciso avaliar a relação custo-benefício para concluir se o trabalho com essa segregação não é mais oneroso que o próprio valor do custo em estudo.

A contabilização é como segue:

- debitam-se a conta sintética que engloba os CIFs recebidos dos departamentos de serviços ou as contas analíticas respectivas;
- credita-se a conta que registra englobadamente os custos indiretos do departamento de origem.

Esse procedimento será repetido até que todos os departamentos de serviços tenham suas contas com saldo igual a zero.

A partir desse momento, os custos indiretos gerados nos departamentos de serviços estarão devidamente rateados para os departamentos produtivos.

10. **Rateio dos custos indiretos de fabricação dos departamentos produtivos para os produtos**

A esta altura dos acontecimentos, os departamentos produtivos que transferiram os custos diretos para os produtos terão ainda os custos indiretos para ratear.

Esses custos indiretos compreendem: os custos indiretos gerados no próprio departamento mais os custos indiretos de fabricação recebidos por transferência dos departamentos de serviços.

O total desses custos poderá estar registrado em uma ou várias contas, conforme interesse da empresa.

Os CIFs que beneficiaram todos os produtos, indistintamente, devem ser acumulados em uma só conta para facilitar o rateio.

A contabilização ficará como segue:

- debitam-se as contas que representam o custo em formação de cada produto que passou pela respectiva seção produtiva;

- creditam-se a conta sintética e/ou as contas analíticas que registraram os custos indiretos do referido departamento produtivo.

11. **Produtos acabados**

    Para conhecer o custo dos produtos acabados, basta fazer a transferência dos saldos das contas que registraram os materiais, a mão de obra e os gastos gerais de fabricação (ou custos diretos e indiretos) de cada produto para a conta sintética Custo em Formação do respectivo produto. Caso o critério adotado para transferência seja debitar os custos diretos e indiretos diretamente na conta Custo em Formação de cada produto, o saldo dessa conta corresponderá ao custo da produção de cada produto ou do lote de produtos.

    A transferência para as contas de estoque é feita debitando-se a conta do Ativo Circulante que representa o respectivo estoque e creditando-se as contas próprias que registraram o custo em formação de cada produto.

Nota

- Se a empresa pretender apurar custos de produtos cujos processos de fabricação forem encerrando antes do fechamento do mês, poderá trabalhar com CIFs estimados. Veja os procedimentos na Seção 10.6.
- É sempre conveniente lembrar que, no final de cada período, certamente existirão produtos em elaboração. Nesses casos, permanecerão saldos nas contas que registram o custo em formação de cada produto.

10.6 CIFs estimados

Na Seção 9.6 do Capítulo 9, você já estudou os procedimentos necessários para se estimar a taxa de aplicação dos CIFs, visando possibilitar a apuração dos custos dos produtos cujos processos de fabricação são concluídos durante o mês, antes mesmo de a empresa conhecer o montante real dos CIFs incorridos no respectivo mês.

Naquela oportunidade, dentre outros procedimentos, tratamos do cálculo da taxa de aplicação dos CIFs estimados, de forma global, sem nos preocuparmos com a departamentalização.

Pois bem, adotando o custo departamental, deve-se também trabalhar com a taxa de aplicação dos CIFs estimados. Os critérios para sua apuração são semelhantes aos já estudados na Seção 9.6. Ocorre, no entanto, que na departamentalização deve-se estimar uma taxa de aplicação de CIF para cada departamento.

Para cálculo dessa taxa, será preciso, então, prever para cada departamento:

- O total dos custos fixos que deverão ser gerados no departamento durante o mês.
- O total dos CIFs que o departamento receberá por transferência de outros departamentos no mesmo mês.
- O volume da produção do mês (quando se tratar de departamentos produtivos) e o volume das atividades a serem desenvolvidas durante o mês (quando se tratar de departamentos de serviços).

- A parte variável dos CIFs, com base no volume de produção (departamentos produtivos) ou de atividades (departamentos de serviços).
- Bases de rateio adequadas para distribuir os CIFs acumulados nos departamentos de serviços entre eles e entre os produtivos.
- Bases de rateio adequadas para distribuir os CIFs acumulados nos departamentos produtivos diretamente aos produtos.

Portanto, os mesmos comentários relativos ao cálculo da taxa de aplicação dos CIFs estimados e para a contabilização, apresentados na Seção 9.6 do Capítulo 9, aplicam-se no custeio departamental, feitas as devidas adaptações para que o cálculo e a contabilização sejam individualizados por departamento.

Cumpre, por fim, salientar que, no momento do levantamento de dados, visando os cálculos das taxas estimadas de CIF por departamento, devem-se buscar recursos em outras disciplinas, principalmente na matemática e na estatística.

10.7 Exemplo prático

Considere as seguintes informações extraídas da contabilidade financeira e do controle interno da Indústria das Indústrias S.A., relativas ao movimento do mês de novembro de X1:

1. Balanço Patrimonial de Indústria das Indústrias S.A., levantado em 31 de outubro de X1			
Contas	$	Contas	$
ATIVO		**PASSIVO**	
ATIVO CIRCULANTE		**PASSIVO CIRCULANTE**	
Caixa..	560.000	Fornecedores............................	300.000
Clientes......................................	50.000	Contas a Pagar..........................	200.000
Estoque de Matéria-prima............	500.000	**Total do Passivo Circulante..........**	500.000
Estoque de Materiais Secundários	100.000		
Estoque de Material de Embalagem.............................	50.000		
Estoque de Materiais de Consumo	40.000		
Total do Ativo Circulante.............	1.300.000		
ATIVO NÃO CIRCULANTE		**PATRIMÔNIO LÍQUIDO**	
Bens de Uso.............................	80.000	Capital Social............................	900.000
Máquinas e Equipamentos Industriais................................	120.000	Reservas para Investimentos.........	100.000
Total do Ativo Não Circulante.......	200.000	**Total do Patrimônio Líquido.........**	1.000.000
Total do Ativo	1.500.000	**Total do Passivo**	1.500.000

1. Produção do mês

   Foram fabricados durante o mês 100 unidades do produto A, 100 unidades do produto B e 100 unidades do produto C. Não havia estoque inicial de produtos em elaboração e também não houve estoque final; logo, toda produção iniciada foi acabada dentro do mesmo mês.

2. Departamentos: administração, comercial, ambulatório médico, almoxarifado, conservação e manutenção, corte, tinturaria, montagem e acabamento

Considerar que o produto A passa por todos os departamentos produtivos; o produto B só não passa pela tinturaria, e o produto C passa apenas pela montagem e pelo acabamento.

Lembramos que as áreas administrativa e comercial de uma empresa industrial são compostas por vários departamentos. No exemplo em questão, por razões de simplificação, não consideraremos essas subdivisões. Além disso, criaremos um centro de custos próprio para ratear os gastos comuns às áreas administrativa, comercial e de produção.

3. Bases de rateio

Departamento	Área Ocupada	Número de Empregados	Número de Atendimentos Médicos	Número de Requisições de Materiais	Uso de Telefones	Consumo de Materiais
Administração	10%	15	2	5	30%	30%
Comercial	15%	8	2	8	50%	10%
Ambulatório	5%	2	–	3	2%	5%
Almoxarifado	15%	6	4	–	5%	5%
Conservação e Manutenção	5%	10	6	5	1%	20%
Corte	15%	25	18	60	5%	8%
Tinturaria	5%	6	4	10	2%	8%
Montagem	20%	18	8	10	3%	9%
Acabamento	10%	10	6	15	2%	5%
TOTAIS	100%	100	50	116	100%	100%

4. Gastos incorridos no mês e respectivas bases para rateio

a. Gastos comuns a todos os departamentos

Aluguel do Imóvel 10.000

Base de rateio: área ocupada

Energia Elétrica (consumo geral) 6.000

Base de rateio: área ocupada

Água e Esgoto (consumo e higiene do pessoal)........................ 2.000

Base de rateio: número de empregados

Telefones Fixos 3.000

Base de rateio: uso de cada departamento, obtido por meio de pesquisa interna

Materiais de Consumo.. 15.000

Base de rateio: consumo de cada departamento, levantado por meio de pesquisa interna.

b. Gastos incorridos no departamento administrativo

Despesas Administrativas (exceto comuns aos departamentos)	30.000
Despesas Financeiras	5.000

Base de rateio: no presente exemplo prático, por razões de simplificação, esses gastos não onerarão a produção.

c. Gastos incorridos no departamento comercial

Despesas com Vendas (exceto comuns aos departamentos)	10.000

Base de rateio: no presente exemplo prático, por questão de simplificação, esses gastos não onerarão a produção.

Nota

- Para evitar detalhamentos além daqueles que julgamos necessários, no presente exemplo prático, não incluímos o rateio dos gastos dos departamentos administrativo e comercial para os demais departamentos de serviços e produtivos. Evidenciamos apenas o rateio dos gastos comuns aos departamentos. Entretanto, é conveniente salientar que as tarefas realizadas pelos diversos departamentos que integram as áreas comercial e administrativa podem também beneficiar a área de produção, motivo pelo qual parte deles deve ser rateada aos departamentos de serviços e produtivos. As bases de rateio, bem como as parcelas a serem rateadas, devem decorrer de estudos realizados internamente para averiguar o montante dos gastos que deve onerar o custo e o montante que deve onerar o resultado (despesas).

d. Gastos incorridos no ambulatório médico

Gastos Gerados no Departamento	10.000

Base de rateio: número de atendimentos.

e. Gastos incorridos no almoxarifado

Gastos Gerados no Departamento	20.000

Base de rateio: número de requisições.

f. Gastos incorridos no departamento de conservação e manutenção

Gastos Gerados no Departamento	12.000

Base de rateio: área ocupada.

g. Gastos incorridos no departamento de corte

Matéria-prima Produto A	150.000
Matéria-prima Produto B	120.000
Materiais Secundários Produto A	15.000
Materiais Secundários Produto B	10.000

Mão de Obra Direta Produto A	75.000
Mão de Obra Direta Produto B	60.000
CIFs Gerados no Departamento	30.000

Base de rateio para os CIFs: número de peças cortadas.

h. Gastos incorridos no departamento de tinturaria

Materiais Secundários Produto A	10.000
Mão de Obra Direta Produto A	8.000
CIFs Gerados no Departamento	15.000

Base de rateio: como um só produto passou pelo departamento, ele receberá toda carga de CIF do departamento.

i. Gastos incorridos no departamento de montagem

Matéria-prima Produto C	80.000
Materiais Secundários Produto A	5.000
Materiais Secundários Produto B	3.000
Materiais Secundários Produto C	2.000
Mão de Obra Direta Produto A	10.000
Mão de Obra Direta Produto B	10.000
Mão de Obra Direta Produto C	40.000
CIFs Gerados no Departamento	24.000

Base de rateio: por serem homogêneas, número de peças montadas.

j. Gastos incorridos no departamento de acabamento

Material de Embalagem	30.000
Mão de Obra Direta	18.000
CIFs Gerados no Departamento	12.000

Observação

- Por falta de materialidade, ficou decidido que todos os custos incorridos no departamento, diretos e indiretos, terão o mesmo tratamento na distribuição aos produtos.
- Base de rateio: como todos os produtos passaram pelo departamento, consumindo tempo e materiais em quantidades homogêneas, a base de rateio será o número de peças acabadas.

Considerando que a Indústria das Indústrias S.A. adota o custo departamental para rateio dos CIFs aos produtos, apurar extracontabilmente, elaborando mapas e quadros necessários, e contabilizar o custo de produção do período e o custo da produção acabada no período, observando o roteiro a seguir.

Roteiro

1º) Contabilizar os fatos ocorridos em novembro, observando que:

a. Todos os gastos incorridos com materiais, seja para aplicar na produção ou para consumo geral, deverão ser tratados como requisitados do almoxarifado.

b. Os demais gastos incorridos nas áreas administrativa, comercial ou de produção serão considerados pagos à vista (em dinheiro).

2º) Definir a hierarquia dos departamentos para fins de contabilização do custo departamental.

3º) Ratear os gastos comuns para todos os departamentos.

4º) Ratear os CIFs entre os departamentos até que todos os departamentos de serviços tenham seus custos transferidos aos departamentos produtivos.

5º) Atribuir os custos diretos do departamento de corte aos respectivos produtos.

6º) Ratear os CIFs acumulados no departamento de corte aos produtos que passaram por ele.

7º) Atribuir os custos diretos do departamento de tinturaria aos respectivos produtos.

8º) Ratear os CIFs do departamento de tinturaria aos produtos que passaram por ele.

9º) Atribuir os custos diretos do departamento de montagem aos respectivos produtos.

10º) Ratear os CIFs do departamento de montagem aos produtos que passaram por ele.

11º) Atribuir os custos diretos e ratear os CIFs do departamento de acabamento aos respectivos produtos.

12º) Apurar o custo da produção acabada dos três produtos, transferindo-os contabilmente para o estoque de produtos acabados.

13º) Apurar o Resultado do Exercício.

14º) Levantar o Balanço Patrimonial em 30/11/X1.

Solução:

1º) Contabilizar os fatos ocorridos em novembro:

GASTOS COMUNS A TODOS OS DEPARTAMENTOS

1) *Diversos*

a Caixa

DEPARTAMENTO GASTOS COMUNS

Aluguéis Passivos	10.000	
Energia Elétrica	6.000	
Água e Esgoto	2.000	
Telefones	3.000	21.000

2) DEPARTAMENTO GASTOS COMUNS (centro de custos)

Materiais de Consumo

a Estoque de Materiais de Consumo *15.000*

Nota

■ Para acumular os gastos comuns aos diversos departamentos, criamos um centro de custos denominado "Gastos Comuns", com as contas respectivas. Dessa forma, esse centro de custos funciona como se fosse um departamento, no qual acumulamos os custos com aluguel, energia elétrica, água e esgoto, telefone e material de consumo. Lembramos, no entanto, que esse procedimento é desnecessário, uma vez que a contabilização dos gastos envolvidos poderá ser feita diretamente nas contas dos grupos das Despesas Administrativas e com Vendas, caso em que, para separar despesas e custos, bastará fazer a segregação das parcelas correspondentes aos custos e transferi-las dessas contas para as contas representativas dos CIFs, eliminando, assim, a criação desse centro de custos (departamento) fictício.

GASTOS INCORRIDOS NOS DEPARTAMENTOS

3) *Diversos*

a Caixa

Despesas Administrativas	*30.000*	
Despesas Financeiras..	*5.000*	
Despesas com Vendas	*10.000*	
CIF Ambulatório	*10.000*	
CIF Almoxarifado..	*20.000*	
CIF Conservação e Manutenção..................................	*12.000*	
CIF Corte..	*30.000*	
CIF Tinturaria..	*15.000*	
CIF Montagem...	*24.000*	
CIF Acabamento	*12.000*	*168.000*

CUSTOS DIRETOS DO DEPARTAMENTO DE CORTE

4) *Diversos*

a Estoque de Matéria-prima

DEPARTAMENTO CORTE

Matéria-prima – Produto A..	*150.000*	
Matéria-prima – Produto B..	*120.000*	*270.000*

5) *Diversos*		
a Estoque de Materiais Secundários		
DEPARTAMENTO CORTE		
Materiais Secundários – Produto A	*15.000*	
Materiais Secundários – Produto B	*10.000*	*25.000*

6) *Diversos*		
a Caixa		
DEPARTAMENTO CORTE		
Mão de Obra Direta – Produto A	*75.000*	
Mão de Obra Direta – Produto B	*60.000*	*135.000*

CUSTOS DIRETOS DO DEPARTAMENTO DE TINTURARIA

7) *DEPARTAMENTO TINTURARIA*		
Materiais Secundários – Produto A		
a Estoque de Materiais Secundários	*10.000*	

8) *DEPARTAMENTO TINTURARIA*		
Mão de Obra Direta – Produto A		
a Caixa		*8.000*

CUSTOS DIRETOS DO DEPARTAMENTO DE MONTAGEM

9) *DEPARTAMENTO MONTAGEM*		
Matéria-prima – Produto C		
a Estoque de Matéria-prima	*80.000*	

10) *Diversos*		
a Estoque de Materiais Secundários		
DEPARTAMENTO MONTAGEM		
Materiais Secundários – Produto A	*5.000*	
Materiais Secundários – Produto B	*3.000*	
Materiais Secundários – Produto C	*2.000*	*10.000*

11) *Diversos*

a Caixa

DEPARTAMENTO MONTAGEM

Mão de Obra Direta – Produto A	*10.000*	
Mão de Obra Direta – Produto B	*10.000*	
Mão de Obra Direta – Produto C	*40.000*	*60.000*

CUSTOS DIRETOS DO DEPARTAMENTO DE ACABAMENTO

12) *DEPARTAMENTO ACABAMENTO*

Mão de Obra Direta Acabamento

a Caixa *18.000*

13) *DEPARTAMENTO ACABAMENTO*

Material de Embalagem Acabamento

a Estoque de Material de Embalagem *30.000*

2º) Definir a hierarquia dos departamentos para fins de contabilização do custo departamental.

Será como segue:

Gastos Comuns, Ambulatório, Conservação e Manutenção, Almoxarifado, Corte, Tinturaria, Montagem e Acabamento.

3º) Ratear os gastos comuns para todos os departamentos.

a. Gasto: Aluguel do Imóvel

MAPA DE RATEIO

Gasto: Aluguel do Imóvel: $ 10.000

Base de rateio: área ocupada.

Departamento	Porcentagem (%)	Valor ($)
Administração	10	1.000
Comercial	15	1.500
Ambulatório	5	500
Almoxarifado	15	1.500

(continua)

(continuação)

Conservação e Manutenção	5	500
Corte	15	1.500
Tinturaria	5	500
Montagem	20	2.000
Acabamento	10	1.000
Total	100	10.000

CONTABILIZAÇÃO:

14) *Diversos*

a GASTOS COMUNS

a Aluguéis Passivos

Rateio conforme mapa:

Despesas Administrativas	*1.000*	
Despesas com Vendas	*1.500*	
CIF Ambulatório	*500*	
CIF Almoxarifado	*1.500*	
CIF Conservação e Manutenção	*500*	
CIF Corte		*1.500*
CIF Tinturaria	*500*	
CIF Montagem	*2.000*	
CIF Acabamento	*1.000*	*10.000*

b. Gasto: Energia Elétrica

MAPA DE RATEIO

Gasto: Energia Elétrica (consumo geral): $ 6.000

Base de rateio: área ocupada.

Departamento	Porcentagem (%)	Valor ($)
Administração	10	600
Comercial	15	900
Ambulatório	5	300
Almoxarifado	15	900

(continua)

(continuação)

Conservação e Manutenção	5	300
Corte	15	900
Tinturaria	5	300
Montagem	20	1.200
Acabamento	10	600
Total	100	6.000

CONTABILIZAÇÃO:

15) *Diversos*

a GASTOS COMUNS

a Energia Elétrica

Rateio conforme mapa:

Despesas Administrativas	*600*	
Despesas com Vendas..	*900*	
CIF Ambulatório..	*300*	
CIF Almoxarifado...	*900*	
CIF Conservação e Manutenção.................................	*300*	
CIF Corte..		*900*
CIF Tinturaria..	*300*	
CIF Montagem	*1.200*	
CIF Acabamento	*600*	*6.000*

c. Gasto: Água e Esgoto

Cálculo da taxa: 2.000/100 = 20 por empregado

MAPA DE RATEIO

Gasto: Água e Esgoto (consumo e higiene do pessoal): $ 2.000

Base de rateio: número de empregados.

Departamento	Nº de Empregados	Valor
Administração	15	300
Comercial	8	160
Ambulatório	2	40
Almoxarifado	6	120

(continua)

(continuação)

Conservação e Manutenção	10	200
Corte	25	500
Tinturaria	6	120
Montagem	18	360
Acabamento	10	200
Total	100	2.000

CONTABILIZAÇÃO:

16) *Diversos*

a GASTOS COMUNS

a Água e Esgoto

Rateio conforme mapa:

Despesas Administrativas	*300*	
Despesas com Vendas..	*160*	
CIF Ambulatório..	*40*	
CIF Almoxarifado	*120*	
CIF Conservação e Manutenção	*200*	
CIF Corte		*500*
CIF Tinturaria...	*120*	
CIF Montagem	*360*	
CIF Acabamento...	*200*	*2.000*

d. Gasto: Telefones

MAPA DE RATEIO

Gasto: Telefones Fixos: $ 3.000

Base de rateio: pesquisa interna.

Departamento	Porcentagem (%)	Valor ($)
Administração	30	900
Comercial	50	1.500
Ambulatório	2	60

(continua)

(continuação)

Almoxarifado	5	150
Conservação e Manutenção	1	30
Corte	5	150
Tinturaria	2	60
Montagem	3	90
Acabamento	2	60
Total	100	3.000

Contabilização:

17) *Diversos*

a GASTOS COMUNS

a Telefones Fixos

Rateio conforme mapa:

Despesas Administrativas	*900*	
Despesas com Vendas	*1.500*	
CIF Ambulatório	*60*	
CIF Almoxarifado	*150*	
CIF Conservação e Manutenção	*30*	
CIF Corte		*150*
CIF Tinturaria	*60*	
CIF Montagem	*90*	
CIF Acabamento	*60*	*3.000*

e. Gasto: Materiais de Consumo

MAPA DE RATEIO

Gasto: Materiais de Consumo: $ 15.000

Base de rateio: pesquisa interna.

Departamento	Porcentagem (%)	Valor ($)
Administração	30	4.500
Comercial	10	1.500

(continua)

(continuação)

Ambulatório	5	750
Almoxarifado	5	750
Conservação e Manutenção	20	3.000
Corte	8	1.200
Tinturaria	7	1.050
Montagem	10	1.500
Acabamento	5	750
Total	100	15.000

CONTABILIZAÇÃO:

18) *Diversos*

a GASTOS COMUNS

a Materiais de Consumo

Rateio conforme mapa:

Despesas Administrativas	*4.500*	
Despesas com Vendas	*1.500*	
CIF Ambulatório	*750*	
CIF Almoxarifado	*750*	
CIF Conservação e Manutenção	*3.000*	
CIF Corte		*1.200*
CIF Tinturaria	*1.050*	
CIF Montagem	*1.500*	
CIF Acabamento	*750*	*15.000*

4º) Ratear os CIFs entre os departamentos até que todos os departamentos de serviços tenham seus custos transferidos aos departamentos produtivos.

a. Transferências dos CIFs acumulados no ambulatório

Cálculo da taxa de aplicação do CIF

CIF total do ambulatório $ 11.650/50 atendimentos = $ 233 por atendimento.

MAPA DE RATEIO

CIFs acumulados no ambulatório

Base de rateio: número de atendimentos.

Departamento	Cálculo	Valor ($)
Almoxarifado	4 x $ 233 =	932
Conservação e Manutenção	6 x $ 233 =	1.398
Corte	18 x $ 233 =	4.194
Tinturaria	4 x $ 233 =	932
Montagem	8 x $ 233 =	1.864
Acabamento	10 x $ 233 =	2.330
Total	50 x $ 233 =	11.650

Contabilização:

19) *Diversos*

a CIF Ambulatório

CIF Almoxarifado	*932*	
CIF Conservação	*1.398*	
CIF Corte		*4.194*
CIF Tinturaria	*932*	
CIF Montagem	*1.864*	
CIF Acabamento	*2.330*	*11.650*

b. Rateio dos CIFs acumulados no almoxarifado

Cálculo da taxa para rateio dos CIFs

CIF almoxarifado $ 24.352/100 requisições = $ 243,52

MAPA DE RATEIO

CIFs acumulados no almoxarifado

Base de rateio: número de requisições.

Departamento	Cálculo	Valor ($)
Conservação e Manutenção	5 x $ 243,52 =	1.218
Corte	60 x $ 243,52 =	14.611
Tinturaria	10 x $ 243,52 =	2.435
Montagem	10 x $ 243,52 =	2.435
Acabamento	15 x $ 243,52 =	3.653
Total	100 x $ 243,52 =	24.352

CONTABILIZAÇÃO:

20) *Diversos*

a CIF Almoxarifado		
CIF Conservação	*1.218*	
CIF Corte		*14.611*
CIF Tinturaria	*2.435*	
CIF Montagem	*2.435*	
CIF Acabamento	*3.653*	*24.352*

c. Rateio dos CIFs acumulados na conservação

CIF conservação = $ 18.646

MAPA DE RATEIO

CIFs acumulados na conservação

Base de rateio: área ocupada.

Departamento	Cálculo	Valor ($)
Corte	30% de $ 18.646 =	5.594
Tinturaria	10% de $ 18.646 =	1.865
Montagem	40% de $ 18.646 =	7.458
Acabamento	20% de $ 18.646 =	3.729
Total	100% =	18.646

CONTABILIZAÇÃO:

21) *Diversos*

a CIF Conservação		
CIF Corte		*5.594*
CIF Tinturaria	*1.865*	
CIF Montagem	*7.458*	
CIF Acabamento	*3.729*	*18.646*

5º) Atribuir os custos diretos do departamento de corte aos respectivos produtos.

22) *CUSTO EM FORMAÇÃO*

PRODUTO A

a Diversos

a DEPARTAMENTO CORTE

a Matéria-prima	*150.000*	
a Materiais Secundários	*15.000*	
a Mão de Obra Direta	*75.000*	*240.000*

23) *CUSTO EM FORMAÇÃO*

PRODUTO B

a Diversos

a DEPARTAMENTO CORTE

a Matéria-prima	*120.000*	
a Materiais Secundários	*10.000*	
a Mão de Obra Direta	*60.000*	*190.000*

6º) Ratear os CIFs acumulados no departamento de corte aos produtos que passaram por ele.

Base de rateio: número de peças cortadas.

CIF corte: $ 58.649

Foram 100 peças cortadas de cada produto, logo, 50% do CIF para cada um:

24) *Diversos*

a CIF Corte

Custo em Formação Produto A	*29.325*	
Custo em Formação Produto B	*29.324*	*58.649*

7º) Atribuir os custos diretos do departamento de tinturaria aos respectivos produtos.

Somente o produto A passou pela tinturaria. Faremos:

25) *CUSTO EM FORMAÇÃO*

PRODUTO A

a Diversos

a DEPARTAMENTO TINTURARIA

a Materiais Secundários	*10.000*	
a Mão de Obra Direta	*8.000*	*18.000*

8º) Ratear os CIFs do departamento de tinturaria aos produtos que passaram por ele.

26) *CUSTO EM FORMAÇÃO*

PRODUTO A

a DEPARTAMENTO TINTURARIA

a CIF Tinturaria	*22.262*	

9º) Atribuir os custos diretos do departamento de montagem aos respectivos produtos.

27) *CUSTO EM FORMAÇÃO*

PRODUTO A

a Diversos

a DEPARTAMENTO MONTAGEM

a Materiais Secundários	*5.000*	
a Mão de Obra Direta	*10.000*	*15.000*

28) *CUSTO EM FORMAÇÃO*

PRODUTO B

a Diversos

a DEPARTAMENTO MONTAGEM

a Materiais Secundários	*3.000*	
a Mão de Obra Direta	*10.000*	*13.000*

29) *CUSTO EM FORMAÇÃO*

PRODUTO C

a Diversos

a DEPARTAMENTO MONTAGEM

a Matéria-prima	*80.000*	
a Materiais Secundários	*2.000*	
a Mão de Obra	*40.000*	*122.000*

10º) Ratear os CIFs do departamento de montagem aos produtos que passaram por ele. Base de rateio: número de peças montadas. Foram montadas 100 peças de cada produto; logo, 1/3 para cada um.

30) *Diversos*

a CIF Montagem

Custo em Formação Produto A	*13.636*	
Custo em Formação Produto B	*13.636*	
Custo em Formação Produto C	*13.635*	*40.907*

11º) Atribuir os custos diretos e ratear os CIFs do departamento de acabamento aos respectivos produtos.

Bases de rateio: número de peças fabricadas, para os custos diretos e indiretos.

Ambos os custos serão rateados na proporção de 1/3.

31) *Diversos*

a DEPARTAMENTO ACABAMENTO

a Mão de Obra Direta

Custo em Formação Produto A	*6.000*	
Custo em Formação Produto B	*6.000*	
Custo em Formação Produto C	*6.000*	*18.000*

32) *Diversos*

a DEPARTAMENTO ACABAMENTO

a Material de Embalagem

Custo em Formação Produto A	*10.000*	
Custo em Formação Produto B	*10.000*	
Custo em Formação Produto C	*10.000*	*30.000*

33) *Diversos*

a CIF Acabamento

Custo em Formação Produto A	*8.108*	
Custo em Formação produto B..	*8.107*	
Custo em Formação Produto C	*8.107*	*24.322*

12º) Apurar o custo da produção acabada dos três produtos, transferindo-os contabilmente para o estoque de produtos acabados.

DEMONSTRAÇÃO DO CUSTO DA PRODUÇÃO ACABADA NO PERÍODO				
Custos	Produto A	Produto B	Produto C	Total
CUSTO DIRETO				
Matéria-prima	150.000	120.000	80.000	350.000
(+) Mão de obra Direta	99.000	76.000	46.000	221.000
(=) Custo Primário	249.000	196.000	126.000	571.000
(+) Materiais Secundários	30.000	13.000	2.000	45.000
(+) Material de Embalagem	10.000	10.000	10.000	30.000
(=) Custo Direto	289.000	219.000	138.000	646.000
(+) CIF	73.331	51.067	21.742	146.140
(=) Custo total	362.331	270.067	159.742	792.140

CONTABILIZAÇÃO:

34) *Estoque de Produtos Acabados*

a Diversos

a Custo em Formação Produto A.................................. 362.331

a Custo em Formação Produto B.................................. 270.067

a Custo em Formação Produto C.................................. 159.742 792.140

13º) Apurar o resultado do exercício.

35) *Resultado do Exercício*

a Diversos

a Despesas com Vendas.. 15.560

a Despesas Administrativas... 37.300

a Despesas Financeiras... 5.000 57.860

36) *Prejuízos Acumulados*

a Resultado do Exercício.. 57.860

14º) Levantar o Balanço Patrimonial em 30/11/X1.

Balanço Patrimonial de Indústria das Indústrias S.A. levantado em 30/11/X1					
Contas	30/11/X1	30/10/X1	Contas	30/11/X1	30/10/X1
ATIVO			**PASSIVO**		
Ativo Circulante			**Passivo Circulante**		
Caixa....................	150.000	560.000	Fornecedores..........	300.000	300.000
Clientes..................	50.000	50.000	Contas a Pagar.........	200.000	200.000
Estoque de Matéria--prima....................	150.000	500.000	Total do Passivo Circulante..............	500.000	500.000
Estoque de Materiais Secundários............	55.000	100.000	**Patrimônio Líquido**		
Estoque de Material de Embalagem.........	20.000	50.000	Capital..................	900.000	900.000
Estoque de Materiais de Consumo............	25.000	40.000	Reserva para Investimentos..........	100.000	100.000
Estoque de Produtos Acabados..............	792.140		(–) Prejuízos Acumulados............	(57.860)	
Total do Ativo Circulante..............	1.242.140	1.300.000	**Total do Patrimônio Líquido**.................	942.140	1.000.000
Ativo Não Circulante					
Bens de Uso............	20.000	80.000			
Máquinas e Equipamentos Industriais..............	180.000	120.000			
Total do Ativo Não Circulante........	200.000	200.000			
Total do Ativo	**1.442.140**	**1.500.000**	**Total do Passivo**	**1.442.140**	**1.500.000**

ATIVIDADES TEÓRICAS

1. Responda:

   1.1 O que é custo departamental?

   1.2 O que é centro de geração de custos?

   1.3 No sistema do custo departamental é possível os CIFs gerados em um departamento de serviços serem transferidos diretamente para os produtos?

   1.4 Os materiais a serem aplicados no processo de fabricação, quando requisitados do almoxarifado, são contabilizados debitando-se as contas próprias representativas do custo direto do respectivo departamento requisitante. No caso de compra de materiais para serem aplicados diretamente no processo de fabricação, que contas deverão ser debitadas?

1.5 Como deverá ser contabilizada a mão de obra incorrida em um departamento de serviço?

1.6 Os gastos gerais de fabricação incorridos nos departamentos produtivos são contabilizados a débito das contas representativas dos CIFs dos respectivos departamentos. Em relação a esses mesmos gastos incorridos nos departamentos de serviços, como serão contabilizados?

1.7 Qual é o procedimento contábil a ser adotado em relação aos gastos comuns a todos os departamentos?

1.8 Como proceder contabilmente para ratear as parcelas do aluguel comum aos departamentos administrativo, comercial e produtivo, em que o referido gasto tenha sido registrado inicialmente no grupo das Despesas Administrativas?

1.9 Quando a empresa decidir apurar custos dos produtos que forem sendo acabados durante o mês, como fará para atribuir os CIFs aos produtos?

2. Julgue as afirmativas como falsas (F) ou verdadeiras (V):

2.1 ( ) O centro de custos, embora não seja uma unidade administrativa, poderá coincidir com ela.

2.2 ( ) Os departamentos produtivos são assim considerados porque produzem bens.

2.3 ( ) Departamentos de serviços ou de apoio são aqueles que não produzem bens, porém são indispensáveis para a movimentação do patrimônio da empresa industrial.

2.4 ( ) Os CIFs gerados nos departamentos de serviços, antes de serem atribuídos aos produtos, são rateados entre os departamentos de serviços e produtivos.

2.5 ( ) Os custos diretos são gerados tanto nos departamentos produtivos quanto nos departamentos de serviços.

2.6 ( ) Os custos diretos são gerados somente nos departamentos produtivos, enquanto os indiretos poderão ser gerados tanto nos produtivos quanto nos de serviços.

2.7 ( ) Os CIFs que os departamentos de serviços transferem para outros departamentos serão somente aqueles gerados nos respectivos departamentos de serviços.

2.8 ( ) A hierarquia dos departamentos para fins de transferência dos CIFs deve ser observada apenas em relação aos departamentos de serviços, uma vez que os produtivos somente receberão cargas de CIF e não transferirão para outros departamentos.

11 Custeio baseado em atividades (ABC)

11.1 Conceito

ABC (Activity-Based Costing, ou custeio baseado em atividades) é um sistema de custeio que se caracteriza pela atribuição dos custos indiretos aos produtos por meio de atividades.

Atividade é um conjunto de tarefas decorrentes da combinação de recursos humanos, financeiros, materiais e tecnológicos que visa a produção de bens ou a prestação de serviços.

O ABC, por meio do qual os custos indiretos de fabricação são atribuídos aos produtos de forma mais justa que as adotadas pelos sistemas tradicionais, passou a ser utilizado em maior escala no final do século XX, com o advento da informática, embora já tenha sido utilizado, menos acentuadamente, no passado.

Tal sistema fundamenta-se no fato de que as atividades consomem recursos e os produtos consomem atividades. Por esse motivo, os CIFs devem ser transferidos aos produtos com base nas atividades que cada um consumiu. Assim, os CIFs são transferidos inicialmente para as atividades e delas para os produtos.

Veja melhor: ao consumir recursos, as atividades geram gastos que podem ser classificados tanto como despesas quanto como custos. Esses gastos referem-se ao consumo de bens ou à utilização de serviços com salários, benefícios, energia elétrica, telefones, aluguéis, tributos, transporte, materiais e muitos outros necessários à realização das atividades.

O ABC é um sistema de atribuição de CIF aos produtos que apresenta semelhanças com o sistema do custo departamental.

No sistema do custo departamental, os CIFs são acumulados nos departamentos (centros de custos), onde foram gerados, para serem posteriormente atribuídos aos produtos.

Conforme você estudou no capítulo anterior, adotando-se o Método da Hierarquização, os CIFs são inicialmente acumulados nos departamentos de serviços ou produtivos, onde forem gerados; em seguida, os CIFs gerados nos departamentos de serviços são transferidos de um departamento para outro, obedecendo a uma ordem hierárquica previamente definida, até que todos os CIFs gerados nos departamentos de serviços estejam devidamente acumulados nos departamentos produtivos. A partir daí, são transferidos diretamente aos produtos que passarem pelo respectivo departamento produtivo.

O sistema ABC também requer a divisão da empresa em departamentos ou centros de custos, e os procedimentos são como a seguir: inicialmente, os custos são acumulados nos respectivos departamentos de serviços ou produtivos onde forem gerados; em seguida, esses CIFs são transferidos para as respectivas atividades relevantes que os geraram em cada departamento. Depois de acumulados nas atividades, os CIFs deverão ser transferidos diretamente para os produtos. Há casos, embora raros, em que os CIFs acumulados em alguma atividade devem ser transferidos para outras atividades antes de chegarem aos produtos. Entretanto, essa prática deve ser adotada somente em casos extremos.

O ideal é que os CIFs, uma vez acumulados nas atividades, sejam transferidos diretamente aos produtos, ainda que essas atividades sejam geradas nos departamentos de serviços.

No sistema do custeio departamental, a transferência de CIF de um departamento para outro fundamenta-se no fato de que o departamento beneficiado pelo serviço de outro deve ser onerado pela carga de CIF gerada em função do respectivo serviço. Já no custeio por atividades, não há essa preocupação, pois o fundamento está em que as atividades foram realizadas em função dos produtos. Assim, os gastos derivados de cada atividade beneficiarão diretamente este ou aquele produto, motivo que justifica a alocação dos CIFs acumulados nas atividades diretamente aos produtos.

É importante salientar também que, embora o ABC se caracterize pela atribuição de CIF aos produtos, ele pode ser utilizado na alocação de custos diretos, nas situações em que essa prática se tornar conveniente.

11.2 Direcionadores de custos e de atividades

Direcionador é o fator que indica a relação entre o consumo do recurso e a atividade ou entre as atividades e os produtos.

É importante destacar que os custos acumulados nos departamentos, para serem alocados aos produtos, passam por dois estágios: no primeiro estágio, os custos são transferidos dos departamentos para as atividades e, no segundo estágio, os custos são transferidos das atividades para os produtos.

Dessa forma, existem dois tipos de direcionadores:

a. Direcionadores de primeiro estágio, também denominados direcionadores de custos ou direcionadores de recursos, são utilizados para a alocação dos custos às atividades. Indicam como as atividades consomem recursos.

O direcionador de custos é o elemento causador do custo.

Se a empresa utiliza água para consumo e higiene do pessoal, o custo com o consumo de água e esgoto tem como causa o número de empregados. Nesse caso, o custo com o consumo de água e esgoto de cada departamento deverá onerar as atividades de cada um deles em função do número de empregados utilizados na execução de cada atividade.

Direcionadores de custos, então, são as medidas que servem de parâmetro para custear atividades, por exemplo: para o custo com aluguel, o direcionador pode ser a área ocupada; para o custo com o consumo de água e esgoto, o direcionador pode ser o número de empregados; para o custo da energia elétrica consumida pelas máquinas, o direcionador pode ser a hora-máquina; para o custo com a mão de obra indireta, o direcionador pode ser a hora-homem; para o custo com o consumo de materiais de informática, o direcionador pode ser a quantidade consumida etc. Nesses casos, as atividades que deverão receber a carga dos custos citados com base nos direcionadores também citados poderão ser diversas, conforme foram executadas em cada departamento, como: comprar materiais, pagar fornecedores, movimentar materiais, receber materiais, cortar, bordar, acabar etc. É evidente, conforme dissemos, que o direcionador de custos deverá refletir a causa da geração do referido custo pela atividade beneficiada por ele.

Lembramos que, no caso dos materiais de consumo, geralmente as requisições permitem a alocação direta para as atividades, eliminando, portanto, o rastreamento ou o rateio, procedimentos que estudaremos na Seção 11.4 adiante.

b. Direcionadores de segundo estágio, também denominados direcionadores de atividades, são utilizados para a alocação dos custos acumulados nas atividades para os produtos. Indicam como os produtos consomem as atividades.

Direcionadores de atividades, então, são as medidas que servem de parâmetro para custear produtos. Por exemplo, para a atividade de cortar, o direcionador pode ser o tempo que o produto precisou para ser cortado; para a atividade de ensacar, o direcionador pode ser o tempo que o produto precisou para ser ensacado; para a atividade inspecionar produtos, o direcionador pode ser o número de inspeções realizadas; para a atividade comprar materiais, o direcionador pode ser a quantidade de pedidos de compras etc.

11.3 Adaptações no Elenco de Contas

Para adequar o Elenco de Contas apresentado no Capítulo 3, visando a adoção do custeio baseado em atividades, será preciso substituir todo o grupo 3.3 pelo que segue:

Nota

- É importante esclarecer que o Elenco de Contas a seguir representa apenas uma sugestão de nossa parte. Dependendo das necessidades de cada empresa, esse elenco de contas poderá ser reduzido ou até mesmo ampliado com a criação de outros grupos, subgrupos e contas que permitam o detalhamento desejado do registro contábil.

3.3 CUSTOS
3.3.1 CUSTO DAS COMPRAS DE MATERIAIS
3.3.1.10 Custos das Compras de Mercadorias
3.3.1.11 Mercado Interno
3.3.1.11.1.001 Compras de Mercadorias
3.3.1.11.1.002 Fretes e Seguros sobre Compras
3.3.1.11.1.003 (–) Abatimentos sobre Compras
3.3.1.11.1.004 (–) Compras Anuladas ou Devoluções de Compras
3.3.1.11.1.005 (–) Descontos Incondicionais Obtidos
3.3.1.12 Mercado Externo
3.3.1.12.1.001 Compras de Mercadorias
3.3.1.12.1.002 Fretes e Seguros sobre Compras
3.3.1.12.1.003 Aluguéis de Contêineres
3.3.1.12.1.004 Imposto sobre Importação – II (não recuperável)
3.3.1.12.1.005 ICMS sobre Importação (não recuperável)
3.3.1.12.1.006 IPI sobre Importação (não recuperável)
3.3.1.12.1.007 Taxas Aduaneiras
3.3.1.12.1.008 (–) Abatimentos sobre Compras
3.3.1.12.1.009 (–) Compras Anuladas ou Devoluções de Compras
3.3.1.12.1.010 (–) Descontos Incondicionais Obtidos
3.3.1.20 Custo das Compras de Matérias-primas
(Classificação semelhante à do subgrupo 3.3.1.10)
3.3.1.30 Custo das Compras de Materiais Secundários
(Classificação semelhante à do subgrupo 3.3.1.10)
3.3.1.40 Custo das Compras de Materiais Auxiliares
(Classificação semelhante à do subgrupo 3.3.1.10)
3.3.1.50 Custo das Compras de Materiais de Acondicionamento e Embalagem
(Classificação semelhante à do subgrupo 3.3.1.10)

(continua)

(continuação)

3.3.1.60 Custo das Compras de Materiais de Escritório (ou Expediente)
(Classificação semelhante à do subgrupo 3.3.1.10)
3.3.1.70 Custo das Compras de Materiais de Informática
(Classificação semelhante à do subgrupo 3.3.1.10)
3.3.1.80 Custo das Compras de Materiais de Higiene e Limpeza
(Classificação semelhante à do subgrupo 3.3.1.10)
3.3.1.90 Custo das Compras de Materiais de Manutenção
(Classificação semelhante à do subgrupo 3.3.1.10)
3.4 CUSTEIO BASEADO EM ATIVIDADES (ABC)
3.4.1 DEPARTAMENTOS PRODUTIVOS
3.4.1.01 Departamento A
3.4.1.01.1.100 Custos Diretos
3.4.1.01.1.110 Materiais Diretos
3.4.1.01.1.111 Matérias-primas
3.4.1.01.1.112 Materiais Secundários
3.4.1.01.1.113 Materiais Auxiliares
3.4.1.01.1.114 Materiais de Acondicionamento e Embalagem
3.4.1.01.1.120 Mão de Obra Direta
3.4.1.01.1.121 Assistência Médica e Social
3.4.1.01.1.122 Aviso Prévio e Indenizações
3.4.1.01.1.123 Contribuições de Previdência
3.4.1.01.1.124 Contribuições para o FGTS
3.4.1.01.1.125 Décimo Terceiro Salário
3.4.1.01.1.126 Férias
3.4.1.01.1.127 Lanches e Refeições
3.4.1.01.1.128 Prêmios e Gratificações
3.4.1.01.1.129 Salários
3.4.1.01.1.130 Seguro de Acidentes do Trabalho
3.4.1.01.1.131 Seguro de Vida em Grupo
3.4.1.01.1.132 Vale-refeição
3.4.1.01.1.133 Vale-transporte

(continua)

(continuação)

3.4.1.01.1.134 Outros Encargos
3.4.1.01.1.150 Gastos Gerais de Fabricação Diretos
3.4.1.01.1.151 Combustíveis e Lubrificantes
3.4.1.01.1.152 Energia Elétrica
3.4.1.01.1.153 Oficinas Externas
3.4.1.01.1.154 Serviços de Terceiros
3.4.1.01.1.155 Outros Gastos Gerais de Fabricação
3.4.1.01.1.200 Custos Indiretos
3.4.1.01.1.210 Materiais Indiretos
3.4.1.01.1.211 Materiais Secundários
3.4.1.01.1.212 Materiais Auxiliares
3.4.1.01.1.213 Materiais de Acondicionamento e Embalagem
3.4.1.01.1.214 Materiais de Escritório (ou de Expediente)
3.4.1.01.1.215 Materiais de Informática
3.4.1.01.1.216 Materiais de Higiene e Limpeza
3.4.1.01.1.217 Materiais de Manutenção
3.4.1.01.1.220 Mão de Obra Indireta
3.4.1.01.1.221 Assistência Médica e Social
3.4.1.01.1.222 Aviso Prévio e Indenizações
3.4.1.01.1.223 Contribuições de Previdência
3.4.1.01.1.224 Contribuições para o FGTS
3.4.1.01.1.225 Décimo Terceiro Salário
3.4.1.01.1.226 Férias
3.4.1.01.1.227 Honorários (Pró-labore)
3.4.1.01.1.228 Lanches e Refeições
3.4.1.01.1.229 Prêmios e Gratificações
3.4.1.01.1.230 Salários
3.4.1.01.1.231 Seguro de Acidentes do Trabalho
3.4.1.01.1.232 Seguro de Vida em Grupo
3.4.1.01.1.233 Vale-refeição
3.4.1.01.1.234 Vale-transporte

(continua)

(continuação)

3.4.1.01.1.235 Outros Encargos
3.4.1.01.1.250 Gastos Gerais de Fabricação Indiretos
3.4.1.01.1.251 Água e Esgoto
3.4.1.01.1.252 Aluguéis e Arrendamentos
3.4.1.01.1.253 Amortização
3.4.1.01.1.254 Combustíveis
3.4.1.01.1.255 Comunicações
3.4.1.03.1.256 Conservação Predial
3.4.1.01.1.257 Depreciação
3.4.1.01.1.258 Energia Elétrica
3.4.1.01.1.259 Impostos e Taxas
3.4.1.01.1.260 Manutenção em Elevadores
3.4.1.01.1.261 Manutenção e Reparos Produção
3.4.1.01.1.262 Roupas Especiais
3.4.1.01.1.263 Segurança
3.4.1.01.1.264 Serviços de Terceiros
3.4.1.01.1.265 Telefone e Fax
3.4.1.01.1.266 Transporte
3.4.1.01.1.267 Outros Gastos Gerais de Fabricação
3.4.1.01.1.300 CIFs Estimados
3.4.1.01.1.400 Variação de CIF
3.4.2 DEPARTAMENTOS DE SERVIÇOS
3.4.2.01 Departamento X
3.4.2.01.1.100 Custos Indiretos
3.4.2.01.1.110 Materiais Indiretos
...
3.4.2.01.1.220 Mão de Obra Indireta
...
3.4.2.01.1.250 Gastos Gerais de Fabricação Indiretos
...
3.4.2.01.1.300 CIFs Estimados
3.4.2.01.1.400 Variação de CIF

(continua)

(continuação)

3.4.3 ATIVIDADES

3.4.3.01 Departamentos Produtivos

3.4.3.01.1.001 Programar Produção

3.4.3.01.1.002 Cortar

3.4.3.02 Departamentos de Serviços

3.4.3.02.1.001 Comprar Materiais

3.4.3.02.1.002 Receber Materiais

3.4.3.02.1.003 Movimentar Materiais

3.4.4 CUSTO EM FORMAÇÃO

3.4.4.01 Produto A

3.4.4.01.1.100 Materiais Diretos

3.4.4.01.1.200 Mão de Obra Direta

3.4.4.01.1.300 Custos Indiretos de Fabricação (CIFs)

3.4.4.01.1.301 Programar Produção

3.4.4.01.1.302 Cortar

3.4.4.02 Produto B

3.4.4.02.1.100 Materiais Diretos

3.4.4.02.1.200 ...

Observações

- Após substituir as contas do grupo 3.3 do Elenco de Contas do Capítulo 3 pelas aqui relacionadas, será preciso, também, mudar os códigos das contas do grupo 3.4 Custo da Prestação de Serviços para 3.5.
- Lembramos que o custeio baseado em atividades também pode ser aplicado na prestação de serviços. Não propusemos mudanças nessa parte do Elenco de Contas, porém, havendo interesse, poderão ser criadas contas apropriadas de forma semelhante às que criamos no grupo 3.4.
- O grupo de contas do departamento de administração deverá conter contas específicas para registrar os gastos comuns a todos os departamentos da fábrica. Pode-se prever no Elenco de Contas um centro de custos como se fosse um departamento próprio, dentro do departamento administrativo.

11.4 Esquema técnico para contabilização do custeio baseado em atividades

A atribuição dos CIFs aos produtos, pelo sistema ABC, poderá ser feita observando-se o seguinte esquema técnico:

1. **Departamentalização**

   Caso a empresa não esteja devidamente dividida em departamentos, a primeira tarefa para a aplicação do custeio por atividades será criar os departamentos.

2. **Identificação dos gastos comuns a todos os departamentos**

   Nessa etapa, deve-se acumular em um centro de custos próprio todos os gastos que deverão ser segregados em despesas e custos. Esses gastos geralmente são efetuados com aluguéis, energia elétrica, água e esgoto, materiais de escritório, materiais de higiene e limpeza, segurança etc.

   Eles poderão ser acumulados em um centro de custos próprio ou ser contabilizados inicialmente nas contas representativas das despesas administrativas, para posterior transferência para despesas com vendas e custos. Veja opções para tratamento dos gastos comuns a diversos departamentos no item 9 desta seção.

3. **Distribuição dos gastos comuns a todos os departamentos**

   Nessa etapa, deve-se inicialmente segregar desses gastos a parcela relativa a despesas e a parcela relativa a custos. A parcela relativa a custos deverá ser alocada aos diversos departamentos de serviços e produtivos da empresa industrial. Veja opções para tratamento desses gastos no item 9 desta seção.

4. **Identificação e/ou acumulação dos gastos incorridos em cada departamento**

   Nessa etapa, deve-se identificar o total dos gastos incorridos em cada departamento para que possam ser transferidos para as atividades praticadas no respectivo departamento. Tais gastos compreendem tanto aqueles comuns a todos os departamentos recebidos por transferência quanto aqueles gerados exclusivamente no próprio departamento.

5. **Identificação das atividades realizadas em cada departamento**

   Inicialmente deve-se elaborar um rol com todas as atividades desenvolvidas no departamento, sejam elas relevantes ou não. Nessa etapa dos trabalhos, são muito importantes as entrevistas com o pessoal que executa cada atividade.

6. **Definição das atividades relevantes em cada departamento**

   Depois de elaborado o rol com todas as atividades desenvolvidas em cada departamento, deve-se eleger as mais expressivas e desprezar as demais. Geralmente as atividades relevantes são aquelas que justificam a existência do departamento. Há departamentos que desenvolvem poucas atividades, ficando fácil eleger as mais relevantes. No departamento de corte, por exemplo, a atividade relevante é "cortar"; no departamento de costura, é "costurar"; já no departamento pessoal, são tantas as atividades que realmente é preciso selecionar as principais e eliminar as inexpressivas.

Quando um departamento (centro de custos) desenvolver uma só atividade, todos os custos gerados nesse departamento (centro de custos) serão atribuídos a essa respectiva atividade. Quando no departamento forem desenvolvidas várias atividades, deve-se eleger as relevantes e distribuir os CIFs acumulados no respectivo departamento entre essas atividades.

É importante salientar, também, que pode ocorrer de uma atividade ser executada por mais de um departamento, caso em que os custos a serem atribuídos a essa atividade decorrerão de mais de um departamento.

7. **Atribuição de custos às atividades**

O custo de uma atividade é a soma dos recursos consumidos na sua realização.

Na prática de uma atividade, conforme já dissemos, podem ser consumidos recursos, como materiais de consumo, energia elétrica, salários e encargos, serviços de terceiros e muitos outros. Quando a atividade beneficiar direta ou indiretamente a produção, os valores gastos com esses recursos serão classificados como custos indiretos de fabricação.

A chave para se atribuir adequadamente os CIFs às atividades está, então, em identificar para cada atividade o respectivo custo gerado por ela.

Essa identificação deve ser feita com muito rigor, pois o total dos custos acumulados em cada atividade, por sua vez, será descarregado nos produtos que foram beneficiados pela execução da respectiva atividade, ainda que, preliminarmente, seja necessária a transferência de CIF de uma atividade para outra. Por esse motivo, para eliminar o subjetivismo que pode provocar a alocação indevida de custos aos produtos, deve-se estudar cuidadosamente a importância de cada atividade e a sua relação com o recurso consumido. Nessa fase, as entrevistas com o próprio pessoal executor das atividades ajudam a esclarecer muitas dúvidas.

Assim, sempre que for possível identificar de forma segura o custo em relação à atividade, ele deverá ser atribuído diretamente a ela, sem grandes preocupações.

Quando não for possível a identificação direta do custo em relação à atividade, a atribuição será feita por rastreamento. O rastreamento é uma técnica de alocação de custos às atividades por meio de direcionadores de custos.

Conforme vimos na Seção anterior, no sistema ABC, os CIFs acumulados nos departamentos são inicialmente alocados às atividades, por meio dos direcionadores de custos (ou direcionadores de recursos) e, posteriormente, os CIFs acumulados nas atividades são transferidos para os produtos por meio dos direcionadores de atividades.

Portanto, é na fase do rastreamento que são definidos os direcionadores de custos (recursos), para alocar custos às atividades, e os direcionadores de atividades, para alocar os custos que foram acumulados nas atividades para os produtos.

Por fim, quando não for possível alocar os custos às atividades de forma direta ou por rastreamento, deve-se fazê-lo por meio de rateio.

Cumpre salientar ainda que, nos casos em que os CIFs acumulados em certas atividades geradas nos departamentos de serviços devam ser transferidos para outras atividades, antes de serem atribuídos aos produtos, para essa tarefa, é preciso também observar a ordem de prioridade apresentada, ou seja, alocação direta, alocação por rastreamento e alocação por rateio.

Notas

- É sempre conveniente lembrar que, em qualquer um dos estágios de atribuição de custos, seja às atividades, seja aos produtos, havendo possibilidade de identificar o custo em relação à atividade ou ao produto de forma clara e objetiva, ela deverá prevalecer sobre o rastreamento e o rateio.

- Na fase do rastreamento, as entrevistas com o pessoal que executa as atividades podem fornecer o parâmetro ideal para a alocação dos custos tanto às atividades quanto aos produtos.

8. Atribuição de custos aos produtos

Depois que os custos estiverem devidamente acumulados nas atividades, o passo final será transferi-los para os produtos.

Essa transferência, conforme comentamos no item anterior, deverá ser feita observando-se a seguinte ordem: alocação direta, alocação por rastreamento e alocação por rateio.

9. Opções para tratamentos dos gastos comuns a vários departamentos

Os gastos com aluguel, energia elétrica, telefone, segurança etc. comuns a vários departamentos, que poderão conter parcelas a serem lançadas como despesas e parcelas a serem lançadas como custos, poderão ser tratados pelas empresas industriais por uma das seguintes opções:

Opção 1: do centro de custos para despesas e custos

Pode-se criar um centro de custos dentro do próprio departamento administrativo para acumulação desses gastos e posterior alocação para os grupos de despesas administrativas, despesas com vendas e CIF.

O tratamento contábil é como segue:

- Quando incorridos, debitam-se as contas representativas do referido gasto, integrante do centro de custos próprio e creditam-se as contas patrimoniais respectivas.
- No momento da alocação para despesas e para custos, debitam-se as contas representativas das despesas administrativas ou comerciais e dos CIFs nos departamentos respectivos e creditam-se as contas do centro de custos próprio.
- Para transferir para as atividades em cada departamento, basta, com base nos direcionadores de recursos, debitar a conta representativa da atividade onerada pelo CIF e creditar a conta que até então acumulava o respectivo CIF.

- Por fim, os CIFs acumulados em cada atividade são transferidos diretamente para os produtos, por meio dos direcionadores de atividades, debitando-se as contas próprias do grupo do custo em formação de cada produto e creditando-se as contas representativas das atividades.

Opção 2: de despesas para custos

Por essa opção, inicialmente, os gastos são lançados diretamente nas contas representativas das despesas administrativas para posterior transferência para despesas com vendas e para os departamentos.

O tratamento contábil é como segue:

- Quando incorridos, debitam-se as contas com intitulações próprias do grupo das despesas administrativas e creditam-se as contas patrimoniais respectivas.
- Por ocasião da distribuição: debitam-se as contas representativas de despesas com vendas ou de CIF do respectivo departamento e creditam-se as contas respectivas do grupo das despesas administrativas. Nesse caso, a parte relativa às despesas administrativas permanecerá nas próprias contas de origem.

  Os demais procedimentos de transferências para as atividades e dessas para os produtos são semelhantes àqueles já apresentados na opção 1.

Opção 3: segregação direta em despesas e custos

Por essa opção, no momento em que são incorridos, os gastos são partilhados e lançados diretamente em despesas ou em custos. Nesse caso, cria-se um centro de custos próprio para que nele sejam acumulados os CIFs comuns a vários departamentos, como ocorreu na opção 1.

O tratamento contábil é como segue:

- Quando incorridos, debitam-se proporcionalmente as contas representativas das despesas administrativas, das despesas com vendas e de custos, essa última integrante do centro de custos próprio, e creditam-se as contas patrimoniais respectivas. Esse procedimento decorrerá de estudos minuciosos que possibilitem a padronização das proporções de cada gasto em despesa administrativa, comercial e CIF. Adotando essa opção, deve-se refazer, com frequência, os cálculos e providenciar os ajustes necessários nas proporções de participação do gasto em despesas e custos.

  Os demais procedimentos de transferência dos CIFs para os departamentos, para as atividades e para os produtos são semelhantes àqueles já explicados na opção 1.

Opção 4: das atividades para despesas e custos

Por essa opção, procede-se como a seguir:

- Inicialmente, os gastos são lançados em contas próprias de um centro de custos criado para esse fim.

- Em um segundo momento, os gastos serão totalmente transferidos para os departamentos da empresa, sejam da área administrativa, comercial ou de produção, em contas próprias que representem os respectivos gastos.
- Em seguida, dentro de cada departamento, os gastos serão transferidos para as atividades relevantes de cada um deles. Até aqui, não se sabe qual parcela do gasto corresponde a despesas e qual parcela corresponde a CIF, embora já se tenha segregado o gasto por departamento. Estamos considerando que a empresa esteja totalmente dividida em departamentos e que todas as tarefas realizadas na empresa estejam, também, devidamente concentradas em atividades relevantes dentro de cada departamento. Só então atribuiremos os gastos acumulados em cada departamento, primeiro para as atividades, e depois segregaremos das atividades as parcelas relativas às despesas, transferindo-as para as contas de despesas próprias, deixando nas contas representativas das atividades relevantes somente as parcelas relativas ao CIF, para que possam ser alocadas diretamente aos produtos.
- Por fim, os gastos acumulados nas atividades serão transferidos para as contas de despesas administrativa, comercial ou diretamente para os produtos. Observar que, entre as atividades, algumas poderão corresponder somente a despesas, outras somente a CIF, enquanto outras poderão conter parte despesas e parte CIF.

Adotando essa opção, em cada atividade haverá necessidade de se abrirem subcontas para o registro individualizado de cada gasto a fim de facilitar a transferência para as contas respectivas dos grupos das despesas administrativas, com vendas ou outras. Depois de feitas essas transferências para despesas, devem-se transferir os saldos das contas acumuladas em cada atividade para a conta sintética que represente a respectiva atividade, facilitando, assim, sua transferência para os produtos.

Para evitar excessivo número de lançamentos contábeis, podem-se efetuar os cálculos extracontabilmente e, mediante mapas de alocação, rastreamento ou rateio, procedem-se às contabilizações pelos resultados finais.

Essa opção, embora mais trabalhosa, é a que, dentre as apresentadas, oferece maior grau de segurança na segregação dos gastos comuns aos departamentos em despesas e custos, possibilitando, obviamente, a alocação dos CIFs aos produtos de forma mais justa.

Para evitar excesso de lançamentos contábeis, pode-se, também, trabalhar com valores-padrão, calculados com base em períodos anteriores. Nesse caso, no momento da ocorrência do gasto, já se tem a proporção que pode ser lançada para despesa e para custo em cada departamento. Isso evitará o ingresso do gasto nas atividades e a posterior saída de parte deles para despesas.

Entretanto, é conveniente lembrar que a opção do maior ou menor detalhamento nos registros contábeis será sempre da empresa, que deverá agir conforme os seus interesses, levando sempre em conta a relação custo-benefício.

11.5 Rastreamento *versus* rateio

Para o sistema ABC, rastreamento e rateio são consideradas etapas distintas na atribuição dos custos às atividades ou aos produtos.

Por ser menos rigoroso e subjetivo, no sistema ABC, o rateio deve ser utilizado somente nos casos em que não seja possível a alocação do custo de forma direta ou por meio do rastreamento.

É importante salientar que tanto o rastreamento quanto o rateio visam a escolha de uma medida que exprima com a maior fidelidade possível o motivo que levou a atividade a consumir o recurso ou que levou o produto a consumir a atividade.

Na técnica de rastreamento, a medida é o direcionador, enquanto na técnica de rateio a medida é a própria base de rateio.

Embora as duas técnicas utilizem medidas semelhantes (bases, fatores) que relacionam o custo com a atividade, com o departamento ou com o produto, ocorre que, no rastreamento, os procedimentos para escolha dos fatores são muito mais rigorosos e precisos que no rateio.

No rateio, conforme estudamos nos capítulos anteriores, os critérios geralmente são arbitrários e subjetivos, enquanto no rastreamento os procedimentos praticamente eliminam essas situações.

O rastreamento, portanto, é uma técnica semelhante ao rateio, porém efetuado com bases mais sólidas, motivo pelo qual oferece maior grau de precisão nos resultados.

O rateio, no ABC, é tratado como a última opção para alocação dos custos às atividades ou para alocação das atividades aos produtos. Deve ser utilizado quando todas as fontes seguras de identificação do custo em relação à atividade ou ao produto tenham sido esgotadas, caso em que passam a ser adotados critérios arbitrários e subjetivos, situações que não se encaixam na fase do rastreamento.

11.6 Exemplo prático

Considere as seguintes informações extraídas da contabilidade financeira, da contabilidade de custos e do controle interno da Indústria de Confecções Capricho S.A., relativas ao movimento do mês de setembro de X1:

1. Balanço Patrimonial da Indústria de Confecções Capricho S.A., levantado em 31 de agosto de X1:

BALANÇO PATRIMONIAL DA INDÚSTRIA DE CONFECÇÕES CAPRICHO S.A., LEVANTADO EM 31 DE AGOSTO DE X1			
Contas	Valor ($)	Contas	Valor ($)
ATIVO		**PASSIVO**	
Ativo Circulante		Passivo Circulante	

(continua)

(continuação)

BALANÇO PATRIMONIAL DA INDÚSTRIA DE CONFECÇÕES CAPRICHO S.A., LEVANTADO EM 31 DE AGOSTO DE X1			
Contas	Valor ($)	Contas	Valor ($)
Caixa	700.000	Fornecedores	600.000
Clientes	100.000	Contas a Pagar	300.000
Estoque de Matéria-prima	1.000.000	Total do Passivo Circulante	900.000
Estoque de Materiais Secundários	300.000	**Patrimônio Líquido**	
Estoque de Materiais de Embalagem	100.000	Capital Social	1.400.000
Estoque de Material de Consumo	150.000	Reservas de Lucros	300.000
Total do Ativo Circulante	2.350.000	**Total do Patrimônio Líquido**	1.700.000
Ativo Não Circulante			
Bens de Uso	200.000		
(–) Depreciação Acumulada	(100.000)		
Máquinas e Equipamentos Industriais	500.000		
(–) Depreciação Acumulada	(350.000)		
Total do Ativo Não Circulante	250.000		
Total do Ativo	**2.600.000**	**Total do Passivo**	**2.600.000**

2. Fatos ocorridos durante o mês de setembro de X1:

2.1 Gastos comuns a todos os departamentos:

Considerar que os gastos comuns foram pagos todos em dinheiro e que a empresa, mediante estudos minuciosos, padronizou as proporções que deverão ser lançadas como despesas e como custos, como segue:

- Aluguel do imóvel, $ 20.000. Considerar 4% para despesas administrativas, 6% para despesas com vendas e 90% para custos.
- Energia elétrica (consumo geral), $ 8.000. Considerar 4% para despesas administrativas, 6% para despesa comercial e 90% para custos.
- Água e esgoto (consumo e higiene do pessoal), $ 5.000. Considerar 6% para despesas administrativas, 10% para despesas com vendas e 84% para custos.
- Telefones fixos, $ 20.000. Considerar 20% para despesas administrativas, 30% para despesas com vendas e 50% para custos.

2.2 Gastos com pessoal

A empresa elabora folhas de pagamentos separadas por departamento e efetua o pagamento em dinheiro, no último dia do próprio mês.

Sabemos que o pessoal que trabalha nos departamentos auxiliares presta serviços tanto para a área produtiva quanto para as demais. Assim, os gastos com pessoal desses departamentos conterão parte despesas e parte custos. Nesse exemplo prático, vamos considerar que, mediante estudo prévio, ficaram definidas as proporções desses gastos para despesas e custos, cujos percentuais serão informados em cada fato. Contabilizar, portanto, parte dos gastos com pessoal em despesas e parte em custos.

Os valores gastos no mês de setembro relativos a salários e encargos, pagos em dinheiro ao pessoal, foram como segue:

ÁREA ADMINISTRATIVA	
Diretoria... Sendo 50% para despesa e 50% para custos	$ 50.000
Contas a pagar... Sendo 10% para despesas e 90% para custos	$ 3.000
Pessoal... Sendo 10% para a área administrativa, 10% para a área comercial e 80% para a produção	$ 6.000
ÁREA COMERCIAL	
Compras... Sendo 20% para despesas com vendas e 80% para custos	$ 3.000
ÁREA DE PRODUÇÃO	
Os gastos incorridos nessa área deverão ser totalmente considerados custos	
Conservação e manutenção...	$ 3.000
Almoxarifado...	$ 4.000
Administração de produção...	$ 6.000
Corte...	$ 10.000
Costura...	$ 15.000
Bordado...	$ 8.000
Tinturaria...	$ 5.000
Acabamento...	$ 9.000
Passadoria...	$ 6.000
Controle de qualidade...	$ 12.000

2.3 Gastos pagos em dinheiro a serem classificados totalmente como despesas administrativas, $ 5.000.

2.4 Despesas financeiras, pagas em dinheiro, $ 12.000.

2.5 Gastos incorridos no departamento comercial, pagos em dinheiro, incluindo fretes e propagandas, a serem lançados totalmente como despesas com vendas, $ 25.000.

2.6 Proceder à depreciação do ativo imobilizado, como segue:

ÁREA ADMINISTRATIVA (BENS DE USO)	
Contas a pagar...... Considerar 20% para despesa e o restante para custos	$ 1.000
Pessoal...... Considerar 10% para despesa e o restante para custo	$ 2.000
ÁREA COMERCIAL (BENS DE USO)	
Compras...... Considerar 20% para despesas e o restante para custos	$ 1.000
ÁREA DE PRODUÇÃO (MÁQUINAS E EQUIPAMENTOS INDUSTRIAIS)	
Considerar totalmente custos	
Corte......	$ 10.000
Costura......	$ 12.000

2.7 Materiais requisitados do almoxarifado e energia elétrica consumida pelas máquinas de produção:

ÁREA ADMINISTRATIVA (MATERIAIS DE CONSUMO)	
Material de consumo...... Considerar 50% para despesa e 50% para custos	$ 1.000
Contas a pagar	
Material de consumo...... Considerar 10% para despesa e 90% para custos	$ 3.000
Pessoal	
Material de consumo...... Considerar 20% para despesa e 80% para custos	$ 10.000
ÁREA COMERCIAL (MATERIAL DE CONSUMO)	
Compras	
Material de consumo...... Considerar 20% para despesas e o restante para custos	$ 2.000
ÁREA DE PRODUÇÃO (MATERIAIS E ENERGIA ELÉTRICA)	
Considerar totalmente custos	
Conservação e manutenção	
Materiais de consumo......	$ 12.000
Almoxarifado	
Materiais de consumo utilizados no próprio departamento......	$ 1.000
Administração de produção	
Materiais de consumo......	$ 1.000
Corte	
Material de consumo......	$ 7.000
Matéria-prima produto A......	$ 450.000
Matéria-prima produto B......	$ 300.000
Energia elétrica consumida nas máquinas de corte......	$ 10.000

(continua)

(continuação)

Costura	
Material de consumo	$ 5.000
Materiais secundários produto A	$ 80.000
Materiais secundários produto B	$ 50.000
Energia elétrica consumida nas máquinas	$ 10.000
Bordado	
Material de consumo	$ 1.000
Materiais secundários produto B	$ 15.000
Tinturaria	
Material de consumo	$ 2.000
Materiais secundários produto A	$ 20.000
Acabamento	
Material de consumo	$ 2.000
Passadoria	
Material de consumo	$ 2.000
Energia elétrica consumida nas máquinas	$ 6.000
Controle de qualidade e expedição	
Material de consumo	$ 2.000
Materiais de embalagem produto A	$ 30.000
Materiais de embalagem produto B	$ 20.000

2.8 Compras, a prazo, efetuadas durante o mês:

Matéria-prima	600.000	
Materiais secundários	100.000	
Materiais de embalagem	50.000	$ 750.000

2.9 Vendas de produtos

Considerar que toda produção do mês foi vendida a prazo, para recebimento em 30 dias, sendo o faturamento do produto A de $ 1.000.000 e o faturamento do produto B de $ 600.000. Desconsiderar a incidência de tributos.

3. Outras informações:

a. Produção do mês: a Indústria Capricho S.A. atua no ramo de confecções e produziu, durante o mês de setembro, apenas dois tipos de produtos, sendo 300.000 peças do produto A e 200.000 peças do produto B.

b. Considerar que não havia estoque inicial de produtos em elaboração e também não houve estoque final; logo, toda a produção iniciada foi acabada dentro do mesmo mês.

c. Considerar que a empresa trabalha por encomenda e, concluída a produção, os produtos são despachados diretamente para os clientes, por meio de empresas transportadoras, e custo com transporte corre por conta da Indústria de Confecções Capricho S.A.

d. Considerar que o produto A não passa pelo departamento de bordado e o produto B não passa pelo departamento de tinturaria.

4. Considerando que a Indústria de Confecções Capricho S.A. adota o sistema de custeio por atividades com departamentalização, apurar e contabilizar o custo da produção acabada no período, o custo dos produtos vendidos, bem como o lucro bruto e o resultado do exercício, observando o roteiro a seguir apresentado.

Nota

■ Tendo em vista que nesse exemplo prático, em relação aos gastos comuns aos diversos departamentos, adotamos a opção 3 apresentada no item 9, da Seção 11.4, deste capítulo, após os fatos apresentados no item 2 estarem devidamente contabilizados, os valores lançados nas contas representativas desses gastos em cada departamento corresponderão somente a CIF. Lembramos, no entanto, que existem outros tratamentos que podem ser aplicados a esses gastos, conforme comentamos no citado item 9 da Seção 11.4.

Roteiro

1º) Contabilizar os fatos ocorridos durante o mês de setembro, constantes do item 2.

2º) Alocar os gastos com aluguel, energia elétrica, água e esgoto, e telefones, devidamente acumulados no centro de custos denominado "Gastos Comuns", para os respectivos departamentos, observando os seguintes critérios:

- Aluguel do imóvel: critério para alocação: área ocupada.
- Energia elétrica (consumo geral): critério para alocação: área ocupada.
- Água e esgoto (consumo e higiene do pessoal): critério para alocação: número de empregados.
- Telefones fixos: critério para alocação: alocação direta.

Informações adicionais:

a. Departamentos, atividades e critérios para alocação dos CIFs.

Observação

■ Para facilitar nossas explicações, apresentamos a seguir a área ocupada, bem como o número de empregados somente relativos às atividades que interferem na produção, isto é, cujos valores nelas alocados correspondem somente a CIF. As parcelas dos gastos correspondentes às despesas foram contabilizadas separadamente em contas de despesas.

DEPARTAMENTOS/ATIVIDADES	ÁREA (m^2)	N. de EMPREGADOS
ÁREA ADMINISTRATIVA		
Diretoria		
Dirigir produção	30	2
Pessoal		
Treinar pessoal	100	6
Controlar pessoal	20	8
Subtotal	120	14
Contas a Pagar		
Pagar fornecedores	50	3
ÁREA COMERCIAL		
Compras		
Comprar	50	50
ÁREA DE PRODUÇÃO		
Conservação e Manutenção		
Conservar	100	10
Almoxarifado		
Receber materiais	100	2
Movimentar materiais	600	4
Subtotal	700	6
Administração de Produção		
Programar produção	15	4
Controlar produção	5	4
Subtotal	20	8
Corte		
Cortar	150	30
Costura		
Costurar	450	50
Bordado		
Bordar	50	10
Tinturaria		
Tingir	80	10
Acabamento		
Acabar	50	20
Passadoria		
Passar	50	10
Controle de Qualidade e Expedição		
Inspecionar	20	4
Embalar	40	10
Despachar	40	8
Subtotal	100	22
TOTAL	**2.000**	**200**

b. Gastos com telefones.

Alocação direta. O consumo de cada departamento, levantado por meio de pesquisa interna, foi como segue:

DEPARTAMENTOS	VALOR ($)
Diretoria	600
Contas a Pagar	400
Pessoal	500
Compras	1.500
Conservação e Manutenção	
Almoxarifado	500
Administração de Produção	1.000
Corte	500
Costura	1.500
Bordado	1.000
Tinturaria	500
Acabamento	500
Passadoria	500
Controle de Qualidade	1.000
Total	**10.000**

3º) Alocar os CIFs acumulados em cada departamento para as respectivas atividades. Por razões de simplificação, nesse exemplo prático, padronizaremos os critérios para todos os departamentos, como segue:

- MOI: direcionador de recursos: número de empregados que atuou em cada atividade (estamos considerando que os salários são homogêneos).
- Depreciação do departamento pessoal: alocação direta com base nos bens disponíveis para uso em cada atividade, como segue:
- Treinar pessoal, 40%;
- Controlar pessoal, 60%.
- Aluguéis passivos: direcionador de recursos: área ocupada por materiais e pessoas necessárias à realização da atividade.
- Energia elétrica: direcionador de recursos: área ocupada por materiais e pessoas necessárias à realização da atividade.
- Água e esgoto: direcionador de recursos: número de pessoas necessárias para a realização da atividade.
- Telefone: alocação direta, com base em apontamentos efetuados.

Para facilitar, utilizaremos as mesmas proporções aplicadas para o material de consumo, a seguir especificadas:

- Material de consumo: alocação com base no consumo real de cada atividade, como segue:

ÁREA ADMINISTRATIVA	
Diretoria	
Dirigir produção	100%
Pessoal	
Treinar	30%
Controlar pessoal	70%
Contas a Pagar	
Pagar fornecedores	80%
Pagar pessoal	20%
ÁREA COMERCIAL	
Compras	
Comprar	100%
ÁREA DE PRODUÇÃO	
Conservação e Manutenção	
Conservar,	100%
Almoxarifado	
Receber	30%
Movimentar materiais	70%
Administração de Produção	
Programar produção	50%
Controlar produção	50%
Corte	
Cortar	100%
Costura	
Costurar	100%
Bordado	
Bordar	100%
Tinturaria	
Tingir	100%
Acabamento	
Acabar	100%
Passadoria	
Passar	100%
Controle de Qualidade	
Inspecionar	20%
Embalar	50%
Despachar	30%

4º) No departamento de conservação, atribuir os CIFs acumulados na atividade de "Conservar" para todas as demais atividades que foram beneficiadas com esse serviço, tendo como direcionador a área ocupada.

5º) No departamento de corte, proceder da seguinte maneira:

Atribuir os custos diretos aos produtos, observando:

a. MOD, utilizar o direcionador horas-máquina, considerando que o produto A consumiu 60% das horas-máquina e o produto B, 40%.

   Tendo em vista que o produto A foi cortado em máquinas distintas daquelas que cortaram o produto B, foi possível identificar o custo com energia elétrica e com depreciação para ambos. Considerar 60% para o produto A e 40% para o produto B, respectivamente.

6º) No departamento de costura, proceder como a seguir:

Atribuir os custos diretos aos produtos, considerando:

a. MOD, utilizar o direcionador horas-máquina. Considerar que o produto A consumiu 70% das horas-máquina do departamento e o produto B, 30%.

b. Energia elétrica consumida pelas máquinas e depreciação, utilizando também o direcionador horas-máquina.

7º) No departamento de bordado, atribuir os custos diretos somente ao produto B.

8º) No departamento de tinturaria, atribuir os custos diretos somente ao produto A.

9º) No departamento de acabamento, alocar o custo com MOD aos produtos com base no número de peças acabadas.

10º) No departamento de passadoria, proceder como a seguir:

- Alocar os custos com MOD aos produtos com base no direcionador horas-máquina. Considerar que, mediante apontamentos efetuados, chegou-se à conclusão de que o produto A consumiu 60% das horas-máquina e o produto B, 40%.
- A energia elétrica consumida nas máquinas também pode ser identificada por produto, tendo como direcionador horas-máquina.

11º) No departamento de controle de qualidade e expedição, alocar os custos diretos com materiais e mão de obra aos produtos, considerando que, para a alocação da MOD, deve-se utilizar o direcionador número de peças acabadas (60% para o produto A e 40% para o produto B).

12º) Atribuir os CIFs acumulados nas atividades para os produtos com base nos seguintes direcionadores de atividades:

- Dirigir produção (direcionador): número de peças fabricadas.
- Treinar pessoal: alocação direta para o produto A (esse custo foi específico para treinar pessoal do departamento de tinturaria, por onde só passou o produto A).
- Controlar pessoal: direcionador: número de peças fabricadas.
- Pagar fornecedores: direcionador: número de cheques emitidos para pagar compras de materiais identificados com os produtos. Considerar que, para pagar compras para o produto A, tenham sido emitidos no mês 30 cheques e, para o produto B, 70 cheques.

- Comprar – direcionador: número de pedidos de compras por produto. Considerar que no mês os pedidos para o produto A corresponderam a 40% e para o produto B, 60%.
- Receber materiais – direcionador: número de peças fabricadas.
- Movimentar materiais – direcionador: número de peças fabricadas.
- Programar produção – direcionador: número de peças fabricadas.
- Controlar produção – direcionador: número de peças fabricadas.
- Cortar – direcionador: horas-máquina (60% produto A e 40% produto B).
- Costurar – direcionador: horas-máquina (70% produto A e 30% produto B).
- Bordar: atribuir o custo total para o produto B.
- Tingir: atribuir o custo total para o produto A.
- Acabar – direcionador: número de peças acabadas.
- Passar – direcionador: horas-máquina (60% produto A e 40% produto B).
- Inspecionar – direcionador: número de inspeções por produto. Considerar: produto A 24.000 inspeções (40%) e produto B 36.000 inspeções (60%).
- Embalar – direcionador: número de peças embaladas.
- Despachar – direcionador: número de peças despachadas.

13º) Transferir o custo da produção acabada no período para o estoque de produtos acabados.

14º) Apurar o resultado bruto nas vendas de produtos.

15º) Apurar o resultado líquido do exercício, transferindo o lucro líquido, se houver, para a conta Reservas de Lucros.

16º) Levantar o Balanço Patrimonial em 30 de setembro de X1.

17º) Elaborar a Demonstração do Resultado do Exercício, em 30 de setembro de X1.

SOLUÇÃO:

Notas

- Por razões de simplificação, optamos em apresentar na íntegra somente os lançamentos contábeis em partidas de Diário, omitindo os mapas de rateio.
- Também, nos registros contábeis que envolvem os departamentos, apresentamos como conta principal o nome do departamento e, em seguida, as subcontas, sem a inclusão de outros títulos de grupos ou subgrupos conforme consta do Elenco de Contas próprio apresentado como sugestão na Seção 11.3.
- Informamos por fim que, também por razões de simplificação, nos lançamentos de Diário, logo em seguida à maior parte das contas, colocamos dois pontos e o cálculo respectivo.

1º) Contabilização dos fatos ocorridos em setembro:

1) *Diversos*

a Caixa

Despesas Administrativas	*800*	
Despesas com Vendas	*1.200*	
DEPARTAMENTO GASTOS COMUNS		
Aluguéis Passivos	*18.000*	*20.000*

2) *Diversos*

a Caixa

Despesas Administrativas	*320*	
Despesas com Vendas	*480*	
DEPARTAMENTO GASTOS COMUNS		
Energia Elétrica	*7.200*	*8.000*

3) *Diversos*

a Caixa

Despesas Administrativas	*300*	
Despesas com Vendas	*500*	
DEPARTAMENTO GASTOS COMUNS		
Água e Esgoto	*4.200*	*5.000*

4) *Diversos*

a Caixa

Despesas Administrativas	*4.000*	
Despesas com Vendas	*6.000*	
DEPARTAMENTO GASTOS COMUNS		
Telefone	*10.000*	*20.000*

5) *Diversos*

a Caixa

Despesas Administrativas	*25.000*	
DIRETORIA		
MOI	*25.000*	*50.000*

6) *Diversos*

a Caixa

Despesas Administrativas *300*

DEPARTAMENTO CONTAS A PAGAR

MOI 2.700 .... *3.000*

---

7) *Diversos*

a Caixa

Despesas Administrativas *600*

Despesas com Vendas *600*

DEPARTAMENTO PESSOAL

MOI 4.800 .... *6.000*

---

8) *Diversos*

a Caixa

Despesas com Vendas *600*

DEPARTAMENTO COMPRAS

MOI 2.400 .... *3.000*

---

9) *Diversos*

a Caixa

DEPARTAMENTO CONSERVAÇÃO E MANUTENÇÃO

MOI *3.000*

DEPARTAMENTO ALMOXARIFADO

MOI *4.000*

Administração de Produção *6.000*

DEPARTAMENTO CORTE

MOD *10.000*

DEPARTAMENTO COSTURA

MOD *15.000*

DEPARTAMENTO BORDADO

MOD *8.000*

DEPARTAMENTO TINTURARIA

MOD *5.000*

DEPARTAMENTO ACABAMENTO

MOD *9.000*

	DEPARTAMENTO PASSADORIA		
	MOD	*6.000*	
	DEPARTAMENTO CONTROLE DE QUALIDADE		
	MOD	*12.000*	*78.000*
10)	*Diversos*		
	a Caixa		
	Despesas Administrativas	*5.000*	
	Despesas Financeiras	*12.000*	
	Despesas com Vendas	*25.000*	*42.000*
11)	*Diversos*		
	a Depreciação Acumulada de Bens de Uso		
	Despesas Administrativas	*200*	
	DEPARTAMENTO CONTAS A PAGAR		
	Depreciação	*800*	*1.000*
12)	*Diversos*		
	a Depreciação Acumulada de Bens de Uso		
	Despesas Administrativas	*200*	
	DEPARTAMENTO PESSOAL		
	Depreciação	*1.800*	*2.000*
13)	*Diversos*		
	a Depreciação Acumulada de Bens de Uso		
	Despesas Administrativas	*200*	
	DEPARTAMENTO COMPRAS		
	Depreciação	*800*	*1.000*
14)	*DEPARTAMENTO CORTE*		
	Depreciação		
	a Depreciação Acumulada de		
	Máquinas e Equipamentos	*10.000*	

15) *DEPARTAMENTO COSTURA*

Depreciação		
a Depreciação Acumulada de		
Máquinas e Equipamentos	*12.000*	

16) *Diversos*

a Estoque de Material de Consumo		
Despesas Administrativas	*500*	
DEPARTAMENTO DIRETORIA		
Material de Consumo	*500*	*1.000*

17) *Diversos*

a Estoque de Material de Consumo		
Despesas Administrativas	*300*	
DEPARTAMENTO CONTAS A PAGAR		
Material de Consumo	*2.700*	*3.000*

18) *Diversos*

a Estoque de Material de Consumo		
Despesas Administrativas	*2.000*	
DEPARTAMENTO PESSOAL		
Material de Consumo	*8.000*	*10.000*

19) *Diversos*

a Estoque de Material de Consumo		
Despesas com Vendas	*400*	
DEPARTAMENTO COMPRAS		
Material de Consumo	*1.600*	*2.000*

20) *DEPARTAMENTO CONSERVAÇÃO*

Material de Consumo		
a Estoque de Material de Consumo	*12.000*	

21) *DEPARTAMENTO ALMOXARIFADO*

Material de Consumo

a Estoque de Material de Consumo	*1.000*	

22) *DEPARTAMENTO DE ADMINISTRAÇÃO DE PRODUÇÃO*

Material de Consumo

a Estoque de Material de Consumo	*1.000*	

23) *DEPARTAMENTO CORTE*

Material de Consumo

a Estoque de Material de Consumo	*7.000*	

24) *Diversos*

a Estoque de Matéria-prima

DEPARTAMENTO CORTE

Matéria-prima Produto A..	*450.000*	
Matéria-prima Produto B..	*300.000*	*750.000*

25) *DEPARTAMENTO CORTE*

Energia Elétrica

a Caixa...	*10.000*	

26) *DEPARTAMENTO COSTURA*

Material de Consumo

a Estoque de Material de Consumo	*5.000*	

27) *Diversos*

a Estoque de Materiais Secundários

DEPARTAMENTO COSTURA

Materiais Secundários Produto A....................................	*80.000*	
Materiais Secundários Produto B....................................	*50.000*	*130.000*

28) *DEPARTAMENTO COSTURA*

Energia Elétrica

a Caixa *10.000*

---

29) *DEPARTAMENTO BORDADO*

Material de Consumo

a Estoque de Material de Consumo *1.000*

---

30) *DEPARTAMENTO BORDADO*

Materiais Secundários Produto B

a Estoque de Materiais Secundários *15.000*

---

31) *DEPARTAMENTO TINTURARIA*

Material de Consumo

a Estoque de Material de Consumo *2.000*

---

32) *DEPARTAMENTO TINTURARIA*

Materiais Secundários Produto A

a Estoque de Materiais Secundários *20.000*

---

33) *DEPARTAMENTO ACABAMENTO*

Material de Consumo

a Estoque de Material de Consumo *2.000*

---

34) *DEPARTAMENTO PASSADORIA*

Material de Consumo

a Estoque de Material de Consumo *2.000*

---

35) *DEPARTAMENTO PASSADORIA*

Energia Elétrica

a Caixa *6.000*

---

36) *DEPARTAMENTO CONTROLE DE QUALIDADE*

Material de Consumo

a Estoque de Materiais de Consumo *2.000*

---

37) *Diversos*

a Estoque de Materiais de Embalagem

DEPARTAMENTO CONTROLE DE QUALIDADE

Materiais de Embalagem Produto A................................ *30.000*

Materiais de Embalagem Produto B................................ *20.000* *50.000*

---

38) *Diversos*

a Fornecedores

Estoque de Matérias-primas *600.000*

Estoque de Materiais Secundários.................................. *100.000*

Estoque de Materiais de Embalagem.............................. *50.000* *750.000*

---

39) *Clientes*

a Vendas de Produtos

Produto A *1.000.000*

Produto B *600.000* *1.600.000*

2º) Alocar os gastos com aluguel, energia elétrica, água e esgoto, e telefones, devidamente acumulados no centro de custos denominado "Gastos Comuns", para os respectivos departamentos.

Cálculo da taxa do custo com aluguel por metro quadrado:

$ 18.000/2.000 m² = $ 9 por m²

40) *Diversos*

a DEPARTAMENTO GASTOS COMUNS

a Aluguéis Passivos

DEPARTAMENTO DIRETORIA

Aluguéis Passivos: 30 m² x $ 9... *270*

DEPARTAMENTO PESSOAL

Aluguéis Passivos: 120 x $ 9.. *1.080*

DEPARTAMENTO CONTAS A PAGAR

Aluguéis Passivos: 50 x $ 9	*450*	
DEPARTAMENTO COMPRAS		
Aluguéis Passivos: 50 x $ 9	*450*	
DEPARTAMENTO CONSERVAÇÃO		
Aluguéis Passivos: 100 x $ 9	*900*	
DEPARTAMENTO ALMOXARIFADO		
Aluguéis Passivos: 700 x $ 9	*6.300*	
DEPARTAMENTO ADMINISTRAÇÃO DE PRODUÇÃO		
Aluguéis Passivos: 20 x $ 9	*180*	
DEPARTAMENTO CORTE		
Aluguéis Passivos: 150 x $ 9	*1.350*	
DEPARTAMENTO COSTURA		
Aluguéis Passivos: 450 x $ 9	*4.050*	
DEPARTAMENTO BORDADO		
Aluguéis Passivos: 50 x $ 9	*450*	
DEPARTAMENTO TINTURARIA		
Aluguéis Passivos: 80 x $ 9	*720*	
DEPARTAMENTO ACABAMENTO		
Aluguéis Passivos: 50 x $ 9	*450*	
DEPARTAMENTO PASSADORIA		
Aluguéis Passivos: 50 x $ 9	*450*	
DEPARTAMENTO CONTROLE DE QUALIDADE		
Aluguéis Passivos: 100 x $ 9	*900*	*18.000*

Cálculo da taxa para alocação do custo com energia elétrica:

$ 7.200/2.000 m² = $ 3,60 por metro quadrado

41) *Diversos*

a DEPARTAMENTO GASTOS COMUNS

a Energia Elétrica

DEPARTAMENTO DIRETORIA	
Energia Elétrica: 30 m² x $ 3,60	*108*
DEPARTAMENTO PESSOAL	
Energia Elétrica: 120 m² x $ 3,60	*432*
DEPARTAMENTO CONTAS A PAGAR	

Energia Elétrica: 50 m² x $ 3,60	*180*	
DEPARTAMENTO COMPRAS		
Energia Elétrica: 50 m² x $ 3,60	*180*	
DEPARTAMENTO CONSERVAÇÃO		
Energia Elétrica: 100 m² x $ 3,60	*360*	
DEPARTAMENTO ALMOXARIFADO		
Energia Elétrica: 700 m² x $ 3,60	*2.520*	
DEPARTAMENTO ADMINISTRAÇÃO DE PRODUÇÃO		
Energia Elétrica: 20 m² x $ 3,60	*72*	
DEPARTAMENTO CORTE		
Energia Elétrica: 150 m² x $ 3,60	*540*	
DEPARTAMENTO COSTURA		
Energia Elétrica: 450 m² x $ 3,60	*1.620*	
DEPARTAMENTO BORDADO		
Energia Elétrica: 50 m² x $ 3,60	*180*	
DEPARTAMENTO TINTURARIA		
Energia Elétrica: 80 m² x $ 3,60	*288*	
DEPARTAMENTO ACABAMENTO		
Energia Elétrica: 50 m² x $ 3,60	*180*	
DEPARTAMENTO PASSADORIA		
Energia Elétrica: 50 m² x $ 3,60	*180*	
DEPARTAMENTO CONTROLE DE QUALIDADE		
Energia Elétrica: 100 m² x $ 3,60	*360*	*7.200*

Cálculo da taxa de aplicação do custo com água e esgoto:

$ 4.200/200 empregados = $ 21 por empregado

42) *Diversos*

a DEPARTAMENTO GASTOS COMUNS	
a Água e Esgoto	
DEPARTAMENTO DIRETORIA	
Água e Esgoto: 2 x $ 21	*42*
DEPARTAMENTO PESSOAL	
Água e Esgoto: 14 x $ 21	*294*
DEPARTAMENTO CONTAS A PAGAR	
Água e Esgoto: 3 x $ 21	*63*

DEPARTAMENTO COMPRAS

Água e Esgoto: 5 x $ 21	*105*	
DEPARTAMENTO CONSERVAÇÃO		
Água e Esgoto: 10 x $ 21	*210*	
DEPARTAMENTO ALMOXARIFADO		
Água e Esgoto: 6 x $ 21	*126*	
DEPARTAMENTO ADMINISTRAÇÃO DE PRODUÇÃO		
Água e Esgoto: 8 x $ 21	*168*	
DEPARTAMENTO CORTE		
Água e Esgoto: 30 x $ 21	*630*	
DEPARTAMENTO COSTURA		
Água e Esgoto: 50 x $ 21	*1.050*	
DEPARTAMENTO BORDADO		
Água e Esgoto: 10 x $ 21	*210*	
DEPARTAMENTO TINTURARIA		
Água e Esgoto: 10 x $ 21	*210*	
DEPARTAMENTO ACABAMENTO		
Água e Esgoto: 20 x $ 21	*420*	
DEPARTAMENTO PASSADORIA		
Água e Esgoto: 10 x $ 21	*210*	
DEPARTAMENTO CONTROLE DE QUALIDADE		
Água e Esgoto: 22 x $ 21	*462*	*4.200*

---

43) *Diversos*

a DEPARTAMENTO GASTOS COMUNS

a Telefones

DEPARTAMENTO DIRETORIA	
Telefones	*600*
DEPARTAMENTO CONTAS A PAGAR	
Telefones	*400*
DEPARTAMENTO PESSOAL	
Telefones	*500*
DEPARTAMENTO COMPRAS	
Telefones	*1.500*
DEPARTAMENTO ALMOXARIFADO	

Telefones	*500*	
DEPARTAMENTO ADMINISTRAÇÃO DE PRODUÇÃO		
Telefones	*1.000*	
DEPARTAMENTO CORTE		
Telefones	*500*	
DEPARTAMENTO COSTURA		
Telefones	*1.500*	
DEPARTAMENTO BORDADO		
Telefones	*1.000*	
DEPARTAMENTO TINTURARIA		
Telefones	*500*	
DEPARTAMENTO ACABAMENTO		
Telefones	*500*	
DEPARTAMENTO PASSADORIA		
Telefones	*500*	
DEPARTAMENTO CONTROLE DE QUALIDADE		
Telefones	*1.000*	*10.000*

3º) Alocar os CIFs acumulados em cada departamento para as respectivas atividades:
Departamento: Diretoria

44) *Dirigir Produção*

a Diversos		
a DEPARTAMENTO DIRETORIA		
a MOI	*25.000*	
a Material de Consumo	*500*	
a Aluguéis Passivos	*270*	
a Energia Elétrica	*108*	
a Água e Esgoto	*42*	
a Telefone	*600*	*26.520*

Departamento: Pessoal

Cálculo da taxa de aplicação da mão de obra indireta:

$ 4.800/14 empregados = $ 342,86 por empregado

45) *Diversos*

a DEPARTAMENTO PESSOAL

a MOI

Treinar Pessoal, 6 x $ 342,86	*2.057*	
Controlar Pessoal, 8 x $ 342,86	*2.743*	*4.800*

46) *Diversos*

a DEPARTAMENTO PESSOAL

a Depreciação

Treinar Pessoal, 40% de $ 1.800	*720*	
Controlar Pessoal, 60% de $ 1.800	*1.080*	*1.800*

47) *Diversos*

a DEPARTAMENTO PESSOAL

a Material de Consumo

Treinar Pessoal, 30% de $ 8.000	*2.400*	
Controlar Pessoal, 70% de $ 8.000	*5.600*	*8.000*

Cálculo da taxa de aplicação de aluguéis:

$ 1.080/120 m^2 = $ 9 por metro quadrado

48) *Diversos*

a DEPARTAMENTO PESSOAL

a Aluguéis Passivos

Treinar Pessoal, 100 m^2 x $ 9	*900*	
Controlar Pessoal, 20 m^2 x $ 9	*180*	*1.080*

Cálculo da taxa de aplicação de energia elétrica:

$ 432/120 = $ 3,60 por metro quadrado

49) *Diversos*

a DEPARTAMENTO PESSOAL

a Energia Elétrica

Treinar Pessoal, 100 m^2 x $ 3,60	*360*	
Controlar Pessoal, 20 m^2 x $ 3,60	*72*	*432*

Departamento: Pessoal

Cálculo da taxa de aplicação de água e esgoto:

$ 294/14 = $ 21 por empregado

50) *Diversos*

a DEPARTAMENTO PESSOAL

a Água e Esgoto

Treinar Pessoal, 6 x $ 21	*126*	
Controlar Pessoal, 8 x $ 21	*168*	*294*

51) *Diversos*

a DEPARTAMENTO PESSOAL

a Telefone

Treinar Pessoal, 30% de $ 500	*150*	
Controlar Pessoal, 70% de $ 500	*350*	*500*

Departamento: Contas a Pagar

52) *Pagar Fornecedores*

a Diversos

a DEPARTAMENTO CONTAS A PAGAR

a MOI	*2.700*	
a Depreciação	*800*	
a Material de Consumo	*2.700*	
a Aluguéis Passivos	*450*	
a Energia Elétrica	*180*	
a Água e Esgoto	*63*	
a Telefones	*400*	*7.293*

Departamento: Compras

53) *Comprar*

a Diversos

a DEPARTAMENTO COMPRAS

a MOI	*2.400*	
a Depreciação	*800*	

a Material de Consumo	*1.600*	
a Aluguéis Passivos	*450*	
a Energia Elétrica	*180*	
a Água e Esgoto	*105*	
a Telefone	*1.500*	*7.035*

Departamento: Conservação

54) *Conservar*

a Diversos		
a DEPARTAMENTO CONSERVAÇÃO E MANUTENÇÃO		
a MOI	*3.000*	
a Material de Consumo	*12.000*	
a Aluguéis Passivos	*900*	
a Energia Elétrica	*360*	
a Água e Esgoto	*210*	*16.470*

Departamento: Almoxarifado

Cálculo da taxa de aplicação da MOI

$ 4.000/6 empregados = $ 666,67 por empregado

55) *Diversos*

a DEPARTAMENTO ALMOXARIFADO		
a MOI		
Receber Materiais, 2 x $ 666,67	*1.333*	
Movimentar Materiais, 4 x $ 666,67	*2.667*	*4.000*

56) *Diversos*

a DEPARTAMENTO ALMOXARIFADO		
a Material de Consumo		
Receber Materiais, 30% de $ 1.000	*300*	
Movimentar Materiais, 70% de $ 1.000	*700*	*1.000*

Cálculo da taxa de aplicação do aluguel por metro quadrado

$ 6.300/700 m^2 = $ 9 por metro quadrado

57) *Diversos*

a DEPARTAMENTO ALMOXARIFADO		
a Aluguéis Passivos		
Receber Materiais, 100 m² x $ 9	*900*	
Movimentar Materiais, 600 m² x $ 9	*5.400*	*6.300*

Cálculo da taxa de aplicação de energia elétrica:

$ 2.520/700 m² = $ 3,60 por metro quadrado

58) *Diversos*

a DEPARTAMENTO ALMOXARIFADO		
a Energia Elétrica		
Receber Materiais, 100 m² x $ 3,60	*360*	
Movimentar Materiais, 600 m² x $ 3,60	*2.160*	*2.520*

Cálculo da taxa de aplicação de água e esgoto:

$ 126/6 empregados = $ 21 por empregado

59) *Diversos*

a DEPARTAMENTO ALMOXARIFADO		
a Água e Esgoto		
Receber Materiais, 2 x $ 21	*42*	
Movimentar Materiais, 4 x $ 21	*84*	*126*

60) *Diversos*

a DEPARTAMENTO ALMOXARIFADO		
a Telefone		
Receber Materiais, 30% de $ 500	*150*	
Movimentar Materiais, 70% de $ 500	*350*	*500*

Departamento: Administração de Produção

Cálculo da taxa de aplicação da MOI

$ 6.000/8 empregados = $ 750 por empregado

61) *Diversos*

a DEPARTAMENTO ADMINISTRAÇÃO DE PRODUÇÃO

a MOI

Programar Produção, 4 x $ 750	*3.000*	
Controlar Produção, 4 x $ 750	*3.000*	*6.000*

Cálculo da taxa de aplicação de aluguéis:

$ 180/20 m² = $ 9 por metro quadrado

62) *Diversos*

a DEPARTAMENTO ADMINISTRAÇÃO DE PRODUÇÃO

a Aluguéis Passivos

Programar Produção, 15 m² x $ 9.................................	*135*	
Controlar Produção, 5 m² x $ 9.....................................	*45*	*180*

Cálculo da taxa de aplicação de energia elétrica:

$ 72/20 m² = $ 3,60 por metro quadrado

63) *Diversos*

a DEPARTAMENTO ADMINISTRAÇÃO DE PRODUÇÃO

a Energia Elétrica

Programar Produção, 15 m² x $ 3,60.............................	*54*	
Controlar Produção, 5 m² x $ 3,60.................................	*18*	*72*

Cálculo da taxa de aplicação de água e esgoto:

$ 168/8 empregados = $ 21 por empregado

64) *Diversos*

a DEPARTAMENTO ADMINISTRAÇÃO DE PRODUÇÃO

a Água e Esgoto

Programar Produção, 4 x $ 21	*84*	
Controlar Produção, 4 x $ 21	*84*	*168*

65) *Diversos*

a DEPARTAMENTO ADMINISTRAÇÃO DE PRODUÇÃO

a Telefone

Programar Produção, 50% de $ 1.000 500
Controlar Produção, 50% de $ 1.000 .... 500 1.000

---

66) *Diversos*

a DEPARTAMENTO ADMINISTRAÇÃO DE PRODUÇÃO

a Material de Consumo

Programar Produção, 50% de $ 1.000 500
Controlar Produção, 50% de $ 1.000 .... 500 1.000

Departamento: Corte

67) *Cortar*

a Diversos

a DEPARTAMENTO CORTE

a Material de Consumo 7.000
a Aluguéis Passivos 1.350
a Energia Elétrica 540
a Água e Esgoto 630
a Telefone 500 10.020

Departamento: Costura

68) *Costurar*

a Diversos

a DEPARTAMENTO COSTURA

a Material de Consumo 5.000
a Aluguéis Passivos 4.050
a Energia Elétrica (consumo geral) 1.620
a Água e Esgoto 1.050
a Telefone 1.500 13.220

Departamento: Bordado

69) *Bordar*

a Diversos

a DEPARTAMENTO BORDADO

a Material de Consumo	*1.000*	
a Aluguéis Passivos	*450*	
a Energia Elétrica	*180*	
a Água e Esgoto	*210*	
a Telefone	*1.000*	*2.840*

Departamento: Tinturaria

70) *Tingir*

a Diversos

a DEPARTAMENTO TINTURARIA

a Material de Consumo	*2.000*	
a Aluguéis Passivos	*720*	
a Energia Elétrica	*288*	
a Água e Esgoto	*210*	
a Telefone	*500*	*3.718*

Departamento: Acabamento

71) *Acabar*

a Diversos

a DEPARTAMENTO ACABAMENTO

a Material de Consumo	*2.000*	
a Aluguéis Passivos	*450*	
a Energia Elétrica	*180*	
a Água e Esgoto	*420*	
a Telefone	*500*	*3.550*

Departamento: Passadoria

72) *Passar*

a Diversos

a DEPARTAMENTO PASSADORIA

a Material de Consumo	*2.000*	
a Aluguéis Passivos	*450*	
a Energia Elétrica	*180*	

a Água e Esgoto	*210*	
a Telefone	*500*	*3.340*

Departamento: Controle de Qualidade e Expedição

73) *Diversos*

a DEPARTAMENTO CONTROLE DE QUALIDADE

a Material de Consumo

Inspecionar, 20% de $ 2.000	*400*	
Embalar, 50% de $ 2.000	*1.000*	
Despachar, 30% de $ 2.000	*600*	*2.000*

Cálculo da taxa de aplicação de aluguéis

$ 900/100 m² = $ 9 por metro quadrado

74) *Diversos*

a DEPARTAMENTO CONTROLE DE QUALIDADE

a Aluguéis Passivos

Inspecionar, 20 m² x $ 9	*180*	
Embalar, 40 m² x $ 9	*360*	
Despachar, 40 m² x $ 9	*360*	*900*

Cálculo da taxa de aplicação de energia elétrica:

$ 360/100 m² = $ 3,60 por metro quadrado

75) *Diversos*

a DEPARTAMENTO CONTROLE DE QUALIDADE

a Energia Elétrica

Inspecionar, 20 m² x $ 3,60	*72*	
Embalar, 50 m² x $ 3,60	*180*	
Despachar, 30 m² x $ 3,60	*108*	*360*

Cálculo da taxa de aplicação de água e esgoto:

$ 462/22, empregados = $ 21 por empregado

76) *Diversos*

a DEPARTAMENTO CONTROLE DE QUALIDADE

a Água e Esgoto		
Inspecionar, 4 x $ 21	*84*	
Embalar, 10 x $ 21	*210*	
Despachar, 8 x $ 21	*168*	*462*

77) *Diversos*

a DEPARTAMENTO CONTROLE DE QUALIDADE		
a Telefones		
Inspecionar, 20% de $ 1.000	*200*	
Embalar, 50% de $ 1.000	*500*	
Despachar, 30% de $ 1.000	*300*	*1.000*

4º) No departamento de conservação, atribuir os CIFs acumulados na atividade de "Conservar" para todas as demais atividades que foram beneficiadas com esse serviço, tendo como direcionador a área ocupada.

Cálculo da taxa de aplicação da atividade Conservar

$ 16.470/1.900 m² = $ 8,67 por metro quadrado

78) *Diversos*

a Conservar	
Dirigir Produção, 30 m² x $ 8,67	*260*
Treinar Pessoal, 100 m² x $ 8,67	*867*
Controlar Pessoal, 20 m² x $ 8,67	*173*
Pagar Fornecedores, 50 m² x $ 8,67	*433*
Comprar, 50 m² x $ 8,67	*433*
Receber Materiais, 100 m² x $ 8,67	*867*
Movimentar Materiais, 600 m² x $ 8,67	*5.202*
Programar Produção, 15 m² x $ 8,67	*130*
Controlar Produção, 5 m² x $ 8,67	*43*
Cortar, 150 m² x $ 8,67	*1.300*
Costurar, 450 m² x $ 8,67	*3.902*
Bordar, 50 m² x $ 8,67	*433*
Tingir, 80 m² x $ 8,67	*694*
Acabar, 50 m² x $ 8,67	*433*
Passar, 50 m² x $ 8,67	*433*
Inspecionar, 20 m² x $ 8,67	*173*

Embalar, 40 m² x $ 8,67	*347*	
Despachar, 40 m² x $ 8,67	*347*	*16.470*

5º) Providências no departamento de corte:

79) *CUSTO EM FORMAÇÃO*

Produto A

a DEPARTAMENTO CORTE

a Matéria-prima Produto A 450.000

---

80) *CUSTO EM FORMAÇÃO*

Produto B

a DEPARTAMENTO CORTE

a Matéria-prima Produto B 300.000

---

81) *Diversos*

a DEPARTAMENTO CORTE

a MOD

CUSTO EM FORMAÇÃO		
Produto A	*6.000*	
CUSTO EM FORMAÇÃO		
Produto B	*4.000*	*10.000*

---

82) *Diversos*

a DEPARTAMENTO CORTE

a Energia Elétrica

CUSTO EM FORMAÇÃO		
Produto A	*6.000*	
CUSTO EM FORMAÇÃO		
Produto B	*4.000*	*10.000*

---

83) *Diversos*

a DEPARTAMENTO CORTE

a Depreciação

CUSTO EM FORMAÇÃO		
Produto A	*6.000*	
CUSTO EM FORMAÇÃO		
Produto B	*4.000*	*10.000*

6º) Providências no departamento de costura:

84) *CUSTO EM FORMAÇÃO*
Produto A
a DEPARTAMENTO COSTURA
a Materiais Secundários Produto A *80.000*

85) *CUSTO EM FORMAÇÃO*
Produto B
a DEPARTAMENTO COSTURA
a Materiais Secundários Produto B *50.000*

86) *Diversos*

a DEPARTAMENTO COSTURA		
a MOD		
CUSTO EM FORMAÇÃO		
Produto A, 70% de $ 15.000	*10.500*	
CUSTO EM FORMAÇÃO		
Produto B, 30% de $ 15.000	*4.500*	*15.000*

87) *Diversos*

a DEPARTAMENTO COSTURA		
a Energia Elétrica		
CUSTO EM FORMAÇÃO		
Produto A, 70% de $ 10.000	*7.000*	
CUSTO EM FORMAÇÃO		
Produto B, 30% de $ 10.000	*3.000*	*10.000*

88) *Diversos*

a DEPARTAMENTO COSTURA

a Depreciação

CUSTO EM FORMAÇÃO

Produto A, 70% de $ 12.000	*8.400*	
CUSTO EM FORMAÇÃO		
Produto B, 30% de $ 12.000	*3.600*	*12.000*

7º) No departamento de bordado, atribuir os custos diretos somente para o produto B.

89) *CUSTO EM FORMAÇÃO*

Produto B

a Diversos

a DEPARTAMENTO BORDADO

a Materiais Secundários Produto B	*15.000*	
a MOD	*8.000*	*23.000*

8º) No departamento de tinturaria, atribuir os custos diretos somente para o produto A.

90) *CUSTO EM FORMAÇÃO*

Produto A

a Diversos

a DEPARTAMENTO TINTURARIA

a Materiais Secundários Produto A	*20.000*	
a MOD	*5.000*	*25.000*

9º) No departamento de acabamento, alocar o custo com MOD para os produtos com base no número de peças acabadas.

91) *Diversos*

a DEPARTAMENTO ACABAMENTO

a MOD

CUSTO EM FORMAÇÃO

Produto A, 60% de $ 9.000	*5.400*	
CUSTO EM FORMAÇÃO		
Produto B, 40% de $ 9.000	*3.600*	*9.000*

10º) Procedimentos no departamento de passadoria:

92) *Diversos*

a DEPARTAMENTO PASSADORIA

a MOD

CUSTO EM FORMAÇÃO

Produto A, 60% de $ 6.000... 3.600

CUSTO EM FORMAÇÃO

Produto B, 40% de $ 6.000... 2.400 6.000

---

93) *Diversos*

a DEPARTAMENTO PASSADORIA

a Energia Elétrica

CUSTO EM FORMAÇÃO

Produto A, 60% de $ 6.000... 3.600

CUSTO EM FORMAÇÃO

Produto B, 40% de $ 6.000... 2.400 6.000

11º) No departamento de controle de qualidade e expedição, alocar os custos diretos com materiais e mão de obra, aos produtos.

94) *CUSTO EM FORMAÇÃO*

Produto A

a DEPARTAMENTO CONTROLE DE QUALIDADE

a Materiais de Embalagem Produto A............................. 30.000

---

95) *CUSTO EM FORMAÇÃO*

Produto B

a DEPARTAMENTO CONTROLE DE QUALIDADE

a Materiais de Embalagem... 20.000

---

96) *Diversos*

a DEPARTAMENTO CONTROLE DE QUALIDADE

a MOD

CUSTO EM FORMAÇÃO

Produto A, 60% de $ 12.000... 7.200

CUSTO EM FORMAÇÃO

Produto B, 40% de $ 12.000..	*4.800*	*12.000*

12º) Atribuir os CIFs acumulados nas atividades para os produtos com base nos seguintes direcionadores de atividades:

Dirigir produção: direcionador: número de peças fabricadas:
Produto A, 60% de $ 26.780 = 16.068
Produto B, 40% de $ 26.780 = 10.712

Treinar Pessoal: alocação direta para o produto A (esse custo foi específico para treinar pessoal do departamento de tinturaria, por onde só passou o produto A):
Produto A 7.580

Controlar Pessoal: direcionador: número de peças fabricadas:
Produto A, 60% de $ 10.366 = 6.220
Produto B, 40% de $ 10.366 = 4.146

Pagar Fornecedores: direcionador: número de cheques emitidos para pagar compras de cada produto. Considerar que, para pagar compras para o produto A, tenham sido emitidos no mês 30 cheques (30%) e para o produto B, 70 cheques (70%):
Produto A, 30% de $ 7.726 = 2.318
Produto B, 70% de $ 7.726 = 5.408

Comprar: direcionador: número de pedidos de compras por produto. Considerar que, no mês, os pedidos para o produto A corresponderam a 40% e para o produto B, 60%:
Produto A, 40% de $ 7.468 = 2.987
Produto B, 60% de $ 7.468 = 4.481

Receber Materiais: direcionador: número de peças fabricadas:
Produto A, 60% de $ 3.952 = 2.371
Produto B, 40% de $ 3.952 = 1.581

Movimentar Materiais: direcionador: número de peças fabricadas:
Produto A, 60% de $ 16.563 = 9.938
Produto B, 40% de $ 16.563 = 6.625

Programar Produção: direcionador: número de peças fabricadas:
Produto A, 60% de $ 4.403 = 2.642
Produto B, 40% de $ 4.403 = 1.761

Controlar Produção: número de peças fabricadas:
Produto A, 60% de $ 4.190 = 2.514
Produto B, 40% de $ 4.190 = 1.676

Cortar: direcionador: horas-máquina (60% produto A e 40% produto B):
Produto A, 60% de $ 11.321 = 6.793
Produto B, 40% de $ 11.321 =4.528

Costurar – direcionador: horas-máquina (70% produto A e 30% produto B):
Produto A, 70% de $ 17.124 = 11.987
Produto B, 30% de $ 17.124 = 5.137

Bordar: atribuir o custo total para o produto B:
Produto B 3.274

Tingir: atribuir o custo total para o produto A:
Produto A 4.412

Acabar: direcionador: número de peças acabadas:
Produto A, 60% de $ 3.984 = 2.390
Produto B, 40% de $ 3.984 = 1.594

Passar – direcionador: horas-máquina (60% produto A e 40% produto B).
Inspecionar – direcionador: número de inspeções por produto. Considerar: produto A 24.000 inspeções (40%) e produto B 36.000 inspeções (60%):
Produto A, 40% de $ 1.109 = 444
Produto B, 60% de $ 1.109 = 665

Embalar – direcionador: número de peças embaladas:
Produto A, 60% de $ 2.593 1.556
Produto B, 40% de $ 2.593 1.037

Despachar – direcionador: número de peças despachadas:
Produto A, 60% de $ 1.882 1.129
Produto B, 40% de $ 1.882 = 753

97) *CUSTO EM FORMAÇÃO*

Produto A

a Diversos

a Dirigir Produção, 60% de 26.780 .... *16.068*

a Treinar Pessoal *7.580*

a Controlar Pessoal 60% de $ 10.366............................. *6.220*

a Pagar Fornecedores 30% de $ 7.726........................... *2.318*

a Comprar 40% de $ 7.468.. *2.987*

a Receber Materiais, 60% de $ 3.952 .... *2.371*

a Movimentar Materiais, 60% de $ 16.563...................... *9.938*

a Programar Produção, 60% de $ 4.403.......................... *2.642*

a Controlar Produção, 60% de $ 4.190........................... *2.514*

a Cortar, 60% de $ 11.320 .... *6.792*

a Costurar, 70% de $ 17.122.. *11.985*

a Tingir.. *4.412*

a Acabar, 60% de $ 3.984 .... *2.390*

a Passar, 60% de $ 3.774	2.264	
a Inspecionar, 40% de $ 1.109	444	
a Embalar, 60% de $ 2.596	1.558	
a Despachar, 60% de $ 1.883	1.130	83.613

98) *CUSTO EM FORMAÇÃO*

Produto B

a Diversos

a Dirigir Produção, 40% de $ 26.780	10.712	
a Controlar Pessoal, 40% de $ 10.366	4.146	
a Pagar Fornecedores, 70% de $ 7.726	5.408	
a Comprar, 60% de $ 7.468	4.481	
a Receber Materiais, 40% de $ 3.952	1.581	
a Movimentar Materiais, 40% de $ 16.563	6.625	
a Programar Produção, 40% de $ 4.403	1.761	
a Controlar Produção, 40% de $ 4.190	1.676	
a Cortar, 40% de $ 11.321	4.528	
a Costurar, 30% de $ 17.124	5.137	
a Bordar	3.273	
a Acabar, 40% de $ 3.983	1.593	
a Passar, 40% de $ 3.774	1.509	
a Inspecionar, 60% de $ 1.109	665	
a Embalar, 40% de $ 2.597	1.039	
a Despachar, 40% de $ 1.882	753	54.887

13º) Transferir o custo da produção acabada no período para o estoque de produtos acabados.

99) *Estoque de Produtos Acabados – Produto A*

a CUSTO EM FORMAÇÃO

Produto A 732.313

100) *Estoque de Produtos Acabados – Produto B*

a CUSTO EM FORMAÇÃO

Produto B *484.187*

14º) Apurar o resultado bruto nas vendas de produtos.

101) *Vendas de Produtos*

a Resultado na Venda de Produtos *1.600.000*

---

102) *Resultado na Venda de Produtos*

a Estoque de Produtos Acabados

Produto A	*732.313*	
Produto B	*484.187*	*1.216.500*

15º) Apurar o resultado líquido do exercício, transferindo o lucro líquido, se houver, para a conta Reservas de Lucros.

103) *Resultado na Venda de Produtos*

a Resultado do Exercício *383.500*

---

104) *Resultado do Exercício*

a Diversos

a Despesas com Vendas	*34.980*	
a Despesas Administrativas	*39.520*	
a Despesas Financeiras	*12.000*	*86.500*

---

105) *Resultado do Exercício*

a Reservas de Lucros

Lucro Líquido do exercício transferido

para reserva *297.000*

16º) Levantar o Balanço Patrimonial em 30 de setembro de X1.

BALANÇO PATRIMONIAL DA INDÚSTRIA DE CONFECÇÕES CAPRICHO S.A., LEVANTADO EM 30 DE SETEMBRO DE X1			
ATIVO	$	PASSIVO	$
Ativo Circulante		**Passivo Circulante**	
Caixa	439.000	Fornecedores	1.350.000
Clientes	1.700.000	Contas a Pagar	300.000
Estoque de Matéria-prima	850.000	**Total do Passivo Circulante**	1.650.000
Estoque de Materiais Secundários	235.000	**PATRIMÔNIO LÍQUIDO**	
Estoque de Material de Embalagem	100.000	Capital Social	1.400.000
Estoque de Material de Consumo	99.000	Reservas de Lucros	597.000
Total do Ativo Circulante	3.423.000	**Total do Patrimônio Líquido**	1.997.000
Bens de Uso			
Depreciação Acumulada Bens de Uso	200.000		
Máquinas e Equipamentos Industriais	(104.000)		
Depreciação Acumulada	500.000		
Máquinas e Equipamentos Industriais	(372.000)		
Total do Ativo Não Circulante	224.000		
Total do Ativo	**3.647.000**	**Total do Passivo**	**3.647.000**

17º) Elaborar a Demonstração do Resultado do Exercício, em 30 de setembro de X1.

RECEITA OPERACIONAL BRUTA	
Receita na Venda do Produto A	1.000.000
(–) Custo dos Produtos Vendidos	
CUSTOS DIRETOS	
Matéria-prima	(450.000)
Materiais Secundários	(100.000)
Materiais de Embalagem	(30.000)
Mão de Obra Direta	(37.700)
Energia Elétrica	(16.600)
Depreciação	(14.400)
Total dos Custos Diretos	(648.700)

(continua)

(continuação)

CUSTOS INDIRETOS – ATIVIDADES	
Dirigir Produção	(16.068)
Treinar Pessoal	(7.580)
Controlar Pessoal	(6.220)
Pagar Fornecedores	(2.318)
Comprar	(2.987)
Receber Materiais	(2.371)
Movimentar Materiais	(9.938)
Programar Produção	(2.642)
Controlar Produção	(2.514)
Cortar	(6.792)
Costurar	(11.985)
Tingir	(4.412)
Acabar	(2.390)
Passar	(2.264)
Inspecionar	(444)
Embalar	(1.558)
Despachar	(1.130)
Total dos CIF	(83.613)
Total dos Custos do Produto A	(732.313)
Lucro Bruto Produto A	267.687
Receita na Venda do Produto B	600.000
(–) Custo dos Produtos Vendidos	
CUSTOS DIRETOS	
Matéria-prima	(300.000)
Materiais Secundários	(65.000)
Materiais de Embalagem	(20.000)
Mão de obra Direta	(27.300)
Energia Elétrica	(9.400)

(continua)

Depreciação	(7.600)
Total dos Custos Diretos	(429.300)
CUSTOS INDIRETOS – ATIVIDADES	
Dirigir Produção	(10.712)
Controlar Pessoal	(4.146)
Pagar Fornecedores	(5.408)
Comprar	(4.481)
Receber Materiais	(1.581)
Movimentar Materiais	(6.625)
Programar Produção	(1.761)
Controlar Produção	(1.676)
Cortar	(4.528)
Costurar	(5.137)
Bordar	(3.273)
Acabar	(1.593)
Passar	(1.509)
Inspecionar	(665)
Embalar	(1.039)
Despachar	(753)
Total dos CIFs	(54.887)
Custo Total	(484.187)
Lucro Bruto Produto B	115.813
Lucro Bruto Total (Produto A + Produto B)	383.500
(–) DESPESAS OPERACIONAIS	
Despesas com Vendas	(34.980)
Despesas Administrativas	(39.520)
Despesas Financeiras	(12.000)
Lucro Líquido do Exercício	**297.000**

ATIVIDADES TEÓRICAS

1. Responda:

   1.1 Em que consiste o sistema de custeio ABC?

   1.2 O que é atividade?

   1.3 O que são direcionadores de primeiro estágio?

   1.4 O que são direcionadores de segundo estágio?

   1.5 Qual é o destino a ser dado às parcelas dos gastos comuns a vários departamentos que não correspondam a custos?

   1.6 Cite pelo menos cinco atividades próprias do departamento pessoal.

   1.7 Como podemos identificar uma atividade relevante?

2. Julgue as afirmativas como falsas (F) ou verdadeiras (V):

   2.1 ( ) O ABC é um sistema de custeio semelhante ao custo departamental porque nos dois casos a empresa deve ser partilhada em departamentos.

   2.2 ( ) As atividades compreendem tarefas realizadas nos departamentos, e, em hipótese alguma, uma atividade pode ser desenvolvida por mais de um departamento.

   2.3 ( ) Pode haver departamentos que realizem somente uma atividade relevante.

   2.4 ( ) As atividades devem ser utilizadas somente para acumular CIF.

   2.5 ( ) O custeio por atividades pode ser utilizado não só para custos indiretos, como também para custos diretos e, inclusive, para despesas.

   2.6 ( ) Uma das grandes vantagens do sistema de custeio ABC, em relação aos sistemas tradicionais de atribuição de CIF aos produtos, está no rigor dos procedimentos para a partilha dos CIFs aos produtos.

   2.7 ( ) O direcionador de custos é o elemento causador do custo.

   2.8 ( ) Os direcionadores de recursos servem para custear os produtos.

   2.9 ( ) Os direcionadores de atividades servem para custear as atividades.

   2.10 ( ) Os gastos comuns a vários departamentos, como ocorre, por exemplo, com o aluguel, após devidamente acumulados em um centro de custos próprio, são transferidos para os diversos departamentos para que a partir daí sejam alocados às atividades e dessas para os produtos.

12 Custo Padrão

12.1 Conceitos de Custo Padrão e de Custo Real

Custo Padrão é um custo estimado, isto é, calculado antes mesmo de iniciado o processo de fabricação, fundamentado sempre em custos de produções anteriormente realizadas.

Custo Real ou custo histórico é aquele apurado após concluído o processo de fabricação, fundamentado sempre nos custos que efetivamente ocorreram na fabricação dos produtos.

O custo padrão, importante instrumento de controle, tem várias finalidades, motivo pelo qual poderá também receber denominações diversas.

Dentre as muitas vantagens de se conhecer antecipadamente o custo de fabricação, duas merecem destaque: a possibilidade da fixação do preço de venda e a otimização do processo produtivo visando utilizar ao máximo os recursos humanos, físicos e financeiros disponíveis.

Quando utilizado com a finalidade de fixação de preço de venda para compor orçamentos, visando o fechamento de contratos nos casos de fabricação sob encomenda, o custo de fabricação pode ser denominado custo padrão corrente. Nesse caso, o padrão é fixado com base em produções anteriores, tendo a empresa como meta atingi-lo no curto ou no médio prazo, ou seja, somente visando a produção daquele lote que irá fabricar conforme acordado com seu cliente.

É importante salientar que, na determinação do custo padrão, não basta apurar uma média com base na coleta de dados de produções anteriores, pois alguns cuidados precisam ser tomados, principalmente em períodos de desestabilidade econômica.

Entrevistas com o pessoal da engenharia de produção podem revelar a existência de fatores internos que influenciarão temporariamente no desempenho do processo produtivo. Por exemplo, as paradas para manutenção de máquinas e equipamentos, a rotatividade de pessoal e a substituição de empregados mais experientes por outros inexperientes nos períodos de férias regulamentares podem provocar lentidão no processo produtivo e até mesmo desperdícios de materiais; no tocante à qualidade dos insumos, em alguns períodos, em decorrência de aumento de produção ou de influências do próprio mercado, a empresa é levada a adquirir e utilizar materiais de qualidade inferior aos de praxe – esses são alguns dos fatores capazes de comprometer o desempenho da produção interferindo decisivamente nos custos finais dos produtos.

O custo real, portanto, dificilmente coincidirá com o prefixado, uma vez que o processo de fabricação está sujeito à ocorrência de fatos inusitados, e todas essas circunstâncias devem ser consideradas por ocasião da fixação do custo padrão.

Quando constituir meta a ser atingida pela empresa visando a otimização da produção, buscando maior qualidade e menor custo, pode ser denominado custo padrão ideal. Nesse caso, independentemente de a produção ser sob encomenda ou não, a empresa fixa metas a serem atingidas, em geral, no longo prazo. Trata-se de um custo também orçado, porém com objetivos a serem rigorosamente atingidos. Então, a empresa cria um modelo ideal e procura alcançá-lo visando o melhor aproveitamento dos recursos humanos, materiais e tecnológicos disponíveis.

Tendo em vista que, em geral, o modelo não pode ser alcançado no curto prazo, a empresa, mediante análise das variações entre o padrão e o real, vai procurando lapidar as arestas para minimizar ao máximo as divergências até atingir o custo ideal conforme sua realidade e seu interesse.

Portanto, o custo padrão, independentemente da sua finalidade, será sempre um custo orçado, isto é, fixado com base em estudos prévios, diferentemente do custo histórico ou real, que somente pode ser conhecido depois de concluído o processo de fabricação.

O custo padrão serve de parâmetro para o real e, enquanto o custo real representa aquele que efetivamente ocorreu, o custo padrão representa aquele que deveria ter ocorrido.

Por fim, é importante evidenciar que o custo padrão pode ser utilizado tanto pelas empresas que adotam o sistema de custeio por absorção (sistema de custeio permitido no Brasil, que se caracteriza pela inclusão, no custo de fabricação, de todos os custos incorridos, sejam diretos ou indiretos), quanto pelas empresas que adotam o sistema de custeio direto ou variável (que no Brasil é utilizado somente para fins gerenciais, por se caracterizar pelo desprezo dos custos indiretos, os quais são incluídos no resultado, juntamente com as despesas, não onerando os estoques nem o custo dos produtos vendidos).

12.2 Fixação do Custo Padrão

O custo padrão, seja qual for a sua finalidade, deve ser fixado segregadamente para os materiais, para a mão de obra e para os gastos gerais de fabricação. E a fixação não está restrita a valores; ela também deve ser feita em quantidade.

Assim, ao se prever o padrão em valor para cada item componente dos materiais, será necessário também fixar o padrão em quantidade (metros, peso, volume etc.); da mesma forma, ao se fixar o valor de cada item integrante da mão de obra, deve-se fixar também o tempo a ser gasto pelo pessoal para a fabricação de cada unidade; em relação aos gastos gerais de fabricação, além do valor de cada item, deve-se fixar, sempre que viável, a quantidade de KW, o tempo de uso de máquinas, o número de pulsos telefônicos etc.

Dependendo da complexidade que envolva o processo de fabricação exigido conforme o tipo do produto a ser fabricado, os três elementos integrantes do custo poderão ser compostos por um número maior ou menor de itens.

O custo padrão almejado deverá ser sempre aquele cuja previsão abranja o maior detalhamento possível para que as variações entre os valores estimados e os reais possam ser identificadas com precisão e ajustadas adequadamente visando alcançar as metas desejadas.

Conforme já dissemos, a fixação do custo padrão não pode estar fundamentada apenas nos dados extraídos da contabilidade de custos, embora as informações dela derivadas sejam imprescindíveis. É preciso também obter informações com o pessoal que trabalha na área de produção (em geral, da engenharia de produção) para evitar que o padrão seja uma simples média aritmética baseada somente nos valores contabilizados.

É evidente que na fixação do padrão deve-se levar em conta sempre a relação custo-benefício, desprezando-se os valores irrisórios (materialidade) que podem gerar cálculos com resultados irrelevantes, os quais servirão apenas para aumentar a quantidade de informações, emperrando o sistema de controle, seja contábil ou extracontábil.

12.3 Exemplo bem simples

Suponhamos que a Companhia Industrial Caçapava S.A., com base nas produções dos meses de janeiro, fevereiro e março, após coletar dados com a contabilidade de custos e informações com o pessoal que trabalha diretamente na produção, tenha fixado, para a fabricação de um lote de 100 unidades do produto K, o custo padrão de $ 500.

Esse valor-padrão foi obtido pelo somatório dos seguintes custos:

- Valor-padrão para os gastos com materiais: $ 250.
- Valor-padrão para os gastos com mão de obra: $ 150.
- Valor-padrão para os gastos gerais de fabricação: $ 100.
- Total do custo padrão: $ 500.

Suponhamos que, após encerrado o mês de abril, período em que o lote do produto em questão foi fabricado, o respectivo custo real devidamente contabilizado tenha sido conforme especificado a seguir:

- Custo real dos materiais: $ 300.
- Custo real da mão de obra: $ 200.
- Custo real dos gastos gerais de fabricação: $ 120.
- Total do custo real: $ 620.

Deve-se fazer um exame minucioso dos componentes do custo real ocorrido no mês de abril para verificar os motivos que provocaram a variação de $ 120 entre o custo padrão e o custo real.

Na análise, inicialmente, serão verificados possíveis aumentos no custo dos materiais, bem como reajustes de salários, tarifas etc.

Considerando não ter havido aumento de preços nem reajustes de salários, a administração da empresa poderá concluir que o aumento do custo real, em relação ao padrão, pode ter ocorrido em função de desperdícios de materiais, mão de obra ociosa etc.

Ao examinarmos o relatório elaborado pela engenharia de produção, especificamente em relação ao produto K, encontraremos as causas da variação de $ 120:

- Houve atraso de dois dias no processo de fabricação em razão da quebra de uma máquina, o que gerou gasto adicional de $ 10 com serviços de terceiros para reparo.
- Durante o mês, a metade do pessoal que trabalhou na fabricação das 100 unidades do produto K estava em fase de treinamento, causando lentidão no processo de fabricação, o que, por sua vez, provocou acréscimo de $ 10 no consumo de energia elétrica.
- O custo com a mão de obra sofreu aumento de $ 50 em decorrência do acréscimo do número de empregados e supervisores com o treinamento do pessoal em plena produção.
- A inexperiência do pessoal produtivo gerou desperdício de matéria-prima no montante de $ 50.

Embora o custo padrão constitua importante instrumento para a administração avaliar o desempenho da produção, servindo inclusive de base para tomadas de decisões, enquanto não se conhece o custo real, a sua adoção gera para a empresa duas tarefas: calculo prévio do custo padrão e, depois, com base em dados reais, cálculo do custo histórico ou real.

12.4 Variações entre o Custo Padrão e o Custo Real

As variações entre o Custo Padrão e o Custo Real podem decorrer de fatores internos ou externos à empresa.

Quando decorrerem de causas internas, caberá à empresa identificar as pessoas responsáveis para que possam tomar as providências necessárias visando sanar as irregularidades, eliminando de vez as divergências ou reduzindo-as ao máximo possível. Quando decorrerem de causas externas, pouca coisa ou quase nada poderá ser feito pela empresa, especialmente nos momentos em que as oscilações na economia do país refletirem nos preços dos insumos.

Uma vez fixado um valor-padrão, o custo real dificilmente coincidirá com ele, salvo em situações extremas, nas quais a economia do país se apresente estável, sem oscilações nos preços do mercado, nos salários do pessoal, e que, por um motivo inédito, a empresa desempenhe seus processos produtivos alcançando o máximo de eficiência com o aproveitamento de 100% dos recursos humanos, físicos e tecnológicos, sem que ocorram anomalias.

Como tal situação é utópica, o normal será que existam variações para mais ou para menos entre o custo real e o padrão almejado.

Essas variações poderão, assim, ser positivas (favoráveis) ou negativas (desfavoráveis). São positivas quando o custo padrão supera o custo real, caso em que a empresa gastou menos para fabricar os produtos do que havia previsto. E negativas quando o custo real superar o padrão, caso em que a empresa gastou mais do que tinha previsto para a fabricação dos produtos.

Em qualquer das situações, sendo a variação favorável ou desfavorável, a empresa deverá identificar as causas que as provocaram e providenciar os ajustes necessários. Essas tomadas de decisão devem decorrer de rigorosa análise após a comparação entre o custo desejado (padrão) e o incorrido (real).

Vejamos, então, alguns dos principais fatores que provocam as variações entre o custo almejado e o efetivamente incorrido.

a. **Variação de valor**

- Aumentos ou quedas nos preços dos insumos

  Quando a divergência entre qualquer item componente do custo de fabricação padrão em relação ao real decorrer de variações de preço, poucas providências poderão ser tomadas pela empresa. Há casos em que nenhuma providência caberá, como ocorre, por exemplo, nos aumentos de preços dos materiais e de outros gastos gerais de fabricação, como a energia elétrica, frutos de inflação. No caso dos materiais, a empresa poderá procurar outros fornecedores para compensar os aumentos de preços, embora essa prática não seja tão simples assim, uma vez que nem sempre encontrará fornecedores no mercado que estejam dispostos a cobrir preço, qualidade e precisão na entrega dos materiais necessários à fabricação. Quanto aos preços dos serviços cuja variação decorra de atos do Poder Público, como energia elétrica, telefones etc., nenhuma providência caberá à empresa, salvo reajustes nos valores-padrão para os períodos seguintes.

  Outra variação entre o real e o padrão que ocorre com frequência são os aumentos de salários nos períodos dos dissídios coletivos, e a empresa deverá estar atenta para acomodar tais aumentos sem a necessidade de providências mais radicais em seus controles.

b. **Variação de quantidade**

Quando as variações entre o custo padrão e o real decorrerem do aumento das quantidades de materiais aplicadas na produção, a empresa deverá verificar a causa para que possam ser tomadas as providências necessárias, visando eliminá-las. As divergências nas quantidades podem decorrer de problemas no funcionamento das máquinas, de inexperiência do pessoal ou de parte do pessoal que manipula diretamente o produto, da qualidade dos materiais aplicados etc.

Sempre que ocorre admissão de pessoal, quer para substituir demissionários, quer em decorrência de aumento de produção, em geral, haverá, por um período, desperdícios de materiais e até mesmo lentidão na produção, situações que serão superadas de forma gradativa, à medida que os empregados forem se familiarizando com as novas tarefas. Sempre que essas situações puderem ser previamente detectadas, deverão influenciar na determinação do custo padrão.

Não se pode esquecer que, em função das características que envolvem o processo de fabricação, alguns desperdícios de materiais são considerados normais e não devem gerar variações entre o custo padrão e o real. São exemplos de desperdícios dessa natureza aparas, nas indústrias que manipulam papel; serragens, nas indústrias que atuam com madeira; limalhas, nas indústrias que trabalham com materiais ferrosos; retalhos, nas indústrias de confecções etc. Nesses casos, os desperdícios serão tratados como integrantes do custo de fabricação, conforme estudamos na Seção 4.3.9 do Capítulo 4.

c. **Variação mista**

Ocorre quando a variação entre o custo real e o custo padrão deriva de divergências tanto no custo dos insumos quanto nas quantidades aplicadas no processo de fabricação.

O valor da variação mista será obtido com a multiplicação da variação de quantidade pela variação de preço.

As causas que provocam variações nos preços dos insumos e nas quantidades, sejam de materiais, horas de trabalho ou outros insumos, são as mesmas já comentadas nas letras "a" e "b".

Há, sem dúvida, uma infinidade de situações que podem ocorrer no processo produtivo e que provocam variações entre o custo padrão e o efetivamente incorrido. Essas situações, conforme as características de cada processo de fabricação, podem ocorrer em relação aos recursos humanos, aos recursos físicos ou aos recursos tecnológicos.

Portanto, após definido um modelo a ser alcançado, será indispensável uma boa análise para se tomar as providências necessárias, visando possíveis ajustes após a identificação dos itens que apresentaram divergências entre o custo real e aquele previamente determinado.

12.5 Esquema técnico para contabilização do Custo Padrão

Embora o custo padrão seja um instrumento de controle de grande importância inclusive no gerenciamento da produção, a sua contabilização é dispensável, uma vez que, para os registros contábeis, o que vale é o custo efetivamente incorrido na fabricação, e, para as tomadas de decisões no gerenciamento da produção ou de outros setores da empresa, as informações compiladas em mapas, gráficos, relatórios ou qualquer outro meio extracontábil atendem às necessidades até mesmo de maneira mais precisa que os relatórios extraídos dos registros contábeis.

O custo padrão, mesmo controlado extracontabilmente, não perderá suas principais características, que, conforme já dissemos, podem ser resumidas como sendo um valor que serve de base de comparação para o custo real e como modelo a ser atingido pela empresa.

Entretanto, quando a empresa decidir contabilizar antecipadamente o custo com base no padrão, deverá fazê-lo, no encerramento do processo produtivo, os ajustes necessários, contabilizando as variações positivas ou negativas para que o custo de fabricação fique devidamente registrado na contabilidade pelo seu valor histórico, ou seja, pelos valores de fato incorridos. Para que isso seja possível, as divergências entre o custo padrão e o custo real, evidenciadas pelas contas de variações próprias, deverão ser distribuídas de maneira proporcional entre os estoques de produtos em elaboração, entre os estoques de produtos acabados e ainda não vendidos, e entre o custo dos produtos vendidos.

Quando a empresa não faz opção pela contabilização do custo padrão, ele é calculado e acompanhado em comparação ao real por meio de mapas, gráficos ou outros relatórios extracontábeis.

Não restam dúvidas de que o custo estimado, em muitas ocasiões, agiliza o registro contábil da produção, pois permite que a contabilização do custo de fabricação dos produtos seja processada à medida que os respectivos processos de fabricação são encerrados ao longo do mês, ainda que a maior parte dos custos indiretos até então não seja totalmente conhecida. Na Seção 10.6 do Capítulo 10, tecemos comentários e apresentamos um exemplo de contabilização dos CIFs com base em valores estimados, com propostas de ajustes no final do mês, quando possível e viável, ou somente por ocasião do encerramento do exercício social, data em que o Balanço Patrimonial deve ser levantado.

Em uma economia inflacionária, o custo real será sempre superior ao custo padrão. Por esse motivo, se a pessoa responsável pela contabilidade de custos decidir contabilizá-lo, deverá prever contas apropriadas para registrar as variações que certamente ocorrerão.

Havendo interesse da empresa no registro contábil do custo padrão, caberá a ela decidir o grau do detalhamento que envolverá essa contabilização.

O ideal é que no Elenco de Contas estejam previstas contas para cada item componente dos custos diretos e dos custos indiretos para receber os lançamentos pelo valor real e também um mesmo número de contas idênticas para receber os lançamentos pelo custo padrão. Nesse caso, no encerramento de cada mês, deve-se fazer o cotejo de cada item de custo direto e indireto entre o padrão e o real, apurando-se as variações por item e fazendo os ajustes necessários, sejam as variações favoráveis (positivas) ou desfavoráveis (negativas).

Como já dissemos, para evitar um número excessivo de lançamentos contábeis, pode-se acompanhar extracontabilmente todos os itens componentes dos custos diretos e indiretos, e proceder à contabilização do custo padrão e das variações somente por valores globais, conforme sugestão que apresentamos no esquema a seguir. Veja agora, um esquema técnico que pode ser utilizado para contabilização do custo padrão.

12.5.1 Contabilização dos valores padrão

No momento em que for concluído o processo de fabricação de um produto, grupo ou família de produtos, será dada baixa da produção e respectiva entrada no grupo dos estoques de produtos acabados, considerando os valores padrão. O registro contábil será feito mediante débito na conta de estoque e crédito na conta representativa do custo em formação do respectivo produto, grupo ou família.

Para evitar a contabilização a crédito da conta que registra o custo em formação de cada produto, grupo ou família por subcontas representativas de cada item componente dos materiais, da mão de obra e dos gastos gerais de fabricação, podem-se elaborar mapas de apuração dos custos pelos valores padrão e dar a respectiva baixa na produção utilizando um só valor a débito da conta representativa do produto no grupo do Ativo Circulante (Estoques de Produtos Acabados) e a crédito da conta representativa do custo em formação do respectivo produto.

12.5.2 Contabilização dos valores reais

Durante o mês, à medida que os custos forem sendo gerados, serão contabilizados a débito da conta representativa do item do custo direto ou indireto, pelo seu valor real. Essa contabilização, a critério da empresa, poderá ser efetuada de uma só vez, após o fechamento do mês.

12.5.3 Apuração das variações entre o Custo Padrão e o Custo Real

Tendo em vista que as contas representativas do custo em formação de cada produto no final do mês estarão devidamente creditadas pelos custos-padrão incorridos no mês, tenham os produtos sido transferidos para estoque de produtos acabados ou permanecido em processamento – caso em que estarão registrados também em contas de estoques de produtos em elaboração –, após o fechamento do mês, deve-se proceder à transferência dos custos devidamente registrados nas contas próprias para as contas representativas do custo em formação de cada produto, adotando os critérios já estudados nos capítulos anteriores, ou seja, debitam-se as contas representativas do custo em formação de cada produto e creditam-se as contas de custos respectivas.

Após esses registros, as contas representativas do custo em formação de cada produto conterão no débito o total dos custos reais e no crédito o total dos custos padrão. Se o saldo da conta for devedor, significa que o custo real foi superior ao padrão e a variação será desfavorável; caso contrário, a variação será favorável.

Para que as variações fiquem devidamente caracterizadas nos registros contábeis, pode-se transferi-las para conta própria, debitando ou creditando a conta representativa do custo em formação e creditando ou debitando a conta representativa da respectiva variação.

12.5.4 Destino das variações

Conforme já salientamos, as variações apuradas, favoráveis ou não, deverão ser estudadas de forma segregada, por item componente do custo, para que sejam devidamente sanadas visando produções futuras.

Contabilmente, o tratamento é semelhante às variações dos CIFs estudadas na Seção 9.6 do Capítulo 9: se relevantes, deverão, no próprio mês, ser alocadas parte para os estoques de produtos em elaboração, parte para os estoques de produtos acabados e parte para o custo dos produtos vendidos. Essas transferências serão efetuadas debitando-se as contas representativas dos estoques de produtos em elaboração, dos estoques de produtos acabados ou do custo dos produtos vendidos e creditando-se a conta que registrou a respectiva variação.

12.6 Exemplo prático

Nota

- Apresentaremos um exemplo prático sem muitos detalhes, evidenciando apenas os grupos principais das contas representativas do custo de fabricação, para que você possa sedimentar em seu conhecimento, rapidamente, o mecanismo de contabilização do custo padrão. Exemplos de contabilizações envolvendo mais detalhes foram apresentados nos capítulos anteriores.

Considere as seguintes informações pertinentes ao processo produtivo da Companhia Industrial Redenção da Serra S.A., referentes ao mês de outubro de X1:

1. Produção iniciada e acabada no mês: 1.000 unidades do produto A.
2. Custo padrão:

   Matéria-prima por unidade: 4 kg × $ 5,00 = $ 20,00

   Mão de obra direta por unidade: 2 h × $ 6,00 = $ 12,00

   CIFs fixos = $ 4.000

   CIF variável por unidade: $ 1,00 × 1.000 un = $ 1.000

Nota

- Tendo em vista que, no presente exemplo prático, por motivo de simplificação, vamos atribuir o custo total do período para um mesmo produto, não calcularemos a taxa de aplicação de CIF. Nos casos em que os CIFs fixo e variável devam ser atribuídos a lotes diferentes de produtos, devem-se observar as orientações apresentadas na Seção 9.6 do Capítulo 9.

3. A metade da produção de outubro foi vendida à vista, ao preço unitário de $ 50.
4. Custos reais:

   Matéria-prima: 4.040 kg × $ 5,00 = $ 20.200

   Mão de obra direta: 2.100 h/h × $ 6,00 = $ 12.600

   CIFs fixos = $ 4.000

   CIF variável = $ 1.020

Considerando que todos os custos incorridos no período foram pagos em dinheiro, veja como os fatos serão contabilizados, observando o esquema que sugerimos na Seção 12.5 do presente capítulo:

Solução:

a. Cálculo do custo padrão para 1.000 unidades produzidas:

Matéria-prima: 1.000 un × $ 20,00	20.000
Mão de obra direta: 2.000 h/h × $ 6,00	12.000
= Custo padrão primário	32.000
CIFs fixos	4.000
CIFs variáveis: 1.000 un × $ 1,00	1.000
= Custo padrão total para 1.000 unidades do produto A	$ 37.000

Observação

- Em relação aos CIFs fixos e variáveis, no presente exemplo, tendo em vista que serão atribuídos a um só lote de produtos e de uma só vez, não nos preocupamos com o cálculo da taxa de CIF estimada (padrão). Orientamos, no entanto, nos casos de atribuição de CIF para vários produtos ou lotes em datas diferentes, para a adoção da taxa de aplicação de CIF, em consonância com o que estudamos na Seção 9.6.

b. Contabilização do custo padrão

1) *Estoque de Produtos Acabados – Produto A*

a CUSTO EM FORMAÇÃO

Produto A *37.000*

c. Contabilização da venda de metade da produção

2) *Caixa*

a Vendas de Produtos *25.000*

3) *Custo dos Produtos Vendidos*

a Estoque de Produtos Acabados – Produto A

Pelo valor-padrão *18.500*

d. Cálculo do custo real para 1.000 unidades produzidas

Matéria-prima: 4.040 kg × $ 5,00	20.200
Mão de obra direta: 2.100 h/h × $ 6,00	12.600

= Custo real primário	32.800
CIFs fixos	4.000
CIF variável	1.020
= Custo real total	37.820

e. Contabilização do custo real

4) *Diversos*

a Caixa

Matéria-prima	*20.200*	
Mão de Obra Direta	*12.600*	
CIFs Fixos	*4.000*	
CIF Variável	*1.020*	*37.820*

5) *CUSTO EM FORMAÇÃO*

Produto A

a Diversos

a Matéria-prima	*20.200*	
a Mão de Obra Direta	*12.600*	
a CIFs Fixos	*4.000*	
a CIF Variável	*1.020*	*37.820*

Após os cinco lançamentos efetuados, a conta que registra o custo em formação do produto A apresenta saldo devedor de $ 820. Sendo o custo real superior ao padrão, a diferença encontrada representa uma variação desfavorável.

É importante reiterar que estamos apresentando um exemplo prático com poucos dados para que você compreenda com facilidade o mecanismo que envolve a apuração e o registro do custo de fabricação quando adotado o custo padrão. No entanto, você já sabe, conforme vivenciou em exemplos práticos de capítulos anteriores, que o custo de fabricação abrange um grande número de itens em relação tanto aos custos diretos quanto aos indiretos. Assim, é conveniente que a empresa fixe custo padrão para cada item e, por meio de mapas ou mesmo registros contábeis, acompanhe as variações com detalhes e tome as providências cabíveis em cada caso para que o padrão fique cada vez mais próximo do real.

No exemplo em estudo, apareceram apenas variações desfavoráveis. Poderão, no entanto, para um mesmo produto, aparecer itens componentes do custo com variações favoráveis e itens com variações desfavoráveis.

Vejamos, então, a composição da variação negativa de $ 820.

- Apuração da variação em valores

Itens do Custo	Padrão	Real	Variação
Matéria-prima	20.000	20.200	(200)
Mão de Obra Direta	12.000	12.600	(600)
CIFs Fixos	4.000	4.000	–
CIF Variável	1.000	1.020	(20)
Total das Variações			**(820)**

- Apuração da variação em quantidades (custos diretos)

Itens do Custo	Padrão	Real	Variação
Matéria-prima	4.000 kg	4.040 kg	(40 kg)
Mão de Obra Direta	2.000 h/m	2.100 h/m	(100 h/m)

Para fins de análise das variações, será sempre importante conjugar as variações em valores com as variações em quantidade. Elas poderão ocorrer somente em valores; somente em quantidades; ou em valores e em quantidades ao mesmo tempo.

Assim, uma vez apuradas as variações, elas deverão ser contabilizadas para que o custo de fabricação reflita os valores efetivamente incorridos no período. Entretanto, não basta apurar as variações e proceder aos ajustes contábeis. Para que os valores-padrão sirvam como elementos de controle, é preciso uma análise minuciosa que identifique as causas que provocaram as variações.

Assim, uma vez identificados os motivos, a empresa deverá tomar as providências necessárias para que, nos períodos seguintes, o custo padrão fique bem próximo do real.

É importante salientar que as análises das variações entre o custo padrão e o real apresentam melhores resultados quando efetuadas por quantidades ou valores unitários.

É bom lembrar, também, que os custos diretos são variáveis em função do volume produzido e são fixos por unidade. Já os custos indiretos são fixos independentemente do volume produzido, porém são variáveis em relação a cada unidade produzida. Na análise, também não se pode esquecer que os custos indiretos possuem uma parcela que varia em função do volume produzido.

Portanto, conforme já salientamos, na análise das variações, é muito importante a conjugação da variação em valor com a variação em quantidade.

f. Contabilização da variação

6) *Variação Desfavorável*

a CUSTO EM FORMAÇÃO

Produto A	*820*	

g. Rateio da variação desfavorável

7) *Diversos*

a Variação Desfavorável

Estoque de Produtos Acabados	*410*	
Custo dos Produtos Vendidos	*410*	*820*

Observação

■ Note que, no presente exemplo prático, decidimos por ratear a variação desfavorável entre o custo do estoque de produtos acabados e o custo dos produtos vendidos, uma vez que parte da produção permanece estocada e parte foi vendida. Lembramos que, nos casos de variações irrelevantes, elas poderão permanecer nas contas próprias, sejam favoráveis ou desfavoráveis, para que no final do exercício social sejam transferidas diretamente para o resultado.

Conforme você pôde observar, a contabilização do custo padrão é uma tarefa relativamente simples. O mais importante na adoção do custo padrão é exatamente a apuração e a análise das variações entre o padrão e o real, que podem ocorrer em relação aos valores e em relação às quantidades, para que a sua adoção sirva tanto de instrumento de controle quanto para auxiliar a administração da empresa nas tomadas de decisões.

ATIVIDADES TEÓRICAS

1. Responda:

1.1 Apresente o conceito de custo padrão.

1.2 Apresente o conceito de custo real.

1.3 Cite duas das finalidades do custo padrão.

1.4 Cite três fatores internos que podem provocar variações entre o custo padrão e o real.

1.5 Se a empresa decide contabilizar o custo padrão baixando contabilmente a crédito das contas representativas do custo em formação de cada produto pelo valor-padrão e lançando os custos reais a débito dessas mesmas contas, quando apresentar saldo devedor, como serão denominadas as variações?

2. Julgue as afirmativas como falsas (F) ou verdadeiras (V):

2.1 ( ) O custo padrão é um custo estimado.

2.2 ( ) O custo histórico é o efetivamente incorrido no período.

2.3 ( ) O custo padrão é o que ocorre efetivamente no processo de produção.

2.4 ( ) O custo real é o desejado.

2.5 ( ) O custo padrão ideal constitui meta a ser atingida pela empresa visando a otimização da produção a fim de obter maior qualidade e menor custo.

2.6 ( ) Melhores resultados são obtidos quando se utiliza o custo padrão sem muitos detalhes.

2.7 ( ) Melhores resultados serão obtidos quando o custo padrão for analisado de maneira detalhada, por item componente de cada elemento do custo.

2.8 ( ) As variações serão desfavoráveis quando o saldo da conta Custo em Formação apresentar saldo credor.

2.9 ( ) Os motivos que provocam variações entre o custo real e o padrão devem ser eliminados para que o custo padrão seja sempre igual ao real.

2.10 ( ) São favoráveis as variações positivas e são desfavoráveis as variações negativas entre o padrão e o real.

2.11 ( ) Serão denominadas mistas as variações quando ocorrerem em relação tanto a valores quanto a quantidades.

2.12 ( ) O custo padrão contabilizado tem mais importância que aquele apenas acompanhado e calculado extracontabilmente.

ATIVIDADE PRÁTICA

Considere as seguintes informações extraídas do controle interno da Companhia Industrial Vale do Paraíba S.A., relativas ao mês de maio de X1:

1. Valores-padrão fixados para a produção de 100 unidades do produto BRC:
   Matéria-prima: 1,5 m por unidade x $ 10,00 por metro.
   Materiais secundários: 100 g por unidade x $ 0,02 por grama.
   Mão de obra direta: 1 hora-homem por unidade x $ 7,00 por hora.
   CIFs fixos: $ 300.
   CIFs variáveis: $ 2,00 por unidade.
2. Toda a produção de 100 unidades do produto BRC foi vendida à vista por $ 40 a unidade.
3. Custos reais:
   Matéria-prima: 1,6 m por unidade x $ 11,00 por metro.
   Materiais secundários: 100 g por unidade x $ 0,022 por grama.
   Mão de obra direta: 1 hora-homem por unidade x $ 7,00 por hora.
   CIFs fixos: $ 310.
   CIFs variáveis: $ 1,80 por unidade.

4. Foram fabricadas e vendidas 100 unidades do produto BRC. Não havia estoque de produtos em elaboração no início e no final do mês.

   Pede-se: contabilizar o movimento relativo ao mês de maio, observando o esquema apresentado na Seção 12.5 do presente capítulo e considerando ainda:

   a) A empresa contabiliza o custo padrão.

   b) Todos os custos incorridos foram pagos em dinheiro.

   c) As possíveis variações deverão ser transferidas totalmente para o custo dos produtos, já que toda a produção foi vendida no próprio mês.

13 Método UEP

13.1 Conceito

Unidades de Esforço de Produção (UEP) é uma metodologia de custeio por meio da qual o custo de transformação é atribuído a cada unidade de produto fabricada com base no esforço despendido pela empresa para a fabricação da respectiva unidade.

O custo de transformação representa o valor que a empresa agrega ao custo da matéria-prima para a composição do custo de fabricação de cada produto. Compreende a mão de obra direta e indireta, bem como os gastos gerais de fabricação também diretos e indiretos (energia elétrica, aluguel, depreciação, manutenção de máquinas e equipamentos, material de consumo, serviços de terceiros etc.).

Para fins de aplicação do método UEP, o custo de fabricação é dividido em duas partes: de um lado, o custo da matéria-prima adquirida de terceiros e, de outro, o esforço da empresa necessário para a transformação da matéria-prima em produtos.

Custo de Fabricação = Matéria-prima + Custo de Transformação

No custo da matéria-prima incluem-se, também, o custo dos materiais secundários e dos materiais de embalagem.

O esforço necessário para transformar matéria-prima em produtos consome mão de obra direta e indireta, bem como gastos gerais de fabricação diretos e indiretos.

A peculiaridade do método UEP concentra-se, portanto, na forma de alocação do custo de transformação aos produtos, uma vez que os custos da matéria-prima, dos materiais secundários e do material de embalagem não oferecem embaraços para sua alocação direta a cada unidade de produto fabricada.

Para atribuir o custo da matéria-prima aos produtos, basta multiplicar o preço unitário pago ao fornecedor pelas quantidades aplicadas em cada unidade de produto fabricada.

Convém ressaltar que o custo de aquisição da matéria-prima e dos demais materiais diretos corresponde ao valor pago ao fornecedor acrescido ou subtraído dos valores dos fatos que interferem no valor das compras.

13.2 Aplicação do método UEP

Para a aplicação com sucesso do método das Unidades de Esforço de Produção, recomendamos observar os seguintes passos:

1º *Passo:* divisão da fábrica em postos operativos

Postos operativos são locais onde ocorrem as operações de transformação da matéria-prima em produtos. Em uma indústria de confecções, por exemplo, o departamento de costura será considerado um posto operativo para fins de alocação do custo de transformação gerado no respectivo departamento aos produtos que passarem por ele.

A função do posto operativo é semelhante à do centro de custos no sistema de custeio departamental (veja Capítulo 10), embora os postos operativos sejam criados somente na área de produção e, diferentemente dos centros de custos, visem a acumulação dos custos de transformação e não somente de CIFs.

Nos postos operativos, os produtos consomem esforços de forma semelhante, porém o rateio do custo de transformação é feito com base no tempo em que cada produto permaneceu no respectivo posto.

É importante salientar que um posto operativo não precisa ser obrigatoriamente um departamento, podendo ser uma máquina ou um pequeno grupo de máquinas. Também, se o produto em uma determinada fase da produção consumir somente mão de obra, o posto operativo será um posto de serviço.

2º *Passo:* cálculo do custo-hora (em unidade monetária – $) por posto operativo

FÓRMULA:

$$CTH = CTP/HTP$$

onde:

CTH = Custo de transformação por hora em $;

CTP = Custo de transformação do posto em $;

HTP = Número de horas de trabalho do posto.

Considera-se custo de transformação do posto operativo todos os custos incorridos durante o mês no respectivo posto, exceto com materiais diretos (matéria-prima, materiais secundários e material de embalagem).

3º *Passo:* levantamento do tempo de maturação por unidade em cada posto operativo

Nesse momento, deve-se levantar o tempo de maturação de cada unidade em cada posto operativo.

É muito importante que todo o pessoal que manipula os produtos nos postos operativos tenha sido conscientizado sobre a importância de acompanhar o tempo de passagem de cada produto pelo respectivo posto, já que o produto será avaliado em função do tempo acumulado em cada posto operativo.

Uma forma eficiente de se conhecer o tempo que cada produto ocupou em cada posto operativo é gerar dados por meio de apontamentos que poderão ser feitos pelas próprias pessoas que manipulam diretamente cada produto. Entretanto, os critérios fixados para os apontamentos devem ser rigorosamente cumpridos, para se evitar desvios nos resultados almejados.

Por fim, é importante salientar que o tempo de passagem de cada unidade de produto pelo posto operativo deve ser informado em hora ou fração de hora.

Para exemplificar, suponhamos que determinado produto tenha permanecido em um posto operativo por 45 minutos. Nesse caso, o tempo desse produto corresponderá a 0,75 hora (45 minutos divididos por 60 minutos).

Para encontrar o tempo de fabricação de uma unidade, quando se tem o tempo gasto para fabricar um lote, bastará dividir o tempo gasto para fabricar o lote pelo número de unidades componentes do respectivo lote.

EXEMPLO:

Se para fabricar 1.000 unidades foram gastas 110 horas, para fabricar uma unidade serão gastas: 0,11 hora (110 h/1.000 unidades).

4º *Passo:* eleição do produto-base

Dentre os produtos fabricados, deve-se escolher como modelo aquele que melhor represente a estrutura de produção da empresa. Geralmente a escolha recai sobre o produto que passa pelo maior número de postos operativos ou ao menos pelos postos mais importantes.

Quando o processo de fabricação for muito complexo ou quando nenhum dos produtos passar por todos os postos operativos, pode-se optar pela criação de um produto fictício ou, ainda, por uma média calculada pela combinação de vários produtos.

5º *Passo:* cálculo do valor da UEP básica em unidade monetária ($)

Depois de escolhido o produto-base, o próximo passo será, então, calcular o seu valor em unidade monetária ($), que corresponderá à UEP básica.

Os procedimentos são como segue:

a. Identificar o tempo em que o produto-base passou em cada um dos postos operativos.

b. Multiplicar o tempo que o produto-base permaneceu em cada posto pelo respectivo custo-hora de cada posto.

c. Somar o custo do produto-base de cada posto para obter o valor da UEP básica em unidade monetária ($).

6º Passo: cálculo dos potenciais produtivos (UEP/hora de cada posto operativo)

O potencial produtivo de um posto corresponde à quantidade de esforços de produção gerada pelo funcionamento do respectivo posto durante uma hora. Indica, portanto, quantas UEPs o posto operativo é capaz de produzir em uma hora.

FÓRMULA:

$$PPP = CH/VUB$$

onde:
PPP = Potencial produtivo do posto;
CH = Custo-hora (em $) do posto;
VUB = Valor da UEP básica.

O custo-hora (em $) do posto foi calculado no segundo passo.

O valor da UEP básica foi calculado no quinto passo.

7º Passo: cálculo do equivalente de cada unidade de produto fabricada em UEPs

Primeiro, calcula-se o equivalente em UEPs de uma unidade de cada produto em cada posto operativo por onde passou.

FÓRMULA:

$$EUU = TP \times PP$$

onde:
EUU = Equivalente em UEP por unidade;
TP = Tempo de permanência;
PP = Potencial produtivo.

Em seguida, para chegar ao potencial produtivo de cada unidade, bastará somar o potencial produtivo encontrado em cada posto operativo relativo à respectiva unidade produzida.

O equivalente em UEP do produto corresponde à soma dos esforços de produção consumidos por ele em cada posto operativo.

8º Passo: mensuração da produção total em UEP

Para se obter o montante da produção total do período em UEPs, basta multiplicar as quantidades fabricadas dos produtos pelos respectivos equivalentes em UEPs.

9º *Passo:* cálculo do custo de transformação por unidade

O custo de transformação de cada unidade produzida no período será obtido como a seguir.

Primeiro, calcula-se o valor unitário da UEP.

FÓRMULA:

VUUEP = CTT/PUEPs

onde:
VUUEP = Valor unitário da UEP;
CTT = Custo de transformação total – compreende os gastos totais com os postos operativos no mês;
PUEPs = Produção total em UEPs do referido período.

Em seguida, multiplica-se o valor unitário da UEP pelo equivalente em UEP de cada unidade de produto para encontrar o respectivo custo de transformação unitário.

10º *Passo:* cálculo do custo unitário total por produto

Para se obter o custo unitário de cada produto, basta adicionar o custo unitário com matéria-prima, com materiais secundários e com materiais de embalagem ao custo unitário de transformação, esse último obtido no nono passo.

13.3 Exemplo prático

Suponhamos as seguintes informações extraídas do controle interno de uma empresa industrial, referentes à sua produção do mês de fevereiro de X1:

a. A empresa fabricou no período 1.000 unidades do produto A, 800 unidades do produto B e 500 unidades do produto C.

b. Custo da matéria-prima aplicada na produção do período:

Produto A: 1.000 un × $ 30,00 = $ 30.000

Produto B: 800 un × $ 25,00 = $ 20.000

Produto C: 500 un × $ 20,00 = $ 10.000

Total: ....$ 60.000

c. A empresa industrial possui apenas quatro departamentos produtivos, devidamente redenominados para fins do UEP como postos operativos: corte, costura, bordado e acabamento.

d. O produto A passa por todos os departamentos produtivos; o produto B só não passa pelo corte, e o produto C não passa pelo bordado.

e. Número de horas trabalhadas no mês:

20 dias úteis × 8 h/dia = 160 h/mês

f. Tempo de maturação dos produtos nos postos operativos:

Corte: PA = 110 h e PC = 50 h

Costura: PA = 80 h, PB = 50 h e PC = 30 h

Bordado: PA = 120 h; PB = 40 h

Acabamento: PA = 80 h, PB = 40 h e PC = 40 h

g. Custos de transformação incorridos no período: corte, $ 8.000; costura, $ 10.000; bordado, $ 5.000 e acabamento, $ 6.000. Total do custo de transformação incorrido no mês: $ 29.000.

Considerando somente essas informações e que nos totais dos custos de transformação apresentados para cada posto operativo já estão incluídos os custos gerados nos departamentos de serviços, veja como serão atribuídos os custos aos produtos pelo método UEP.

SOLUÇÃO:

Solucionaremos o presente exemplo prático seguindo os passos apresentados na Seção 13.2; acompanhe:

1º Passo: divisão da fábrica em postos operativos

Vamos considerar que os postos operativos correspondam a cada um dos quatro departamentos propostos: corte, costura, bordado e acabamento.

2º Passo: cálculo do custo-hora (em $) por posto operativo

Corte: $ 8.000/160 h = $ 50 a hora

Costura: $ 10.000/160 h = $ 62,50 por hora

Bordado: $ 5.000/160 h = $ 31,25 a hora

Acabamento: $ 6.000/160 h = $ 37,50 a hora

3º Passo: levantamento do tempo de maturação por unidade em cada posto operativo

Corte

Produto A: 110 h/1.000 un = 0,11 h/un

Produto C: 50 h/500 un = 0,10 h/un

Costura

Produto A: 80 h/1.000 un = 0,08 h/un

Produto B: 50 h/800 un = 0,0625 h/un

Produto C: 30 h/500 un = 0,06 h/un

Bordado

Produto A: 120 h/1.000 un = 0,12 h/un

Produto B: 40 h/800 un = 0,05 h/un

Acabamento

Produto A: 80 h/1.000 un = 0,08 h/un

Produto B: 40 h/800 un = 0,05 h/un

Produto C: 40 h/500 un = 0,08 h/un

4º *Passo:* eleição do produto-base

Elegemos o produto A, tendo em vista que, dos três apresentados, é o único que passa por todos os postos operativos.

5º *Passo:* cálculo do valor da UEP básica em unidade monetária ($)

Depois de escolhido o produto-base, o próximo passo será, então, calcular o seu valor em unidade básica ($), que corresponderá à UEP básica.

Os procedimentos são como segue:

a. Identificar o tempo em que o produto-base passou em cada um dos postos operativos:

Corte: 0,11 h

Costura: 0,08 h

Bordado: 0,12 h

Acabamento: 0,08 h

b. Multiplicar o tempo que o produto-base permaneceu em cada posto pelo respectivo custo-hora em unidade monetária ($) de cada posto:

Corte: 0,11 h × $ 50,00 = $ 5,50

Costura: 0,08 h × $ 62,50 = $ 5,00

Bordado: 0,12 h × $ 31,25 = $ 3,75

Acabamento: 0,08 h ×× $ 37,50 = $ 3,00

c. Somar o custo do produto-base de cada posto para obter o valor da UEP básica em unidade monetária ($).

Temos: $ 5,50 + $ 5,00 + $ 3,75 + $ 3,00 = $ 17,25

Esse valor encontrado de $ 17,25 corresponde ao valor do produto-base, que é a própria UEP básica.

6º *Passo:* cálculo dos potenciais produtivos (UEP/hora de cada posto operativo)

FÓRMULA:

$$\frac{\text{Custos - hora (em unidade monetária – \$) do posto}}{\text{Valor da UEP básica}}$$

O custo-hora em unidade monetária ($) foi calculado no segundo passo e o valor da UEP básica foi calculado no quinto passo.

Teremos:

Corte: $ 50,00/$ 17,25 = $ 2,8985507

Costura: $ 62,50/$ 17,25 = $ 3,6231884

Bordado: $ 31,25/$ 17,25 = $ 1,8115942

Acabamento: $ 37,50/$ 17,25 = $ 2,1739130

Significa que o posto operativo corte consegue produzir 2,8985507 UEPs por hora; o PO costura consegue produzir 3,6231884; o PO bordado consegue produzir 1,8115942 e o PO Acabamento consegue produzir 2,1739130.

Para o cálculo dos potenciais produtivos (UEP/hora), é importante trabalhar com o maior número possível de casas decimais. As aproximações poderão resultar em diferenças entre o montante real do custo de transformação e o montante alocado aos produtos.

7º *Passo:* cálculo do equivalente de cada unidade de produto fabricado em UEPs

Primeiro, calcularemos o equivalente em UEPs de uma unidade de cada produto, em cada posto operativo por onde passou.

FÓRMULA:

Equivalente em UEP = Tempo de Permanência × Potencial Produtivo

O tempo de permanência foi calculado no terceiro passo e o potencial produtivo foi calculado no sexto passo.

Temos:

Corte

Produto A: 0,11 h/un × 2,8985507 = 0,3188405

Produto C: 0,10 h/un × 2,8985507 = 0,289855

Costura

Produto A: 0,08 h/un × 3,6231884 = 0,289855

Produto B: 0,0625 h/un × 3,6231884 = 0,2264492

Produto C: 0,06 h/un × 3,6231884 = 0,2173913

Bordado

Produto A: 0,12 h/un × 1,8115942 = 0,2173913

Produto B: 0,05 h/un × 1,8115942 = 0,0905797

Acabamento

Produto A: 0,08 h/un × 2,1739130 = 0,173913

Produto B: 0,05 h/un × 2,1739130 = 0,1086956

Produto C: 0,08 h/un × 2,1739130 = 0,173913

Agora, vamos somar, por produto, o equivalente em UEPS referente à produção do período.

Basta somar os equivalentes em UEPS incorridos em cada posto operativo. Veja:

Produto A:

Equivalente em UEPs ref. corte: 0,3188405
Equivalente em UEPs ref. costura: 0,289855
Equivalente em UEPs ref. bordado: 0,2173913
Equivalente em UEPs ref. acabamento: 0,173913
Total em UEPs: 0,9999998

Produto B:

Equivalente em UEPs ref. costura: 0,2264492
Equivalente em UEPs ref. bordado: 0,0905797
Equivalente em UEPs ref. acabamento: 0,1086956
Total em UEPs: 0,4257245

Produto C:

Equivalente em UEPs ref. corte: 0,289855
Equivalente em UEPs ref. costura: 0,2173913
Equivalente em UEPs ref. acabamento: 0,173913
Total em UEPs: 0,6811593

Apuramos, nesse passo, o equivalente de cada unidade de produto fabricada, em UEPs. É como se a empresa fabricasse apenas UEPs e não os produtos A, B e C.

8º *Passo:* mensuração da produção total em UEPs

Para se obter o montante da produção total do período em UEPs, basta multiplicar as quantidades fabricadas dos produtos pelos respectivos equivalentes em UEPs:

Produto A: 1.000 un × 0,9999998 UEPs = 999,9998 UEPs
Produto B: 800 un × 0,4257245 UEPs = 340,5796
Produto C: 500 un × 0,6811593 UEPs = 340,57965
Total da produção do mês em UEPs: 1.681,159

Encontramos no cálculo desse passo que a produção total do mês correspondeu a 1.681,159 UEPs.

9º *Passo:* cálculo do custo de transformação por unidade

O custo de transformação de cada unidade produzida no período será obtido como a seguir.

Primeiro calcularemos o valor unitário da UEPs.

FÓRMULA:

VUUEP = CTT/PUEPs

onde:
VUUEP = Valor unitário da UEPs;
CTT = Custo de transformação total – compreende os gastos totais com os postos operativos no mês;
PUEPs = Produção total em UEPs do referido período.

Teremos:

CT corte: $ 8.000
+ CT costura: $ 10.000
+ CT bordado: $ 5.000
+ CT acabamento: $ 6.000
CT Total: .... $ 29.000

VUUEP = $ 29.000/1.681,159 UEPS = $ 17,250004

Agora, basta multiplicar o valor encontrado de $ 17,250004 pelo equivalente em UEPS de cada produto, para encontrar o respectivo custo de transformação unitário.

Faremos:

Produto A: 0,9999998 UEPs × $ 17,250004 = $ 17,25
Produto B: 0,4257245 UEPs × $ 17,250004 = $ 7,3437493
Produto C: 0,6811593 UEPs × $ 17,250004 = $ 11,75

10º Passo: cálculo do custo unitário total por produto
Basta somar o custo unitário da matéria-prima com o custo unitário de transformação.

Produto A:
Custo unitário da matéria-prima: $ 30,00
+ Custo unitário de transformação: $ 17,25
= Custo unitário total: .... $ 47,25

Produto B:
Custo unitário da matéria-prima: $ 25,00
+ Custo unitário de transformação: $ 7,3437493
= Custo unitário total: .... $ 32,3437493

Produto C:
Custo unitário da matéria-prima: $ 20,00
+ Custo unitário de transformação: $ 11,75
= Custo unitário total: .... $ 31,75

Veja, finalmente, como os cálculos que efetuamos estão corretos:

a. Custo de fabricação incorrido no mês, antes de aplicado o método UEP:

Matéria-prima aplicada no produto A: $ 30.000
Matéria-prima aplicada no produto B: $ 20.000
Matéria-prima aplicada no produto C: $ 10.000
Custo de transformação incorrido no período: $ 29.000
Total: .... $ 89.000

b. Custo de fabricação incorrido no mês, alocado aos produtos pelo método UEP:

Produto A: 1.000 un × $ 47,25 = $ 47.250
Produto B: 800 un × $ 32.3437493 = $ 25.875
Produto C: 500 un × $ 31,75 = $ 15.875
Total: .... $ 89.000

ATIVIDADES TEÓRICAS

1. Responda:

1.1 Em que consiste o método do UEP?

1.2 O que é custo de transformação?

1.3 O que são postos operativos?

1.4 Apresente a fórmula para cálculo do custo-hora (em unidade monetária – $) por posto operativo.

1.5 Quais são os procedimentos necessários para se calcular o valor da UEP básica?

1.6 O que você entende por potencial produtivo de um posto?

1.7 Apresente a fórmula para o cálculo do valor unitário da UEP.

2. Julgue as afirmativas como falsas (F) ou verdadeiras (V):

2.1 ( ) O custo de transformação compreende a mão de obra direta e os gastos gerais de fabricação diretos e indiretos.

2.2 ( ) Para fins do método UEP, os gastos com aluguéis, encargos sociais, seguros e depreciação integram o grupo dos custos de transformação.

2.3 ( ) Para fins do UEP, CP = MP + CT.

2.4 ( ) Os postos operativos para fins do método UEP equivalem aos centros de custos para fins do custeio departamental.

2.5 ( ) O tempo de passagem de cada unidade de produto pelo posto operativo deve ser informado em hora ou fração de hora.

2.6 ( ) Para encontrar o tempo em horas, basta dividir o tempo em minutos por 60 minutos.

2.7 ( ) Para obtermos o montante da produção total do período em UEPs, basta multiplicar as quantidades fabricadas dos produtos pelos respectivos equivalentes em UEP.

2.8 ( ) Multiplicando-se o valor unitário da UEP pelo equivalente em UEP de cada unidade de produto, obtém-se o respectivo custo de transformação unitário.

ATIVIDADE PRÁTICA

Suponhamos as seguintes informações extraídas do controle interno de uma empresa industrial, referentes à sua produção do mês de maio de X1:

a) A empresa fabricou no período 50 unidades do produto A, 40 unidades do produto B e 20 unidades do produto C.

b) Custo da matéria-prima aplicada na produção do período:

Produto A: 50 un x $ 200,00 =	$ 10.000
Produto B: 40 un x $ 250,00 =	$ 10.000
Produto C: 20 un x $ 300,00 =	$ 6.000
Total:	$ 26.000

c) A empresa industrial possui apenas três departamentos produtivos devidamente redenominados, para fins do UEP, como postos operativos: corte, montagem e acabamento.

d) O produto A passa por todos os departamentos produtivos; o produto B não passa pela montagem; o produto C não passa pelo corte.

e) Número de horas trabalhadas no mês: 200 horas.

f) Tempo de maturação dos produtos nos postos operativos:

Corte: PA = 150 h; PB = 50 h

Montagem: PA = 100 h; PC = 100 h

Acabamento: PA = 120 h; PB = 50 h; PC = 30 h

g) Custos de transformação incorridos no período:

Corte:	$ 5.000
Montagem:	$ 1.000
Acabamento:	$ 4.000
Total:	$ 10.000

Considerando somente essas informações e que, nos totais dos custos de transformação apresentados para cada posto operativo, já estão incluídos os custos gerados nos departamentos de serviços, calcular o custo unitário e total dos três produtos aplicando o método UEP.

14 Produção por ordem, produção por processo e equivalente de produção

14.1 Produção por ordem

A produção por ordem é aquela que se caracteriza pelo controle dos custos de fabricação por meio de ordens de serviços, também denominadas ordens de produção.

Quando a empresa industrial fabrica produtos sob encomenda, os valores gastos com materiais, mão de obra e gastos gerais de fabricação serão atribuídos ao custo de cada produto, por meio de registros contábeis ou extracontábeis efetuados diretamente nas próprias ordens de produção.

Fabricam sob encomenda as indústrias de máquinas pesadas, construção civil, equipamentos especiais etc.

A critério da empresa, os custos dos produtos fabricados sob encomenda poderão ser controlados (por unidade, lote ou família de produtos) extracontabilmente mediante anotações nas próprias fichas de produção (manual ou por processamento eletrônico de dados) ou por meio da contabilidade.

Se a opção para o controle for extracontábil, a contabilidade se limitará ao registro dos dados contidos nas respectivas ordens de produção por ocasião da conclusão do processo de fabricação do respectivo produto ou no final do mês caso o produto permaneça em fase de elaboração, para que possa compor o custo dos estoques finais dos produtos em elaboração. Em qualquer dos casos (produção concluída ou em processo), para o registro contábil, bastará coletar os dados devidamente registrados nas respectivas ordens de produção.

Se a opção for feita pelo acompanhamento do custo por meio da contabilidade, no momento em que for aberta a ordem de produção, será aberta também, no sistema contábil, uma conta para receber os registros dos custos do referido produto. Nesse caso, simultaneamente aos registros nas fichas extracontábeis, se houver, serão feitos os registros contábeis, na conta respectiva, de modo que a qualquer momento se tenha a posição do custo devidamente registrado pela contabilidade.

Na produção por ordem, o registro dos custos diretos não oferece dificuldades, uma vez que a empresa sempre desenvolverá mecanismos que permitam a plena identificação desses custos em relação a cada unidade de produto fabricada, salvo quando optar pelo sistema de inventário periódico, situação em que os custos serão lançados englobadamente (veja procedimentos no Capítulo 7). Entretanto, em relação aos custos indiretos de fabricação, a identificação desses custos com os produtos a serem lançados nas respectivas ordens de produção deverá ser feita observando-se os critérios estudados nos Capítulos 9 a 12. Apenas para concluir o raciocínio em desenvolvimento, quando a fabricação for concluída antes do término do mês, momento em que o total dos CIFs ainda não é conhecido, pode-se adotar o CIF estimado ou o padrão, procedendo-se aos ajustes após o fechamento do mês. Nos casos em que, após o encerramento do mês, os produtos ainda não tenham seus processos de fabricação devidamente concluídos, bastará consultar os registros contábeis efetuados nas contas próprias para incluí-los no custo do estoque final de produtos em elaboração.

14.2 Produção por processo

Na produção por processo, também denominada produção por processo contínuo ou em série, os produtos passam por diversas fases de fabricação, até serem concluídos. Cada fase de fabricação, em geral, é desenvolvida em uma seção produtiva (departamento), onde são gerados custos diretos e custos indiretos.

Fabricam em série as indústrias de confecções, bebidas, cimento, veículos, eletrodomésticos, as petroquímicas etc. Nessas indústrias, em cada seção produtiva por onde passa, o produto recebe uma carga de custos diretos e indiretos.

Suponhamos uma indústria de confecções que fabrique, em série, camisas n. 2, de viscose, na cor branca, com mangas curtas. Essa indústria terá, pelo menos, as seguintes seções produtivas: corte, costura e acabamento. Assim, quando a seção de acabamento concluir o processo de fabricação, o custo de cada camisa corresponderá aos custos diretos e indiretos acumulados em cada seção produtiva por onde passou a respectiva camisa durante sua fabricação.

É importante salientar que, na fabricação em série, o controle dos custos é feito por lote, família, grupo ou linha de produção.

No exemplo em questão, vamos supor que o lote seja de 1.000 unidades. Nesse caso, os gastos com materiais, mão de obra e gastos gerais de fabricação incorridos em cada uma das seções por onde passou o lote fabricado serão atribuídos ao lote englobadamente. Assim, para se conhecer o custo unitário, basta dividir o montante dos custos atribuído ao lote por 1.000 unidades.

Estamos considerando que todo o lote foi iniciado e concluído durante o mês. Adiante, na Seção 14.3, apresentaremos as três situações possíveis envolvendo a alocação dos custos incorridos na produção do período para produções iniciadas e concluídas no período, com e sem estoques inicial e final de produtos em elaboração.

Na produção em série, poderão ser fabricados produtos homogêneos (por exemplo, camisas brancas, n. 2, de viscose, mangas curtas) ou produtos heterogêneos (por exemplo, camisas de números, cores e tecidos variados), cujos custos serão controlados separadamente, de acordo com o produto.

A fabricação em série é uma fabricação complexa, caso em que se recomenda, para a contabilização e o controle dos custos de fabricação, a adoção do sistema de inventário permanente com a aplicação da departamentalização (veja exemplo prático desenvolvido no Capítulo 8).

Quanto à adoção de controles contábeis ou extracontábeis para o acompanhamento dos custos de fabricação, tendo em vista tratar-se de produção complexa, realizada em geral por empresas de grande porte, haverá sempre uma mescla entre os controles contábeis e extracontábeis. Dependendo dos interesses da empresa, e considerando sempre a relação custo-benefício, o controle interno dos custos de fabricação por meio de planilhas elaboradas com a ajuda de processamento eletrônico de dados facilita e agiliza os registros contábeis, que não precisam ser demasiadamente detalhados.

Na produção contínua, como ocorre também na produção por ordem, a identificação dos custos diretos em relação a cada lote, linha, série ou família de produtos é feita sem embaraços. A diferença é que, na produção contínua, o registro é sempre feito por lote, grupo, série ou família de produtos e não por unidade, como é comum na produção por ordem. Para se conhecer o custo unitário, nesse caso, conforme já comentamos, bastará dividir o montante dos custos diretos atribuídos ao lote pelo número de unidades integrantes do respectivo lote. Portanto, o custo direto por unidade será um custo médio.

Em relação aos custos indiretos, as dificuldades são as mesmas já estudadas ao longo deste livro, e os critérios a serem adotados para atribuição ao lote, família ou série de produtos também foram fartamente comentados nos Capítulos de 9 a 13.

Na produção por ordem, os custos diretos e indiretos são alocados diretamente aos produtos de modo individual em suas ordens de produção. Na produção por processo, esses mesmos custos são também alocados aos lotes, série, famílias ou linhas de produção. A maior diferença está em que, enquanto na produção por ordem é possível conhecer o custo de fabricação dos produtos à medida que seus processos de fabricação forem sendo encerrados ao longo do mês, na produção por processo o custo dos produtos fabricados é apurado somente após o fechamento do mês, sendo o custo unitário uma média entre os valores alocados ao lote, linha, família ou grupo de produtos fabricados.

Imagine, por exemplo, uma indústria que fabrica para-choques para automóveis. Os para-choques são produzidos em série e continuadamente ao longo do mês. Todos os dias, há produtos sendo iniciados e produtos sendo acabados. Essas indústrias, consideradas indústrias de base das indústrias montadoras de veículos, mediante contrato, comprometem-se a cumprir a entrega de certas quantidades de para-choques, colocando-as dentro das linhas de produção das próprias montadoras, diariamente. Os custos dos para-choques vão sendo calculados extracontábil ou contabilmente para serem apurados somente no final de cada mês ou em outra data, conforme seja o interesse das empresas envolvidas (fornecedor e cliente), mas não são calculados por unidade durante o processo produtivo.

Como os custos são apurados somente após o fechamento do período de fabricação, a atribuição dos CIFs será feita com base nos critérios também já estudados nos Capítulos 9 a 13.

No entanto, é importante ressaltar que, para atribuir custos aos produtos que se encontrarem em fase de elaboração no final de cada mês, será necessário adotar o equivalente de produção. Veja na seção a seguir.

Nota

- Nada impede que em uma produção contínua seja utilizada a ordem de serviço para controle de custos de algumas unidades, lotes ou família de produtos. A indústria poderá adotar a produção em série para fabricar produtos sob encomenda, caso corriqueiro nas indústrias de confecções.

14.3 Equivalente de produção

14.3.1 Conceito

Equivalente de produção é a quantidade de produtos acabados que equivale à quantidade de produtos que se encontra em elaboração.

O seu cálculo visa informar a quantidade de produtos que seria possível fabricar integralmente com os mesmos recursos que foram aplicados na quantidade de produtos que se encontram em fase de elaboração.

Na verdade, calculando o equivalente de produção, estaremos transformando as quantidades de produtos em elaboração em quantidades de produtos acabados, traduzindo todos os produtos que passaram pelo processo de fabricação durante o mês para uma só unidade de medida, ou seja, em quantidade de produtos acabados.

O equivalente de produção tem por objetivo permitir o rateio dos custos incorridos na produção do período uniformemente para todas as unidades de produtos que durante o período passaram pelo processo de fabricação, tenham ou não sido acabadas.

14.3.2 Aplicação

Na produção por processo, como os produtos são fabricados em série, não é racional manter controle do custo de fabricação por unidade. Os custos diretos e indiretos são atribuídos ao lote, família, ou linha de produção, e o custo de cada unidade integrante de um lote, família ou linha de produção corresponderá a um valor médio apurado pela simples divisão dos custos totais que foram atribuídos ao lote, família ou linha de produção pela quantidade de produtos que compõem o lote, a família ou a linha de produção respectivos.

O cálculo para atribuição de custos a cada unidade de produto fabricada seria realmente simples se em um mês não houvesse estoque inicial de produtos em elaboração e toda a produção iniciada fosse concluída até o final do respectivo mês, sem, também, existir estoque final de produtos em elaboração.

No entanto, o que em geral ocorre na prática é que os custos diretos e indiretos incorridos durante um mês devem ser atribuídos às unidades que se encontravam em fase de elaboração no início do mês, às unidades iniciadas e concluídas no mesmo mês e às unidades iniciadas e não concluídas no mesmo mês.

Veja, então, três situações que podem ocorrer:

Situação 1: produção iniciada e acabada dentro do mês.

Suponhamos um lote com 100 unidades, cujo processo de fabricação tenha sido iniciado e concluído dentro do mesmo mês:

Custos diretos alocados ao respectivo lote: $ 20.000;

Custos indiretos incorridos durante o mês: $ 5.000.

Considerando que não havia estoque inicial nem final de produtos em elaboração e que durante o mês a empresa tenha fabricado somente o lote com 100 unidades, o custo total de $ 25.000 será atribuído apenas para esse lote.

O custo unitário médio será como segue:

$ 25.000/100 un = $ 250 por unidade

Situação 2: produção iniciada no mês com parte concluída e parte permanecendo em elaboração no final do mês.

Suponhamos que determinada indústria fabricante de revestimentos para teto de veículos tenha iniciado em determinado mês a produção de 500 unidades e que, no final do mesmo mês, dessas 500 unidades, 100 permaneceram no processo de elaboração.

Vamos considerar que durante o mês tenham sido apropriados, à produção desse lote de 500 unidades, custos diretos no montante de $ 100.000 e custos indiretos no montante de $ 35.000.

Nesse caso, no final do mês, o custo total de fabricação atribuído ao lote em questão deverá ser rateado entre as 500 unidades. Entretanto, as 100 unidades que se encontram em fase de elaboração não poderão receber a mesma carga de custos unitários que as 400 que foram concluídas receberão.

Para que os custos sejam proporcionalmente atribuídos de forma correta tanto para as unidades que foram 100% fabricadas como para aquelas cujo processo de fabricação não foi completo, será preciso estimar certa quantidade de produtos acabados equivalente às quantidades de produtos que se encontrarem na fase de elaboração.

Assim, será preciso, primeiro, calcular quantas unidades de produtos acabados equivalem às 100 que se encontram em fase de elaboração.

O equivalente de produção indicará quantas unidades seriam iniciadas e acabadas com os mesmos recursos que foram aplicados nas unidades cujos processos de fabricação ainda não foram concluídos.

Para o cálculo do equivalente de produção, são necessários alguns cuidados, como:

- Verificar com o pessoal que trabalha na produção, preferencialmente com o pessoal da engenharia de produção, em que fase de elaboração se encontravam as 100 unidades no último dia do mês. Note que as 100 unidades poderão estar no mesmo estágio de fabricação, com 10%, 20%, 50% etc. do processo concluído ou parte delas se encontrar em fases diferentes de elaboração.
- Verificar se os custos diretos já foram atribuídos integralmente a elas ou se parte delas ainda receberá cargas de custos diretos no próximo período etc.

O procedimento mais racional, para os casos em que é difícil a perfeita identificação da fase em que cada unidade se encontrava no último dia do mês, é adotar uma média entre essas unidades para que se possa calcular a quantidade de produtos acabados equivalente às unidades que se encontram em fase de elaboração.

Vamos assumir que no exemplo em questão, por informações colhidas com a engenharia de produção, ficou constatado que a indústria já havia concluído 50% do processo de fabricação das 100 unidades e que no período seguinte elas receberiam somente carga de custos indiretos. Nesse caso, fabricar 50% de 100 produtos é o mesmo que fabricar 50 unidades de produtos por completo.

Assim, as 500 unidades iniciadas no período equivalem a 450 unidades concluídas. O custo total da produção do período, para ser rateado entre os produtos acabados e os produtos em elaboração, deverá ser dividido pela soma das quantidades acabadas com o equivalente de produtos acabados no período, que é igual, conforme já dissemos, a 450 unidades.

Faremos:

$ 135.000/450 un = $ 300 por unidade

Veja, então, como ficarão os custos dos produtos acabados e daqueles em processo de elaboração:

Produtos acabados: 400 un × $ 300 = $ 120.000

Como o custo total incorrido no período foi igual a $ 135.000 e o total desse montante atribuído às unidades acabadas correspondeu a $ 120.000, concluímos que o custo a ser atribuído às 100 unidades que se encontram em processo de elaboração será de $ 15.000; logo, o custo unitário dessas unidades será diferente das unidades que tiveram o processo de fabricação acabado. Veja:

Produtos em processo: 100 un × $ 150 = $ 15.000

Situação 3: produção iniciada no mês, com estoque inicial e final de produtos em elaboração.

Suponhamos as seguintes informações extraídas do controle interno de uma indústria fabricante do para-choque K30, para caminhões, durante o mês de junho:

Estoque inicial de produtos em elaboração: 100 un;

Produção iniciada no mês: 1.000 un;

Produção acabada no mês: 700 un;

Estoque final de produtos em elaboração: 400 un.

Custos incorridos na fabricação:

Estoque inicial: custos alocados no período anterior: $ 20.000;

Custos diretos e indiretos incorridos durante o mês de junho: $ 430.000.

A engenharia de produção informou que as 100 unidades de produtos que estavam em elaboração no início do mês já tinham concluído 40% do processo de elaboração e foram integralmente concluídas durante o mês de junho; as 400 unidades que se encontravam em elaboração no final do mês já estavam com 50% do processo de elaboração devidamente concluído.

Nesse caso, temos um custo de $ 450.000 para ratear entre as 1.100 unidades, considerando que 100 unidades estavam em elaboração no início do mês e foram concluídas no decorrer do mês; 1.000 foram iniciadas no mês e 400 dessas iniciadas permaneceram em elaboração no final do mês.

Para atribuir os custos corretamente às 700 unidades concluídas no mês e para as 400 que compõem o estoque final, faremos:

- Produção acabada equivalente ao estoque inicial

  Se 60% do processo de fabricação de 100 unidades foi concluído no mês de junho, faremos:

  60% de 100 unidades = 60 un

  Produção iniciada e acabada no mês 600 un

  Produção acabada equivalente ao estoque final:

  50% de 400 = 200 un

  Total .... 860 un

  Significa que as 1.100 unidades que estiveram em processo de fabricação durante o mês equivalem a 860 unidades acabadas.

  Cálculo do custo médio incorrido no mês, por unidade (somente o incorrido no mês: $ 430.000):

  430.000/860 = $ 500 por unidade.

  Atribuição de custos às unidades acabadas e em estoque (consideramos aqui $ 430.000 incorridos no mês + $ 20.000 incorridos no mês anterior):

1. Ref. 100 unidades do estoque inicial

   Custo do estoque inicial: $ 20.000

   + Custo incorrido no período, equivalente a 60 un = $ 30.000

   Total: .... $ 50.000.

2. Ref. iniciadas e acabadas no mês:

   600 un × $ 500 = $ 300.000

3. Ref. iniciadas e não acabadas no mês:

   400 un equivalentes a 200 acabadas x $ 500 = $ 100.000

   Portanto:

   Custo das 700 unidades acabadas no período: .... $ 350.000;

   Custo das 400 unidades em estoque no final do mês: .... $ 100.000.

Observe que o custo unitário das 100 unidades que estavam em estoque no início do mês ficou idêntico aos custos unitários das 600 unidades iniciadas e terminadas no mês. No entanto, o normal é que produtos cujos processos de fabricação tenham sido iniciados em um período e concluídos em outro tenham custos unitários diferentes daqueles iniciados e terminados em um mesmo período, tendo em vista as próprias variações a que estão sujeitos os custos indiretos de fabricação de um período para outro.

Por fim, é importante ressaltar que, dependendo da complexidade do processo de fabricação, especialmente nos casos em que existam várias linhas de produção com produtos de características diferentes, poderá ser necessário calcular um equivalente de produção para cada tipo de produto ou até mesmo equivalentes de produção diferentes para o rateio dos custos diretos e dos custos indiretos. O detalhamento desses cálculos dependerá sempre das necessidades de cada processo de fabricação.

ATIVIDADES TEÓRICAS

1. Responda:

   1.1 Em que consiste a produção por ordem?

   1.2 Em que consiste a produção por processo?

   1.3 O que é equivalente de produção?

   1.4 Na produção contínua, tendo em vista ser difícil a alocação dos custos incorridos por unidade produzida ao longo do mês, qual é o procedimento a ser adotado para que os produtos fabricados em série recebam cargas dos custos incorridos no período?

   1.5 Qual é o objetivo do equivalente de produção?

2. Julgue as afirmativas como falsas (F) ou verdadeiras (V):

   2.1 ( ) A produção sob encomenda se caracteriza pelo controle dos custos por meio de ordens de produção e não é realizada em série.

2.2 ( ) Na produção sob encomenda, quando a opção para o controle dos custos de fabricação for extracontábil, a contabilidade se limitará ao registro dos dados contidos nas respectivas ordens de produção.

2.3 ( ) Na produção por ordem, quando a empresa decidir pelo controle contábil, deverá abrir no sistema contábil uma conta para cada ordem de produção.

2.4 ( ) Na fabricação em série, os produtos recebem cargas de custos diretos e indiretos em cada seção produtiva por onde passam.

2.5 ( ) Na fabricação em série, o controle dos custos é feito por lote, família, grupo ou linha de produção, entretanto, nada impede que haja controle de custos semelhante na produção por ordem.

2.6 ( ) Na produção contínua, os custos são atribuídos englobadamente aos lotes, famílias ou linhas de produção, enquanto na produção por ordem é comum a alocação de custos unitários aos produtos.

ATIVIDADES PRÁTICAS

Prática 1

Considere as seguintes informações extraídas do controle interno de uma empresa industrial, referentes ao movimento incorrido no mês de novembro:

Custos diretos incorridos no mês: $ 24.000;

Custos indiretos incorridos no mês: $ 12.000.

Foram iniciados e concluídos no mês um lote do produto A e um lote do produto B, tendo o produto A consumido 50% de matéria-prima e 2/3 dos CIFs.

Considerando que foram fabricadas 100 unidades do produto A e 500 do produto B, calcular o custo unitário de cada produto fabricado.

Prática 2

Suponhamos as seguintes informações extraídas do controle interno de uma empresa industrial que trabalha por processo, relativas ao mês de maio de X1:

A empresa iniciou, durante o mês, a fabricação de um lote com 18.000 unidades de determinado produto.

Custos diretos e indiretos incorridos no mês: $ 105.600.

Considerando que durante o mês a empresa fabricou somente esse lote de produtos, que não havia estoque inicial de produtos em elaboração e que 1/3 da produção iniciada permaneceu em estoque no final do mês, pede-se:

a) calcular o custo a ser atribuído ao estoque de produtos acabados;

b) calcular o custo a ser atribuído às unidades que permaneceram em elaboração, levando em conta que, mediante informações colhidas com a engenharia de produção, pode-se considerar que apenas 20% do processo de fabricação havia sido concluído até o último dia do mês.

15 Custeio Direto e Margem de Contribuição

15.1 Custeio Direto

Custeio direto é um sistema de atribuição de custos aos produtos por meio do qual se reconhecem como custo de fabricação somente os gastos incorridos no processo de fabricação que possam ser facilmente identificados em relação aos produtos fabricados.

Os custos diretos, conforme você já estudou, variam em função do volume de produção, motivo pelo qual esse sistema é também conhecido por sistema de custeio variável.

Você já conhece os procedimentos necessários para o cálculo dos custos diretos e sua atribuição aos produtos. Na Seção 2.2.4 do Capítulo 2, você aprendeu a elaborar a Demonstração do Custo dos Produtos Vendidos, em que a soma algébrica dos valores lançados nos itens 1 a 8 do citado documento contábil possibilita o conhecimento do total dos custos diretos incorridos na fabricação do período.

Por esse sistema, os custos indiretos são tratados como despesas, não integrando o custo de fabricação.

A lógica do sistema concentra-se no fato de que os custos indiretos, por independerem do volume de fabricação, representam gastos fixos que se repetem em todos os meses e são necessários para a operacionalização normal da empresa. Assim, haja ou não produção, esses gastos ocorrerão.

Por esse motivo, conforme já dissemos, pelo sistema de custeio direto, só devem ser considerados custos de fabricação aqueles gastos com materiais, mão de obra e gastos gerais de fabricação que possam ser facilmente identificados com os produtos fabricados.

Os custos diretos ou variáveis são gastos que não ocorrerão se não houver produção; os custos indiretos (fixos) são gastos que incorrerão ainda que a empresa industrial não fabrique sequer uma unidade no período.

É importante salientar que, no Brasil, o uso do custeio direto se restringe a fins gerenciais, uma vez que, oficialmente, tanto por determinação do Fisco quanto pela observância do regime de competência, para o custeamento dos produtos fabricados deve-se adotar o sistema de custeio por absorção, que contempla como custo de produção tanto os custos diretos (variáveis) quanto os custos indiretos (fixos).

15.2 Margem de Contribuição

15.2.1 Margem de Contribuição Unitária

Margem de contribuição unitária é a diferença entre a receita bruta auferida na venda de uma unidade de produto e o total dos custos variáveis incorridos na fabricação dessa unidade de produto.

$$MCU = RBU - CVU$$

onde:

MCU = Margem de contribuição unitária;
RBU = Receita bruta unitária;
CVU = Custos variáveis unitário.

EXEMPLO:

Receita bruta auferida na venda de uma unidade do produto A	$ 100
(–) Custos variáveis incorridos com matéria-prima e mão de obra direta	$ (60)
(=) Margem de contribuição unitária	$ 40

Quando a empresa industrial fabrica e vende produtos, ela espera alcançar, com as vendas, receitas cujo montante seja suficiente para cobrir o total dos custos incorridos na fabricação dos produtos que estão sendo vendidos, o total das despesas incorridas na empresa em geral e, ainda, proporcionar-lhe uma margem de lucro.

Margem de contribuição unitária, portanto, é a contribuição que cada unidade de produto, ao ser vendida, oferece para a empresa compor o montante que deverá cobrir os custos fixos, as despesas totais e formar o lucro.

Para cálculo da margem de contribuição, consideram-se custo de fabricação somente os custos variáveis (diretos), ou seja, aqueles que não ocorrerão se não houver produção. Os custos fixos (indiretos), por ocorrerem independentemente de haver ou não produção, são tratados juntamente com as despesas, conforme já dissemos.

Sempre que, em decorrência da fabricação e venda dos produtos, a empresa incorrer em despesas como comissões a vendedores, fretes e seguros, material de embalagem, tributos etc., essas despesas, que são variáveis (se não houvesse produção e venda, não ocorreriam), também devem ser subtraídas da receita bruta de vendas para fins de cálculo da margem de contribuição.

Assim, teremos:

MCU = RBVU - CVU - DVU

onde:

DVU = Despesas variáveis unitária.

15.2.2 Margem de Contribuição Total

A margem de contribuição total é a diferença entre a receita bruta total auferida na venda de produtos e o total dos custos variáveis incorridos na fabricação dos respectivos produtos.

MCT = RBTVP - CVT

onde:

MCT = Margem de contribuição total;
RBTVP = Receita bruta total na venda de produtos;
CVT = Custos variáveis totais.

Havendo despesas variáveis, a fórmula será:

MCT = RBTVP - CVT - DVT

onde:

DVT = Despesas variáveis totais.

Quando a empresa industrial fabricar mais de um tipo de produto, para conhecer a margem de contribuição total, pode-se inicialmente apurar a margem de contribuição unitária; em seguida, multiplicar a margem de contribuição unitária pela quantidade de produtos fabricada para obter a margem de contribuição por produto; e, por fim, somar as margens de contribuição por produto para obter a margem de contribuição total relativa ao período em questão.

Considere as seguintes informações extraídas dos registros contábeis de uma empresa industrial:

Receita bruta da venda de produtos: $ 200.000;
Custos variáveis totais: $ 130.000;
Custos fixos totais: $ 20.000;
Despesas variáveis totais: $ 15.000;
Despesas fixas totais: $ 10.000.

Considerando, ainda, que no período não havia estoque inicial nem final de produtos acabados e que toda produção iniciada e acabada no mês foi vendida, veja como calcularemos a margem de contribuição do período:

$$MC = \$ 200.000 - \$ 130.000 - \$ 15.000$$
$$MC = \$ 55.000$$

Significa que a receita bruta auferida na venda dos produtos, após cobrir o total dos custos e despesas variáveis, gerou para a empresa recursos financeiros no montante de $ 55.000 para cobrir os custos e as despesas fixos. Como o montante dos custos e despesas fixos atingiu $ 30.000, a margem de contribuição obtida no período proporcionou ainda a formação de um lucro de $ 25.000.

Conforme você pode observar, no cálculo da margem de contribuição, consideramos somente o total da receita bruta auferida na venda de produtos, uma vez que, no presente livro, nossos estudos estão focalizados nas empresas industriais. Geralmente, em uma empresa industrial, além da receita bruta auferida na venda de produtos, ocorrem outras receitas como as financeiras, as derivadas de aluguéis de bens móveis ou imóveis, resultantes da prestação de serviços, além de outras que costumeira ou eventualmente podem aparecer. Porém, essas receitas não podem ser consideradas no cálculo, pois a finalidade da margem de contribuição nas empresas industriais é permitir o conhecimento do quanto cada produto contribui para cobrir os custos e despesas fixos e também o quanto contribui com a formação do lucro.

Na análise da rentabilidade de cada produto, a margem de contribuição unitária multiplicada pelo total das unidades fabricadas relativas a cada produto, família ou grupo evidenciará a capacidade que cada produto, família ou grupo tem para gerar recursos para a empresa.

É sempre importante repetir que, quando se trabalha com margem de contribuição, consideram-se custo de cada produto somente os diretos (variáveis), incluindo nele as despesas variáveis devidamente segregadas por produto, família ou grupo em que os custos indiretos (fixos), bem como as despesas fixas, não são partilhados por produto, e, sim, tratadas em conjunto. Portanto, o somatório das margens de contribuições de todos os produtos é que será cotejado com o total obtido pelo somatório dos custos fixos e das despesas fixas, visando encontrar a margem de lucro.

15.3 Importância do Custeio Direto

Uma das vantagens do uso do sistema de custeio direto é a possibilidade da apuração da margem de contribuição, informação importante para se conhecer a rentabilidade de cada produto.

No Capítulo 9, dissemos que o grande desafio do contabilista de custos está exatamente na atribuição correta dos custos indiretos aos produtos.

Você já sabe que o custo de fabricação resulta da soma dos custos diretos com os custos indiretos. Sabe, também, que a atribuição dos custos diretos aos produtos não causa embaraços, uma vez que podem ser facilmente identificados em relação a cada produto fabricado.

O desafio, conforme já dissemos, está na alocação dos CIFs, exatamente pelo fato de que, por independerem do volume de fabricação, são em geral fixos e beneficiam a fabricação de todos os produtos ao mesmo tempo. Por esse motivo, a sua atribuição aos produtos dependerá sempre da adoção de critérios estimados ou arbitrados.

Vimos também, nos Capítulos 9 a 11, que grandes esforços partem do pessoal que cuida da área de custos nas empresas industriais visando diminuir o máximo possível o subjetivismo que sempre existe nas tomadas de decisões para a escolha da melhor maneira de se alocar os CIFs aos produtos.

A carga dos CIFs atribuída a cada produto é influenciada pelo volume da produção e também pela base de rateio escolhida.

Menor margem de erro é alcançada no rateio dos custos indiretos aos produtos quando se adota o custo departamental, e menor margem de erro ainda é alcançada quando o sistema de custeio adotado é o ABC.

No entanto, é preciso que os responsáveis pela área de produção se mantenham sempre alerta, acompanhando e analisando os critérios adotados, pois um critério considerado ideal para um período nem sempre o será para o período seguinte.

Assim, ainda que se adote o custeio por atividades com ou sem departamentalização e sejam utilizados os controles internos mais rigorosos possíveis, nunca haverá uma forma perfeita que propicie a atribuição dos CIFs aos produtos sem nenhuma injustiça. A substituição de um critério de rateio em uso por outro poderá gerar custos unitários completamente diferentes daqueles que vinham sendo professados, repercutindo de forma direta nas tomadas de decisões quer em relação à atribuição de preços de venda, quer na incrementação ou descontinuidade da fabricação desse ou daquele produto. Além disso, o aumento no volume da produção provoca queda no CIF por unidade, enquanto a diminuição do volume de produção provoca aumento do CIF por unidade.

Dessa forma, sempre que os interesses estiverem voltados ao conhecimento da rentabilidade proporcionada pelos produtos, o ideal será abandonar os dados contabilizados pelo sistema de custeio por absorção para aproveitar as informações extracontábeis obtidas pela aplicação do sistema de custeio direto. Assim, os estudos deverão ser realizados com base na margem de contribuição que cada produto pode oferecer para cobrir custos e despesas fixos, e não no lucro unitário, que é conhecido mediante o sistema de custeio por absorção.

Então, conforme já dissemos, os custos a serem considerados para cada produto serão somente os variáveis (diretos), sendo os custos indiretos tratados juntamente com as despesas e de forma global.

Essa, sem dúvida, é a grande vantagem da adoção extracontábil do sistema de custeio direto.

É evidente, conforme salientado, que no cálculo da margem de contribuição, além dos custos variáveis, devem ser consideradas também as despesas variáveis. Esse procedimento fundamenta-se no fato de que a finalidade da margem de contribuição é proporcionar à empresa o conhecimento da capacidade que cada produto tem para contribuir com a cobertura dos custos e despesas fixos, bem como com a formação do lucro. Como o produto é fabricado para ser vendido, além dos gastos variáveis gerados com a sua fabricação, também irá gerar gastos com a venda (comissões, fretes e seguros, impostos etc.), motivo pelo qual, para fins de cálculo da margem de contribuição, além dos custos variáveis consideram-se também as despesas variáveis.

Pelo sistema de custeio direto, os custos indiretos são tratados juntamente com as despesas, não integrando o custo dos produtos fabricados.

Então, para conhecer a rentabilidade de cada produto, devem-se analisar os seguintes elementos:

- **Receita bruta da venda de produtos**: corresponde ao montante auferido pela venda dos produtos. Ao se fixar o preço de venda de um produto, deve-se esperar que seja suficiente para cobrir os custos de fabricação, as despesas fixas e variáveis da empresa e a margem de lucro. É evidente que as empresas industriais não produzem e vendem uma só unidade de um único produto. Durante o exercício social, fabricam vários tipos de produtos e muitas unidades deles. É, portanto, o somatório das receitas de cada unidade que deverá cobrir o custo e as despesas totais da empresa em cada exercício social. No entanto, ao atribuir o preço de venda para cada unidade, a empresa deverá prever que a receita auferida pela venda de cada unidade deverá ser suficiente não só para cobrir, conforme já salientamos, os custos variáveis necessários para a fabricação daquela unidade, como também para gerar um excedente financeiro que possa contribuir com a amortização dos custos fixos e das despesas fixas e variáveis, além de contribuir com a formação do lucro.
- **Custos variáveis**: compreendem os custos com materiais, mão de obra e gastos gerais de fabricação aplicados no processo de fabricação que podem ser facilmente identificados em relação a cada produto fabricado. Os custos variáveis permanecem fixos para cada unidade fabricada, porém o seu montante varia em função do volume (número de unidades fabricadas) da produção. Você já sabe que a empresa somente será onerada pelos custos variáveis se houver fabricação. Não havendo fabricação no período, não haverá também custos variáveis.
- **Despesas variáveis**: compreendem as despesas que são geradas em função da própria produção e venda dos produtos. Essas despesas não existiriam se os produtos não fossem produzidos e vendidos. Como exemplo, temos os tributos incidentes sobre as vendas, as comissões pagas a vendedores, o material utilizado na embalagem, exceto aqueles oriundos da área de produção, os fretes e seguros para entrega dos produtos etc.
- **Custos indiretos**: compreendem os gastos necessários à operacionalização da área de produção. Esses custos possuem uma parte fixa e uma parte variável. A parte fixa é aquela que ocorrerá independentemente de haver ou não fabricação, como é o caso do aluguel, dos salários dos mensalistas etc., ao passo que a parte variável é aquela gerada em decorrência da produção, por exemplo, a energia gasta nas máquinas e nos equipamentos de produção. Sempre que for possível identificar o acréscimo dos

custos fixos em função dos produtos fabricados, esses acréscimos deverão integrar o montante dos custos variáveis, conforme já estudamos em capítulos anteriores.

- **Despesas fixas**: compreendem os gastos incorridos com o consumo de bens e com a utilização de serviços nas áreas administrativa e comercial. Esses gastos são repetitivos e independem de haver ou não produção.
- **Margem de contribuição unitária**: conforme vimos na Seção 15.2, corresponde à diferença entre a receita bruta de venda unitária e os custos e despesas variáveis também unitários.
- **Margem de lucro**: compreende a parcela da receita bruta de vendas que deverá remunerar o capital investido na empresa pelos proprietários. Essa parcela é exatamente a parte da receita bruta de vendas que sobra depois de deduzidos os custos e as despesas totais.

Na fixação do preço de venda, então, a empresa deverá ter como valores a serem recuperados os custos e as despesas reais, enquanto a margem de lucro estará sujeita às oscilações do mercado.

Se a empresa, ao vender um produto, não conseguir obter por ele um valor capaz de cobrir os custos e as despesas necessários a sua fabricação e venda, o melhor será optar pela descontinuidade de sua produção. No entanto, a margem de lucro poderá oscilar conforme o próprio mercado.

O que as empresas industriais buscam, sempre, é produzir com o menor custo, com a máxima qualidade e a maior lucratividade possível.

É evidente que nas duas pontas – custo e preço de venda – as decisões sempre esbarrarão em fatos externos, especialmente em relação às flutuações do mercado (concorrência, inflação, poder aquisitivo do consumidor etc.). No entanto, o estudo em busca do conhecimento dos produtos mais rentáveis deve ser feito de forma contínua.

Assim, quando se considera como custo para fins decisórios aquele apurado fora do sistema de custeio direto, pode-se incorrer em erros indesejáveis, resultantes da própria sistemática de atribuição de custos indiretos derivada do sistema de custeio por absorção, conforme expusemos.

Menores riscos ocorrem quando se analisa a rentabilidade em função da capacidade que cada produto tem para gerar recursos que sejam suficientes para cobrir custos e despesas fixos.

A adoção do custeio direto, ainda que extracontabilmente, favorece esses cálculos oferecendo maior segurança para as tomadas de decisões. Daí a grande importância da adoção do sistema de custeio direto e do conhecimento da margem de contribuição proporcionada por cada produto.

15.4 Exemplo prático

Suponhamos os seguintes dados extraídos do controle interno e da contabilidade de custos de uma empresa industrial relativos ao mês de outubro de X1:

Receita bruta total auferida na venda dos produtos A e B, $ 20.000;
Custos diretos para fabricação de 500 unidades do produto A, $ 2.200;
Custos diretos para fabricação de 500 unidades do produto B, $ 5.400;
Custos fixos totais, $ 3.000;
Despesas fixas totais, $ 1.000;
Despesas variáveis geradas para venda do produto A, $ 200;
Despesas variáveis geradas para venda do produto B, $ 600.

Outras informações:

A empresa produziu e vendeu, durante o mês de outubro de X1, 500 unidades do produto A e 500 unidades do produto B. Embora com custos de fabricação diferentes, a empresa alcançou no mercado preço de venda de $ 20,00 por unidade, valor esse igual para ambos os produtos.

Considerando que, para fins gerenciais, a empresa adota o sistema de custeio direto, observe, a seguir, como serão apuradas as margens de contribuição para cada produto e uma breve análise sobre a rentabilidade de cada produto.

Despreza-se, portanto, o lucro líquido por unidade para adotar a margem de contribuição unitária.

Vejamos, inicialmente, qual o resultado líquido apurado pela empresa:

Receita Bruta de Vendas	20.000
(–) Custos e Despesas Totais	(13.000)
(=) Lucro Líquido	7.000

Suponhamos, agora, que a empresa deseje saber, dos dois produtos fabricados e vendidos, qual foi o mais rentável.

Não se esqueça de que o produto mais rentável para a empresa será sempre o que apresentar a maior margem de contribuição por unidade.

Então, vamos primeiro calcular a margem de contribuição de cada produto. Acompanhe:

Produto A

Receita Bruta de Vendas: 500 un × $ 20	10.000
(–) Custos Variáveis	(2.800)
(–) Despesas Variáveis	(200)
(=) Margem de Contribuição	7.000

MCU = $ 7.000/500 un = $ 14 por unidade

Produto B

Receita Bruta: 500 un × $ 20	10.000
(–) Custos Variáveis	(5.400)
(–) Despesas Variáveis	(600)
(=) Margem de Contribuição	4.000

MCU: $ 4.000/500 un = $ 8 por unidade

Analisando as ocorrências, podemos concluir que:

- Os dois produtos geraram para a empresa receitas brutas idênticas no montante de $ 10.000 e unitária de $ 20.
- O produto A é o mais rentável para a empresa, uma vez que o montante da receita por ele gerado, após cobrir os custos e despesas variáveis, proporcionou uma margem de contribuição de $ 7.000, a qual contribuirá para cobrir despesas e custos fixos e, ainda, formar o lucro. Em contrapartida, o produto B, embora tenha gerado receita idêntica, por ter seus custos diretos maiores que o produto A, ofereceu uma margem de contribuição menor, ou seja, igual a $ 4.000.

Portanto, entre os produtos fabricados pela empresa industrial em estudo, deve-se incentivar a produção em maior escala do produto A por ser o que oferece a maior margem de contribuição unitária.

Observe que os custos fixos, por não poderem ser identificados facilmente em relação a cada produto, e para evitar que a sua distribuição gerasse cargas de custos indevidas, não foram considerados para se conhecer a rentabilidade que cada produto oferece.

É importante esclarecer que, adotando tanto o sistema de custeio por absorção quanto o sistema de custeio direto, os resultados bruto e líquido da empresa não serão alterados. O que muda é somente o valor do custo unitário, informação imprescindível para as tomadas de decisões.

Nota

- Observe que, na solução do exemplo prático desta seção, dissemos que o produto A deverá ter sua fabricação incentivada por apresentar a maior margem de contribuição unitária. Entretanto, é preciso considerar que a decisão sobre o incentivo ou a descontinuidade do processo de fabricação desse ou daquele produto não pode ser tomada com base somente na margem de contribuição. É preciso que resulte da análise conjunta de vários fatores, como a própria margem de contribuição unitária e total; as reações do mercado (concorrência, procura do produto que se pretende incentivar ou descontinuar, custo dos insumos etc.); as limitações na capacidade de produção da empresa; o acréscimo no custo unitário total de cada produto decorrente da redistribuição dos custos fixos em função da paralisação da fabricação de um ou mais produtos etc. Portanto, um produto que ofereça maior margem de contribuição unitária pode ser menos interessante que outro que ofereça uma MCU menor, quando considerados outros fatores na análise.

Por fim, é importante salientar que as decisões tomadas com base nos lucros unitários apurados, quando se adota o sistema de custeio por absorção, podem não ser as mais corretas, em razão do subjetivismo que existe na alocação dos CIFs aos produtos, motivo pelo qual, para fins gerenciais, deve-se desprezar o lucro líquido por unidade para adotar a margem de contribuição unitária.

ATIVIDADES TEÓRICAS

1. Responda:

   1.1 Em que consiste o custeio direto?

   1.2 Qual é a lógica do sistema de custeio direto?

   1.3 Conceitue margem de contribuição unitária.

   1.4 Informe a fórmula da margem de contribuição unitária.

   1.5 Conceitue margem de contribuição total.

   1.6 Informe a fórmula para cálculo da margem de contribuição total.

   1.7 Qual é a finalidade da margem de contribuição unitária?

   1.8 Na análise da rentabilidade proporcionada pelos produtos, sem considerar outros aspectos, quais produtos poderão ter seus processos de fabricação descontinuados?

2. Julgue as afirmativas como falsas (F) ou verdadeiras (V):

   2.1 ( ) O sistema de custeio direto é também denominado sistema de custeio variável, tendo em vista que os produtos variam conforme a procura do mercado.

   2.2 ( ) No sistema de custeio direto, os custos fixos são tratados juntamente com as despesas, não integrando o custo de fabricação.

   2.3 ( ) É correto afirmar que a empresa não incorrerá em custos variáveis no período que nada produzir.

   2.4 ( ) É correto afirmar que a margem de contribuição unitária revela o montante dos recursos que cada unidade traz para a empresa, para contribuir na cobertura de despesas fixas e na formação do lucro.

   2.5 ( ) Pelo sistema de custeio por absorção, é possível conhecer o lucro por unidade fabricada e vendida.

   2.6 ( ) Pelo sistema de custeio direto, pode-se conhecer a margem de contribuição unitária.

   2.7 ( ) Para análise isolada de cada produto, o melhor caminho é pelo conhecimento prévio do lucro por unidade vendida.

   2.8 ( ) Analisando a rentabilidade proporcionada pelos produtos, pode-se decidir sobre o incentivo ou a paralisação da produção de alguns produtos.

   2.9 ( ) Ainda que o Fisco brasileiro exija a contabilização do custo de produção pelo sistema de custeio por absorção, as empresas industriais poderão substituí-lo pelo sistema de custeio direto, alegando que será utilizado para fins gerenciais.

   2.10 ( ) Quando há aumento no volume de produção, a redistribuição dos CIFs provoca redução no custo por unidade.

   2.11 ( ) Na descontinuidade da produção de alguns itens, a redistribuição dos CIFs provocará aumento nos custos unitários dos produtos.

ATIVIDADES PRÁTICAS

Prática 1

Considere as seguintes informações extraídas do controle interno e da contabilidade de custos de uma pequena empresa industrial, relativas ao mês de abril:

Receita bruta da venda de produtos	20.000
Receitas financeiras	3.000
Custos variáveis incorridos	8.000
Custos fixos	3.000
Despesas variáveis	1.000
Despesas fixas	1.500

Considerando que a empresa fabricou durante o mês de abril apenas um lote contendo 500 unidades de um mesmo produto e que toda a produção iniciada e acabada no próprio mês foi totalmente vendida, pede-se:

a) Calcular a margem de contribuição global e por unidade.

b) Apurar os resultados bruto e líquido do período.

Prática 2

Considere as seguintes informações coletadas perante a área de produção da Companhia Industrial Angelo & Angelo S.A.:

Produtos	MP	MOD	Custo Primário
Produto A	3.000	2.000	5.000
Produto B	5.000	3.000	8.000
Produto C	1.000	3.000	4.000
Totais	9.000	8.000	17.000

Outras informações:

a) Os custos indiretos de fabricação do período totalizaram $ 6.000.

b) Os três lotes compõem-se de 100 unidades cada um.

c) Despesas variáveis totais geradas em decorrência da venda de cada produto: produto A = $ 1.000, produto B = $ 500 e produto C = $ 700.

d) Informações para fins de rateio do CIF:
Para fabricação de cada unidade do produto A: h/m = 2; h/h = 3
Para fabricação de cada unidade do produto B: h/m = 2; h/h = 2
Para fabricação de cada unidade do produto C: h/m = 5; h/h = 3

e) Receitas de vendas: produto A, $ 10.000; produto B, $ 12.000; produto C, $ 9.000.

f) Bases de rateio que podem ser utilizadas: custo da matéria-prima; custo da MOD; custo primário; horas-máquina ou horas-homem.

g) A companhia deseja incrementar a produção do produto mais rentável e descontinuar a produção do menos rentável.

Considerando essas informações, elabore o *ranking* evidenciando a rentabilidade de cada produto, indicando o produto que deve ter seu processo de fabricação incentivado, bem como aquele cuja produção deva ser descontinuada.

16 Ponto de equilíbrio

16.1 Conceito e finalidade

Ponto de equilíbrio (em inglês, *break-even point*) é o estágio alcançado pela empresa no momento em que as receitas totais se igualam aos custos e despesas totais.

$$PE : RT = CDT$$

onde:

PE = Ponto de equilíbrio;

CDT = Custos e despesas totais.

Nesse estágio, a situação econômica da empresa estará em pleno equilíbrio, isto é, o volume de vendas é suficiente para cobrir os custos e as despesas totais, não havendo lucro nem prejuízo.

Quando a empresa trabalha com volume de vendas abaixo do seu ponto de equilíbrio, isso significa que não está conseguindo cobrir seus custos e despesas totais. Nesse caso, tecnicamente, dizemos que a empresa se encontra no campo de prejuízo; quando seu volume de vendas supera o estágio do ponto de equilíbrio, está no campo de lucro.

O ponto de equilíbrio alcançado por uma empresa não é um estágio fixo que se aplica a todas as empresas e em todos os momentos. Cada empresa terá seu ponto de equilíbrio, o qual poderá referir-se ao movimento global da empresa ou apenas a uma de suas atividades ou produto.

O ponto de equilíbrio pode receber outras denominações, como ponto de nivelamento, ponto neutro, ponto de ruptura etc.

Nas empresas industriais, objeto de estudo do presente livro, o ponto de equilíbrio tem por finalidade revelar o volume mínimo que a empresa deve produzir e vender para que consiga pelo menos cobrir os seus custos e despesas totais.

Portanto, o ponto de equilíbrio será calculado cotejando-se a receita total derivada da venda de produtos fabricados pela empresa com os custos e despesas necessários à realização dessas receitas.

16.2 Importância do ponto de equilíbrio na atividade industrial

Você já aprendeu que a empresa industrial se encontra no ponto de equilíbrio em relação a sua atividade principal quando as suas receitas totais derivadas da venda de produtos são iguais aos custos e despesas totais.

No entanto, ainda que a receita auferida pela empresa no ponto de equilíbrio seja suficiente para cobrir seus custos e despesas totais, ela não é considerada ideal para a empresa, uma vez que, não gerando lucro, não proporcionará retorno do capital investido. Nesse caso, os investidores (titular, sócios ou acionistas) estarão perdendo o juro que o capital por eles investido na empresa renderia se fosse destinado a outras aplicações no mercado financeiro (poupança, RDB, CDB etc.) ou no mercado de capitais (ações, cotas, debêntures etc.).

Portanto, a situação econômica da empresa industrial será considerada favorável quando as receitas derivadas da venda de seus produtos estiverem acima do ponto de equilíbrio.

O lucro começa a aparecer na empresa a partir da primeira unidade de produto vendida acima das quantidades necessárias para atingir o ponto de equilíbrio.

Você já sabe que, ao fixarem o preço de venda de um produto, os administradores da empresa estarão prevendo uma receita que seja suficiente para cobrir os custos incorridos na fabricação, as despesas dos setores administrativo e comercial e, ainda, uma margem de lucro.

Então, o preço de venda (PV) de um produto pode ser assim representado:

PV = CUSTOS + DESPESAS + MARGEM DE LUCRO

No estágio do ponto de equilíbrio, em que a empresa não obtém nem lucro nem prejuízo, o preço de venda será assim representado:

PV = CUSTOS + DESPESAS

Conhecendo, então, o volume de vendas necessário para se cobrirem os custos e as despesas totais, cada unidade de produto vendida acima desse volume oferecerá à empresa uma margem de lucro.

Suponhamos determinada empresa industrial que fabrique apenas um tipo de produto (denominaremos produto X), alcançando um preço de venda igual a $ 20 por unidade. Suponhamos ainda que, para fabricar e vender 100 unidades desse produto, a empresa incorra nos seguintes gastos:

Custos variáveis: $ 12 por un	1.200
Custos fixos	200
Despesas fixas	600
Custo total	2.000

Neste caso teremos:

Receitas totais: 100 un x $ 20	2.000
(–) Custos e Despesas Totais	(2.000)
(=) Diferença	ZERO

Representação gráfica do ponto de equilíbrio

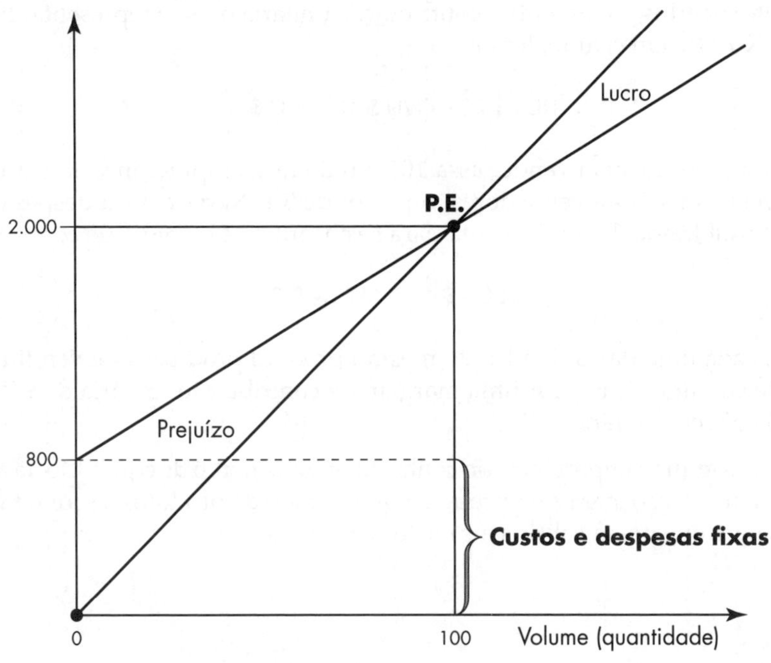

Observe que a centésima primeira unidade de produto a ser produzida e vendida começará a proporcionar à empresa uma margem de lucro.

Vendendo 101 unidades e mantidos os mesmos custos e despesas totais, exceto o acréscimo de custos variáveis correspondente à unidade adicionalmente produzida e vendida ($ 12), teremos:

Receita total: 101 un × $ 20 = $ 2.020

(–) Custos variáveis: 101 × $ 12	($ 1.212)
(–) Custos fixos	($ 200)
(–) Despesas fixas	($ 600)
(=) Lucro:	$ 8

Observe que os $ 8 de lucro auferido pela venda de uma unidade acima do ponto de equilíbrio equivalem exatamente à margem de contribuição gerada pela venda da referida unidade.

No capítulo anterior, você aprendeu que a margem de contribuição unitária corresponde à diferença entre a receita bruta da venda de uma unidade e os custos e despesas variáveis incorridos para fabricação e venda dessa unidade. Aprendeu, também, que a margem de contribuição deve ser suficiente para cobrir os custos e as despesas fixos e ainda gerar uma margem de lucro. Pois bem, até o ponto de equilíbrio, o somatório das margens de contribuição dos produtos vendidos é suficiente apenas para cobrir os custos e as despesas fixos; a partir do momento em que os custos e as despesas fixos estiverem devidamente cobertos, a margem de contribuição unitária passa a representar lucro para a empresa. No caso em estudo, temos:

RUT $ 20 – CVU $ 12 = MC $ 8

Vamos supor que, para vender essa 101ª unidade, a empresa incorra em uma despesa variável (comissões a vendedores) no valor de $ 1. Nesse caso, a despesa variável também será subtraída da receita bruta para se encontrar a margem de contribuição:

$ 20 – $ 13 = MC de $ 7

Agora, cada uma das unidades do mesmo produto produzidas e vendidas acima do ponto de equilíbrio vai gerar uma margem de contribuição unitária de $ 7 que corresponderá ao lucro unitário.

Portanto, a grande importância do conhecimento do ponto de equilíbrio na atividade industrial é a revelação, para a empresa, da quantidade de produtos a serem fabricados e vendidos para que possa cobrir seus custos e despesas totais.

16.3 Margem de segurança

Margem de segurança é a diferença entre a receita total auferida pela empresa e a receita total no ponto de equilíbrio.

Você já sabe que o objetivo das empresas, como entidades econômicas que são, é alcançar o lucro no desenvolvimento dos seus negócios. Com o lucro é que elas possibilitam aos proprietários a obtenção tanto do retorno do capital investido quanto da remuneração pelo investimento efetuado, além de permitir o seu crescimento com o reinvestimento de parte desses lucros no próprio negócio. Portanto, nenhuma empresa deseja cair no campo de prejuízo.

Observando mais uma vez o gráfico apresentado na seção anterior, verifique que, para atingir o ponto de equilíbrio, a empresa em questão precisa fabricar e vender 100 unidades do produto X. Vendendo menos que 100 unidades, cairá no campo de prejuízo; vendendo mais que 100 unidades, subirá para o campo de lucro.

Vamos supor, agora, que no período seguinte a empresa em questão tenha produzido e vendido 120 unidades do produto X. Mantendo as mesmas condições do exemplo anterior, teremos as seguintes ocorrências:

Receita bruta total: 120 un × $ 20	$ 2.400
Custos variáveis: 120 un × $ 12	$ 1.440
Custos fixos totais	$ 200
Despesas fixas totais	$ 600
Custos totais	$ 2.240

Observe que não estamos considerando a existência de despesas variáveis. Nesse caso, teremos:

Receita bruta: 120 × $ 20	$ 2.400
(–) Custos e despesas totais	($ 2.240)
= Lucro	$ 160

Veja a representação gráfica da presente situação, na página seguinte.

Observe então que a empresa, nesse período, produzindo e vendendo 120 unidades, trabalhou com uma margem de segurança equivalente a 20 unidades. Considera-se margem de segurança, pois mesmo que deixasse de vender essas 20 unidades ainda não cairia no campo de prejuízo.

A margem de segurança pode ser expressa em unidade monetária ($), em volume (quantidade) ou em percentual.

Quando expressa em unidade monetária, corresponde à diferença entre a receita total auferida na venda dos produtos e a receita no ponto de equilíbrio; quando expressa em volume, corresponderá à quantidade produzida e vendida pela empresa acima das quantidades do ponto de equilíbrio (quantidade produzida e vendida – quantidade no ponto de equilíbrio).

Quando expressa em percentual, será obtida pela fórmula: quantidade ou valor da venda diminuído da quantidade ou valor no ponto de equilíbrio, dividido pela quantidade ou valor vendido.

Portanto, no presente exemplo, a empresa alcançou uma margem de segurança correspondente a $ 400, ou a 20 unidades, ou, ainda, equivalente a 16,67% da receita total ou do volume vendido.

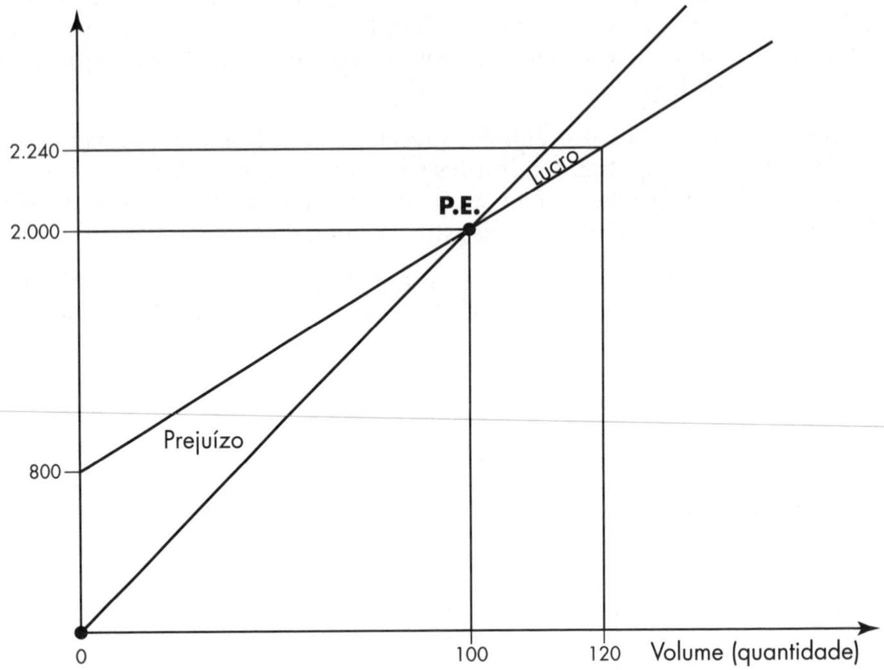

16.4 Alavancagem operacional

16.4.1 Conceito

Alavancar significa mover ou levantar (algo) com o auxílio de alavanca (Dicionário novo Aurélio da língua portuguesa século XXI, 1999). Com um aumento (alavanca) no volume da produção e venda, promove-se uma alavancagem (elevação) no resultado.

Portanto, alavancagem operacional é um indicador que mostra quantas vezes o percentual de aumento promovido no volume gerou de percentual de aumento no resultado.

O grau de alavancagem pode ser obtido de duas maneiras:

a. GAO = % de Aumento no Volume/% de Aumento no Resultado

onde:

GAO = Grau de alavancagem operacional;

b. GAO = Margem de Contribuição Total/Resultado

16.4.2 Exemplo prático

Neste exemplo prático, analisaremos eventos ocorridos em uma empresa industrial, abrangendo três períodos diferentes.

Período 1

Foram produzidas e vendidas 30 unidades do produto X;

Custo e despesa variável por unidade: $ 10;

Custos e despesas fixos totais do período: $ 110;

Preço de venda unitário: $ 15.

Com base nessas informações, veja o resultado:

DEMONSTRAÇÃO DO RESULTADO	
Receita bruta da venda de produtos: 30 un × $ 15	$ 450
– Custos e despesas variáveis: 30 un × $ 10	($ 300)
= Margem de contribuição	$ 150
– Custos e despesas fixos totais do período	($ 110)
= Resultado (lucro líquido)	$ 40
Margem de segurança: 450 – 330 =	$ 120

Calcularemos, agora, o ponto de equilíbrio e a margem de segurança:

MCU = $ 15 – $ 10 = $ 5

PE: $ 110/$ 5 = 22 un

Margem de segurança: 450 – 330 = $ 120

Observe que nesse período a empresa alcançou o seu ponto de equilíbrio com a produção e venda de 22 unidades ($ 330) e apresentou uma margem de segurança de 8 unidades ($ 120) ou de 26,67%.

O grau de alavancagem, neste caso, será: 150/40 = $ 3,75.

Período 2

Vamos admitir que no período seguinte a empresa tenha decidido aumentar o volume da produção e venda em 10%. As demais ocorrências foram mantidas. Veja:

Foram produzidas e vendidas 33 unidades do produto X;

Custo e despesa variável por unidade: $ 10;

Custos e despesas fixos totais do período: $ 110;

Preço de venda unitário: $ 15.

Com base nessas informações, veja o resultado:

DEMONSTRAÇÃO DO RESULTADO	
Receita bruta da venda de produtos: 33 un × $ 15	$ 495
– Custos e despesas variáveis: 33 un × $ 10	($ 330)
= Margem de contribuição	$ 165
– Custos e despesas fixos totais do período	($ 110)
= Resultado (lucro líquido)	$ 55

Observe agora que o acréscimo no volume da produção e venda equivalente a 10%, ou 3 unidades, gerou uma elevação no lucro, equivalente a 37,5% (pulou de $ 40 para $ 55), com uma alavancagem de 3,75 vezes (37,50%/10% = 3,75).

Conforme já dissemos, o grau de alavancagem operacional pode ser igual à porcentagem de acréscimo ocorrida no lucro, dividida pela porcentagem de acréscimo no volume.

Assim, para cada 1% de acréscimo promovido no volume da produção e venda, o lucro aumentou em 3,75%. Logo, o percentual do aumento incorrido no lucro corresponde a 3,75 vezes o percentual de aumento incorrido no volume.

Período 3

Vamos supor, agora, que no terceiro período a empresa tenha decidido aumentar mais uma vez a produção e venda em 3 unidades em relação ao volume de produção e venda do período anterior.

Mantendo as demais ocorrências, teremos:

Foram produzidas e vendidas 36 unidades do produto X;

Custo e despesa variável por unidade: $ 10;

Custos e despesas fixos totais do período: $ 110;

Preço de venda unitário: $ 15.

Com base nessas informações, veja o resultado:

DEMONSTRAÇÃO DO RESULTADO	
Receita bruta da venda de produtos: 36 un × $ 15	$ 540
– Custos e despesas variáveis: 36 un × $ 10	($ 360)
= Margem de contribuição	$ 180
– Custos e despesas fixos totais do período	($ 110)
= Resultado (lucro líquido)	$ 70

Tomando como base o movimento ocorrido no período 1, agora comparando-o com o do período 3, podemos observar que um aumento no volume da produção e venda de 20% equivalente a 6 unidades provocou uma elevação no lucro líquido na ordem de $ 75% (pulou de $ 40 para $ 70), com uma alavancagem de 3,75 vezes (75%/20% = 3,75).

Percebe-se que, mantendo o mesmo ponto de análise, isto é, partindo sempre das 30 unidades, o grau de alavancagem permanece constante, ou seja, para cada 1% de aumento no volume de produção e venda, haverá um acréscimo de 3,75% no resultado. Como o aumento no volume correspondeu a 20%, o aumento no lucro correspondeu a 75% (20% × 3,75 vezes).

É importante salientar que essa proporção será mantida seja qual for o aumento no volume da produção e venda, desde que considerado esse aumento sempre em relação às 30 unidades que tomamos por referência. Mudando essa referência, a alavancagem provocada no lucro também mudará.

16.4.3 Grau de alavancagem *versus* Margem de segurança

Enquanto o grau de alavancagem indica quantas vezes o percentual de aumento a ser promovido no volume vai gerar de percentual de aumento no resultado, a margem de segurança revela a maior ou a menor possibilidade que a empresa tem de cair na zona de prejuízo.

Veja o grau de alavancagem de cada período estudado na presente Seção:

Período 1: 150/40 = 3,75

Período 2: 165/55 = 3

Período 3: 180/70 = 2,57

Note que consideramos, no presente cálculo, as ocorrências de cada período isoladamente. Se tomássemos por base sempre o período 1, por exemplo, o grau de alavancagem não se alteraria, conforme já comentamos.

Veja, agora, a margem de segurança:

Período 1: 8 × 100/30 = 26,67%;

Período 2: 11 × 100/33 = 33,33%;

Período 3: 14 × 100/36 = 38,89%.

Observe que, mantidas as mesmas condições em relação aos custos e despesas totais, bem como em relação ao preço de venda, podemos concluir que, à medida que a produção aumenta, distanciando-se do ponto de equilíbrio, o grau de alavancagem tende a diminuir, enquanto a margem de segurança tende a aumentar.

16.5 Tipos de Ponto de Equilíbrio

No estudo do ponto de equilíbrio, alguns aspectos merecem atenção.

Quando a receita total se iguala aos custos e despesas totais, a empresa não obtém nem lucro nem prejuízo. Entretanto, conforme já assinalamos, neste estágio, os proprietários (titular, sócios ou acionistas) estarão incorrendo em um custo de oportunidade, ou seja, deixando de ganhar os juros que o capital por eles investido na empresa lhes renderia se fosse destinado a outras aplicações no mercado financeiro ou no mercado de capitais. Ainda, no total dos custos e despesas, poderão estar incluídas despesas com depreciação, amortização, exaustão, bem como com o reconhecimento de perdas em elementos do Ativo, cujas despesas não correspondem a saídas de recursos financeiros no referido exercício. Nesse caso, mesmo a empresa operando abaixo do seu ponto de equilíbrio, não estará apresentando financeiramente resultado negativo.

Assim, a fórmula do ponto de equilíbrio poderá ser adaptada com a inclusão ou exclusão de dados visando melhor adequação aos interesses de momento de seus usuários (proprietários, administradores, analistas etc.).

Os usuários, portanto, poderão desejar conhecer o volume a ser produzido e vendido para não obter nem lucro nem prejuízo; para cobrir todos os seus custos e despesas e ainda sobrar uma margem de lucro suficiente para remunerar o capital investido pelos sócios; para cobrir somente os custos e despesas financeiras, excluindo valores contabilizados no resultado com o reconhecimento de perdas em elementos do Ativo, com a depreciação, amortização, exaustão; para cobrir, além dos custos e despesas totais, juros e parcelas de financiamentos obtidos e também proporcionar lucros a serem distribuídos aos sócios etc.

Portanto, você poderá encontrar vários tipos de ponto de equilíbrio, cada um com um objetivo a cumprir.

16.5.1 Ponto de Equilíbrio Contábil (PEC)

Quando falamos em ponto de equilíbrio, de maneira geral, estamos nos referindo ao ponto de equilíbrio contábil, ou seja, ao estágio alcançado pela empresa no qual a receita total iguala-se aos custos e despesas totais, não havendo, contabilmente, nem lucro nem prejuízo.

FÓRMULA:

$$PEC = CDFT/MCU$$

onde:

PEC = Ponto de equilíbrio contábil;
CDFT = Custos e despesas fixos totais;
MCU = Margem de contribuição unitária.

A margem de contribuição unitária, por sua vez, é apurada pela fórmula:

$$MCU = RU - CDVU$$

onde:

MCU = Margem de contribuição unitária;
RU = Receita unitária;
CDVU = Custos e despesas variáveis por unidade.

16.5.1.1 Exemplo prático

Considere os seguintes dados extraídos dos registros contábeis de uma empresa industrial, em 31 de dezembro de X1:

Custos + despesas variáveis = $ 50 por unidade;
Custos fixos + despesas totais = $ 900.000 por ano;
Preço de venda = $ 80 por unidade.
Pede-se: com base nos dados apresentados, calcular o ponto de equilíbrio contábil.

Solução:

Inicialmente calcularemos a margem de contribuição unitária:

MCU = 80 – 50
MCU = 30

Agora, vamos calcular o ponto de equilíbrio contábil:

PEC = 900.000/30 = 30.000 un

Significa que, para atingir o ponto de equilíbrio contábil, ou seja, para que a receita total seja suficiente, pelo menos, para cobrir os custos e as despesas totais, a empresa precisa fabricar e vender 30.000 unidades do produto.

Se pretendermos conhecer o PEC em unidade monetária ($), faremos:

30.000 un × $ 80 = $ 2.400.000

Quando esta empresa atingir a receita total com a venda de produtos de $ 2.400.000, terá alcançado o seu ponto de equilíbrio contábil.

DEMONSTRAÇÃO DO PEC	
Receita total (30.000 x $ 80)	2.400.000
– Custos e despesas variáveis totais (30.000 x $ 50)	(1.500.000)
= Margem de contribuição	900.000
– Custos e despesas fixas totais	(900.000)
= Margem de lucro	ZERO

Representação gráfica do PEC

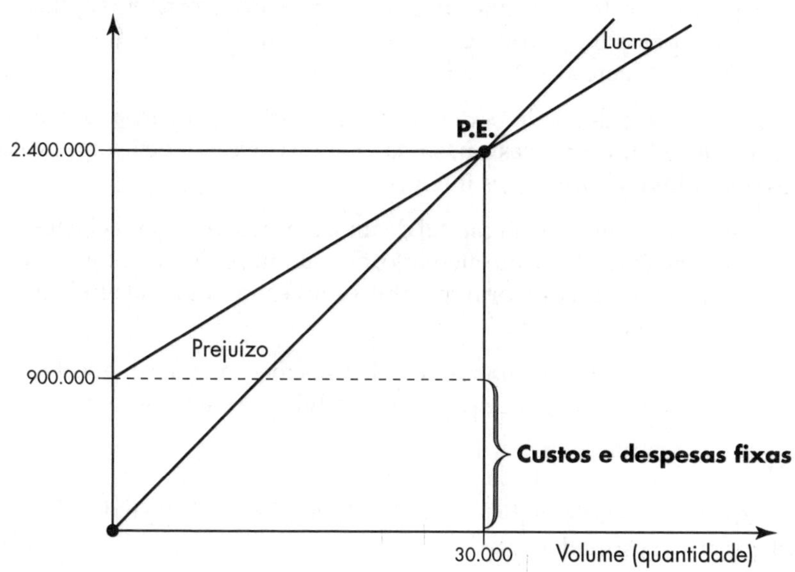

Observe no gráfico que, quando a receita total estiver abaixo daquela indicada no ponto de equilíbrio, a empresa estará no campo de prejuízo; observe também que, quando a receita total superar aquela indicada no ponto de equilíbrio, a empresa estará no campo de lucro.

O PEC, portanto, revela o volume a ser produzido e vendido para que contabilmente não seja apurado lucro nem prejuízo.

16.5.2 Ponto de Equilíbrio Econômico (PEE)

Ponto de equilíbrio econômico é o estágio alcançado pela empresa no momento em que a receita total, derivada da venda de produtos, é suficiente para cobrir os custos e as despesas totais e ainda proporcionar uma margem de lucro aos proprietários, como remuneração do capital por eles investido na empresa.

FÓRMULA:

$$PEE = CDFT + ML/MCU$$

onde:

PEE = Ponto de equilíbrio econômico;
CDFT = Custos e despesas fixos totais;
ML = Margem de lucro;
MCU = Margem de contribuição unitária.

Conforme já assinalamos, quando a empresa estiver operando exatamente no seu ponto de equilíbrio contábil, os investidores (proprietários) deixarão de receber o juro do capital investido.

Sabemos que os investidores almejam sempre, além do retorno do capital investido, um ganho real que possa lhes proporcionar lucros acima daqueles que outros investimentos disponíveis no mercado oferecem.

Dessa forma, o lucro desejado poderá corresponder a uma percentagem do capital investido, da receita bruta de vendas, ou, ainda, poderá corresponder a outro valor fixado por critérios definidos conforme seus interesses.

Quando uma pessoa investe no capital de uma empresa, em geral ela deseja receber como remuneração pelo investimento efetuado, no mínimo, os juros de mercado. Quando a empresa opera no ponto de equilíbrio contábil, os investidores nada recebem, surgindo a figura do "custo de oportunidade".

Custo de oportunidade corresponde ao valor dos rendimentos que se deixa de obter quando se aplica um recurso financeiro em uma atividade e não em outra.

EXEMPLO:

Vamos supor que Valéria tenha em disponibilidade $ 100.000 e decida investir no capital de determinada sociedade.

No final de um ano da data do investimento, Valéria recebe da sociedade, como dividendos, a importância de $ 5.000 como resultado da sua participação no capital dessa empresa.

Tendo em vista que os investimentos em caderneta de poupança no referido período ofereceram rendimentos correspondentes a 6%, se Valéria tivesse investido seu recurso financeiro em caderneta de poupança teria ganho $ 1.000 a mais que no investimento que efetuou. Logo, o custo de oportunidade, nesse caso, corresponde a $ 1.000, ou seja, o quanto Valéria deixou de ganhar por ter aplicado no capital de uma empresa e não na caderneta de poupança.

O ponto de equilíbrio econômico, portanto, proporcionará aos investidores o conhecimento do volume que deverão produzir e vender para cobrir os custos e despesas totais, obter lucros e ainda o retorno do capital que investiram na empresa, dentro das metas fixadas.

16.5.2.1 Exemplo prático 1 (Margem de lucro com base em porcentagem sobre o capital)

Quando os proprietários desejarem obter lucro nas vendas de produtos com base em um percentual a ser aplicado sobre o capital investido, deverão, então, definir esse percentual, que deve ser suficiente para recuperar as perdas decorrentes da inflação e garantir ainda um ganho real com base nas taxas de juros do mercado.

Aproveitando o exemplo apresentado na Seção anterior, suponhamos que o lucro pretendido seja de 20% do valor do capital investido na empresa. Supondo, ainda, que o valor do capital da empresa seja de $ 600.000, o valor do lucro desejado será:

20% de $ 600.000 = $ 120.000

Neste caso, a fórmula do ponto de equilíbrio econômico será:

PEE = CDFT + ML/MCU

onde:

ML = Margem de lucro desejada.

Com os dados anteriores, faremos:

$$PEE = \frac{900.000 + 120.000}{30} = 34.000$$

Assim, o ponto de equilíbrio econômico será atingido com a produção e venda de 34.000 unidades do produto.

Nesse caso, o ponto de equilíbrio econômico em unidade monetária ($) será:

34.000 un × $ 80 = $ 2.720.000

DEMONSTRAÇÃO DO PEE	
Receita total (34.000 un × $ 80)	2.720.000
(–) Custos e despesas variáveis	
(34.000 un × $ 50)	(1.700.000)
(=) Margem de contribuição	1.020.000
(–) Custos e despesas fixos totais	(900.000)
(=) Margem de lucro	120.000

REPRESENTAÇÃO GRÁFICA DO PEE

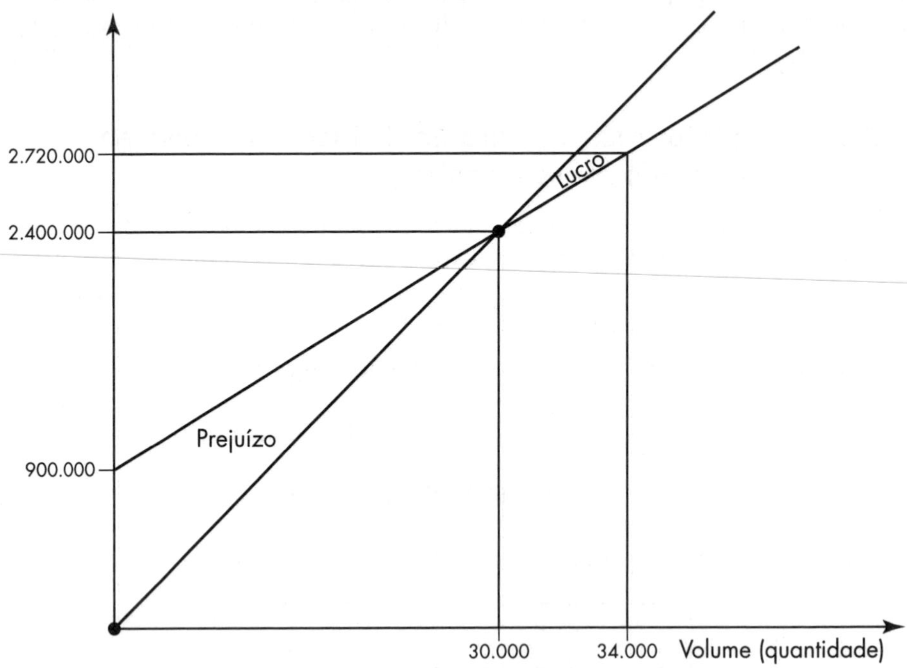

16.5.2.2 Exemplo prático 2 (Margem de lucro com base na receita total)

Os sócios poderão fixar a margem de lucro desejada mediante a aplicação de um percentual sobre a receita total a ser auferida na venda dos produtos. Nesse caso, o ponto de equilíbrio econômico poderá ser calculado por meio de uma equação do primeiro grau.

Aproveitaremos os mesmos dados apresentados para cálculo do ponto de equilíbrio contábil, acrescentando o percentual de lucro desejado.

Custos + Despesas variáveis = $ 50 por unidade;

Custos fixos + Despesas totais = $ 900.000 por ano;

Preço de venda = $ 80 por unidade.

Pede-se:

Sabendo-se que os titulares decidiram obter lucro igual a 25% da receita total que auferirão com a venda dos produtos, quantas unidades deverão produzir e vender durante o ano?

Solução:

Neste caso, a empresa deseja conhecer nada mais do que o ponto de equilíbrio econômico em quantidades. Entretanto, como a margem de lucro não foi informada em valores, pois corresponde a um percentual sobre a receita total, os cálculos, conforme dissemos, deverão ser efetuados por meio de uma equação do primeiro grau. Acompanhe:

A receita total será igual ao custo total mais a margem de lucro.

Assim, a equação do primeiro grau será representada pela seguinte fórmula:

Fórmula: RT = CT + ML

Denominaremos RT de expressão 1; CT de expressão 2 e ML de expressão 3.

Em seguida, devemos buscar no enunciado da questão os valores a serem atribuídos para cada expressão. Veja:

Expressão 1: receita total (RT)

Na questão foi informada apenas a receita unitária (RU), que é igual a $ 80. Portanto, a receita total será igual à receita unitária multiplicada pela quantidade de produtos a ser produzida. Como não conhecemos a quantidade, ela será representada pela letra "q".

Assim, $ 80, que é o valor da receita unitária, multiplicado por "q" será igual à receita total:

RT = $ 80 × q, ou simplesmente: RT = 80q

Expressão 2: custo total (CT)

O custo total é composto pelos custos e despesas fixos totais + os custos e as despesas variáveis totais.

Os custos e as despesas fixos totais foram informados e são de $ 900.000; os custos e as despesas variáveis totais precisam ser calculados.

Note que na questão foi informado que o custo variável unitário é de $ 50; logo, para se conhecer o valor das despesas variáveis totais, basta multiplicar $ 50 pelas quantidades.

Como a quantidade, até este momento, é uma incógnita, o total dos custos e despesas variáveis será igual a 50 multiplicado por "q" ou simplesmente 50q.

Dessa forma, a expressão 2 será assim representada:

CT = 900.000 + 50q.

Expressão 3: margem de lucro (ML)

Como o lucro desejado corresponde a 25% da receita total, e sendo a receita total igual a 80q, temos:

$$25\% \text{ de } 80q = 20q$$

Agora que já conhecemos as expressões 1, 2 e 3, vamos colocá-las na fórmula da equação do primeiro grau. Veja:

Fórmula: $RT = CT + ML$

onde:

$$80q = (900.000 + 50q) + 20q$$

Como os sinais são iguais, podemos eliminar os parênteses:

$$80q = 900.000 + 50q + 20q$$

Agora, colocaremos os elementos das expressões que não contêm "q" de um lado e os que contêm "q" de outro. Veja:

$$900.000 = 50q + 20q - 80q$$

onde:

$$900.000 = 10q$$

logo,

$$q = 900.000/10 = 90.000$$

Portanto, será necessário produzir e vender 90.000 unidades do produto para cobrir os custos totais e ainda restar uma margem de lucro igual a 25% da receita total.

DEMONSTRAÇÃO	
Receita total: (90.000 × 80)	7.200.000
– Custos e despesas variáveis totais: (90.000 × $ 50)	(4.500.000)
= Margem de contribuição	2.700.000
– Custos e despesas fixos totais	(900.000)
= Margem de lucro: (25% de 7.200.000)	1.800.000

Nota

- É importante salientar que a margem de lucro pretendida, com base em percentual a ser aplicado sobre a receita bruta, é diretamente proporcional ao percentual da margem de contribuição unitária. Assim, quanto maior for a margem de contribuição unitária, maior será o percentual da margem de lucro sobre a receita total e vice-versa.

16.5.3 Ponto de Equilíbrio Financeiro (PEF)

Ponto de equilíbrio financeiro é o estágio alcançado pela empresa no momento em que a receita total auferida com a venda dos produtos é suficiente para cobrir o total dos custos e das despesas totais diminuído do total dos custos e despesas não financeiros.

Lembramos que os custos e as despesas não financeiros são aqueles que, embora tenham sido considerados na apuração do resultado, integrando o total dos custos e despesas fixos, não correspondem a saídas de dinheiro da empresa, como é o caso das despesas ou custos com depreciação, amortização, exaustão, com perdas estimadas em créditos de liquidação duvidosa, com perdas estimadas para redução de estoques ao valor realizável líquido etc.

Fórmula:

$$PEF = CDFT - CDNF/MCU$$

onde:

PEF = Ponto de equilíbrio financeiro;
CDFT = Custos e despesas fixos totais;
CDNF = Custos e despesas não financeiros;
MCU = Margem de contribuição unitária.

Ainda com base no exemplo apresentado na seção anterior, supondo que dentre o total dos custos e despesas fixos \$ 60.000 correspondam a despesas com depreciação e amortização, teremos:

$$PEF = \frac{900.000 - 60.000}{30} = 28.000$$

$$PEF = 28.000 \text{ unidades}$$

Para encontrar o ponto de equilíbrio financeiro em unidade monetária (\$), faremos:

$$28.000 \text{ un} \times \$\ 80 = \$\ 2.240.000$$

DEMONSTRAÇÃO DO PEF	
Receita total (28.000 un × \$ 80)	2.240.000
– Custos e despesas variáveis totais (28.000 un × \$ 50)	(1.400.000)
= Margem de contribuição	840.000
– Custos e despesas fixos	(900.000)
= Prejuízo	(60.000)

Observe que, no ponto de equilíbrio financeiro, o prejuízo corresponde ao total dos custos e despesas não financeiros. Significa que, embora apresentando prejuízo, o total das receitas auferidas no ponto de equilíbrio é suficiente para cobrir os gastos financeiros.

Representação gráfica do PEF

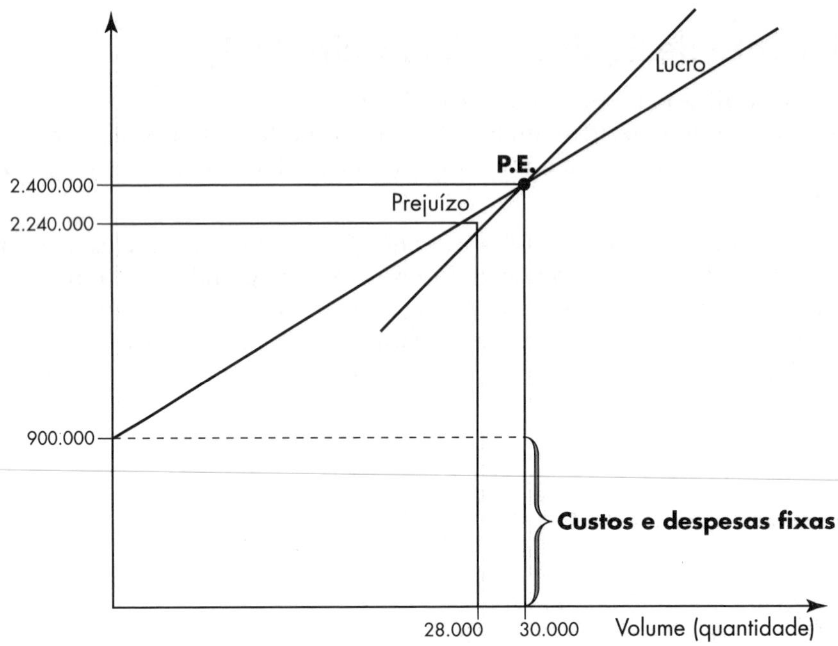

16.5.4 Ponto de Equilíbrio Mix

Você estudou até aqui os pontos de equilíbrio contábil, econômico e financeiro, porém considerando que a empresa fabrique apenas um tipo de produto. Entretanto, o comum é que as empresas fabriquem vários tipos de produtos, com custo variável, preço de venda e margem de contribuição diferentes.

Nesse caso, o ideal seria calcular um ponto de equilíbrio para cada produto. No entanto, quando a variedade de produtos for grande, muitos problemas surgirão, como ocorre, principalmente, com o rateio dos custos indiretos, já que, além do subjetivismo e de outros problemas já estudados em capítulos anteriores, a variação no volume da produção poderá reduzir ou aumentar a carga dos próprios CIFs por unidade de produto fabricada.

A solução será então calcular inicialmente um ponto de equilíbrio global em quantidades utilizando para o cálculo a margem de contribuição ponderada e, em seguida, com base na mesma proporção de participação de cada margem de contribuição em relação ao seu total, calcular as quantidades a serem produzidas por produto. Uma vez conhecido o ponto de equilíbrio por produto em unidades, bastará multiplicar pelo preço de venda para se conhecer o ponto de equilíbrio por produto em valor.

Veja o exemplo prático a seguir.

16.5.4.1 Exemplo prático

Considere as seguintes informações extraídas do controle interno e dos registros contábeis de uma empresa industrial, relativas ao mês de maio:

a. A empresa fabricou e vendeu 4 produtos: A, B, C e D.

b. Custos e despesas variáveis médias por unidade:
produto A, 10; produto B, 3; produto C, 2; produto D, 10.

c. Preço de venda médio por unidade:
produto A, 25; produto B, 8; produto C, 50; produto D, 30.

d. Custos fixos + despesas fixas totais: 210.000.

PEDE-SE:

Com base nos dados apresentados, calcular o ponto de equilíbrio contábil global e por produto, em valor e em quantidade.

SOLUÇÃO:

Você já sabe que para calcular o PEC basta dividir o total dos custos e despesas fixos pela margem de contribuição unitária. Pois bem, quando a empresa trabalha com vários produtos, haverá também várias margens de contribuição unitária. Nesse caso, para encontrar o PEC, deve-se dividir o total dos custos e despesas fixos pela margem de contribuição unitária ponderada.

Inicialmente, calcularemos a margem de contribuição unitária de cada produto. Veja:

MCU produto A: 25 – 10 = ...	15
MCU produto B: 8 – 3 = ...	5
MCU produto C: 50 – 20 = ...	30
MCU produto D: 30 – 10 = ...	20
MCU total = ...	70

Agora, vamos calcular a margem de contribuição ponderada.

Para isso, é preciso conhecer a participação de cada MCU em relação à MC total. Veja:

Cálculo do percentual de participação da MCU de cada produto em relação à MC total:

Pela regra de três, faremos:

Produto A: 15 × 100/70 = ...	21,42857%
Produto B: 5 × 100/70 = ...	7,14286%
Produto C: 30 × 100/70 = ...	42,85714%
Produto D: 20 × 100/70 = ...	28,57143%
Total = ...	100%

Nota

- No cálculo dos percentuais de participação de cada MCU em relação à MCT, é aconselhável trabalhar com o maior número possível de casas decimais.

Agora, vamos simular uma produção total de 100 unidades. Veja:

Produto A: 21,42857 un × $ 15 = ... $ 321,42855
Produto B: 7,14286 un × $ 5 = ... $ 35,71430
Produto C: 42,85714 un × $ 30 = ... $ 1.285,71420
Produto D: 28,57143 un × $ 20 = ... $ 571,42860
Totais: 100 un = ... $ 2.214,28565

Isso significa que a margem de contribuição ponderada para a fabricação de 100 unidades corresponderá a $ 2.214,28565.

Logo, a margem de contribuição unitária será:

$ 2.214,28565/100 un = $ 22,14286 MCUP

Agora que conhecemos a MCU ponderada, faremos:

Cálculo do PEC:

$ 210.000/22,14286 = 9.484

Para encontrarmos as quantidades de cada produto no PEC, aplicaremos o mesmo percentual de participação da MCU em relação à MCT. Veja:

Produto A: 21,42857% de 9.484 un = ... 2.032 un
Produto B: 7,14286% de 9.484 un = ... 677 un
Produto C: 42,85714% de 9.484 un = ... 4.065 un
Produto D: 28.57143% de 9.484 un = ... 2.710 un
Totais: 100% = ... 9.484 un

Nota

- No cálculo final para se conhecer as quantidades de cada produto a serem fabricadas, haverá sempre necessidade de ajustes, uma vez que não se fabrica parte de uma unidade de produto para ser vendida.

Veja, então, como ficará o PEC em valores:

Produto A: 2.032 un × $ 25 = ... $ 50.800
Produto B: 677 un × $ 8 = ... $ 5.416
Produto C: 4.065 un × $ 50 = ... $ 203.250
Produto D: 2.710 un × $ 30 = ... $ 81.300
Total = ... $ 340.766

DEMONSTRAÇÃO DO RESULTADO	
Receita bruta do produto A: 2.032 un × $ 25	50.800
– Custos variáveis do produto A: 2.032 un × 10	(20.320)
Receita bruta do produto B: 677 × $ 8	5.416
– Custos variáveis do produto B: 677 × 3	(2.031)

(continua)

(continuação)

Receita bruta do produto C: 4.065 × $ 50	203.250
– Custos variáveis do produto C: 4.065 × 20	(81.300)
Receita bruta do produto D: 2.710 × $ 30	81.300
– Custos variáveis do produto D: 2.710 × 10	(27.100)
= Margem de contribuição total	210.015
– Custos e despesas fixos	(210.000)
= Margem de lucro	15*

*A margem de lucro no ponto de equilíbrio deve ser igual a zero.

Quando se trabalha com margem de contribuição unitária ponderada, haverá sempre uma diferença para mais ou para menos entre a margem de contribuição total e o total dos custos e despesas fixos, em decorrência das aproximações de valores nos diversos cálculos efetuados. Quanto maior for o número de casas decimais utilizadas, menor será a diferença.

É importante salientar que existem outras maneiras de se calcular o ponto de equilíbrio quando a empresa fabricar produtos variados, e que renomados contabilistas brasileiros desaprovam o cálculo dessa modalidade de PE, alegando imprecisões nos resultados apurados pela aplicação das fórmulas próprias, além de outras razões corretamente justificadas por eles. Entretanto, julgamos que o cálculo do PE considerando as margens de contribuição ponderadas, conforme exemplo prático que apresentamos na presente Seção, representa importante indicador que pode auxiliar os usuários das informações contábeis em suas tomadas de decisões.

Por fim, esclarecemos que os procedimentos apresentados na presente seção para cálculo do ponto de equilíbrio contábil aplicam-se também aos cálculos dos pontos de equilíbrio econômico e financeiro.

16.6 Estudo da relação custo-volume-lucro

O estudo da relação custo-volume-lucro é indispensável em qualquer processo de análise que envolva a gestão de uma empresa industrial.

Para que possam tomar decisões concisas em benefício do desenvolvimento da empresa industrial, os usuários das informações contábeis, especialmente os analistas, precisam ter pleno conhecimento dos fatores que provocam variações nos resultados. O lucro desejado é o termômetro capaz de influenciar nas decisões de incremento ou descontinuidade de parte ou do total de um processo produtivo.

Nesta seção, não trataremos desse assunto com profundidade, uma vez que nossa proposta na presente obra é abordar com maior ênfase os aspectos contábeis relacionados ao custo industrial. Entretanto, julgamos necessário fazer algumas considerações exatamente para que você possa perceber a importância do conhecimento dos assuntos tratados no presente capítulo, em especial para fins gerenciais.

Vamos supor as seguintes informações extraídas do controle interno de uma empresa industrial, relativas a determinado mês:

Volume de produção: 100 unidades do produto A/mês;

Custos e despesas variáveis por unidade: $ 30;

Custos e despesas fixos mensal: $ 900;

Preço de venda unitário: $ 50.

Com esses dados, veja as informações que poderemos extrair:

Receita bruta total: 100 × $ 50 = $ 5.000;

MCU: $ 50 – $ 30 = $ 20;

PEC em quantidade: CDF/MCU: $ 900/$ 20 = 45 un

Margem de segurança: Qtde. vendida – Qtde. no PE: 100 – 45 = 55 un

Grau de alavancagem: MCT/LL: 2.000/1.100 = 1,82 vez

DEMONSTRAÇÃO DO RESULTADO	
Volume produzido e vendido: 100 un × $ 50	5.000
– Custos e despesas variáveis: 100 un × $ 30	(3.000)
= Margem de contribuição total	2.000
– Custos e despesas fixos	(900)
= Lucro líquido	1.100

Em uma análise superficial das informações aqui apresentadas, você poderá observar que qualquer variação que se promova no volume da produção e venda (em quantidade ou em valor), nos custos e nas despesas (fixos ou variáveis) ou no preço de venda provocará alterações em todas as informações extraídas (MC, MS, PEC etc.), refletindo diretamente no resultado.

Portanto, o resultado sofre influência de variações ocorridas:

a. No volume da produção e venda: em quantidade, decorrentes não só do funcionamento normal e esperado das máquinas e dos equipamentos como também do pessoal que trabalha diretamente na produção; em valor, decorrentes das flutuações do mercado em relação a possíveis alterações nos custos tanto dos materiais quanto da mão de obra e dos gastos gerais de fabricação.

b. Nos custos: além das situações comentadas na letra "a", é importante salientar que tanto os custos fixos quanto os variáveis estão sujeitos a variações em decorrência de inúmeros fatores, como concorrência, dissídios, inflação, escassez de insumos etc.

c. Nos preços de venda dos produtos: como regra geral, temos que o preço de venda deve ser suficiente para cobrir os custos e as despesas totais, e ainda proporcionar uma margem de lucro. Quanto à formação dos custos e das despesas, dispensamos comentários adicionais, uma vez que foram objeto de estudo ao longo dos capítulos; quanto à margem de lucro, o ideal é que seja aquela desejada pela empresa, porém nem sempre isso é possível, pois sua fixação depende diretamente das reações do mercado, além do fato de que, em algumas circunstâncias, a empresa precisa sacrificar lucros de alguns produtos para alcançar melhores resultados em outros.

Dessa forma, no estudo da relação custo-volume-lucro, os analistas não podem dispensar, entre outros, os instrumentos tratados no presente capítulo.

ATIVIDADES TEÓRICAS

1. Responda:

   1.1 O que é ponto de equilíbrio?

   1.2 Qual é a finalidade do ponto de equilíbrio?

   1.3 Qual será o preço de venda unitário de um produto necessário para cobrir: custos e despesas variáveis de $ 45, margem de contribuição de $ 25 e margem de lucro de 10% do preço de venda?

   1.4 Qual é a grande importância do conhecimento do ponto de equilíbrio na atividade industrial?

   1.5 O que é ponto de equilíbrio contábil?

   1.6 Apresente a fórmula para cálculo do PEC.

   1.7 O que é ponto de equilíbrio econômico?

   1.8 Apresente a fórmula para cálculo do ponto de equilíbrio econômico.

   1.9 O que é ponto de equilíbrio financeiro?

   1.10 Apresente a fórmula para cálculo do ponto de equilíbrio financeiro.

   1.11 Em que consiste a alavancagem operacional?

   1.12 Apresente as duas fórmulas que podem ser utilizadas para se apurar o grau de alavancagem operacional.

2. Julgue as afirmativas como falsas (F) ou verdadeiras (V):

   2.1 ( ) A receita total auferida pela empresa no estágio em que atinge o ponto de equilíbrio é considerada ideal.

   2.2 ( ) Embora a receita total auferida pela empresa quando atinge o estágio do ponto de equilíbrio seja suficiente para cobrir seus custos e despesas totais, não é considerada ideal.

   2.3 ( ) O lucro começa a aparecer na empresa a partir da primeira unidade vendida acima do ponto de equilíbrio e corresponderá ao valor da receita bruta unitária.

   2.4 ( ) Margem de contribuição é o mesmo que margem de lucro.

   2.5 ( ) No estágio do ponto de equilíbrio, o preço de vendas é igual ao somatório dos custos e despesas totais.

   2.6 ( ) A margem de contribuição unitária é apurada pela fórmula: PVU – RU – CDVU.

   2.7 ( ) No ponto de equilíbrio financeiro, o prejuízo corresponde ao total das despesas não financeiras.

   2.8 ( ) No PEF, embora apresentando prejuízo, o total das receitas auferidas no ponto de equilíbrio é suficiente para cobrir os gastos financeiros.

ATIVIDADES PRÁTICAS

Prática 1

Considere os seguintes dados extraídos do controle interno de uma empresa industrial:

Custos e despesas variáveis = $ 200 por unidade;

Custos e despesas fixos totais = $ 40.000 por ano;

Preço de venda = $ 300 por unidade.

Pede-se: calcular o ponto de equilíbrio contábil e elaborar a respectiva demonstração.

Prática 2

Calcular, em quantidade e em valor, o ponto de equilíbrio econômico, considerando as seguintes informações:

Custos e despesas fixos totais	$ 36.000
Preço de venda unitário	$ 200
Custos e despesas variáveis (unitário)	$ 120

Margem de lucro desejada: 5% do capital investido

Capital social da empresa	$ 80.000

Prática 3

Calcular o ponto de equilíbrio econômico, em quantidade e em valor, considerando as seguintes informações:

Valor do capital social da empresa	$ 200.000
Custos e despesas variáveis (unitário)	$ 40
Custos e despesas fixos totais	$ 150.000
Preço de venda unitário	$ 100

Lucro almejado: 30% da receita bruta de vendas

Prática 4

Calcular o ponto de equilíbrio financeiro em quantidade e em valor, considerando as seguintes informações:

Custos e despesas fixos totais: $ 15.000

Custo e despesa variável unitário: $ 10

Preço de venda unitário: $ 20

Custos e despesas não financeiras: $ 1.000

Prática 5

Considere as seguintes informações extraídas do controle interno de uma empresa industrial, relativas ao mês de junho:
Produção e venda de 500 unidades do produto W;
Custo e despesa variável por unidade: $ 80;
Preço de venda unitário: 110 $;
Custos e despesas fixos mensal: $ 12.000.

Pede-se: calcular:

a) margem de contribuição unitária;

b) ponto de equilíbrio contábil;

c) demonstração do resultado do período;

d) margem de segurança em valor e em porcentagem;

e) grau de alavancagem.

Prática 6

Considere as seguintes informações extraídas do controle interno e dos registros contábeis de uma empresa industrial, relativas ao mês de outubro:

a) A empresa fabricou e vendeu três produtos: A, B e C.

b) Custos e despesas variáveis médias por unidade:

Produto A: $ 200; B: $ 100 e C: $ 500.

c) Preço de venda médio por unidade:

Produto A: $ 250; Produto B: $ 130; Produto C: $ 650.

d) Custos fixos + despesas fixas totais: $ 3.000.000.

Pede-se: com os dados apresentados, calcular o ponto de equilíbrio contábil em valor e em quantidade.

17 Fixação do Preço de Venda

17.1 Introdução

Você já sabe que empresas são entidades econômicas que visam ao lucro. Você sabe também que o lucro é a diferença positiva apurada no confronto entre o total das receitas realizadas em determinado período e o total dos custos e despesas incorridos no mesmo período.

Portanto, para que haja lucro, é preciso que o montante arrecadado pela empresa em determinado período com as receitas supere o montante dos custos e despesas incorridos também nesse período.

Você aprendeu que as receitas auferidas pelas empresas em geral podem decorrer tanto da atividade principal que caracteriza o seu negócio como de outras atividades esporádicas ou regulares, porém estranhas à atividade principal.

Nas empresas industriais, objeto de estudo do presente livro, as receitas derivadas da atividade principal são aquelas geradas em decorrência da venda de produtos fabricados por elas, enquanto as demais receitas podem decorrer de aluguéis ou arrendamentos de bens móveis ou imóveis, da cobrança de juros, da obtenção de descontos, da participação no capital de outras sociedades, de aplicações financeiras etc.

Assim, no fechamento de cada período, para apurar o resultado global, a empresa confrontará o total das receitas, tanto as decorrentes da atividade principal quanto as demais, com os custos e despesas incorridos no período. Portanto, o lucro apurado pela empresa no final de um exercício social conterá parcelas de receitas derivadas de sua atividade principal e parcelas de receitas derivadas de outras fontes.

No entanto, o ideal é que as receitas decorrentes da atividade principal da empresa industrial sejam suficientes para cobrir os custos e as despesas totais, pois a empresa não deve contar em seu planejamento operacional com receitas estranhas ao seu negócio, embora elas tenham sua importância e devam ser exploradas. O dinheiro que permanece ocioso no caixa, aguardando datas para pagamentos, deve ser aplicado; bens em desuso devem ser locados etc. Porém, o planejamento operacional da empresa deve estar calcado sempre nas receitas derivadas da sua atividade principal.

Assim, nas empresas industriais, os estudos visando a fixação dos preços de vendas dos produtos devem desprezar as demais receitas e trabalhar somente com a hipótese de que o montante das receitas seja formado pelas receitas auferidas nas vendas dos produtos.

Então, quando a empresa industrial planeja a fabricação de produtos para venda, ela espera que as receitas auferidas com essas vendas sejam suficientes para cobrir os custos, as despesas totais e ainda proporcionar a formação do lucro, sem que precise contar para isso com as demais receitas.

Fizemos essas considerações para justificar que, ao fixar o preço de venda de um produto, o empresário estará prevendo na receita de cada unidade a recuperação dos custos[1] e despesas necessários à fabricação e venda da referida unidade, além de uma parcela que possa contribuir para a cobertura de parte dos custos e despesas fixos e com a formação do lucro.

Podemos concluir, então, que:

PREÇO DE VENDA = CUSTOS + DESPESAS + LUCRO

Portanto, para fixar o preço de venda de um produto, é preciso conhecer:

a. O custo de fabricação do referido produto (se o variável ou se o total).
b. As despesas que serão geradas pela venda do respectivo produto.
c. O montante das despesas necessárias para administrar e financiar.
d. A margem de lucro desejada.

Caso a empresa tenha optado em considerar custo de fabricação somente o variável (custeio variável), os custos fixos deverão ser tratados de forma semelhante às despesas fixas.

17.2 Composição do Preço de Venda

17.2.1 Custos

Você já sabe que custos são os gastos incorridos na fabricação dos produtos. Sabe também que, em relação aos produtos, os custos podem ser diretos e indiretos.

O levantamento dos custos diretos ou variáveis de cada produto não gera dificuldades, uma vez que a empresa deve encontrar meios para identificá-los em relação a cada produto fabricado. Assim, na ficha técnica (Seção 17.5) própria para a apuração do preço de venda de cada produto, esses custos devem ser anotados sem embaraços.

[1]Estamos considerando custos de fabricação somente os variáveis.

A identificação dos custos indiretos em relação a cada unidade de produto, no entanto, não é tarefa simples, conforme já estudamos ao longo do livro, em especial nos Capítulos 9 a 11.

O ideal, visando a composição do preço de venda, é que cada unidade de produto possa ser levada para a ficha técnica de apuração do preço de venda com seus custos diretos e indiretos devidamente calculados. No entanto, é preciso relevar que, após o fechamento de um período, quando são conhecidos todos os custos diretos e indiretos, bem como as quantidades produzidas no respectivo período, fica menos complicada a alocação dos CIFs, pois o período já está encerrado e todos os custos já são conhecidos, ainda que seja considerada a existência de muitas barreiras, conforme estudamos nos capítulos já mencionados. Ocorre, porém, que o preço de venda deve ser calculado antes de iniciada a produção, para que seja possível orçar aos clientes, no caso das fabricações por encomenda, ou mesmo nas produções normais, e fazer seu planejamento rotineiro.

Além disso, é sempre importante lembrar que, ainda que se conheçam os valores reais dos CIFs, a alocação aos produtos sempre causará dificuldades, especialmente porque, sendo custos que beneficiam a fabricação de todos os produtos ao mesmo tempo, os produtos que tiverem maior volume de produção receberão carga maior desses custos que aqueles com volume menor.

Diante disso, o procedimento que tem sido utilizado com resultados satisfatórios é a adoção do custeio variável. Nesse caso, considera-se custo de fabricação somente os custos variáveis, sendo os custos fixos tratados de forma semelhante ao das despesas fixas. Assim, atribui-se um percentual sobre o preço de venda que seja suficiente para cobrir os custos fixos. Esse percentual será diferente em cada tipo de empresa industrial, uma vez que cada processo de fabricação possui características próprias. A solução encontrada então é estimar, no primeiro período de fabricação, um percentual sobre o preço de venda e, frequentemente, acompanhar e ajustar esse percentual conforme a realidade vivida pela indústria em cada momento.

17.2.2 Despesas

Você também já estudou que as despesas podem ser fixas ou variáveis.

Nas empresas industriais, são variáveis aquelas que decorrem da venda dos produtos, como comissões a serem pagas a vendedores; fretes e seguros para entrega dos produtos; material de acondicionamento e embalagem; taxas cobradas pelas empresas administradoras de cartões de crédito sobre as vendas feitas por meio de cartões de crédito; taxas de franquia cobradas pelas franqueadoras; taxas de financiamento, quando se tratar de vendas a prazo; tributo incidente sobre a movimentação financeira da venda; tributos que incidirão sobre as vendas (ICMS, IPI, PIS, Cofins etc.); tributos incidentes sobre o lucro líquido (Imposto de Renda e Contribuição Social) etc.

Os percentuais de participação dessas despesas em relação ao preço de venda, em geral, não causam embaraços para serem definidos. As comissões a vendedores, por exemplo, são fixadas pela empresa; os tributos que guardam proporções com o preço de venda também têm suas alíquotas fixadas pelo governo; as parcelas das vendas a serem repassadas para as administradoras de cartões de crédito, bem como para as detentoras das franquias, são fixadas nos contratos firmados especificamente para essas operações. Resta, então, estimar percentuais para poucas despesas, como fretes, material de embalagem e outras.

Quanto às despesas fixas, que ocorrem nas áreas administrativa e comercial, incluídas as despesas financeiras, também se deve estimar um percentual sobre o preço de venda que seja suficiente para cobri-las.

Consideram-se fixas as despesas que independem do volume da produção e venda e se repetem em todos os meses do ano. É evidente que essas despesas, conforme já estudamos, podem sofrer variações. No entanto, pode-se calcular o percentual do seu montante em relação à receita bruta de vendas total e atribuí-lo para cada unidade de produto fabricada. Também nesse caso, é conveniente acompanhar com frequência os percentuais em relação à receita de vendas para fazer os ajustes necessários.

17.2.3 Margem de Lucro

Margem de lucro é a parcela da receita da venda de produtos que supera o montante dos custos e das despesas.

Em geral, a empresa fixa um percentual sobre o preço de venda que corresponderá à margem de lucro desejada.

A margem de lucro deve ser suficiente para proporcionar aos proprietários tanto o retorno do capital investido quanto a remuneração desse capital em proporções iguais ou superiores aos juros praticados no mercado.

Geralmente, ao aplicar volumosas importâncias na composição do capital de uma empresa, o investidor almeja obter, além de ganhos com juros, o retorno desse montante, dentro de um prazo que pode ser de cinco, dez ou mais anos. Esse prazo pode variar de acordo com o valor investido e das próprias características do ramo de atividade da empresa ou do momento econômico do país.

Sabemos que do resultado do exercício após a tributação (IR e CS), antes de ser distribuído aos sócios, algumas parcelas são retidas visando as participações de empregados, administradores, debenturistas etc., bem como para a formação de reservas. Assim, todos esses valores, embora não guardem proporção com o preço de venda, podem estar previstos na formação do preço de venda de cada produto.

17.3 Cálculo do Preço de Venda

17.3.1 Composição

Vimos que o preço de venda de um produto é composto por custo, despesa e lucro.

Preço de Venda (PV) = Custos(C) + Despesas(D) + Lucro(L)

Desses três elementos, antes de iniciado o processo de fabricação, o montante do custo variável unitário pode ser previsto em unidade monetária ($), com segurança, enquanto os custos fixos, as despesas fixas e variáveis e a margem de lucro unitários somente podem ser previstos na forma de percentuais sobre o preço de venda, o qual, até então, também não é conhecido.

Lembramos mais uma vez que, para o cálculo do preço de venda, pode-se partir do custo variável unitário (custeio variável) ou do custo total unitário (custeio por absorção).

Assim, podemos desdobrar a fórmula para apuração do preço de venda como segue:

$$PVU = CVU + CFU + DVU + DFU + MLU$$

onde:

PVU = Preço de venda unitário;
CVU = Custo variável unitário;
CFU = Custo fixo unitário;
DVU = Despesa variável unitária;
DFU = Despesa fixa unitária;
MLU = Margem de lucro unitária.

É importante salientar mais uma vez que, no cálculo do preço de venda, o custo variável unitário é o único dos elementos conhecido em unidade monetária ($), uma vez que os demais são estimados em percentuais em relação ao preço de venda.

Portanto, ao fixar o preço de venda, a empresa deve partir sempre do custo variável unitário e adicionar a ele os valores necessários à recuperação dos custos fixos, das despesas fixas e variáveis, bem como para a formação da margem de lucro.

A margem de lucro, portanto, é igual ao preço de venda diminuído do custo total.

Como vimos, a fixação do preço de venda fica mais fácil quando adotamos como custo total, somente o variável. Neste caso, a margem de lucro corresponderá ao montante do preço de venda que cobrirá os custos fixos, as despesas fixas, as despesas variáveis e o lucro pretendido.

Nesse raciocínio, a margem de lucro que será adicionada ao custo de fabricação, para se obter o preço de venda, é conhecida por *markup*.

Markup, palavra inglesa cujo significado pode ser traduzido como sendo a diferença entre o custo total de produção de um produto (estamos adotando aqui somente o custo variável) e seu preço de venda.

17.3.2 Exemplo prático

Vamos, então, supor que uma empresa tenha, com base no seu controle interno, definido os seguintes valores para compor o preço de venda de uma unidade do produto X:

Custos variáveis, por unidade:

Matéria-prima: $ 10;

Materiais secundários: $ 3;

Material de acondicionamento e embalagem: $ 1;

Mão de obra direta: $ 6;

CVU total: $ 20;

Comissões a vendedores: 3% sobre o PV;

Tributos incidentes sobre vendas e sobre o lucro: 22% sobre o PV;

Custos fixos: 13% sobre o PV;

Despesas fixas: 7% sobre o PV;

Margem de lucro desejada: 15% sobre o PV.

Uma vez conhecido o custo unitário variável e fixados os percentuais relativos às despesas variáveis, aos custos e despesas fixos, bem como à margem de lucro desejada, veja como é fácil chegar ao preço de venda unitário:

$$PVU = \$\,20 + (3\% + 22\% + 13\% + 7\% + 15\%)$$
$$PVU = \$\,20 + 60\%$$

Como o PV é igual a 100%, temos que:

$$100\% = \$\,20 + 60\%$$

onde:

$$\$\,20 = 100\% - 60\%$$
$$\$\,20 = 40\%$$

Se encontramos que $ 20 correspondem a 40% do preço de venda, podemos encontrar o preço de venda que corresponde a 100% por meio de regra de três. Veja:

$$\$\,20 = 40\%$$
$$x = 100\%$$

onde:

$$x = 100 \times 20/40 = \$\,50.$$

Então, o preço de venda unitário será igual a $ 50.

Há uma maneira mais técnica para encontrar o preço de venda: multiplicando-se ou dividindo-se o custo de fabricação por um indicador conhecido por markup multiplicador ou markup divisor. Veja na seção a seguir.

17.4 Taxa de marcação (*markup* multiplicador ou *markup* divisor)

17.4.1 Conceito

Denomina-se taxa de marcação (*markup* multiplicador ou *markup* divisor) o indicador que, aplicado sobre o custo unitário de fabricação de um produto, resulta no preço de venda do referido produto.

Para calcular a taxa de marcação, deve-se incluir tudo que se pretenda cobrar no preço de venda, exceto o próprio custo de fabricação do produto.

Portanto, devem integrar o cálculo da taxa de marcação as despesas variáveis, as despesas e os custos fixos, bem como a margem de lucro.

É sempre conveniente lembrar que estamos sugerindo que o custo de fabricação corresponda somente aos custos variáveis, pelas razões já expostas; porém, pode-se utilizar o custo unitário total, caso em que, no cálculo da taxa de marcação, não serão incluídos os custos fixos.

Para o cálculo da taxa de marcação, os itens que se pretende incluir no preço de venda devem ser apresentados em percentuais em relação ao próprio preço de venda.

As duas modalidades de taxa de marcação, *markup* multiplicador e *markup* divisor, chegam ao mesmo resultado.

17.4.2 Exemplo prático

Vamos aproveitar aqui os mesmos dados apresentados na seção anterior.

Inicialmente, calcularemos a taxa de marcação pela modalidade *markup* multiplicador. Acompanhe:

FÓRMULA: *markup* multiplicador = 100/(100 – %DV + %CF + %DF + %ML).

Desenvolvendo a fórmula, temos:

a. Somatório dos percentuais de participação no preço de venda, de cada elemento, conforme interesse da empresa:

Comissões a vendedores: 3%

\+ Tributos incidentes sobre vendas e sobre o lucro: 22%

\+ Custos fixos: 13%

\+ Despesas fixas: 7%

\+ Margem de lucro: 15%

= Total: 60%

b. Subtrair de 100% o somatório dos percentuais apurado na letra "a".

100% – 60% = 40%

c. Dividir 100 pelo resultado apurado no cálculo da letra "b":

100%/40% = 2,5

Esse resultado apurado de 2,5 é o *markup* multiplicador.

d. Multiplicar o custo unitário pelo *markup* multiplicador para encontrar o preço de venda unitário:

$ 20 × 2,5 = $ 50

Logo, o preço de venda unitário será de $ 50.

Veja, agora, a apuração do preço de venda pelo *markup* divisor:

Fórmula: *markup* divisor = 1 – (%DV + %CF + %DF + %ML/100).

Desenvolvendo a fórmula, temos:

a. Somatório dos percentuais de participação no preço de venda, de cada elemento, conforme interesse da empresa:

É o mesmo somatório apurado na letra "a" do cálculo do *markup* multiplicador: 60%.

b. Dividir o somatório dos percentuais por 100:

60%/100 = 0,60

c. Subtrair de 1 o resultado apurado no cálculo da letra "b":

1 – 0,60 = 0,40

O resultado obtido por essa operação, que foi 0,40, denomina-se *markup* divisor.

d. Dividir o custo unitário pelo *markup* divisor:

$ 20/0,40 = $ 50.

Logo, $ 50 será o preço de venda unitário.

Nota

- Quando se tratar de empresa comercial, os critérios para a fixação do preço de venda das mercadorias são os mesmos tratados no presente capítulo. Nesse caso, em substituição ao custo de fabricação, o valor a ser multiplicado ou dividido pela taxa de marcação *markup* multiplicador ou *markup* divisor será o custo da compra da referida mercadoria. O custo da compra corresponde ao valor pago ou devido ao fornecedor das mercadorias, influenciado pelos fatos que alteram o valor da compra, conforme estudamos na Seção 4.5 do Capítulo 4. Para evitar surpresas e sempre que o mercado permitir, o ideal será partir sempre do custo de reposição, e, quando as vendas forem efetuadas a prazo, será necessário também incluir no cálculo da taxa de marcação a taxa de inflação prevista, bem como o preço do uso do dinheiro para compensar a empresa durante o tempo de espera para receber o valor da venda.

17.5 Ficha técnica

As empresas industriais que trabalham por encomenda, em especial aquelas que atuam no ramo de confecções, pela grande variedade de produtos que fabricam, rotineiramente elaboram fichas técnicas com informações que facilitam o cálculo do preço de venda.

Veja um modelo que pode ser utilizado para qualquer tipo de produto, desde que sejam feitas as devidas adaptações para cada caso particular.

Para exemplificar, o modelo de ficha técnica a seguir está devidamente preenchido com os dados utilizados nos exemplos práticos das Seções 17.3 e 17.4 anteriores:

FICHA TÉCNICA		
PRODUTO:	CÓDIGO:	
ESTAMPA:	COR:	
TAMANHO:		
1. Custos Variáveis		
Matéria-prima		$ 10
+ Materiais Secundários		$ 3
+ Materiais de Acondicionamento e Embalagem		$ 1
+ Mão de Obra Direta		$ 6
= CVU Total		$ 20
2. Custos Fixos (% sobre o PV)		13%
3. Despesas Fixas (% sobre o PV)		7%
4. Despesas Variáveis		
Comissões a Vendedores (% sobre o PV)		3%
+ Tributos (sobre o PV)		22%
5. Margem de Lucro desejada (% sobre o PV)		15%
Total (2 + 3 + 4 + 5)		60%
6. Cálculo do *markup* multiplicador:		
100/(100 – Total % sobre o PV) 100/40 =		2,5
7. Preço de Venda Unitário: $ 20 x 2,5 =		$ 50

Notas

- Lembramos mais uma vez que a presente ficha técnica representa apenas uma sugestão de nossa parte visando o cálculo prévio do preço de venda unitário. Esse modelo pode ser ajustado com a inclusão ou exclusão de dados para atender às necessidades de cada empresa.
- Lembramos, ainda, que o modelo em questão pode ser adaptado também para permitir o acompanhamento dos custos reais incorridos durante o processo de fabricação de cada unidade, lote, família ou grupo de produtos.
- Finalmente, é importante salientar que atualmente existem em disponibilidade no mercado *softwares* próprios para o controle de custos destinados a uso por meio de processamento eletrônico de dados que possibilitam o registro detalhado dos componentes do custo de fabricação que se ajustam às necessidades de cada empresa.

17.6 Considerações finais

Vimos que, para fixar o preço de venda, precisamos primeiro conhecer o custo de fabricação do produto. Sugerimos a adoção do custeio variável. Precisamos conhecer, também, o montante dos custos fixos, das despesas variáveis, das despesas fixas e da margem de lucro pretendida pela empresa.

Mesmo considerando as dificuldades encontradas no levantamento desses dados, a atribuição do preço de venda aos produtos parece constituir tarefa relativamente simples.

Seria realmente uma tarefa simples se o mercado reagisse de forma positiva, aceitando os limites impostos conforme as necessidades e os próprios interesses da empresa.

Não resta dúvida de que o primeiro passo para a fixação do preço de venda é fundamentá-lo nas ocorrências internas, ou seja, olhando primeiro para dentro da empresa, com o intuito de se chegar a determinado valor que cubra os custos pagos a terceiros pela compra de materiais e que compense os esforços despendidos pela empresa na fabricação e na venda do produto.

O preço de venda de um produto nunca deve ser inferior aos custos incorridos na sua fabricação. Se isso ocorrer com um ou com vários produtos, deve-se decidir pela descontinuidade de seus processos de fabricação. Há que se considerar os casos em que, por razões mercadológicas, a empresa decide por fabricar e vender produtos com pequena ou nenhuma margem de lucro, apenas para garantir a comercialização de outros que se apresentem mais rentáveis.

Não basta a empresa desejar e lançar um produto no mercado com um preço formado para atender somente aos interesses internos. É preciso considerar as influências externas, como a concorrência, a inflação, o momento econômico pelo qual passa o país, além de muitos outros fatores.

No entanto, ainda que considere a existência de fatores externos, a empresa precisa, primeiro, fazer os levantamentos internos, com base no custo e nas despesas previstas, fixar a margem de lucro e, a partir desse dado, estudar o mercado, usando técnicas que não serão abordadas no presente livro, uma vez que integram o conteúdo programático de outras disciplinas.

17.7 Teoria das Restrições

Nota

- Nosso propósito nesse momento não é tratar esse assunto com profundidade, uma vez que, a exemplo do que ocorre com a fixação do preço de venda, deve ser objeto de estudo de outras disciplinas compromissadas mais com a análise da gestão empresarial que propriamente com as técnicas de contabilização do custo industrial. No entanto, pela grande importância que essa teoria vem alcançando no cenário empresarial, especialmente no início do século XXI, foi que julgamos necessário apresentar breves comentários apenas a título ilustrativo.

A Teoria das Restrições (*Theory of Constraints* – TOC) foi criada pelo físico israelense Eliyahu Goldratt e divulgada no início da década de 1980 em seu livro *A meta*.

Trata-se de uma metodologia de gerenciamento fundamentada na premissa de que todo empreendimento deve ter pelo menos uma restrição, isto é, um motivo que impossibilite o empreendedor de alcançar melhores resultados que os almejados (maximização dos lucros).

O segredo para o sucesso do empreendimento, segundo essa teoria, está no gerenciamento da restrição, ou seja, no gerenciamento do fator que limita a atuação do sistema como um todo. Trabalhando-se o "ponto fraco" que emperra a otimização do sistema, ele deixará de existir, abrindo caminho para que os resultados almejados sejam cada vez melhores, superando as metas fixadas.

Uma das características dessa teoria consiste na apresentação de pesadas críticas ao sistema tradicional de contabilidade de custos, especialmente no que tange ao gerenciamento da gestão industrial, considerando-a obsoleta e inimiga número um da produtividade. Essas críticas fundamentam-se no fato de que, em vez de concentrar os esforços sobre atividades que iriam aumentar os lucros, o modelo em uso preocupa-se com atitudes contraproducentes, como ocorre, por exemplo, com a redução dos custos unitários de produção.

O enfoque do gerenciamento nas empresas industriais, que até então era dirigido aos custos de produção, a partir dessa teoria deve estar voltado para a lucratividade.

Portanto, uma vez detectada a barreira ou o ponto de gargalo que restringe o melhor desempenho de todo o processo, ele deve ser imediatamente eliminado. É evidente que, eliminando-se uma restrição, outras poderão aparecer. O combate contínuo a essas barreiras é que levará ao aperfeiçoamento do processo produtivo.

A implantação da metodologia deve obedecer aos seguintes passos:

1º) **passo:** identificação da(s) restrição(ões), ou seja, o(s) fator(es) que restringe(m) o sistema.

2º) **passo:** definição de como explorar a(s) restrição(ões) do sistema.

3º) **passo:** subordinação de todos os aspectos às decisões tomadas no primeiro e no segundo passo.

4º) **passo:** elevação da(s) restrição(ões) do sistema.

5º) **passo:** voltar para o elo agora mais fraco, sem deixar que a inércia se torne a nova restrição.

ATIVIDADES TEÓRICAS

1. Responda:

   1.1 Por que o custo variável unitário deve substituir o custo total unitário no cálculo do preço de venda?

   1.2 Cite quatro tipos de despesas variáveis.

   1.3 Apresente a fórmula para o cálculo do PVU.

   1.4 O que é *markup*?

   1.5 O que pode ser incluído no cálculo da taxa de marcação?

   1.6 Apresente a fórmula do *markup* multiplicador.

   1.7 Apresente a fórmula do *markup* divisor.

   1.8 Em que consiste a Teoria das Restrições?

2. Julgue as afirmativas como falsas (F) ou verdadeiras (V):

2.1 ( ) No final do exercício social, o lucro apurado por uma empresa industrial conterá parcelas de todas as receitas realizadas no respectivo exercício.

2.2 ( ) O planejamento operacional da empresa deve estar calcado sempre nas receitas derivadas da sua atividade principal.

2.3 ( ) Quando a empresa industrial planeja a fabricação de produtos para venda, ela espera que as receitas auferidas com essas vendas sejam suficientes para cobrir os custos, as despesas totais e, ainda, proporcionar a formação do lucro.

2.4 ( ) Preço de venda é igual a custos + despesa + lucro.

2.5 ( ) Em relação aos custos fixos, o ideal será atribuir sobre o PV um percentual, que não precisará ser revisado com frequência.

2.6 ( ) As despesas variáveis são aquelas que ocorrem em função da venda dos produtos.

2.7 ( ) Em relação aos tributos, deverão integrar o montante para fins de se estimar o percentual sobre o preço de venda não só os tributos incidentes sobre o faturamento como também aqueles incidentes sobre o lucro líquido.

2.8 ( ) Existem duas modalidades de taxa de marcação: *markup* divisor e *markup* multiplicador.

2.9 ( ) O segredo para o sucesso do empreendimento, segundo a Teoria das Restrições, está no gerenciamento da restrição.

2.10 ( ) Para a metodologia das restrições, a palavra "gargalo" representa o ponto fraco, ou a restrição.

ATIVIDADES PRÁTICAS

Prática 1

Considere as seguintes informações:
Custo variável unitário: $ 300;
Despesas variáveis: 25% sobre o PV;
Despesas fixas: 5% sobre o PV;
Custos fixos: 10% sobre o PV;
Margem de lucro desejada: 10% sobre o PV.
Pede-se: calcular o preço de venda unitário.

Prática 2

Considere as seguintes informações relativas a determinado mês:
Matéria-prima: $ 50;
Materiais secundários: $ 10;
Mão de obra direta: $ 40;
Custos fixos: 10% do preço de venda;
Despesas variáveis: 30% do preço de venda;
Despesas fixas: 3% do preço de venda;
Margem de lucro desejada: 15% do preço de venda.

Pede-se:

a) Calcular o *markup* multiplicador.

b) Calcular o *markup* divisor.

c) Calcular o preço de venda unitário.

Referências

I – Obras consultadas

BEULKE, Rolando; BERTÓ, Dalvio José. *Estrutura e análise de custos*. São Paulo: Saraiva, 2001.

CALDERELLI, Antonio. *Enciclopédia contábil e comercial brasileira*. São Paulo: Cetec – Consultores e Editores Técnicos, 1996.

FERREIRA, Aurélio Buarque de Holanda. Novo Aurélio da língua portuguesa século XXI. São Paulo: Nova Fronteira, 1999.

EISEN, Peter J. Accounting. 3. ed. New York: *Barron's Business*, 1994.

GOUVEIA, Nelson. *Contabilidade*. São Paulo: McGraw-Hill do Brasil, 1976.

HORNGREN, Charles T. *Contabilidade de custos*: um enfoque administrativo. 1. ed., 3. tir. São Paulo: Atlas, 1989.

IUDÍCIBUS, Sérgio de; MARTINS, Eliseu; GELBCKE Ernesto Rubens; SANTOS, Ariovaldo dos. *Manual de Contabilidade Societária*. São Paulo: Atlas, 2010.

JACINTHO, Roque. *Biblioteca de ciências contábeis em lançamentos programados*. 6. ed. São Paulo: Brasiliense, 1980.

LEONE, George S. G. *Curso de contabilidade de custos*. São Paulo: Atlas, 1997.

MARTINS, Eliseu. *Contabilidade de custos*. 9. ed. São Paulo: Atlas, 2006.

NEPOMUCENO, F. *Novo plano de contas*. São Paulo: Thomson/IOB, 2003.

WERNKE, Rodney. *Análise de custos e preço de venda*. São Paulo: Saraiva, 2005.

II – Legislação consultada

Código Civil Brasileiro (Lei n. 10.406, de 10 de janeiro de 2002 – arts. 966 a 1.195).

Código Comercial Brasileiro (Lei n. 556, de 25 de junho de 1850).

Decreto n. 3.000, de 26 de março de 1999. Aprovou o Regulamento do Imposto de Renda (RIR/1999).

Lei n. 6.404 de 15 de dezembro de 1976 (Lei das Sociedades por Ações).

Lei n. 11.638 de 28 de dezembro de 2007 – Alterou e revogou dispositivos da Lei n. 6.404, de 15 de dezembro de 1976, e da Lei n. 6.385, de 7 de dezembro de 1976, e estendeu às sociedades de grande porte disposições relativas à elaboração e divulgação de demonstrações financeiras.

III – Outros documentos consultados

NBC TG ESTRUTURA CONCEITUAL – Estrutura Conceitual para a Elaboração e Divulgação de Relatório Contábil – Financeiro, aprovada pela resolução CFC n. 1.374/2011.

Instrução CVM n. 469/2008 – Dispõe sobre a aplicação da Lei n. 11.638/2007 e promove alterações nas Instruções CVM n. 247/1996 e 331/2000;

Normas Brasileiras de Contabilidade do tipo NBC TG n°s 01 a 46 e 1.000, aprovadas pelo Conselho Federal de Contabilidade com fundamento nos Pronunciamentos Técnicos CPCs do Comitê de Pronunciamentos Contábeis, convergentes com as normas internacionais de contabilidade IFRS, emitidas pelo International Accounting Standards Board (IASB);

Normas Brasileiras de Contabilidade, suas Interpretações e Comunicados Técnicos editados pelo Conselho Federal de Contabilidade (CFC) – período: 1980/2017;

Regulamentos do ICMS, do IPI e outros;

Deliberações, Instruções e outros atos normativos expedidos pela Comissão de Valores Mobiliários (CVM) – período: 1990/2017;

Portarias, Pareceres e outros atos normativos expedidos pela Secretaria da Receita Federal do Brasil, envolvendo tributos federais – período: 1976/2017;

Pronunciamentos Técnicos do Comitê de Pronunciamentos Contábeis (CPC), n^s^ 1 a 46.